Quien a su patria defender ansía
ni en sangre ni en obstáculos repara;
y ya herido en el combate confiesa ante la muerte:
¡Oh, qué dulce es morir cuando se muere
luchando audaz por defender la patria!

José Martí, FRAGMENTO DEL POEMA **Abdala**,
ESCRITO A LOS 15 AÑOS.

RESCATANDO A MARTÍ

Del Mismo autor

Historia de la Química Industrial
Total Quality and Productivity Management
Performance Management
Strategic Planning
Management Development
Process Improvement Teams
Quality Strategies
Gestión de Futuro
Contramaestre
Baraguá
Poetas y Memorias de Cuba
Jimaguayú
Guáimaro
Colonial Cuba
Republican Cuba
Exiled Cuba
Three Days in March
Raíces Cubanas
Álbum de Cuba
Rescatando a Martí
Un Festín de Palabras
Damn the Revolution!

COLECCION FORMACION MARTIANA

Dedicado a *Gonzalo de Quesada*,
Jorge Mañach y *Carlos Ripoll*,
los tres grandes biógrafos de José Martí
y a cientos de cubanos en el exilio
que honran al Apóstol desde
la distancia.

En el recuerdo y la devoción
que mantienen, se conserva
viva la esperanza de poder
algún día hacer una realidad
los sueños de José Martí.

EDICIONES UNIVERSAL, Miami, Florida, 2017

Montañas: decidme la frase primera, vosotras que tanto lo amabais;
volcanes: poned vuestra antorcha en la noche de mi corazón,
y turbe el silencio nefasto la brusca metáfora ardiente,
como una ferviente eclosión.

Fantasma de Homero: reclamo el helénico hexámetro;
visión de Virgilio: me obsede el candor de una flor;
persigo en la sombra los ritmos de un canto estentóreo,
que sea un marmóreo y broncíneo poema de guerra y de amor...

¿Por qué no se incendian de púrpura y oro las cumbres supremas?
¿Por qué no se escuchan furiosas protestas del mar?
¿Por qué no hay un trino que anuncie la luz de las albas futuras?
¿Por qué no hay bravuras que animen un hondo cantar?
¿Por qué no se elevan las almas en una plegaria armoniosa?
¿Por qué el entusiasmo no rasga la rosa de su frenesí?
Si todo se olvida en la vida, tan sólo perdure un recuerdo: MARTÍ.

ESTROFAS INICIALES DE LA
ODA A MARTÍ
DE AGUSTÍN ACOSTA.
POETA NACIONAL DE CUBA

RAUL EDUARDO CHAO

RESCATANDO A MARTÍ

El esfuerzo incansable del hombre
que desde el destierro consagró su vida a crear
una Cuba con todos y para el bien de todos.

Copyright © 2017 by Raúl Eduardo Chao

Primera edición, 2017
EDICIONES UNIVERSAL
P.O. Box 450353 (Shenandoah Station)
Miami, FL 33245-0353. USA
Tel: (305) 642-3234 Fax: (305) 642-7978
e-mail: ediciones@ediciones.com
http://www.ediciones.com
SINCE 1965

Library of Congress Catalog Card No.: 2017936554
ISBN-10: 1-59388-279-282-3
ISBN-13: 978-1-59388-282-2

Printed in the United States of America

Front Cover:
PORTRAIT OF JOSÉ MARTÍ TAKEN IN WASHINGTON DC IN 1891
WHILE MARTÍ WAS PARTICIPANTING AT THE
INTERNATIONAL MONETARY CONFERENCE OF THE AMERICAS

Back Cover:
LARGER-THAN-LIFE BRONZE EQUESTRIAN STATUE OF JOSÉ MARTÍ
AT THE ENTRANCE TO CENTRAL PARK IN NEW YORK CITY
59TH STREET AND AVENUE OF THE AMERICAS
SCULPTRESS: ANNA VAUGHN HYATT HUNTINGTON (1876-1979)

Todos los derechos
son reservados. Ninguna parte de
este libro puede ser reproducida o transmitida
en ninguna forma o por ningún medio electrónico o mecánico,
incluyendo fotocopiadoras, grabadoras o sistemas computarizados,
sin el permiso por escrito del autor, excepto en el caso
de breves citas incorporadas en artículos críticos o en
revistas. Para obtener información diríjase a
Ediciones Universal.

Índice de Temas

	Introducción	10
1	Entorno	15
2	Nacimiento	22
3	Educación	35
4	Adolescencia	42
5	Villanueva	49
6	Represión	58
7	Exilio	65
8	Nostalgia	74
9	Estudios	80
10	México	90
11	Retorno	99
12	Guatemala	109
13	Matrimonio	118
14	Habana	127
15	Destierro	135
16	Europa	145
17	New York	153
18	Discursos	163
19	Periodismo	173
20	Actividades	180
21	Crónicas	186
22	Enfrentamiento	192
23	Proselitismo	199
24	Peregrino	208
25	Soledad	212
26	Campañas	222
27	Apostolado	231
28	Fernandina	238
29	Estrategias	249
30	Despedidas	257
31	Partida	266
32	Desembarco	275
33	Travesías	283
34	Pausas	289
35	Fallecimiento	295
	Epílogo	306
	Apéndices	308
	Índice Onomástico	346

Introducción

El 28 de enero de 1853 nació en La Habana un niño destinado a ser uno de los más notables cubanos de la historia. No se sabe a ciencia cierta si su nacimiento fue en el hospital de uno de los destacamentos militares del ejército español o si fue en el segundo piso de una humilde casa en Paula 41, uno de los barrios más pobres de La Habana. Su padre fue Don Mariano Martí Navarro, un valenciano miembro de bajo nivel de las fuerzas armadas españolas; su madre fue Doña Leonor Pérez Cabrera, una devota isleña que bautizó a José Martí a los pocos días en la Iglesia del Ángel de La Habana, rodeados de familiares y amigos del feliz matrimonio.

En la primera mitad del siglo XIX, La Habana era una ciudad llena de incógnitas e incertidumbres debido a la inestabilidad económica y a los cambios repentinos en la vida política del ya decadente imperio español. En las demarcaciones orientales de la isla habían comenzado a explotar todo tipo de conspiraciones y protestas por las restricciones al comercio, los cultivos y la industria, así como la falta de oportunidades de los criollos en contraste con los españoles nacidos en la península y las constantes sublevaciones de los esclavos con las que simpatizaban muchos cubanos, particularmente los profesionales, el clero ilustrado, los comerciantes y hasta muchos hacendados. La capital, sin embargo, era imperita a esas protestas. Más que en ningún lugar en la isla, La Habana era el epítome de *"la siempre fiel isla de Cuba."* No había allí abundancia alguna de sentimientos emancipadores, por lo menos no en proporciones similares a las del oriente de la isla; no había deseos inaplazables de ejercer la soberanía, ni inclusive tenían las élites gran interés en aumentar representaciones en las Cortes o conseguir alguna forma de autogobierno. Tal vez, especulaban algunos, el temor a una guerra de razas, como había ocurrido en Haití, hacía que la mayoría de los habaneros prefirieran ser cautivos de España antes que arriesgar a ser víctimas de sus esclavos.

En medio de esas circunstancias, Martí, un adolescente de apenas 16 años, comenzó a escribir proclamas y panfletos retando a los capitalinos a pensar en independencia. Su compañero de aventuras fue su mejor amigo, Fermín Valdés Domínguez, que con Martí había compartido las aulas de un gran maestro cubano, Don Rafael María de Mendive.

Una indiscreción inoportuna redujo al joven Martí a prisión en cadenas y a un prematuro, cruel y desgarrador destierro en España; Mendive sufrió un castigo similar y ambos se vieron solos y al desamparo en Madrid. Aprovecharon su aislamiento con renovados esfuerzos por estudios, intensos y precipitados, con el fin de volver a Cuba lo antes posible. Fermín lo hizo como Doctor en Medicina, Martí como Abogado y Doctor en Filosofía y Letras, pero su retorno fue a México y no a la Habana, que aun le permanecía vedada. En la capital mexicana y en Guatemala el joven Martí trabajó incansablemente, escribiendo, enseñando y constantemente leyendo y educándose para el día de volver a Cuba. Una vez en la capital de la isla, varios años después, otra indiscreción impolítica lo volvió a lanzar a un segundo destierro en España, del cual escapó para instalarse en New York, la ciudad de la cual se enamoró y dejó atrás solo para inmolarse por la libertad de la Cuba que idolatraba desde su niñez.

Por esas incomprensibles arbitrariedades del destino, José Martí nunca llegó a ver a Cuba en manos de los cubanos; nunca conoció una Cuba cubana. Su papel en el logro de la independencia, sin embargo, fue excepcional e insuperable. Nadie hubiera podido aunar a los cubanos y hacer desaparecer las rivalidades y los celos en la forma que él lo hizo. Nadie hubiera podido conseguir los recursos humanos y materiales que el consiguió; ni planear las estrategias que el imaginó para dar los primeros pasos trascendentales y mantener vigente el ideal de la independencia; nunca vio el exilio cubano tanto entusiasmo, generosidad y dedicación de un hombre en búsqueda de la libertad de la patria.

La Cuba libre que nació en ausencia de Martí unos años después de él caer muerto en combate en Dos Ríos, siguió combatiendo por medio siglo para estar a la altura de los sueños de Martí. Por otra incomprensible arbitrariedad del destino, sin embargo, las ilusiones de Martí se desvanecieron brutalmente con el advenimiento de una ideología marxista foránea en su patria.

Los importadores del marxismo a la tierra de Martí, en una perversión de su convicción democrática, han tratado de apodarse de los ideales de Martí al declarar como co-fundador del *Partido Revolucionario Cubano* a un sujeto llamado Carlos Baliño. Carlos Baliño, sin embargo, no aparece retratado con Martí en ninguna de casi una docena de fotografías en las que Martí aparece bajo la rúbrica de *"fundadores del Partido Revolucionario Cubano;"* ni aparece su nombre en lista alguna de los fundadores excepto aquellas que ofrecen varios comunistas cubanos como Juan Marinello, Armando Hart, Julio Antonio Mella, Rubén Martínez Villena y Blas Roca Calderío; ni aparece tampoco en los muchos artículos y comentarios sobre el *Partido Revolucionario Cubano* en la época de la lucha por la independencia en 1895.

Julio Antonio Mella, a propósito, es la única fuente *"histórica"* según la cual Martí le confió a Baliño que *"la verdadera revolución no es la independencia sino lo que tenemos que hacer en Cuba después."* En ningún documento histórico confiable se registra tal conversación; tampoco se encuentran palabras o comentarios algunos de Mella sobre ese tema, ni persona alguna con la cual haya Martí compartido tan importante revelación.

De igual origen inescrupuloso y falso son las atribuciones a Martí por parte de los comunistas sobre el concepto de *"partido único,"* del cual hablan como si fuera un legado de Martí. Según la doctrina marxista, Martí había declarado en 1882, con carácter de exclusividad a solo algunos miembros del partido, que «*únicamente a través de un solo partido puede dirigirse la lucha del pueblo de Cuba por su independencia, para unificar los esfuerzos de todos los cubanos y desenmascarar las tendencias antinacionales nacidas en el seno de estos.*» Tal atribución se señala como parte de una carta de Martí a Máximo Gómez del 20 de julio de 1882; en las muchas reproducciones y referencias a esa carta de Martí no se encuentra alusión alguna a esas palabras, ni mención alguna que el partido que él fundara debía ser el único partido político en Cuba.

Finalmente, existe el mito creado por Juan Marinello de *"Martí marxista."* Para ello se basa en comentario de Martí en una presentación en New York el 14 de Marzo de 1883, el día que Marx murió en Londres. Dicho comentario lee textualmente «*Karl Marx ha muerto, como se puso del lado de los débiles, merece honor.*» Martí, que en ese momento llevaba apenas tres años en los EEUU no conocía aspectos esenciales de la doctrina marxista, solo referencias ocasionales por sus lecturas de la prensa obrera. De hecho, en el total de sus obras completas, 27 volúmenes que comprenden desde sus escritos en 1869 hasta su carta final inconclusa a Manuel Mercado el día 19 de mayo de 1895, solo aparece mencionado el nombre de Karl Marx cuatro veces: una de ellas es el breve párrafo que Marinello ofrece como evidencia del *"Martí marxista."* Otra de ellas es la mención que Martí hace de Marx en una carta a Fermín Valdés Domínguez en mayo de 1894, donde critica a los demagogos que les cuentan ideas revolucionarias a los pobres para encumbrarse sobre ellos. En esa carta Martí dice textualmente:

«*Dos peligros tiene la idea socialista, como tantas otras; -el de las lecturas extranjerizas, confusas e incompletas y el de la soberbia y rabia disimulada de los ambiciosos que para ir levantándose en el mundo empiezan por fingirse, para tener hombros en que alzarse, frenéticos defensores de los desamparados.*»

Debido a las impertinentes fabricaciones de los comunistas cubanos sobre la vida de José Martí y a las numerosas atribuciones que se hacen a él para justificar la revolución de 1959 —que los cubanos ni deseaban ni promovieron— en contra de los probados valores de la Cuba republicana, este libro muy humildemente ha sido titulado "**Rescatando a Martí**," con la firme convicción de que los cubanos, dentro y fuera de Cuba, deben conocer las falsedades en que se basan esas fabricaciones y las razones que motivan al comunismo cubano a reclamar a Martí como uno de ellos.

Llámense cubanos marxistas, o cubanos comunistas, la realidad resulta ser la misma. Hombres y mujeres que vieron con absoluta pasividad los fusilamientos de enero y toda la primera mitad de 1959 en Cuba, sin atención a derechos de justicia o acceso a tribunales competentes, fusilamientos y muertes con una crueldad que no se veía en Cuba desde tiempos de Valeriano Weyler o durante la Creciente de Valmaseda; cubanos que han visto sin horrorizarse los numerosos encarcelamientos, torturas, brutalidades, separación de familias, confiscación de propiedades, cierre de escuelas, clausura de periódicos, eliminación de fuentes de información, uso de la escasez alimenticia para controlar la sociedad, cierre de fronteras, clausura de iglesias, ruinas del patrimonio nacional, pérdida de las más elementales costumbres, modales y hábitos de comportamiento social y criminalmente un empobrecimiento desgarrador y casi total del país.

La historia del último medio siglo en Cuba demuestra la incongruencia de ser un buen ser humano y ser comunista. No puede una buena persona ser marxista o comunista, que en realidad es lo mismo, a no ser que la ciegue la ideología, la decadencia mental o la ignorancia. Ser marxista en el siglo XXI es sancionar canallescamente los millones de seres humanos que han sido descartados en el gulag soviético, que destrozaron las economías y desintegraron egoístamente por medio siglo la juventud de la Europa del Este, que aprobaron la ejecución de los que trataban de cruzar la frontera del muro de Berlín, que no vacilaron en poner al planeta en pie de guerra de extinción cuando la crisis de los cohetes en 1962. No es desafortunadamente la adulteración del pensamiento de José Martí lo peor que han logrado hacer los comunistas en la vida política del siglo XX. Han sido por muchos años la personificación de la maldad que ha azotado la raza humana y que solo comprenden totalmente aquellos que han sido victimizados.

La historia de José Martí muestra un gran poeta, escritor, traductor, abogado, maestro, ensayista, precursor del modernismo, orador, estratega militar, inspirador de multitudes; pero, por encima de todo, la historia muestra que Martí fue un hombre bueno.

RAÚL EDUARDO CHAO
LAKELAND, FLORIDA, 2016.

1 Entorno

En 1850 el Imperio Español estaba en franca decadencia. A pesar de las reformas del *Despotismo Ilustrado* [1] a finales del siglo XVIII, España siguió manteniendo los rasgos de una sociedad feudal y señorial y un régimen político incapaz de resolver los problemas estructurales que asolaban el país.

El siglo XVIII había comenzado con un cambio dinástico en la persona de Felipe V, primer rey Borbón, nieto de Luis XIV de Francia.[2] Con los Borbones llegaron a España importantes reformas en la estructura del Estado español que a la larga solo produjeron una recuperación económica desigual. Los nobles continuaron limitándose a cobrar sus rentas de origen medieval, continuaron su absentismo y descuidaron las inversiones productivas. El clero también era poseedor de tierras y a su privilegiada situación económica se añadió su influencia moral y política, derivada de la religiosidad del pueblo. La burguesía se convirtió en la clase más innovadora y productiva, modelo de virtudes sociales y laborales. La gran masa popular, por otra parte, estaba constituida por jornaleros agrícolas, artesanos, un incipiente proletariado urbano y un número cada vez mayor de marginados. Nada hicieron los Borbones por ellos, al contrario, ins-

---

[1] **Sistema político** que continuaba manteniendo el absolutismo de la corona pero con una actitud paternalista que promovía el enriquecimiento cultural del pueblo. Luis XV en Francia, Carlos III en España, Catalina II en Rusia y José II en Austria fueron *déspotas ilustrados* que fomentaron la modernización de la economía, el fomento del comercio y las ciencias y el control de la autoridad de la Iglesia.

[2] **Felipe V, Duque de Anjou**, era sobrino-nieto de Carlos II, el último monarca español de la Casa de Habsburgo, que murió sin dejar herederos. Cuando Luis XIV presentó a Felipe a las cortes españolas le dijo «*Pórtate bien en España, que es tu primer deber ahora, pero recuerda que naciste en Francia.*» El archiduque Carlos de Austria, de la Casa de Habsburgo, hijo de Leopoldo I, Emperador del Sacro Imperio Romano Germánico, y de Ana de Austria, nieta de Felipe II de España, se proclamó a si mismo Rey de España, lo cual dio lugar a la *Guerra de Sucesión Española*. Las coronas de Castilla y Navarra apoyaron a Felipe V; la corona de Aragón apoyó a Carlos de Austria. Por el *Tratado de Utrecht*, las potencias europeas, temiendo el excesivo poder de los Habsburgo, apoyaron a Felipe, despojaron a España de sus posesiones en Europa, incluyendo Gibraltar, que pasó a manos inglesas. Felipe fue reconocido por todos como Rey de España.

tauraron medidas centralizadoras, mayor control de la Inquisición y un consistente refuerzo a la monarquía absoluta, al estilo francés.

Las mentes más claras tenían conciencia de la necesidad de emprender reformas en la agricultura, ocupación de la mayoría de la población. Entendían que los enormes mayorazgos improductivos de la nobleza y las propiedades muertas de la Iglesia era un lastre insufrible y afirmaban que era apremiante para el progreso del país darle acceso al campesinado a la propiedad de la tierra. Por primera vez, se comenzó a hablar de la *desamortización*, esto es, poner en el mercado, previa expropiación forzosa y mediante subasta pública, las tierras y bienes que hasta entonces no se podían vender, hipotecar o ceder y que se encontraban en poder de los nobles (beneficiarios de testamentos) y la Iglesia Católica (acumulados por habituales donaciones). Sin embargo, la negativa rotunda del Clero y la Nobleza llevó a la paralización de cualquier intento de transformar el país. Los Jesuitas, por ejemplo, acusados de fomentar descontento popular para reprimir las reformas, fueron expulsados del territorio español por Carlos III en 1767.

Los únicos adelantos visibles al concluir el XVIII y acercarse el siglo XIX fueron el establecimiento de fábricas de armas, astilleros, vidrio, tapices en la periferia cantábrica y mediterránea, las mejoras de las vías de comunicación, la eliminación de las aduanas interiores y la liberalización del comercio con América, al eliminarse el secular monopolio de la Casa de Contratación de Sevilla. Las tierras siguieron en un ineficiente entorno feudal.

En 1788 heredó el trono español Carlos IV, nieto de Carlos III. Su reinado coincidió con la exuberancia de la Revolución Francesa, la ejecución de Luis XVI en Francia y la catástrofe de la armada Franco-Española en Trafalgar frente al Almirante Nelson. Todo ello tuvo una influencia determinante en la crisis de la monarquía española, condujo a Guerras de Independencia (en España y sus posesiones americanas) y abrió el camino a una revolución liberal burguesa en España.

El error incomprensible e imprevisible de Carlos IV fue nombrar ministro a Manuel Godoy en 1792; el favorito Godoy se convirtió en la figura clave durante el resto del reinado de Carlos IV. En 1807 firmó con Napoleón el *Tratado de Fontainebleau*. Tropas francesas, dirigidas por el general Junot y más tarde por Murat, penetraron en la península ibérica para atacar Portugal, aliada de Inglaterra, enemiga de Francia, con permiso del gobierno español. La intención verdadera de Napoleón iba más allá de ocupar Portugal sino instaurar en el trono de España a su hermano José (*Pepe Botella* para los españoles), aprovechando la crisis dinástica entre Carlos IV y su hijo Fernando VII, impaciente por ostentar la corona española. Ambición que al fin alcanza tras el *Motín de Aranjuez*, 17 de marzo de 1808, cuando en medio de una revuelta popular Godoy es secuestrado de su palacio, golpeado inhumanamente y hecho prisionero.

La crisis nacional española alcanzó su clímax cuando Carlos IV trató de hacer un pacto con Napoleón para que lo reconociera a él como rey en lugar del recién coronado Fernando VII, su hijo. Nunca tuvo menos hidalguía la corona de España.

El 2 de mayo de 1808 se inició una insurrección en Madrid abortada por la represión de las tropas napoleónicas. Durante los días siguientes los levantamientos anti franceses se extendieron por toda España dando lugar a una *Guerra de Independencia* (1808-1814). Seis años de lucha entre franceses y españoles afrancesados contra patriotas españoles no culminaron hasta que Wellington derrotó a Napoleón en Waterloo.

En 1812 se promulgó la *Constitución de Cádiz* (la Pepa), que dio inicio primero a un Estado Liberal Español y en 1820 al Trienio Liberal durante el reinado de Fernando VII, entonces apodado *el deseado*. El rey español accedió, se opuso y finalmente aceptó la Constitución de 1812, que establecía:
- Separación de poderes: Legislativo (Cortes), Ejecutivo (el Rey y sus ministros), Judicial (tribunales de justicia);
- Soberanía compartida (Cortes con el Rey)
- Elecciones como mecanismo de participación política;
- Defensa de la propiedad privada;
- Igualdad de los ciudadanos ante la ley;
- Libertad de expresión, de prensa, de reunión;
- Estado confesional católico, y
- Reforma del ejército (creación de la Milicia Nacional).

Fernando VII, sin hijos varones que heredaran su trono, puso en práctica en 1827 la *Pragmática Sanción*, derogando la *Ley Sálica*[3] que impedía que las mujeres accedieran al trono. Carlos, hermano del rey, quedó así excluido de la sucesión. En 1827 se produjo una sublevación que propugnaba la vuelta al absolutismo más estricto y a

---

[3] El **nombre de la ley** se debe a la tribu de los francos *salios* del siglo V, que por orden del rey Clodoveo I, declararon a las hijas inelegibles a la sucesión.

la muerte de Fernando estalló la primera de las *Guerras Carlistas*, que se extendieron hasta el siglo XX. Isabel II, hija de Fernando VII y su cuarta esposa y sobrina María Cristina de Borbón de las Dos Sicilias, resultó coronada reina de España.

En 1843, diez años antes del nacimiento de José Martí, comenzó en España la *Década Moderada*. El campeón de los Moderados, Mariscal de Campo Ramón María Narváez y Campos, Duque de Valencia y Grande de España, conocido como *El Espadón de Loja* [4], fue nombrado por la trece añera reina de España Isabel II al cargo de Presidente del Consejo de Ministros Español [5].

En 1846, Isabel entró en un matrimonio de conveniencia con su doble primo carnal [6], Don Francisco de Paula de las Dos Sicilias, Conde de Trapani, alegadamente homosexual, lo cual dio lugar a cientos de versiones sarcásticas de los devaneos de la reina con numerosos amantes [7].

El reinado de Isabel II, catalogado como uno de los más corruptos en la historia de España, se caracterizó por ceder poder político al parlamento al mismo tiempo que le negaba participación al pueblo en los asuntos de gobierno. Su reinado modernizó a España notablemente, incluyendo el tendido de muchas redes ferroviarias, que lamentablemente enriquecieron a su madre María Cristina y a muchos amigos de la familia real. Isabel II reabrió las universidades clausuradas por Fernando VII y llevó a cabo obras públicas importantes como represas, acueductos y la modernización de la armada española, pero durante su reino explotaron la revolución de 1868 en la península (conocida como *La Gloriosa*) y el alzamiento de los cubanos en la *Guerra de los 10 Años*. Ese año Isabel II, en medio de unas vacaciones en San Sebastián, abandonó España y se exilió en Francia, donde residió por un tiempo al amparo de Napoleón III y Eugenia de Montijo; el 25 de junio de 1870 abdicó en París en favor de su hijo, el futuro Alfonso XII.

---

[4] *Loja*, cerca de Granada, por ser este su pueblo natal, *Espadón* por alardear que no tenía enemigos ya que los había matado a todos.

[5] *Cargo* que, por acuerdo, tomaban en turno el líder de los *Moderados*, Narváez y el líder de la *Unión Liberal*, Leopoldo O'Donnell.

[6] El padre de **Francisco de Paula** era hermano de Fernando VII. La madre de Francisco de Paula era hermana de María Cristina, la esposa de Fernando VII.

[7] Entre los **amantes de Isabel II** se mencionaban a Francisco Serrano y Domínguez, Manuel Antonio de Acuña, José María Ruiz de Arana, Enrique Puigmoltó y Carlos Marfori, todos ellos políticos influyentes en el gobierno de España.

La corona de España durante finales del Siglo XVIII y principios del XIX

Felipe V, Duque de Borbón, rey durante 1700-1746, primer rey Borbón de España, nieto de Luis XIV de Francia.

Carlos IV, Príncipe de Taranto, rey desde 1788 hasta su abdicación en Aranjuez en 1808, nieto de Carlos III, padre de Fernando VII.

Fernando VII, el deseado, padre de Isabel II. Rey de España en 1808 y desde 1813 hasta 1833. Prisionero de Napoleón, Perdió para España las repúblicas americanas.

Isabel II, reina de España en 1833 a los 13 años. Destronada en 1868. Sus opositores lanzaron las *Guerras Carlistas*.

El desastroso gobierno de Isabel II en España

La familia real de *Carlos IV* en 1840, oleo de Francisco de Goya. La quinta persona de izquierda a derecha es Isabel II.

Isabel II en 1868, el año de su abdicación al trono de España.

Los dos desastres para España que dejó detrás Isabel II: la ***Revolución Gloriosa*** y la ***Guerra de los 10 Años en Cuba***, ambos en 1868.

Las *Cortes Constituyentes Españolas*, reunidas en Cádiz desde 1810 a 1814 debido a la Guerra de Independencia, aprobó el 12 de Marzo de 1812 (día de San José, por lo cual se le llamó *la Pepa*) la primera Constitución Española que establecía la soberanía popular (no proveniente de la nobleza o la corona) y la división de poderes (ejecutivo, legislativo y judicial). Creó una completa y nueva organización del Estado basada en principios liberales, de carácter muy definido, difícil de cambiar o reformar. Arriba, el 2 de Mayo, oleo de Francisco de Goya; debajo, las páginas iniciales de la Constitución.

2 Nacimiento

En 1853, el año en que nació José Martí en La Habana, Rafael María de Mendive, un destacado intelectual y poeta habanero, conocido por su devoción a la causa de independencia de Cuba, lanzó en Cuba la *Revista de La Habana*. La publicación alcanzó un éxito extraordinario entre 1853 y 1857 porque entre sus artículos sobre ciencias, las artes, la literatura y el teatro se escondía en cada número una velada e inteligente posición en favor de la independencia de Cuba. La revista cesó de publicarse durante el pánico mundial económico de 1857, cuando en Cuba se suspendieron los créditos a los hacendados, aumentaron los intereses bancarios, bajó el precio del azúcar y se arruinaron cientos de comerciantes en toda la isla.

El 1853 fue un año de eventos importantes en la historia de Cuba. El 18 de febrero murió el Padre Félix Varela en el exilio de San Agustín, en la Florida y el 7 de noviembre murió Domingo del Monte en el exilio de Madrid. Unos días después, el 26 de noviembre Isabel II autorizó a los Jesuitas volver a Cuba, culminando una expulsión que había comenzado en el invierno de 1762 bajo el reinado de Carlos III [8]. Unos meses después, en octubre, llegó a La Habana, exiliado, el líder mexicano Benito Juárez que de inmediato encontró trabajo en una fábrica de tabacos. Acogido por amigos de Mendive, Juárez permaneció en la isla hasta el mes de diciembre, cuando el nuevo capitán general de la isla Juan de La Pezuela y Ceballos, mar-

---

[8] A las 3 de la madrugada del día 14 de junio de 1762, hora en que se tocaba el alba, cuenta la historia que un grupo de soldados del Regimiento de Infantería de La Habana cercaron el **Colegio de Jesuitas en la Habana** con el mayor sigilo. Inmediatamente el gobernador de la isla de Cuba, don Antonio María Bucareli, entró en el edificio. Los sacerdotes estaban en el aposento del Rector en espera del arresto que sabían inminente. Bucareli les leyó el *decreto de extrañamiento* a lo cual respondió el Rector Andrés de la Fuente SJ: *«veneramos y obedecemos lo que manda Su Majestad.»* Se recogieron y sellaron los libros del colegio y los 12 religiosos fueron conducidos a la fragata mercante *Santísima Trinidad*, que se hizo a la mar a las 10 de la mañana. Tres religiosos fueron igualmente apresados en Bayamo, en medio de misiones, y cuatro en Puerto Príncipe. En total, la operación se dio por concluida en 36 horas. Para que la noticia no trascendiera, se cerraron los puertos de Cuba durante siete días. Los Jesuitas no volvieron a Cuba sino 91 años después.

qués de La Pezuela, facilitó su traslado a New Orleans y más tarde su retorno al territorio mexicano [9].

Los primeros números de la *Revista de La Habana* [10] fueron impresos en la *Imprenta del Tiempo*, situada en la calle Cuba número 110 en La Habana. Entre sus artículos se destacaron asuntos de antropología firmados por Antonio Bachiller y Morales [11], estudios de gramática castellana de José María de Zayas [12], consideraciones de filosofía por Ramón Zambrana [13], poesía de Ricardo Palma, crítica de arte por Claudio Vermay [14], traducciones de lenguas clásicas de Antonio Mestre [15], poesías de Mendive, así como ensayos científicos y narrativas de viajes por lugares históricos de Europa. En la introducción al primer número, Mendive precisó que «*creemos que nuestro público es el mismo que aquel para quien se escriben las mejores revistas europeas...*»

---

[9] Dos años después **Juárez** era nombrado Ministro de Justicia en México y en 1858 comenzó a fungir como Presidente de la República.

[10] La revista consistentemente presentaba en cada número unas 300 páginas y en su portada el título indicaba: **Revista de La Habana**, *de ciencias, literatura, artes, modas, teatros, etc., con litografías y grabados, editada por Rafael María de Mendive y José de Jesús Quintiliano García.*

[11] **Antonio Bachiller y Morales**, ex alumno del *Real y Conciliar Colegio Seminario de San Carlos* y de la *Universidad de La Habana*, licenciado en Leyes, destacado en lógica, metafísica, filosofía y moral, autor de artículos y tratados en América pre-colombina, forzado a exiliarse en los EEUU a raíz de los sucesos del Teatro Villanueva en 1869.

[12] **José María de Zayas** fue uno de los fundadores con Luz y Caballero del *Colegio El Salvador*; en 1853 era director del *Real Colegio Cubano*. Autonomista, especialista en literatura alemana, traductor de Goethe.

[13] **Ramón Zambrana Valdés**, esposo de la poetisa Luisa María de Zambrana, hermano de Antonio Zambrana, Rector de la *Real y Literaria Universidad de La Habana*, ex alumno del *Seminario de San Carlos y San Alfonso*, es una de las grandes pero poco conocidas eminencias cubanas del siglo XIX. Su extensa labor incluyó ejercer en las cátedras de *Física, Química, Botánica, Higiene, Filosofía, Historia Universal, Literatura, Gramática, Filosofía, Botánica, Patología Médica, Terapéutica, Obstetricia, Medicina Legal, Toxicología, Historia de la Medicina e Higiene Pública*. Murió en La Habana en un estado de absoluta pobreza al ser desposeído de su patrimonio por sus ideas separatistas.

[14] **Claudio Vermay**, hijo de Juan Bautista Vermay, el pintor francés que fue autor de los grandes lienzos de *El Templete*, amigo de José María Heredia, educado en Francia, profesor de Griego del Colegio *El Salvador* de *Luz y Caballero*.

[15] **Antonio Mestre Domínguez** fue uno de los primeros pediatras cubanos, graduado de la *Sorbona* en Paris, primer secretario de la *Academia Cubana de Ciencias* introductor de las teorías darwinistas en Cuba, colaborador de Felipe Poey, famoso en Europa por "*trasladar la belleza y genio poético del texto griego en idéntico número de estrofas.*"

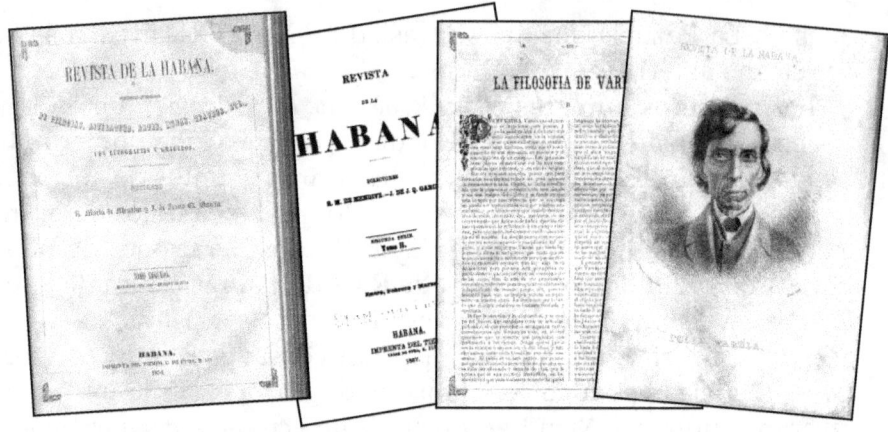

El talento humano de los escritores de la *Revista de La Habana*

Antonio Bachiller y Morales historiador, jurisconsulto (1812-1889)
José María de Zayas, jurista y educador (1824-1887)
Ramón Zambrana Valdés, eminente médico (1817-1866)
Claudio Vermay, profesor del Colegio el Salvador (1819-1883)
Antonio Mestre Domínguez, pediatra, profesor (1834-1887)

Durante los años en que Mendive publicó en Cuba la *Revista de La Habana*, la isla tuvo tres capitanes generales: *Valentín Cañedo Miranda*, de abril de 1852 a diciembre de 1853, *Juan González de la Pezuela*, de diciembre de 1853 a septiembre de 1854 y *José Gutiérrez de la Concha*, de septiembre de 1854 a noviembre de 1859. Los cambios tan frecuentes de jefatura del gobierno en Cuba no fueron otra cosa que un reflejo de la inestabilidad política en la península. En 1843 Isabel II, con solo 13 años de edad, fue declarada por las cortes mayor de edad y asumió el trono de España, dando fin a la regencia de Baldomero Espartero, príncipe de Vergara, campeón de ideas liberales, Grande de España, que había vencido, pactado y dado por terminada las guerras Carlistas, apoyando fervientemente a Isabel II. Tres años después, con solo 16 años de edad, Isabel II se casó con su primo Francisco de Asís, principalmente para evitar conflictos con otros pretendientes europeos que ansiaban hacer suyo el trono español.

Preocupada por tantos eventos y traspaso de poderes, España paso por alto que el resto de Europa había reconocido el sufragio universal, estaba dando calor al movimiento obrero y comprendía las ideas democráticas que se expandían por todo el continente. Tratando de salvar las últimas posesiones que quedaban en el nuevo mundo, Cuba y Puerto Rico, el gobierno español envió a Cuba varios batallones, escuadrones de caballería y buques de guerra y una multitud de baterías artilleras. En uno de esos batallones que comprendían de 300 a 1,000 hombres, llegó a Cuba en 1849 un recluta del cuerpo de artillería valenciano, con 35 años de edad, un tanto tosco y de rosto curtido por el sol del trabajo en el campo, llamado Mariano de los Santos Martí y Navarro.

Mariano había nacido en 1815 en Valencia, una región española, de grandes capitales a orillas del Guadalquivir, gran centro agrícola, industrial y comercial, con numerosas fábricas de tejidos y productora de arroz, vinos, naranjas. Fue bautizado en la Parroquia de San Lorenzo, siendo sus padres Vicente y Manuela, ambos católicos de gran devoción que formaron una numerosa familia, con once hijos.
Mariano Martí, sin pretensiones de gran cultura, tenía buena letra y ortografía, estaba al tanto de la política española y hablaba con la fluidez de alguien mejor preparado que un simple soldado raso del ejército. Al llegar a Cuba fue ascendido a cabo y luego a sargento y fue encargado de un pelotón de 12 hombres que persiguieron a Narciso López después del desembarco en Bahía Honda, Pinar del Rio. A todas luces, juzgando por los testimonios de sus contemporáneos

y del propio José Martí, Mariano era un hombre áspero en el trato, de escasas ambiciones y pocos sueños, que nunca superó la nostalgia de su tierra valenciana y el calor de la familia y posición holgada que España le había arrebatado al reclutarlo en las quintas.[16]

Como muchos jóvenes de su edad, Mariano gustaba ir de fiestas los fines de semana al *Café Escauriza* [17] en La Habana, sitio de reunión de la aristocracia habanera, localizado en Prado y San Rafael, en unos soportales que albergaban también el *Café Tacón* y la *Cantina de los Voluntarios* y que años más tarde fueron conocidos como la *Acera del Louvre*. [18]

En los años de mediados del siglo XIX, era bien visto que muchachas de edad casadera asistieran a los bailes en los cafés de la avenida Isabel II [19], y una de las asiduas era una joven isleña de 23 años, hermosa, inteligente, "*de gran lucir y con talle de avispa*," con un gran sentido del humor pero de costumbres austeras llamada Leonor Pérez Cabrera. Había llegado a Cuba a los 15 años procedente de Santa Cruz de Tenerife. A diferencia de muchas de sus contemporáneas Leonor era una ávida lectora de poesía e historia, a pesar de que sus padres, siguiendo las costumbres de la época, pensaban que las niñas no debían aprender a leer o tener libros en sus manos. La familia de Leonor era profundamente católica. Su padre, Don Antonio Pérez Monzón, era de profesión zapatero y por varios años sirvió en una brigada de artillería en Santa Cruz de Tenerife.

---

[16] El sistema español de **reclutamiento de quintas**, inspirado por el sistema francés, fue iniciado en 1448 por Juan II de Castilla y terminado en 2001 por el gobierno español. Consistía de un sorteo anual en el que uno de cada cinco varones que habían cumplido la mayoría de edad era escogido para servir en el ejército. Parte de la ciudadanía podía redimirse de esa obligación mediante pagos en metálico al gobierno español o bien presentando un sustituto.

[17] En el ***Escauriza*** presentó en 1889 por primera vez su cuadro *Embarque de Cristóbal Colón por Bobadilla*, el extraordinario pintor cubano Armando Menocal (1863-1942), primo del presidente Armando García Menocal, veterano de la Guerra de independencia de 1895 y autor de numerosas obras en el Palacio Presidencial cubano. El *Café Escauriza* cambió su nombre a *Café El Louvre* cuando Don Joaquín Payret compro el inmueble en 1863 y lo rebautizó.

[18] La ***Acera del Louvre*** se convirtió poco a poco en el lugar donde estudiantes, intelectuales y jóvenes de ambiciones separatistas se reunían para comentar las noticias del día y conspirar en favor de la independencia.

[19] La ***Avenida Isabel II*** era la continuación del Paseo del Prado desde la calle Neptuno hasta el Campo de Marte, luego bautizado como Parque de la Fraternidad.

El *Café Escauriza*, donde Don Mariano Martí conoció a Leonor Pérez, madre de José Martí.

La fabulosa obra de Armando Menocal ***Embarque de Cristóbal Colón por Bobadilla***, mostrada por primera vez en el *Escauriza*.

Una foto de ***Leonor a los 23 años***, en la época que si hizo novia de Don Mariano.

La pequeña Leonor fue bautizada al día siguiente de nacida en la Iglesia Parroquial Matriz por don Miguel de Gálvez Coloma, capellán cura párroco de la Brigada Veterana del Real Campo de Artillería, con el nombre de Leonor Antonia de la Concepción Micaela Pérez Cabrera. Fueron sus abuelos paternos Salvador Pérez y Leonor Monzón y los abuelos maternos Diego Cabrera y Mariana Carrillo, todos ellos gentes sencillas de profunda religiosidad, de misa dominical y, por la situación cómoda que disfrutaban, buenas contribuidores a las obras de caridad de la iglesia.

En 1842 Don Antonio Pérez, al cumplir 50 años, decidió probar fortuna en Cuba y, habiendo acumulado más de 25 años de servicio de reserva en el ejército español, le fue fácil obtener un nombramiento en la Brigada de Artillería de La Habana.

Fue en los bailes del *Café Escauriza* que se conocieron Mariano y Leonor. A todas luces el encuentro debe haber sido interesante. Mariano era un digno ejemplar de militar español, formal, protocolario, vestido impecablemente, no muy hablador y con un andar marcial; Leonor acudía a los bailes, como muchas de las jóvenes asiduas a estas fiestas, vestidas con ajuares en rojo, blanco y azul, los colores de la bandera de Narciso López, juguetona aunque no coqueta, risueña, conversadora, desbordando alegría. Después de conocerse se esperaban uno al otro con una lealtad innecesaria y bailaban juntos, tomaban refrescos y conversaban haciendo caso omiso a los demás. Mariano comenzó a visitar la casa de Don Antonio y formalmente pidió la mano de su hija. La boda no se hizo esperar; el noviazgo había durado pocos meses pero Leonor ya tenía 24 años y Mariano, añorando el cotidiano vivir con 9 hermanos y hermanas, estaba ansioso de echar raíces a los 37 años. La boda se efectuó el 7 de Febrero de 1852, la pareja se estableció en un modesta casa de la calle Paula en La Habana y el 28 de Enero de 1853 nacía José Martí y Pérez, el primogénito y único varón de 7 hijos.[20]

---

[20] **Gonzalo de Quesada Miranda**, hijo de Gonzalo de Quesada Arósteui, amigo y biógrafo de Martí, ha identificado órdenes militares de la época que obligaban a los sargentos del ejército español a residir en La Cabaña y certificados que hacen constar que «*Leonor Pérez, esposa del sargento Mariano Martí, ha estado hospitalizada en la enfermería de la fortaleza durante el alumbramiento de un niño el 28 de enero de 1853*». Es posible que Martí no haya nacido en la casa de Paula 41.

El 12 de febrero de 1853, apenas dos semanas de su nacimiento, Martí fue bautizado en la iglesia del *Santo Ángel Custodio* de La Habana, por el Presbítero Tomás Sala y Figuerola, Capellán por S. M. del *Regimiento del Real Cuerpo de Artillería* de la plaza de La Habana, siendo sus padrinos: José María Vázquez y Marcelino Aguirre. Se le dio el nombre de José Julián.

La iglesia el Santo Ángel Custodio había acogido en 1788, siete días después de su nacimiento el 20 de noviembre, el bautizo del Padre Félix Varela. Fue oficiante en la ceremonia el sacerdote Fray Miguel Hernández, O.P (Orden de los Predicadores, dominico), capellán del *Regimiento Fijo* de La Habana, al que pertenecieron el padre y el abuelo de Varela. Sus padrinos fueron su abuelo, Don Bartolomé Morales, y su tía, Doña Rita (Josefa) Morales y Medina.

Iglesia el Santo Ángel Custodio, situada en Cuarteles y Compostela en La Habana Vieja, construida originalmente por el Obispo Compostela en 1695, reconstruida en 1846 después de un violento ciclón, escena de la novela *Cecilia Valdés* de Cirilo Villaverde.

Certificado de Bautismo de José Martí, fechado 12 de febrero de 1853, firmado por el Pbro. Tomás Sala y Figueroa.

Con el decurso del tiempo, Mariano Martí ocupó en Cuba los puestos de sargento de artillería, celador en los barrios del Templete [21] y de Santa Clara [22], capitán de partido [23] y reconocedor de buques. También es conocido que estuvo desempleado durante largas temporadas. Viajó con su familia, por motivos de salud [24], a España (1857-1859); en 1863 encontró trabajo en Honduras Británica, a donde le acompañó su hijo. En abril de 1862 fue nombrado juez pedáneo [25] de la región del Hanábana, en la Ciénaga de Zapata, al sur de la provincia de Matanzas, puesto en que se mantuvo hasta enero de 1863; durante 1862-1863, José Martí acompañó a su padre en calidad de amanuense y escribano; el joven Martí, con apenas diez años, tenía una caligrafía excelente y en las comarcas en que trabajaba Don Mariano, Martí se encargó de llenar numerosos documentos que el Capitán General Concha había instaurado en cumplimiento de la mas augusta tradición burocrática del gobierno español.

Tanto Martí como Doña Leonor y más tarde Rafael María de Mendive recriminaron en varias ocasiones a Don Mariano por mantener ocupado al hijo en detrimento de sus aspiraciones de continuar ininterrumpido sus estudios. Doña Leonor, gracias a su amistad con la esposa de Don Rafael Sixto Casado, director de la escuela privada *San Anacleto*, logró que Pepe, como ella lo llamaba, fuera admitido a la escuela. Allí se produjo uno de los eventos más importantes de su vida: conoció a su condiscípulo Fermín Valdés Domínguez, que en su primer encuentro le ofreció compartir su merienda. El niño pobre

---

[21] Zona entre O'Reilly, San Ignacio, Teniente Rey y el litoral habanero. En La Habana había 37 **celadores de barrio**, cada uno de los cuales ganaba un sueldo de 1,200 pesos anuales y tenía las responsabilidades de vigilar el barrio en cuanto a cumplimiento de normas y apoyar a las autoridades policíacas si fuese necesario.

[22] Zona comprendida entre Teniente Rey, Compostela, Acosta y San Ignacio.

[23] Los **Capitanes de Partido**, un cargo definido por el Capitán General Conde de Ricla en 1765, eran individuos comisionados del Capitán General para el gobierno de lugares en el interior de la isla: tenían autoridad sobre caminos, censos y policía, actuaban como alguaciles. y eran en ocasiones colectores de la real hacienda. En los alrededores de la ciudad de La Habana había unas 50 localidades rurales en las que la autoridad inmediata era el Capitán del Partido.

[24] Hay grandes dudas del motivo de esa **estancia en España**. Dos hipótesis igualmente posibles son que Don Mariano obtuvo un premio de la lotería y que la Leonor había recibido una modesta herencia a la muerte de su padre Antonio Pérez Monzón.

[25] Un **juez pedáneo** conocía causas menores y trámites judiciales, carecía de tribunal y sus casos los veía en el lugar de los hechos y a pie, de ahí su nombre. Sus orígenes datan de los tiempos romanos; su categoría era equivalente al juez de paz moderno.

de la calle Paula, que vivía en uno de los barrios más humildes de La Habana, instantáneamente se hizo amigo entrañable por toda una vida de Fermín Valdés, vecino de la calle Industria número 110, casi esquina a San Miguel, en un barrio pudiente de extramuros muy cercano al *Paseo del Prado*, al *Parque Isabel II* y a la zona de mayor florecimiento de La Habana a mediados del siglo XIX.

Fermín Valdés Domínguez era hijo adoptivo de Don José Mariano Domínguez, un sacerdote nacido en Guatemala, adjunto al ejército español, con grandes habilidades para los negocios (bienes raíces, ferrocarriles, hipotecas) que le permitieron hacerse de una modesta fortuna en el momento de su retiro como capellán militar en el Castillo del Príncipe. Junto a su hermano Eusebio [26], nacido en 1847, ambos expósitos de la *Real Casa de Beneficencia de La Habana*, Fermín, nacido en 1853, heredó de su padre adoptivo "*un caudal estimable de todos sus bienes, derechos y acciones por mitad... bienes que les traspaso gracias al natural impulso de hacer el bien a los hombres en pago a los beneficios que de los hombres había recibido...*"

En San Anacleto ambos disfrutaron de un programa de estudios de las ciencias, de idiomas modernos (inglés y francés) e incluso tomaron clases utilizando un pequeño telescopio para observaciones astronómicas, con el objetivo de lograr una educación más completa de los educandos. San Anacleto fue una escuela criolla de tendencia liberal, de pocos rezos y muchas ciencias, que entrenó la mente de sus discípulos para asimilar ideas nuevas.

Ambos terminaron la enseñanza primaria en San Anacleto en 1865 e iniciaron estudios en la *Escuela Primaria Superior de Varones*, situada en Prado esquina a Ánimas en La Habana, dirigida por el maestro y poeta Rafael María de Mendive.

Ávidamente, los dos recibieron clases y el cuidado y devoción de Mendive, cultivador de almas. En el colegio desarrollaron ansias de saber y añadieron a la educación formal la participación en tertulias y conversaciones a través de las cuales fueron conociendo el sentir de su generación y su compromiso social. En 1867, cuando Martí y Valdés cumplieron apenas 14 años, Mendive inauguró en su casa el *Colegio San Pablo*, que le permitió abiertamente darle calor a sus sim-

---

[26] A diferencia de Fermín, Eusebio creció retraído, estudioso e inteligente pero avergonzado por haber sido expósito; siempre firmó sus cartas y documentos como **Eusebio V. Domíguez**.

patías por los anhelos independentistas de los cubanos. [27] En el San Pablo, Mendive reunió un claustro de extraordinaria formación académica y educativa que incluyó a *Anselmo Suárez y Romero*, profesor de latín; *Claudio Vermay* y *José Ramón Carballo*, enseñando griego; *Ambrosio Aparicio*, inglés y francés; *Alejandro María López* y *Manuel Sellén*, gramática castellana, *Roberto Escobar* y *José del Álamo Millet*, matemáticas y geometría; *Ramón Zambrana*, moral y cívica; el presbítero *Manuel Pina*, filosofía y religión, junto al propio *Mendive*, que enseñaba historia y literatura universal.

Doña Leonor Pérez Cabrera y **Don Mariano Martí**, padres de José Julián Martí y Pérez. En la foto inferior, la casa de **Paula 41**, entre Ejido y Picota, cuando fue instalada allí una placa recordatoria por exiliados cubanos de Cayo Hueso en una ceremonia a la que asistieron Leonor Pérez, ya anciana, Amelia Martí, hermana del Apóstol, Carmen Zayas Bazán, su viuda, José Martí y Zayas Bazán, su hijo y Fermín Valdés Domínguez, su amigo entrañable, el 28 de enero de 1899, en el 46 aniversario de su natalicio.

---

[27] Esa determinación, incompatible con la posición colonial del sistema oficial de educación en Cuba, fue sin lugar a dudas la causa explícita o indirecta de la renuncia o terminación de los servicios de Mendive en la **Escuela Primaria Superior de Varones de La Habana.**

Rafael María de Mendive (1821-1886) fue un alumno distinguido de José de la Luz y Caballero y fundador del Colegio San Pablo, donde inculcó a sus alumnos un gran amor a Cuba y a la libertad.

Destacado intelectual, poeta, literato y abogado, al terminar su carrera en la Universidad de la Habana en 1844 emprendió un largo viaje por Europa donde conoció en el exilio a Félix Varela, José Antonio Saco y Domingo del Monte. Al volver a Cuba en 1852 trabajó durante diez años en la *Sociedad de Crédito Territorial Cubano*, hasta que en 1863 fue separado de su cargo por intrigas de los elementos colonialistas. Mendive fue un activo colaborador y miembro de la *Sociedad Económica de Amigos del País* y escritor frecuente en *Guirnalda Cubana, Revista Habanera,* el *Álbum de lo Bueno y lo Bello* de la *Avellaneda,* el *Correo de la Tarde* y el *Diario de La Habana.*

En el año 1864, fue nombrado director de la *Escuela Superior Municipal de Varones*, designación que combatieron los partidarios del integrismo, que desconfiaban de él por su condición de cubano y de poeta. Fue allí maestro de José Martí y de Fermín Valdés Domínguez. Su casa en Prado 88 fue centro de reuniones literarias y patrióticas; en ella fundó el *Colegio San Pablo*, el cual constituyó, para todos sus discípulos, un seminario cívico donde encontraron calor de hogar. Con Mendive aprendió Martí el amor a la libertad, el decoro, dignidad, prestigio, justicia, preocupación por los humildes y pureza de pensamiento, que eran virtudes atesoradas por Mendive.

Como consecuencia de las manifestaciones revolucionarias en el capitalino *Teatro Villanueva* el 22 de enero de 1869, Mendive fue preso en el Castillo del Príncipe por cinco meses y fue luego desterrado a España. Cuatro años después consiguió trasladarse a Nueva York, donde residió por nueve años y colaboró en varias publicaciones de lengua española, continuando su devoción a la causa separatista, por la cual murió su hijo Luis. Al firmarse la *Paz del Zanjón*, regresó a Cuba y dirigió el periódico *Diario de Matanzas* mientras continuó escribiendo para importantes publicaciones internacionales. En 1883 apareció una tercera edición de sus poesías.

Estando al frente del colegio *San Luis Gonzaga*, de Cárdenas, en Matanzas, Rafael María de Mendive enfermó y fue trasladado a La Habana, donde murió el día 24 de noviembre de 1886.

Fotos: Mendive y la ***Escuela Municipal de Varones*** en 1864.

En París, en 1844, Rafael María de Mendive conoció por primera vez a María de las Mercedes Santa Cruz y Montalvo, condesa de Merlín. La condesa cubana ya había escrito varios libros autobiográficos (*Mes Douzes Premières Années*, en 1831; *Histoire de la Sœur Inès*, en 1832; *Souvenirs et Mémoires*, en 1836; *Les Loisirs d'une Femme du Monde*, en 1838) y, en medio de una situación financiera deplorable, había comenzado a vender joyas, relojes y hasta su coche por no tener con qué pagar a sus criados. A pesar de sus problemas, la condesa publicó ese año en París la más importante de sus obras: *La Havanne*. José Antonio Saco, Domingo del Monte, Rafael María de Mendive y otros intelectuales  cubanos residentes en París colaboraron con ella para aliviar su situación económica enviándole informes detallados acerca de la situación general de la Isla de Cuba. Todos ellos la facultaron a hacer cuanto quisiese con esas colaboraciones, ninguno de ellos pretendiendo ser citado.

La Havanne consistió de 36 cartas dirigidas a su hija y a varias personas celebres de la época, de acuerdo con el interés que pudieran tener estas últimas en el tema tratado. Así, una carta sobre las costumbres habaneras estaba destinada a George Sand; otra sobre el tabaco cubano al vizconde Simeón; una tercera sobre el comercio en la Isla al barón J. Rothschild; mientras que al vizconde de Chateaubriand le dedicó una narración sobre la campaña de Bartolomé de las Casas en defensa de los aborígenes.

La traducción al español se publicó ese mismo año en Paris con el título *Viaje a la Habana* y fue brutalmente censurada, al punto que el texto en español solo incluyó diez cartas, prologadas por la ilustre escritora cubana Gertrudis Gómez de Avellaneda. Los temas referidos a la conquista de Cuba por Diego Velázquez, a la administración de la justicia, la agricultura, el tabaco, la civilización intelectual, las habaneras, la esclavitud en la Isla, o los tiranos que la gobernaron, fueron todos excluidos por las autoridades metropolitanas españolas.

Gender and Nationalism in Colonial Cuba, el extraordinario libro sobre la Condesa de Merlín escrito por la también cubana Adriana Méndez Rodenas.

3 Educación

Mendive, como casi todos los cubanos pensantes y educados de su época, comulgaba con las ideas separatistas. Formalmente, sin embargo, era reformista.[28] A su lado José Martí se convirtió en un asiduo lector. Para asombro de Mendive, su discípulo favorito de 13 años comenzó a leer en inglés y francés algunos de los libros de la biblioteca del colegio y trataba, con grandes esfuerzos y la ayuda de diccionarios, de traducirlos al castellano. En tertulias frecuentes casi una vez a la semana, los alumnos más destacados del San Pablo se reunían con Mendive y otros profesores para comentar sobre Cuba y su ambiente político y cultural. Uno de los temas de actualidad fueron las gestiones en Madrid de la *Junta de Información* de 1866 y el papel de los reformistas cubanos en la misma.[29]

Mendive también estimuló en Martí el gusto por el teatro y el arte. El joven alumno comenzó a ir con su mentor a funciones en el *Teatro Tacón* y el *Teatro Albisu*; después de cada función el maestro tenía por costumbre escuchar las opiniones y críticas del alumno antes de expresar las suyas propias. Muchas veces en Nueva York, años después, Martí recordaría con afecto lo que nostálgicamente consideró como sus primeros intentos periodísticos.

No faltaron tampoco en las tertulias del San Pablo muchas historias de la estancia prolongada de Mendive en París, a sus 23 años, gracias a la generosidad de su tía Mercedes que, al morir sus padres

---

[28] El *reformismo* pretendía lograr de España una apertura política, social y económica hacia Cuba por medio de una reforma de las leyes que con las que España gobernaba a Cuba. Entre los primeros reformistas cubanos se encontraban Varela, Luz y Caballero, Arango y Parreño, Francisco Frías (Conde de Pozos Dulces) y José Valdés Fauli. Algunos Capitanes Generales españoles en Cuba compartían las ideas del reformismo, entre ellos el Marqués de La Torre, José de Ezpeleta y Luis de las Casas.

[29] Dos de los grandes **amigos de Mendive** que compartían los sentimientos de reforma se cruzarían años más tarde con Martí: *José Calixto Bernal* (1804-1886), que recibió a Martí durante su destierro madrileño de 1869, y *Nicolás Azcárate Escobedo* (1828-1894), en cuyo bufete Martí ejerció como abogado en Cuba en 1879. Tanto Bernal como Azcárate fueron miembros de la fracasada *Junta de Información* que antes de estallar la Guerra de 1868 fue convocada por Madrid para tranquilizar a los cubanos.

cuando Mendive era apenas un niño, lo había criado con el calor de una madre. El tema fue la oportunidad que aprovechaba Mendive para hablar extensamente de Félix Varela, José Antonio Saco y Domingo del Monte, con los que Mendive se había vinculado en París.[30] José Martí y Fermín Valdés tomaron nota de esos afectos y comenzaron a desarrollar un entusiasta interés en la historia intelectual de Cuba. Nunca faltaba en esas tertulias el sigiloso consejo final de Mendive «*muchachos, estas cosas no se pueden hablar con todo el mundo...*»

Los momentos de intensa felicidad de Martí en el San Pablo, se veían a veces interrumpidos por las penurias económicas de la familia, casi todas ellas causadas por las dificultades de Don Mariano de mantenerse contento en sus empleos. Con frecuencia excesiva Martí tenía que salir temprano de la escuela para trabajar de recadero en pequeños negocios de la barriada. Mendive se alarmaba e hizo un pacto amistoso con Don Mariano: pagaría los estudios de Pepe hasta terminar el bachillerato si el padre lo dejaba concentrarse en no otra cosa que sus estudios. Martí consiguió así los fondos para ingresar en el Instituto de Segunda Enseñanza de La Habana en Obispo y San Ignacio, al sur del convento San Juan de Letrán. Don Mariano jamás volvió a interferir con los estudios de Martí. Primero a regañadientes y más tarde con gran orgullo vio como Pepe progresaba en sus estudios y era reconocido por condiscípulos y maestros.

El Instituto había sido fundado apenas unos años antes bajo la dirección de Antonio Bachiller y Morales,[31] que lo dotó de una de las primeras bibliotecas públicas de La Habana e instauró un currículo que incluía, además de las asignaturas de rigor, temas especiales

---

[30] Antes de producirse la Guerra de 1868 y durante todo el período de insurrección, los **cubanos refugiados en París** incluyeron, en mayor o menor tiempo de residencia, a Francisco Frías (Conde de Pozos Dulces), José Valdés Fauli, José Silverio Jorrín, José Antonio Saco, Miguel Ferrer, Francisco Estrampes, Miguel de Aldama, Enrique Piñeyro, Carlos Manuel de Céspedes, María Heredia, Francisco Vicente Aguilera, Manuel Quesada y su esposa, Pedro José Guiteras y Ramón de Armas Céspedes, entre otros. Muchos se reunían en tertulias regulares en el *café Brébant*, en la rue du Fauburg-Montmartre y los más solventes asistían con cierta frecuencia a la *Comédie-Française*.

[31] **Bachiller y Morales**, camagüeyano, fue graduado del *Real y Conciliar Colegio Seminario de San Carlos*, se dedicó por muchos años al estudio de América precolombina y en 1869 se exilió en los EEUU como resultado de los sucesos del Teatro Villanueva; allí residió hasta volver a Cuba en 1878, trabajando como corresponsal del periódico mexicano El Siglo XX donde informaba regularmente de los acontecimientos de la Guerra de 1868 en Cuba.

electivos como botánica, zoología, filosofía, lingüística, antropología, etnología, química, ciencias agropecuarias, economía, biología, educación, economía política y legislación mercantil.

En 1866 España reemplazó en Cuba al Capitán General Dulce por Francisco Lersundi Hormaechea, ex-Ministro de Guerra y ex-Primer Ministro español, distinguido combatiente anti Carlista, valenciano como Don Mariano, ayudante en 1844 de José Gutiérrez de la Concha en el sitio de Zaragoza. Las malas lenguas contaban que el presidente del gobierno español, Leopoldo O'Donnell, lo había nombrado para el cargo en Cuba para alejarlo de Madrid, donde muchos partidarios le apoyaban como nuevo presidente.

Lersundi había llegado a Cuba declarando «*sentirse como un cubano más...*» pero sus simpatías estaban a favor de mantener a Cuba española a toda costa. Durante su breve estancia como capitán general se habían elegido los miembros de la *Junta de Información* que marchó a Madrid pero se desbandó sin proveer a los cubanos las mínimas reformas que hubieran sido necesarias para mantener la isla como la "*siempre fidelísima hija de España.*"

Fue el fracaso de la Junta lo que colmó la paciencia de los criollos e hizo realidad la confrontación armada españoles y cubanos en octubre en Oriente. Lersundi envió a Oriente como capitán de las tropas españolas de Cuba a Blas Villate, segundo Conde de Valmaseda, con mano abierta para ensañarse contra el movimiento insurreccional. Su crueldad, solo superada por Weyler muchos años después, le mereció póstumamente el título de Grande de España concedido por María Cristina la reina regente.

Ya desde 1868 la opinión popular en Cuba sentía que la guerra contra España era inevitable. Pepe, encontrando un ambiente de muchas polémicas políticas en el Instituto, siguió los consejos de Mendive y volvió a unirse a Fermín en el colegio San Pablo. De ahí en adelante se sintió hijo de dos padres; Mariano en la casa y Mendive en el colegio. En la casa una tensión por no contribuir a los ingresos familiares; en la escuela el reto y la ansiedad de conocer noticias de lo que sucedía en el frente de batalla en Oriente. Por fortuna, Don Mariano fue nombrado como celador de policía para el reconocimiento de buques en el puerto de Batabanó y Pepe pudo, con el visto bueno de Leonor, pasar largas horas en la casa de Fermín donde un grupo de jóvenes comparten noticias y rumores sobre el avance de los insurrectos en Camagüey y Oriente.

Desde que se alzaron los cubanos en Oriente, en La Habana no podían pronunciarse las palabras "*Carlos Manuel de Céspedes*" sin llamar la atención de soplones, policías o voluntarios. Había soldados en todas las entradas y salidas de la ciudad. Por las calles no transitaban los habitantes más de un par de cuadras sin que alguien les pidiera un salvoconducto. Todos los hombres mayores de 16 años eran sospechosos de infidencia.[32]

En La Habana los criollos estaban malhumorados por la burla que resultó haber sido la *Junta de Información* mientras los españolistas estaban resentidos por las pullas y el sarcasmo de los reformistas frustrados. La prensa exacerbaba los ánimos de ambas partes. Para colmo de males, los hospitales estaban llenos de víctimas de una resistente epidemia de cólera. Fue entonces que Martí comenzó a desahogar su alma en versos y ensayos patrióticos.

En los primeros meses de 1869, con apenas 16 años, Martí publicó un soneto con sus primeros versos patrióticos en el periódico estudiantil *El Siboney* del Instituto de la Habana:

Al 10 de Octubre

No es un sueño, es verdad: grito de guerra
Lanza el cubano pueblo, enfurecido;
El pueblo que tres siglos ha sufrido
Cuanto de negro la opresión encierra.

Del ancho Cauto a la Escambraica sierra,
Ruge el cañón, y al bélico estampido,
El bárbaro opresor, estremecido,
Gime, solloza, y tímido se aterra.

De su fuerza y heroica valentía
Tumbas los campos son, y su grandeza
Degrada y mancha horrible cobardía.

Gracias a Dios que ¡al fin con entereza
Rompe Cuba el dogal que la oprimía
Y altiva y libre yergue su cabeza!

---

[32] **Infidencia** es una violación de la fe y confianza debida a alguien. En la Cuba del siglo XIX se llamaba *infidentes* a los criollos que estaban contra el gobierno español pero aún no se habían alzado en armas.

El *Teatro Albisu*, al cual acudían Martí y Fermín Valdés con Rafael María de Mendive y su esposa, estaba ubicado en la manzana comprendida por las calles Zulueta, Monserrate, San José y Obispo, en el llamado *Reparto las Murallas*. En ese local había estado anteriormente el *Circo Albisu*, propiedad del vasco don José Albisu. El teatro se quemó en 1918 y en el mismo terreno se construyó el Teatro Campoamor.

Las ruinas del **edificio original del Instituto de Segunda Enseñanza de La Habana**, situado en la esquina de San Ignacio y Obispo, en la porción sur del convento de San Juan de Letrán. El Instituto fue fundado por Antonio Bachiller y Morales en 1863 y en 1924 fue trasladado a un nuevo edificio majestuoso en la manzana de Zulueta, Obrapía, Teniente Rey y Monserrate

La **ubicación presente del Instituto de Segunda Enseñanza de La Habana,** construido durante los gobiernos de Mario García Menocal y Alfredo Zayas e inaugurado en 1924.

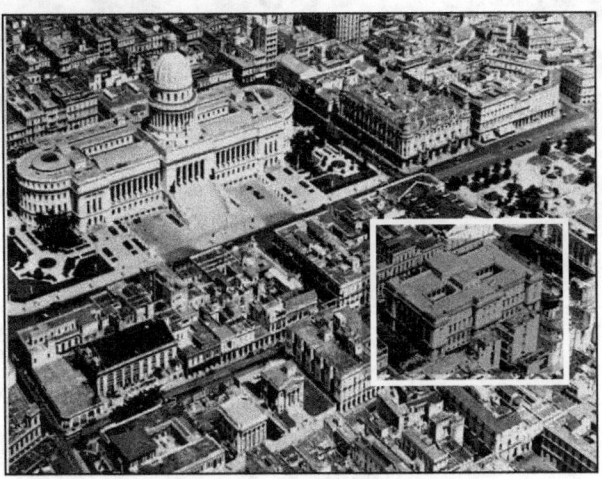

Las *Cortes de Madrid* en 1869, en medio del fracaso de la Junta de Información.

La *Habana que conoció Martí* en su adolescencia; ya era un centro mercantil de importancia con un Puerto en constante actividad.

Una vista de la *fachada del antiguo Instituto* de Segunda Enseñanza de La Habana que Martí y Fermín Valdés conocieron.

Capitanes Generales españoles en Cuba durante la juventud de José Martí:

Leopoldo O'Donnell, Duque de Tetuán

José Gutiérrez de la Concha, Marqués de La Habana

Domingo Dulce y Garay

Francisco de Lersundi y Hormaechea

Blas Villate, Conde de Valmaseda

4 Adolescencia

El José Martí que comenzó a escribir poesía patriótica y social a los 16 años era un adolescente precoz asiduo a la lectura, un hombre joven de extraordinaria cultura e intereses sociales y de una conciencia moral que lo destacaba entre sus compañeros del Colegio San Pablo. En unos pocos años había prácticamente agotado la biblioteca de su mentor Mendive, ya había adoptado una conciencia abolicionista y miraba críticamente la validez del movimiento reformista que cautivaba a su maestro y mentor.

Cuba se debatió a principios del siglo XIX entre la necesidad de la esclavitud como soporte fundamental de la isla [33] y el rechazo humano a la explotación del hombre por el hombre. Martí, en sus lecturas de periódicos y cartas en la biblioteca del San Pablo, aprendió de las conspiraciones de los negros libres Nicolás Morales en 1795 y José Antonio Aponte en 1812 [34], de los esclavos sublevados en Trinidad en 1840 que había repercutido en una huelga de los trabajadores que construían el Palacio Aldama, de las sublevaciones de esclavos en los ingenios La Alcancía y Triunvirato en Matanzas en 1843, así como de los sucesos que pocos conocían sobre la vasta *Conspiración de la Escalera* en 1843 y 44.

Sobre esta última, Martí encontró una carta recibida por Mendive que compartió con Fermín:

> «A un cuarto de milla de la Calzada de San Esteban había una propiedad, conocida por la estancia de Soto, con una fabrica en ruinas que parece haber sido un almacén de café. Allí se atormentaban victimas infelices. Los negros nunca se declaraban culpables voluntariamente ni denunciaban a otros, eran atados a una escalera donde sufrían el rigor del látigo para que dieran declaraciones que servían de prueba contra otros acusados. Los que

---

[33] Los **brazos de esclavos** movían las industrias azucarera, tabacalera y cafetera, y de ellas dependían el mundo del comercio, los ingresos del gobierno y el estilo de vida no solo de los oligarcas sino la población entera.

[34] Poco se sabe de **Nicolás Morales**; en el caso de **Aponte**, militar y jefe de los Yorubas en Cuba, la conspiración fue ahogada en sangre en Oriente, Camagüey e inclusive La Habana y termino con la cabeza de Aponte y otros líderes exhibidas en picas en la capital al estilo de los *sans-coulottes* de la revolución francesa.

sobrevivían el tormento, eran transportados en una carreta hacia un hospital provisional de presos enfermos de la conspiración de la gente de color;

diariamente salían para el cementerio dos o tres cadáveres y se les daba sepultura inscribiéndolos en los registros como fallecidos de diarrea...»

Ambos, Pepe y Fermín, sorprendidos por lecturas como esa, comenzaron, a poner en duda el valor de la posición reformista en Cuba. Habiendo leído un personaje tan importante en la sociedad criolla como Arango y Parreño, sabían que no solo Cuba y España tenían posiciones políticas distintas sino que aun dentro de Cuba había posiciones irreconciliables. Si la esclavitud era inhumana, ¿cómo podía la sociedad criolla aceptar el aparato represivo español que garantizaba mantener la esclavitud? y ¿cómo podían justificar los reformistas que una simple «*evolución de las leyes y regulaciones*» era todo lo que se necesitaba en Cuba? Para los dos jóvenes era una consecuencia lógica que la clase criolla cubana seguiría inerte, postrada y sumisa hasta que el cúmulo de medidas opresivas, humanas y económicas, hiciera inevitable una confrontación armada con la metrópoli. En definitiva era evidente que «*Cuba era simplemente un apéndice del sistema colonialista español cuya función principal era proteger los intereses de la clase oligárquica, semifeudal y burguesa-comercial de España, para la cual la Isla representaba, una vez desaparecidas las otras colonias de América, la única fuente fuerte de ingresos.*»[35]

Desde octubre de 1843 hasta junio de 1869 Cuba tuvo 13 cambios de Capitán General colonial español, uno nuevo cada dos años. Todos ellos, O'Donnell, Roncali, Concha, Pezuela, Cañedo, Serrano, Dulce, Lersundi y Villate, se entrenaron en Cuba para funciones de mucha más altura en el gobierno de Madrid. En los primeros días de 1869 el oficio de gobernador de turno le correspondió a Domingo Dulce, predecesor en 1866 de Francisco Lersundi y su sucesor en 1869. Fermín y Pepe, comprometidos ya con el ideal separatista, y aprovechando un breve período de libertad de prensa promulgado por Domingo Dulce, publicaron El Diablo Cojuelo, un periódico estudiantil de seis páginas, con una sola edición [36] impresa en la librería El Iris, en la calle Obispo. El periódico vio la luz el 19 de enero de 1869.

---

[35] Según José Martí reflexionó en uno de sus discursos en **Harman Hall**, New York, en noviembre de 1889, muchos años después.

[36] El nombre **Diablo Cojuelo** lo toman de un personaje legendario de la tradición castellana del siglo XVII, que era "*el espíritu más travieso, socarrón y juerguista del infierno que al caer del cielo se rompió una pierna.*"

Aprovechando esa oportunidad, en enero de 1869 Martí publicó también en la librería El Iris, con la ayuda financiera de Cristóbal Madan [37], *La Patria Libre*, donde aparece su poema *Abdala*, en el cual aludió veladamente los acontecimientos que estaban ocurriendo en Cuba [38], y el sentir de sus habitantes. Dos de las estrofas de *Abdala* circularon de mano en mano entre los estudiantes del Instituto:

> ¡Nubia venció! muero feliz: la muerte
> Poco me importa, pues logré salvarla...
> ¡Oh, qué dulce es morir, cuando se muere
> Luchando audaz por defender la patria!
>
> El amor, madre, a la patria
> No es el amor ridículo a la tierra,
> Ni a la yerba que pisan nuestras plantas;
> Es el odio invencible a quien la oprime,
> Es el rencor eterno a quien la ataca

Las autoridades españolas, como en muchas otras ocasiones, se hizo de la vista gorda ante los dos periódicos estudiantiles del Instituto; hubiera sido distinto si hubieran sido escrito por dos adultos. En definitiva sacudieron los hombros repitiendo la frase que ya se había hecho popular en Cuba: «*la función principal de los españoles en Cuba era engendrar criollos...*» No por eso se libraron Fermín y Pepe de entrar en la lista de los discrepantes potenciales de España. Don Mariano le advirtió que no quería verlo convertido en un *cubiche*.[39]

A pesar de los esfuerzos del Capitán General Domingo Dulce por aplacar los ánimos en Cuba, las modificaciones liberales que introdujo en el gobierno colonial no consiguieron aliviar tensiones en

---

[37] **Cristóbal Madan**, que muchos cubanos de la época llamaban "*el cónsul cubano en New York,*" vivió en esa ciudad por más de 70 años, habiéndose mudado a ella antes que lo hiciera Félix Varela en 1823. Su capital provenía de inversiones azucareras en la región de Matanzas y era lo suficiente sólido que le permitía vivir en una regia mansión en Madison Square Park. Madan recibió en New York a Varela, su antiguo profesor y a José María Heredia su condiscípulo. Con el tiempo Madan evolucionó de cubano pro-españolista a anexionista, siempre proclamando su condición de cubano. En 1850 se hizo ciudadano americano pero se aseguró que todos sus seis hijos nacieran en Cuba. Al concluir la Guerra de 1868, Madan estableció un bufete en La Habana donde ofreció y dio trabajo de verano al joven José Martí.

[38] Encubierta bajo el pseudónimo *Nubia*, la región del Sudan donde floreció una de las más tempranas civilizaciones de África circa 2,000 BC.

[39] **Cubiche** fue originalmente un término derogatorio para referirse a una persona de origen cubano. Comenzó a utilizarse a mediados del siglo XIX pero con el tiempo, y por el uso frecuente entre los propios cubanos, la palabra ha dejado de tener connotaciones negativas.

Cuba, sobre todo entre los voluntarios de la seguridad del régimen español.

La Capitanía General de Cuba, bajo el mando de Federico Roncally, Conde de Alloy, organizó a mediados del siglo XIX el *Cuerpo de Voluntarios del Ejercito Español*. El objetivo inmediato fue ayudar a la escasa guarnición española presente en Cuba en 1850 en la defensa de la isla frente a desembarcos de naturaleza anexionista liderados por Narciso López y otros filibusteros procedentes de los EEUU. Cuatro batallones fueron alistados, organizados y armados, todos ellos por españoles radicados en Cuba. Dos años después, bajo el gobierno de Juan Gutiérrez de la Concha, esta vez bajo el nombre de *Nobles Vecinos*, se añadieron 10 batallones y 4 compañías adicionales. Los objetivos de las fuerzas de Voluntarios se ampliaron a «*defender la soberanía española en la isla de la posibilidad de un ataque anexionista desde los EEUU, la insurrección de la población blanca o de color, la conservación del régimen colonial y la preservación de la esclavitud.*»

El Cuerpo de Voluntarios permitió a Concha y los gobernadores siguientes disponer de una poderosa fuerza paramilitar de reserva que respaldaba al ejército español. Los Voluntarios respondían directamente a la máxima autoridad política y militar de Cuba que era el Capitán General, designado por la corona y que ostentaba el grado de Teniente General. A él se subordinaban todas las fuerzas militares, paramilitares y políticas de Cuba. El sucesor al mando era un Segundo Cabo, que con el grado de Mariscal de Campo era Comandante General de la capital. El Cuerpo de Voluntarios fue adiestrado, apertrechado y organizado al mismo nivel y las mismas líneas de mando de los soldados profesionales del ejército regular, en escuadras, pelotones, secciones, compañías y batallones de infantería. Los aspirantes a unirse al cuerpo debían de tener aptitud física, ser españoles o naturalizados como tales, no estar procesados criminalmente, tener entre 18 y 50 años de edad, poseer renta, tener oficio y un modo de vivir honroso y, si deseaban ser alistados en el cuerpo de caballería, «*tener un caballo joven y adiestrado de su propiedad.*»

Parte de la instrucción y adoctrinamiento de los reclutas al ser incorporados al Cuerpo de Voluntarios consistía en convencerlos de que

> «... *eran participantes en Cuba de la resistencia nacional española frente a los traidores y los malos hijos de España, a la cual defienden con un fanatismo integrista los luchadores voluntarios en posesión de la única verdad política.*»

El sello con el cual el gobierno cubano honró la memoria de *Gabriel de la Concepción Valdés (Plácido)*, el poeta lírico cubano de más envergadura a mediados del siglo XIX en la isla. Plácito fue ejecutado a los 35 años por haberse unido a la posiblemente falsa ***Conspiración de La Escalera.***

La carta de ciudadanía de **Cristóbal Madan**, fechada el 27 de junio de 1850. En 1871, en las cortes de New York, se cuestionó si las ciudadanías de los EEUU obtenidas por 325 cubanos que viajaron a territorio norteamericano pero volvieron a Cuba después de hacerse ciudadanos eran válidas y dichos individuos, como ciudadanos norteamericanos, tenían derecho a la protección de los EEUU. La corte de NY estableció que las ciudadanías eran válidas aunque los interesados hubieron vuelto a Cuba.

En 1906, la misma cuestión tuvo lugar cuando los EEUU, bajo el Tratado de París, comenzó a reclamar a España el pago de indemnizaciones a ciudadanos de los EEUU afectados por la Guerra de 1895. El hijo de Cristóbal Madan reclamó $ 500 mil en pérdidas de su padre (caso no. 265) durante la guerra. El gobierno español reclamó que la ciudadanía de 1850 a Madan era inválida por haber vuelto a Cuba pero el árbitro en 1906 falló que la ciudadanía era legítima, Madan tenía todos los derechos de cualquier ciudadano de los EEUU, y concedió a la familia de Madan la indemnización correspondiente.

Fermín Valdés Domínguez (sentado) y José Martí en una foto de 1872 en Zaragoza, cuando, deportados de Cuba, ambos estudiaban en la universidad.

Las torturas a los insurrectos durante la **Conspiración de La Escalera**. Los abolicionistas acusaron a los propietarios de esclavos y las autoridades españolas de haber "creado" esa conspiración para amedrentar a los criollos que querían acabar con la esclavitud. Más de 100 negros fueron ejecutados, 400 desterrados y 600 condenados a prisión. Nunca se descubrieron planes, proclamas ni listas de simpatizantes en lo que los historiadores han calificado de una inexistente conspiración.

Tres **ejemplares de los periódicos** que publicaron José Martí y Fermín Valdés Domínguez cuando siendo aun adolescentes comenzaron a abogar por la independencia de Cuba en la década de 1860.

El taller de la ***Imprenta El Iris*** en La Habana de los 1860s. La imprenta fue una de las mejores equipadas de Cuba, propiedad de Majín Pujolá, situada en la calle Obispo número 121. Allí se imprimían documentos del gobierno colonial, e importantes obras literarias (entre ellas las de Gertrudis Gómez de Avellaneda). La gerencia simpatizaba con los jóvenes autores del Instituto y les hacía trabajos por los cuales solo les cobraba una cantidad nominal.

Federico Roncalli Ceruti, Conde de Alloy, protegido de Baldomero Espartero, regente de España durante la niñez de la futura reina Isabel II entre 1840 y 1843. Roncalli fue Capitán General de Cuba (1848-1850) y fue el primer organizador del *Cuerpo de Voluntarios* en Cuba en 1850. Los voluntarios (fotos a la derecha), que llegaron a sumar más de 80,000 durante la época colonial, fueron la espina dorsal del *integrismo*, la tendencia política que respaldaba el concepto de ser Cuba una parte integral e indivisible de España.

5   Villanueva

El ambiente de la capital cubana en el último año de la década de 1860 no podía ser más tenso. El Capitán General Domingo Dulce había sido enviado a Cuba por segunda vez en enero de 1869 para liberalizar el gobierno y acomodar a los criollos pero no logró borrar de la memoria los recuerdos del clima autoritario que Lersundi y Blas Villate habían imprimido a la colonia. Parte de la tensión en la Habana eran las especulaciones sobre lo que ocurría en Oriente. Pocos conocían los detalles pero todos los habaneros sabían que había ocurrido un alzamiento de mucha más seriedad e importancia que los de los esclavos en la primera mitad del siglo. Ahora se trataba de hacendados blancos que tenían educación, capital y acceso a las armas, que se estaban rebelando contra el gobierno colonial.

Parte de la tensión capitalina se debía también a la excesiva presencia e ubicuidad del Cuerpo de Voluntarios. Los Voluntarios, hasta entonces enfocados a defender las costas de incursiones anti españolas, se habían convertido en la primera línea de defensa para sofocar disturbios de matiz político o revolucionario en las ciudades de occidente. Los peninsulares los veían como una fuerza pacificadora; los criollos como un cuerpo policíaco de chivatos [40] y una fuerza de ocupación con patente de inmunidad para sus abusos.

Surgió entonces un engorroso incidente en el *Teatro Villanueva*.

El Teatro Villanueva, anteriormente *Circo Habanero*, era propiedad de Don Miguel Nins y Pons, natural de Gibraltar y vecino de La Habana [41]; estaba situado en la manzana comprendida por Zulueta, Colón, Morro y Refugio, en el barrio de La Punta, reparto Las Murallas, siendo su dirección formal Zulueta 10. Años más tarde a princi-

---

[40] El término **chivato**, *stool-pigeon* o *snitch* en inglés, *mouchard* en francés, no se refiere a los mamíferos artiodáctilos de la familia de los caprinos, esto es, chivos jóvenes, sino a los delatores que acusan en secreto. Los primeros usos de la palabra chivato en Cuba se remontan al siglo XVII cuando se usaba para referirse a «*demonios que despiden llamas por los ojos,*» y para «*engañar mediante picardías o artimañas.*»

[41] **Don Miguel** murió antes de inaugurarse el teatro y su viuda, María Francisca Colbard, heredó la propiedad, tasada en ese momento en 45,000 pesos.

pios del siglo XX, allí se estableció la primera fábrica de tabaco La Corona por la *American Tobacco Company*.

El teatro era de menor jerarquía que el Tacón y acogía espectáculos de tono ligero, principalmente sainetes y obras del género bufo. Cuando no había funciones, se celebraban bailes de libre concurrencia los fines de semana. El edificio era de madera [42], con un techo más apropiado para un circo que para obras teatrales. Según una crónica de la época, «*era un teatro amplio, pero sencillo, con una sala interior distribuida en dos órdenes de palcos abalconados, anfiteatro y filas de lunetas. Allí concurrían en ocasiones más de 4,000 asistentes. Fue inaugurado el 12 de febrero de 1847, con el nombre de Circo Habanero y en él se albergaron lo mismo los bufos cubanos, que grandes compañías de operas, prestidigitadores y acróbatas.*» El nombre hacía honor al Claudio Martínez de Pinillos, Conde de Villanueva, ya fallecido cuando se inauguró la remodelación del circo para convertido en teatro.

Durante todo el mes de enero de 1869 el Teatro Villanueva presentó a los *Bufos y Caricatos Habaneros* [43], un grupo cuyas actuaciones eran un mezcla de opereta y can-can. El día 22 de enero la obra en escena era "*Pero Huevero aunque le quemen el hocico,*" un sainete costumbrista cubano en un acto, en prosa, de Juan Francisco Valerio. El teatro se había llenado a capacidad. Muchos de los criollos presentes esperaban con entusiasmo las canciones hirientes a España que normalmente eran ofrecidas durante la *guaracha* [44]. En el momento en que el actor Pepe Ebra exclamaba «*¡Viva la tierra que produce la caña!*», los espectadores simpatizantes del patriota Céspedes gritaron «*¡Viva Céspedes!, ¡Viva Cuba Libre!*» Los españoles presentes comenzaron a gritar «*¡Viva España!,*» a lo que siguieron gritos de «*¡Muera España!*» Inmediatamente sonaron dentro del teatro varios disparos,

---

[42] Las **autoridades coloniales** no permitían que se alzaran edificios sólidos y permanentes en sitios que pudieran necesitarse para defender la ciudad como era la zona de las murallas. Por reglamento, esas construcciones debían poder desarmarse con facilidad en caso de ataque enemigo; la corona española no indemnizaba a los propietarios si era necesario derrumbar el edificio y así quedaba dispuesto en las Reales Órdenes.

[43] **Bufos y Caricatos**, dos vocablos de idéntico significado, tienen su origen en la opera cómica italiana del siglo XIX. Bufo es el actor que hace el papel de gracioso y Caricato el cantante bajo que le hace de contrapunto.

[44] En aquellos tiempos la **guaracha** no era un ritmo musical. Se le decía guaracha al intermedio de un sainete bufo que se ofrecía, para descanso de los artistas, en una o varias breves intermisiones. Durante la guaracha salía al escenario un pequeño grupo musical y los asistentes bailaban en los pasillos si así deseaban.

originándose un intenso tiroteo y una marcha desbordada hacia las salidas del teatro de fatales consecuencias tanto para el público como para los actores.

En las afueras del teatro se habían apostado varios grupos de Voluntarios porque la semana anterior había habido gritos y alborotos contrarios a España que el gobernador había castigado con una multa de 200 pesos a Don Miguel Nins. Al oír de nuevo una gritería similar, los Voluntarios irrumpieron violentamente en la sala descargando sus armas en el público. Perecieron personas de todas las edades, unas heridas y otras aplastadas por la multitud. El gobierno colonial coaccionó a los periódicos de La Habana para que no ofrecieran detalles del incidente, motivo por el cual nunca se supo el número de víctimas.

La masacre el 22 de enero fue presenciada por José Martí, que en las afueras del teatro entregaba a los transeúntes sus ejemplares de *El Diablo Cojuelo*. Su madre, Doña Leonor, sin que lo supiera Don Mariano, fue a los alrededores del teatro para llevar a Pepe a casa. El joven Martí al día siguiente escribió unos versos de los cuales se enteraron solamente sus hermanas y su madre:

El enemigo brutal
nos pone fuego a la casa
el sable la calle arrasa
a la luna tropical.
   Pocos salieron ilesos
del sable del español:
la calle, al salir el sol,
era un reguero de sesos.
   Pasa entre balas un coche:
Entran, llorando, a una muerta:
Llama una mano a la puerta
En lo negro de la noche.

   No hay bala que no taladre
el portón: y la mujer
que llama, me ha dado el ser:
me viene a buscar mi madre.
   A la boca de la muerte,
los valientes habaneros
se quitaron los sombreros
ante la matrona fuerte.
   Y después que nos besamos
como dos locos, me dijo:
«Vamos pronto, vamos, hijo;
la niña está sola; ¡vamos!»

Sin conocerlo Martí, en las afueras del teatro estaba el joven Juan Gualberto Gómez, hijo liberto de padre y madre esclavos, tratando de localizar preocupado a unos amigos que habían asistido a la función. La familia de Juan Gualberto, de una posición social acomodada, decidió en esa noche sacarlo de su escuela *Nuestra Señora de los Desamparados* y enviarlo a Paris para terminar sus estudios de ingeniería. Los dos futuros patriotas, Martí graduado de abogado en Zaragoza, Juan Gualberto abogado pero con una segunda vocación de periodista y profesor, se conocerían y compartirían sus experiencias de esa noche cuando trabajaron juntos en el bufete de Nicolás Azcárate diez años después.

A la mañana siguiente del incidente del Teatro Villanueva, Martí, ayudado por Fermín, comenzó a repartir su pequeño periódico *La Patria Libre*. Los artículos no abogaban abiertamente por la independencia, pero los lectores sabían leer entre líneas. Entre varios trabajos que aparecieron en lo que sería el primero y último número del periódico figuraban *"La última razón"*, *"Por qué la revolución tiene derecho al orden"* —ambos de contenido patriótico— y *"Lógica marinera"*, que refuta un editorial del *Diario de la Marina*. En las dos últimas páginas se reprodujo el poema épico-dramático *Abdala*, de José Martí, que se presentaba con una introducción que señala *"escrito expresamente para la patria.."*

Abdala [45] es un poema en ocho escenas, escrito en versos endecasílabos, con varios personajes, entre ellos *Abdala*, un noble caudillo, héroe del poema, *Espirta*, la madre de Abdala y *Elmira*, la hermana de Abdala. El poema revela un talento dramático prematuro y una hábil y complicada versificación. A lo largo del poema se alude en forma velada a los acontecimientos que ocurren en Cuba así como el ambiente en viven los criollos.

El poema Abdala es la primera expresión teatral cubana durante las guerras independentistas. Fue parte de una reacción colectiva en Cuba que era, sin lugar a dudas, consecuencia de las noticias sobre el comienzo de la guerra con el Grito de Yara. Ese contenido patriótico del mundo teatral en Cuba poco a poco desplazó la *bufomanía* tan característica hasta entonces. [46]

Los sucesos de Villanueva tuvieron grandes repercusiones en Cuba. Entre otras cosas, hicieron famosa a La Habana como una ciudad donde abundaban los tiroteos, allanamientos y desmanes de los Voluntarios.

---

[45] El nombre *Abdala* proviene de un personaje histórico árabe de carácter rebelde, *Abd Allah*, que vivió en 891 a 961 AD. Interesantemente, Martí lo transforma en un príncipe negro africano, en parte para dar al traste con el habitual tratamiento menospreciante, exótico o divertido que se le daba al negro en Cuba. Abakla o Abd Allah, es también el nombre del padre del profeta Mahoma; en el idioma árabe significa Siervo de Dios.

[46] Los autores teatrales cubanos a principios del siglo XIX trataban de entretener al público mediante el **humor y la sátira picaresca** y producían obras populachera, centradas en personajes astutos, cálidas mulatas, negros cheche y curros, guajiros sin educación pero felices, chinos, ñañigos y muchachas jóvenes nada inocentes. Un diálogo doméstico con mucho humor, cargado de picardía, choteo y desde luego sumergido constantemente en guarachas sandungueras.

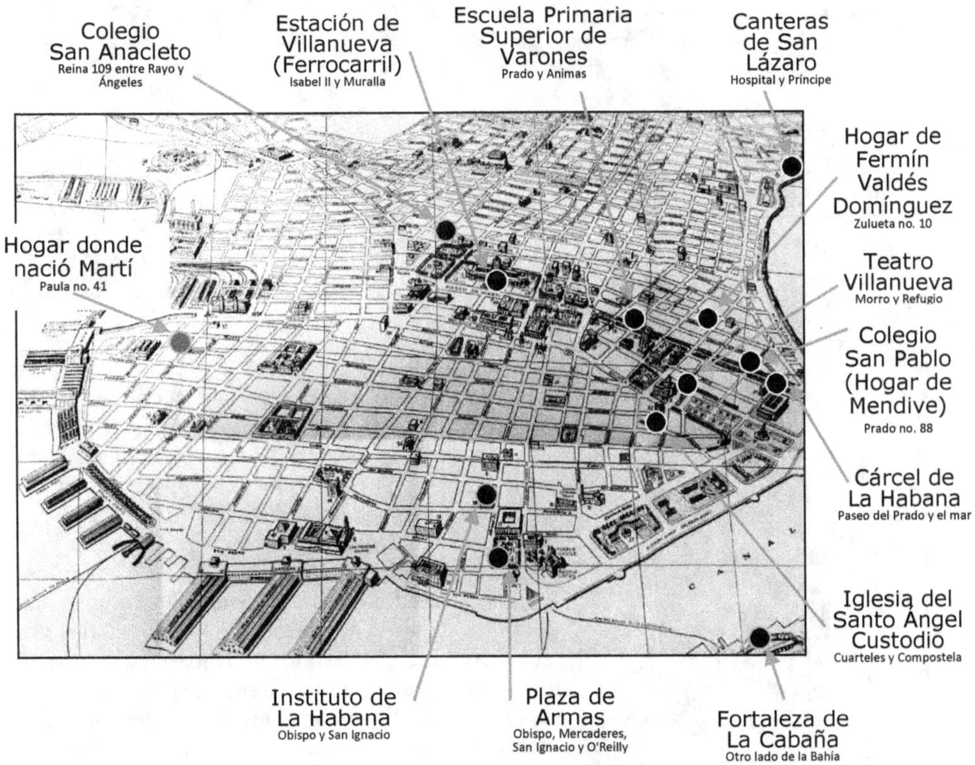

La Habana de la niñez y adolescencia de José Martí

Claudio Martínez de Pinillos y Cevallos (1780-1853), cubano de nacimiento, Conde de Villanueva, hacendado y político, líder reformista en los 1820s, en cuyo honor se nombraron la Estación de Ferrocarriles de La Habana y el Teatro Villanueva. Estudio humanidades en el Colegio San Carlos. En 1844 fue condecorado como Grande de España y Vizconde de Valvenera.

Una vista de ***La Habana desde Casablanca***, al otro lado de la bahía, en 1853. Señalados con círculos, a la izquierda la *Iglesia Convento de San Francisco*, en el centro la *Iglesia del Cristo* y a la derecha las torres de la *Santa Iglesia Catedral de La Habana* y la *Iglesia del Santo Ángel Custodio*.

El vestuario de ***Matías*** (el actor cubano José Sigarroa), el bufo que interpretó el papel principal de *Perro Huevero aunque le Quemen el Hocico* en el Teatro Villanueva el 22 de Enero de 1869. La partitura del autor Juan Francisco Valerio permitía muchas improvisaciones por parte de los intérpretes. De hecho los ánimos estaban cargados por la presencia de Voluntarios fuera del teatro y de muchas jóvenes criollas en el teatro luciendo vestidos en rojo, blanco y azul, los colores de la bandera de Céspedes. La famosa frase que dio lugar a los incidentes fue una improvisación: «*No tiene vergüenza ni buena ni regular ni mala el que no diga conmigo ¡Viva la tierra que produce la caña !*»

Juan Gualberto Gómez Ferrer en 1869, a la edad de 17 años cuando al igual que Martí y sin conocerse entre ellos estaba a la salida del Teatro Villanueva. Los padres de Juan Gualberto, Fermín Gómez (Yeyé) y Serafina Ferrer (Fina) eran esclavos en la hacienda *Golden Fleece*, en Matanzas, propiedad de una isleña de nombre Catalina Gómez. Yeyé y Fina, con inmensos sacrificios, reunieron el dinero necesario para comprar la libertad de Juan Gualberto y más tarde para pagar sus estudios en la escuela Nuestra Señora de los Desamparados. Al enterarse de las inclinaciones separatistas de Juan Gualberto, una vez más, con enormes sacrificios, lo enviaron a estudiar a Paris para protegerlo de la furia de los voluntarios de La Habana.

Dos ejemplares de propaganda del **Teatro Villanueva** para la presentación de funciones de *Bufos y Caricatos*. A la izquierda la letra de la guaracha que se cantaba en el intermedio de la función del día 21 de enero de 1869, el día anterior a los sucesos; a la derecha un grabado con la imagen de Florinda Camps, participante en la función del 22 de enero junto a Jacinto Valdés, el guarachero a quien se atribuye el bocadillo "Viva la tierra que produce la caña." La prensa colonial reportó que Florinda «*era una de los cómicos que desplegaron una bandera cubana en procesión por la ciudad... la enjundia que demostró tener la ha colocado como una suripanda a la altura de Emilia Villaverde. Deben meterla en la jaula donde se castigan los bergantes.*»

Florinda tuvo que interrumpir su carrera en Cuba y marchó a México donde «*arrastró una vida de jacalón y miserias por ganarse un mendrugo de pan,*» según el periódico El Nacional de la capital mexicana. Años después, en 1880 desempeñaba un papel en un sainete titulado *El Hambre Hace Toreros*. Al terminar sus líneas la sobrecogieron unos calambres en pleno escenario. Se llamó un médico y a las dos de la mañana falleció entre horribles dolores.

En cuanto a **Jacinto Valdés**, la suerte no le acompañó después de los sucesos del Teatro Villanueva. A la derecha, un dibujo de la época que lo muestra en el momento de arengar a los asistentes con el grito «*no tiene vergüenza, ni buena ni mala, el que no diga conmigo ¡Viva la tierra que produce la caña!*»

Jacinto Valdés era el actor principal del sainete *Perro Huevero*. Había sido un tabaquero torcedor en La Habana que cansado de una vida de pobreza y privaciones probó fortuna con *Los Caricatos Habaneros*, el grupo bufo que actuaba en el Teatro Villanueva. Tenía 29 años y era popular con el sexo opuesto, que le dio fama de ser un mulato alto y bien parecido.

Su carácter, su sentido del humor y su voz y habilidad para el baile lo hicieron pronto estrella de las tablas, donde convertido en bufo y guarachero ganó fama y fortuna. Según los expedientes policiales había formado familia y tenía dos hijos con una meretriz cartomántica del barrio de Cayo Hueso.

Cuando se produjo la masacre del Teatro Villanueva, Jacinto marchó con su familia a México y más tarde a New York, pero la fortuna no le sonrió, teniendo que ganarse la vida como mozo y ayudante en algunos establecimientos y almacenes de New York. Regresó a Cuba en 1877 pero la comedia bufa ya no era popular y llegó a la conclusión que su tiempo había pasado. Después de muchos pequeños éxitos y grandes fracasos como bailarín y cantante de otros géneros se dio a la bebida. Recordando sus buenos tiempos, la revista *La Caricatura* en 1892 lo caracterizó como «*un borrachín consuetudinario...*»

Finalmente en 1893, el hombre irreflexivo, imprudente e intrépido que desencadenó la violencia de los Voluntarios y contribuyó a despertar el orgullo de los habaneros por las luchas que se desencadenaban en Oriente en 1868, terminó preso y acusado de intento de asesinato. El 2 de abril de ese año las autoridades coloniales lo embarcaban por el Muelle de Luz en La Habana hacia una larga prisión en Isla de Pinos. A unos pasos de la pasarela que lo conduciría en la barcaza *Guardiola* a la isla junto a otros presos, cayó fulminado por una crisis cardiaca. Su muerte fue atribuida en los periódicos a una "apoplejía cerebral."

Interior del **Palacio de Aldama**, el más fastuoso edificio de La Habana, con dos fachadas y un majestuoso soportal de 56 metros de largo sobre la calle Amistad entre Reina y Estrella. Durante los sucesos del Teatro Villanueva, fue destrozado y sus muebles o robados o quemados en una fogata frente al Campo de Marte.

Arriba, tres dibujos de la época ilustrando los sucesos del *Teatro Villanueva* en 1869: los Voluntarios tiroteando el teatro, la conmoción en la calle y el interior del teatro.

A la izquierda, el grupo musical *Flor de Cuba* que ese día amenizaba la charanga en los intermedios de la presentación del sainete *Perro Huevero*.

De los sucesos del Teatro Villanueva, Nunca se conoció el número exacto de víctimas y ningún culpable fue enjuiciado.

6 Represión

Los sucesos del Teatro Villanueva envalentonaron a los Voluntarios; los abusos se prolongaron por varios días sin que el Capitán General Domingo Dulce pudiera controlarlos. La represión de los voluntarios entrando en el local del teatro fuertemente armados golpeando y disparando a mansalva [47] se extendió por las calles de la Habana hasta finales del mes de enero. En la confusión, los voluntarios aprovecharon para atacar e incendiar el Palacio de Aldama.

«*Las calles del barrio de Jesús María, la calzada de Jesús del Monte, la zona aledaña al Campo de Marte, los portales de la Acera del Louvre, las calles Prado, Príncipe y Arenal, la zona de Zanja y Belascoaín, fueron testigos de abusos de los voluntarios y se llenaron de cadáveres cuando tantos hombres armados cayeron sobre tantos seres indefensos durante esos horribles días de enero...*» señalaría Martí años después.

El gobierno censuró las informaciones sobre la matanza e hizo desaparecer el expediente policiaco de los archivos. [48] La prensa clandestina cubana interpretó los sucesos de Villanueva como una oposición organizada a los intentos de paz de Dulce, respaldada por la alta burguesía habanera que «*temía más a la tea incendiaria que a la propia España.*» El 14 de julio de 1870, el periódico El Demócrata de New York concluyó en un reportaje a fondo que «*los revolucionarios cubanos pidieron la colaboración de los artistas de Perro Huevero para dar un viva a la independencia y otro al inmortal Céspedes, misión que le tocó cumplir al bufo Jacinto Valdés* [49]*, lo que desbarató los planes mediatizadores de Dulce, precipitó el alzamiento de Las Villas y la incorporación a la manigua de numerosos jóvenes habaneros*» El propio Jacinto Valdés, en el

---

[47] **Gonzalo Castañón**, el periodista español cuyo nicho -supuestamente profanado- dio lugar al fusilamiento de los estudiantes de medicina en 1871, fue uno de los que azuzaron a los Voluntarios a «*vengar las ofensas que se le han hecho a España.*» Al concluir los desmanes, caracterizó en su columna periodística la actuación de los voluntarios como «*pasiva.*»

[48] Todos los **archivos españoles** existentes en Cuba fueron trasladados a España en 1898 como parte de las conversaciones de paz.

[49] Jacinto Valdés, como muchos de los bufos del Villanueva, era un artesano tabacalero que estaba entrando en la profesión teatral. Se exilió en New York después de los sucesos de Villanueva y hubo rumores que se incorporó a la lucha mambisa unos meses después.

mismo número de *El Demócrata* de New York, declaró en una entrevista que «*quiso con su viva a Céspedes, radicalizar al pueblo y demostrar que no existía otro camino que la insurrección, pues en ese momento había intereses que esperaban mejoras de España y se inclinaban ante la política apaciguadora de Dulce.*»

El 12 de febrero de 1869, el Capitán General Don Domingo Dulce se quitó la careta de liberal y, convertido en una marioneta de los Voluntarios, comenzó a transformar el gobierno colonial en Cuba en una dictadura militar. Los teatros de La Habana fueron abiertamente censurados. Desde Cienfuegos a Santiago de Cuba cesó la actividad teatral. En los carnavales de Santiago se prohibió el uso de máscaras. En Puerto Príncipe los teatros Principal y el Fénix fueron clausurados, al igual que todos los teatros de Cienfuegos y Santa Clara. Los conventos en toda la isla fueron severamente custodiados. Cientos de ciudadanos en toda la isla fueron detenidos preventivamente y mantenidos en prisión como escarmiento a sus ideas separatistas. Se prohibió a las compañías teatrales de La Habana tener funciones en los teatros de Placetas, Caibarién, Sagua, Colón y otras ciudades. Los autores cubanos continuaron escribiendo para el teatro, pero estrenaron solo en lugares como Bogotá y Lima, que generosamente acogen a giras cubanas que trataban de levantar fondos para no desaparecer.

Como es costumbre de todas las dictaduras militares, el gobierno colonial comenzó a registrar a diestra y siniestra a cualquier ciudadano, familia o lugar sospechoso de simpatía con el separatismo. Los Voluntarios rodearon la casa de Rafael María Mendive y al encontrar una escarapela[50] mambisa, procedieron a su arresto, bajo la premisa de ser «*un posible alentador de las palabras pronunciadas en el teatro, en cuyas funciones ha mantenido por largo tiempo una drástica influencia.*»[51] Mendive fue remitido al Castillo del Príncipe, de donde las autoridades lo sacaron en junio de ese año, lo acusaron de *infidencia*, lo

---

[50] La *escarapela* (*cocard* en francés) era un rosetón de tela superpuesto a un lazo en forma de V invertida de mayor largo que el diámetro del rosetón, ambos con los colores de la bandera de una nación, en el caso de Cuba azul, blanco y rojo. Las escarapelas han sido famosas desde que las usó Camile Desmoulins en París durante los primeros días de la revolución francesa.

[51] Sin lugar a dudas una referencia al hecho de que la **suegra de Mendive**, doña María Francisca Colbard y Coloma, madre de Micaela Nins y Colbard, era condueña del teatro y vivía en sus inmediaciones. La familia Nins era también propietaria del *Circo de la Prueba*, en la plaza del ferrocarril de Guanabacoa.

sometieron a juicio sumarísimo en un Consejo de Guerra y lo deportaron a España.

José Martí se afectó profundamente por el destierro de su maestro y mentor Mendive.[52] Al verlo partir entre un grupo de prisioneros, Martí escribió a uno de sus amigos

> «Ocupando el centro venía un hombre de distinguidísima apariencia, fino porte, modales exquisitos, rostro hermoso, y cabellos prematuramente encanecidos, mirada clara y dulce en que resplandecían al mismo tiempo la inteligencia y la bondad. Era el hombre que Gertrudis Gómez de Avellaneda había calificado como el cantor tierno cuya alma noble y apasionada se transparenta siempre en sus versos.»

Un vez preso Mendive, el Colegio San Pablo fue clausurado. Martí trató de volver al Instituto pero su padre se opuso. La familia vivía ahora en Guanabacoa[53] y a Don Mariano no le había hecho mucha gracia la publicación de Abdala. A los pocos días del registro en la casa de Mendive, Martí supo que habían registrado también la casa de Fermín Valdés Domínguez. Allí los Voluntarios encontraron una carta escrita por Martí y Fermín a su compañero de clase Carlos de Castro, que había decidido alistarse en el ejército español:

> «Compañero: ¿has soñado tú alguna vez con la gloria de los apóstatas? ¿Sabes tú como se castigaba en la antigüedad la apostasía? Esperamos que un discípulo del señor Rafael María Mendive no ha de dejar sin contestación esta carta.»   Fdo. José Martí y Fermín Valdés Domínguez

Eso fue suficiente. Ambos fueron detenidos y después de varios meses de prisión fueron llevados a un Consejo de Guerra. Los dos reclamaron ser el autor de la carta. Los dos fueron condenados: Martí a seis años de presidio, Fermín a seis meses de arresto mayor y deportación.

---

[52] Martí prácticamente se incorporó a la *familia Mendive*; no solo era discípulo de Rafael María sino quería como una segunda madre a Micaela Nin, la esposa del maestro y a Luisa Mendive, hermana de Rafael, que a su vez era esposa de Francisco Nin, hermano de Micaela. De hecho el primer poema publicado por Martí fue *A Micaela*, que apareció en el periódico guanabacoense *El Álbum* el 26 de Abril de 1868. El poema fue motivado por la muerte del hijo de Rafael María y Micaela. Rafael María era viudo y tenía dos hijas pero su único hijo varón lo tuvo con Micaela.

[53] De la familia Martí se conocen **diez residencias** en los años de niñez y adolescencia de José Martí: Paula 41, Mercedes 40, Ángeles 56, Industria 13, Industria 52, Industria 81, Jesús Peregrino 17, San José 6, Peñalver 57, todas en La Habana y finalmente la calle Cruz Verde en Guanabacoa.

El 4 de abril de 1870 Martí llegó a la Cárcel de La Habana. Tenía 17 años cumplidos. Lo pelaron al rape y le dieron sus ropas como presidiario con el número 113. Le instalaron grilletes en el pie derecho y lo remitieron a las Canteras de San Lázaro. Extrañando a su madre le envió una foto[54] en cuyo dorso escribió un piadoso y sentimental poema: [55]

> Mírame, madre, y por tu amor no llores:
> Si esclavo de mi edad y mis doctrinas,
> Tu mártir corazón llené de espinas,
> Piensa que nacen entre espinas flores.

Mientras en la foto enviada a su madre se identifica como esclavo de su edad y sus doctrinas, en una copia de la foto enviada a Fermín, entonces ya preso en La Cabaña, le escribió al dorso que él no era "un esclavo que cobarde llora:"

> Hermano de dolor, no mires nunca
> En mí al esclavo que cobarde llora.
> Ve la imagen robusta de mi alma
> Y la pagina bella de mi historia.

Don Mariano, empleado por las autoridades coloniales de Cuba, consiguió un perdón parcial a su hijo si admitía ser deportado a España. Tras una breve estancia en la Isla de Pinos[56] para recuperarse de sus padecimientos, Martí partió a la península a bordo del vapor español Guipúzcoa, en un viaje en que coincidentemente viaja también el teniente coronel Mariano Gil de Palacios, comandante del presidio que unos días antes albergada a Martí.

---

[54] Existen **tres versiones de esa foto**: la aparentemente fiel a la realidad, que muestra completamente la columna en que se apoya Martí; una segunda versión (retocada) muestra un lujoso paño de damasco sobre la columna; en una tercera versión (mas retocada aun) aparece el brazo de Martí en el aire, sin columna alguna como apoyo. En la página siguiente se presenta la foto original.

[55] Las dos **fotos de Martí en cadenas** alcanzaron una fuerza icónica en la imaginación de muchos patriotas en el destierro, tanto la de Martí apoyado en una columna con los grilletes que amarraban la cintura al tobillo derecho, como la foto en las canteras en la cual Martí sostiene en su mano un pico de picapedrero en la que muchos emigrados vieron la imagen de un arma.

[56] Martí llegó a la isla el 13 de octubre de 1870 después de haber pasado 6 meses trabajando en las canteras. Allí, en la *finca El Abra*, propiedad de José María y Trinidad Sardá, se recuperó de las llagas, curó sus ojos dañados por el reflejo del sol en la cal y dio descanso a sus músculos, que tantas piedras habían cargado. El barco que lo llevó a la Isla de Pinos transportaba alrededor de 60 prisioneros, médicos, abogados, maestros, todos desterrados por el delito de simpatizar con la independencia de Cuba. Martí lucía un niño entre ellos, vestido con un pantalón de dril blanco y un saco negro que le había conseguido Doña Leonor a última hora.

Los originales de las ***dos fotos*** existentes de Martí en presidio, de las cuales se crearon muchas versiones retocadas. En ambas Martí sostiene en sus manos el sombrero que lo acompañó durante todo el presidio. Cuando Don Mariano lo visitó por primera vez casi no pudo reconocerlo por lo flaco y demacrado que estaba. Al acercarse a él notó las llagas que el pesado grillete le había hecho en el tobillo derecho y Don Mariano se arrodilló ante su hijo llorando y le besó tiernamente sus llagas. Al volver visitarlo para despedirse antes de ser Martí trasladado provisionalmente a la Isla de Pinos, Don Mariano consiguió de los carceleros que le dieran un eslabón de la cadena, la cual Martí luego envió como recuerdo a Fermín. Años después, Fermín consiguió de un joyero artesanal que labrara una sortija que le remitió a Martí en su 30 cumpleaños. La sortija tenía inscrita la palabra CUBA y Martí la usó hasta su muerte en 1895.

El ***Castillo del Príncipe***, en La Habana, en 1869 cuando fue internado allí Rafael María de Mendive al ser descubierta en un registro en su casa una cocarda con los colores de Cuba Independiente, rojo, blanco y azul. Allí estuvo Mendive cinco meses hasta que fue deportado a España.

Las zonas de atentados de los Voluntarios a la población en 1869 tras los sucesos del Teatro Villanueva (Mapa de La Habana en 1870):

1 - Las calles del barrio de Jesús María, al norte del Arsenal
2 - La zona al sur del Campo de Marte
3 - Los portales de la Acera del Louvre
4 - A lo largo del Paseo del Prado
5 - La zona de Zanja y Belascoain, alrededor de la Escuela de Medicina
6 - El Palacio de Aldama, incendiado y saqueaado
7 - Loa alrededores del Teatro Villanueva.

A la izquierda la *Cárcel de La Habana*, al final de Prado, donde estuvo preso Martí unos días antes de ser llevado a las Canteras de San Lázaro. Fue construida en 1834 por Tacón y derrumbada en 1935. A la derecha los restos (capilla y dos celdas) que fueron preservados en el ahora llamado *Parque de los Enamorados*.

Una placa recordatoria de la estancia de José Martí en las *canteras de San Lázaro*.

La entrada a la *fortaleza de La Cabaña* en época de Martí. Allí estuvo unos días después del viaje desde la Isla de Pinos a la salida parta el destierro en Madrid.

Los restos de la cocina de la *Quinta del Abra* en la Isla de Pinos, donde Martí se recuperó de sus heridas.

Una foto del vapor *Guipúzcoa* que lo llevó a Cádiz en 1871.

7 Exilio

El 4 de enero de 1869 había desembarcado en La Habana el nuevo Capitán General español Domingo Dulce, en sustitución de Francisco Lersundi. El día 23 de enero vio la luz pública el primero y único número de *La Patria Libre*, donde Martí presentó su poema *Abdala*. El día anterior, 22 de enero, la *Gaceta de La Habana* publicó el Decreto Electoral de 1869 y comenzaron los preparativos para elecciones a lo largo de toda Cuba en las que serían renovados todos los municipios de la Isla. Hechizada por los sucesos del Teatro Alhambra, la prensa hizo caso omiso de las noticias sobre «*los sinceros ofrecimientos del Gobierno Provisional de la Nación*[57] *en cuanto a la elección de los ayuntamientos y la de diputados,*» según palabras del propio Domingo Dulce.

En medio de los disturbios del 22 de enero, paso desapercibida la oposición a la tendencia liberal de Dulce que mantuvieron los Voluntarios y el Partido Español de La Habana. El Decreto Electoral exigía el pago de 25 pesos de contribución al año a los votantes, lo cual dejaba fuera de juego a los dependientes de casas de comercio, los artesanos, los capataces de muelles, astilleros, que eran todos peninsulares. No así a los propietarios rurales, que eran mayormente criollos. Estos últimos tenían interés de mandar diputados a Madrid; los peninsulares preferían seguir con el status quo, sobre todo porque las reformas contempladas eran fundamentalmente liberales.

En Oriente, sumergida ya en la insurrección del 1868, los separatistas se opusieron también a cualquier propuesta electoral. El periódico *El Tribuno*,[58] de abiertas tendencias separatistas, declaró

---

[57] Las palabras de Dulce se referían al gobierno liberal que subió al poder en Madrid tras el triunfo de la **Revolución de 1868** (*La Gloriosa*) que puso fin al reinado de Isabel II. El gobierno de España estaba en esa fecha encabezado por los generales Juan Prim (presidencia del gobierno) y Francisco Serrano (regente). En 1871 el gobierno provisional cedió el mando de la nación a Amadeo I de Saboya.

[58] *El Tribuno* vio la luz en La Habana gracias a la libertad de prensa que decretó Domingo Dulce. Su primer número salió el 24 de enero de 1869, bajo la dirección de Rafael María Merchán y en el colaboraron Luisa Pérez de Zambrana, Joaquín Lorenzo Luaces, Tristán de Jesús Medina y José Joaquín Palma. El periódico dejó de salir al cabo de cinco números cuando la libertad de prensa de Dulce se convirtió en una concesión transitoria y un peligro para quienes escribían artículos.

> «Nosotros creemos que todo cubano debe abstenerse de votar para no caer de nuevo en lo que pasó en 1837.» [59]

Los cubanos que se habían alzado en 1868 y los que resistían en La Habana los abusos de los Voluntarios, sabían que en la península se gozaba de completa libertad pero para Cuba no se había acordado concesión alguna.[60] Las promesas de la Constitución española de 1837 de crear para Cuba leyes especiales no se habían cumplido a pesar de haber pasado más de treinta años. En la Cuba de 1869, por ejemplo, 217 funcionarios españoles desempeñaban puestos de alto nivel en la administración colonial, las alcaldías, los tribunales, la administración de correos y la real hacienda. Solo 135 cubanos tenían posiciones de cierto valor, pero era principalmente en la Universidad, los Institutos y las Escuelas Profesionales. Las reformas políticas, administrativas, económicas y sociales en Cuba eran «tan ardientemente anheladas por los criollos como fuertemente combatidas por los peninsulares,» según la prensa clandestina de la insurgencia.

En medio de ese panorama en la isla llegó Martí a Madrid siendo aun adolescente, desterrado con gran prosopopeya por el Capitán General Dulce.[61]

Martí llegó enfermo, un tanto anémico y bastante demacrado, pero con una sonrisa optimista y agradecida en sus labios. Lo fueron a

---

[59] Una *ley en 1837*, formulada en sesión secreta, despidió someramente los representantes electos de la Isla de Cuba en las Cortes españolas.

[60] En 1812, las *Cortes de Cádiz* recibieron como representantes de Cuba al Marqués de San Felipe y Santiago, Andrés Jáuregui y Juan Bernardo O'Gavan. En 1813 fue añadido Francisco Arango y Parreño. Poco se logró en beneficio de Cuba. En 1820, tras la restauración de la constitución de 1812 por Fernando VII, las Cortes recibieron nuevos diputados cubanos: José de Zayas, José Benítez, Antonio Modesto del Valle y de nuevo el canónigo Juan Bernardo O'Gavan. Nada tampoco se logró. En 1822 fueron electos a las Cortes Félix Varela, Leonardo Santos Suárez y Tomás Gener. Fracasaron de nuevo en su intento de traer mejoras liberales a Cuba, sobre todo por el rechazo que desde la isla mantuvo el gobernador Miguel Tacón, que para los españoles eras "*el ángel tutelar*" y para los cubanos "*un moderno Calígula.*" En 1833 fueron electos a las Cortes Andrés Arango, Juan Montalvo y Castillo, Prudencio Echeverría, José Mojarieta y Sebastián Kindelán con idéntico resultado negativo que cuando en 1836 fueron electos José Antonio Saco, Nicolás Escobedo, Francisco de Armas y Juan Montalvo Castillo.

[61] Los *Capitanes Generales españoles en Cuba* disfrutaban de más presunción y etiqueta que los grandes monarcas europeos. En sus salidas a la calle eran precedidos por una escuadra de batidores y una larga escolta. En palacio solo recibían audiencias un determinado día de la semana señalado de antemano en la *Gaceta*. Solo los poseedores de riqueza o títulos eran recibidos. A Cuba nunca llegaron el progreso y la liberalidad conque en Europa había desechado los resabios militares de antaño.

esperar a la estación del tren que lo trajo desde Cádiz un matrimonio que había conocido a Mariano y Leonor durante su estancia en 1857. Allí también le esperó Carlos Sauvalle, otro escritor cubano desterrado,[62] uno de los organizadores de las manifestaciones separatistas del Teatro Villanueva.

Sauvalle, ya un hombre maduro de 30 años de edad, se había enterado de la presencia de Martí en Cádiz desde el 1 de febrero de 1871 y después de serios esfuerzos para localizar su paradero en una casa de huéspedes en la zona del muelle de Cabazuela, le envió el importe de un pasaje en tren hasta Madrid, donde arribo Martí el 16 de febrero.

La amistad de Martí con Sauvalle, ambos unidos por el afán de lucha contra la metrópoli, le permitió a Martí conocer el mundo cultural y patriótico de los exiliados cubanos en Madrid. Con menos de un mes en la capital de España publicó el 24 de Marzo un artículo en *Soberanía Nacional*, un periódico del exilio; el artículo fue reproducido en Sevilla en la revista *Cuestión Cubana* y en New York por el periódico *La República*, todos ellos voceros de la vocación libertaria del exilio cubano de 1868. Por un momento Martí inclusive llegó a pensar que la expatriación tenía algunas ventajas.

En el mes de abril, sin embargo, Martí apenas podía moverse por la *sarcoidosis* que le afectaba la pierna derecha, donde por seis meses había soportado el grillete que le carcomió el tobillo en las canteras de San Lázaro y la prisión de La Habana. A pesar de ello remontaba constantemente las escaleras de la casa de la calle del Desengaño no. 10 donde había alquilado una humilde habitación sin baño en un pupilaje de Doña Antonia Martínez. Ansioso por continuar su formación, Martí se inscribió en la Universidad Central de Madrid como alumno libre y en el Ateneo de Madrid como estudiante, para tener acceso a su fabulosa biblioteca. Su situación económica siguió siendo un lastre que le robaba gran parte de su tiempo ofreciendo sesiones de repaso a colegiales de bachillerato y pequeñas traducciones del francés y el inglés para algunos comerciantes de Madrid. Poco tiempo le restaba para asistir a las lecciones en la universidad, acomodar su pasión de leer en la biblioteca, escribir artículos y editar *El Presidio Político en Cuba*, un manuscrito que había escrito durante la travesía del vapor *Guipúzcoa* entre La Habana y Cádiz.

En las 50 páginas de *El Presidio Político en Cuba*, Martí no escribió una sola palabra sobre sí mismo y su malaventura presidiaria; al contrario, solo presentó retratos desgarradores sobre la terrible expe-

---

[62] El ***destierro de Sauvalle*** fue consecuencia de haber publicado clandestinamente después de los sucesos de Villanueva, el periódico separatista *El Laborante*.

riencia vivida en las Canteras de San Lázaro por otros presidiarios, que como él trabajaron bajo sórdidas condiciones. En una prosa excepcional Martí relató los castigos infernales que sufrieron allí ancianos, negros, mambises, chinos e inclusive niños de doce y quince años. Vívidamente Martí describió las largas y sombrías cuadrillas de presos caminando, entre surcos colmados de agua pestilente, más de una legua desde la prisión a las canteras; las voces apagadas, los hombros encorvados por el peso del trabajo, las ropas mugrientas y desgarradas, cargando pesadas herramientas y desalmadas cadenas, casi desfallecidos, con la mirada distraída en el vacío. Sin resentimientos ni exageraciones Martí dirigió su escrito a los buenos españoles, los que no sospechaban que el gobierno colonial pudiera así tratar a seres humanos, los que pertenecían a una España en cuyo nombre se hacían cosas que los españoles no hubieran aceptado.[63] Con un generoso y optimista colofón Martí terminó el ensayo diciendo «*al final, la noción del bien flotará sobre todo y jamás naufragará.*»

En medio de su pobreza, el entretenimiento de Martí estaba lejos de saborear las "*chucherías*" de las muchas dulcerías de Madrid o los "*perendengues y cuchipandas tabernarias*" a que se referían las zarzuelas españolas. En sus tiempos libres, que significaban una merma de sus pobres ingresos, Martí se dedicó a asistir a los discursos de Pi y Margall, Sagasta, Castelar, Cánovas y Manterola en los torneos de elocuencia de las Cortes y las tertulias de Madrid. A él le parecieron similares a las acometidas y alternativas de Salvador Sánchez (*Frascuelo*) y Rafael Molina (*Lagartijo*) en las corridas de toros de la plaza de Madrid. Junto a José Calixto Bernal,[64] Martí comenzó a ser tan asiduo a las sesiones de las Cortes como lo era el patriota camagüeyano también exiliado en Madrid.

Con Bernal Martí aprendió a ser tolerante de las ideas políticas de otros. Con excepción de su padre, que era un españolista de cuerpo

---

[63] La *fe de Martí* en los **buenos españoles** la corroboró una y otra vez, sobre todo cuando Don José María Sardá, su anfitrión en la finca El Abra de Isla de Pinos, lo había visitado en la cárcel de San Lázaro y al verlo en cadenas, tan delgado y con una mirada triste y posada en el vacío, habló con el capitán de brigada para interceder por Pepe, como siempre lo llamaba. Desde ese momento Martí, comenzó a sentirse menos solo y abandonado y tal vez hasta mejor tratado por sus carceleros.

[64] **Bernal**, abogado y escritor criollo exiliado en Madrid, fue el caudillo moral de los exiliados cubanos en España y uno de los fundadores de Ateneo de Madrid, en cuya biblioteca conoció a Martí. Según Fermín Valdés Domínguez «*era hermoso verlos como dos camaradas, a pesar de poder uno ser el abuelo del otro. Juntos recorrían los lugares políticos en donde los apodaron los filibusteros y se hacían respetar por sus intrépidas preguntas y opiniones.*»

entero, Martí nunca se había relacionado afectivamente a nadie que no fuera partidario de la independencia de Cuba. Bernal, sin embargo, fue primero autonomista y luego anexionista y su credo político era que Cuba algún día se uniría a otros países antillanos para formar una gran república. Mientras así fuera, era sensato anexarse a los EEUU, que tarde o temprano se subdividirían en varias naciones. Martí no comulgaba con ninguna de esas ideas ni con las premisas y presupuestos que la soportaban, pero la capacidad intelectual de Bernal lo sobrecogía.

Poco a poco las conversaciones de Bernal y Martí se convirtieron en tertulias en el recién inaugurado *Café de Fornos* en la esquina de las calles de Alcalá y Virgen de los Peligros, frente al Café Suizo, a medida que fueron incorporándose otros exiliados cubanos. La prensa madrileña, sobre todo el periódico *La Prensa*, hizo pública las discusiones de los filibusteros del Café de Fornos y el nombre de José Martí por primera vez estuvo en los labios de los políticos madrileños.

Una ***sesión de las Cortes de Madrid*** en 1836 cuando fueron electos en Cuba José Antonio Saco, Nicolás Escobedo, Francisco de Armas y Juan Montalvo Castillo. Las Cortes fueron convocadas para reformar la Constitución de 1812 o para redactar una nueva. Treinta diputados fueron de izquierda, noventa del centro y setenta de la derecha. Fue una de tantas intentonas de los cubanos de lograr derechos que los equipararan a los peninsulares. Con la constitución de 1837 que resultó de estas cortes comenzó el fin del reformismo y la avanzada del movimiento separatista. En 1836, una vez más, nada positivo le tocó a Cuba.

Rafael María de Merchán líder cubano anticolonial e independentista, periodista y diácono de la iglesia católica, oficíó en rendir los últimos honores a Francisca de Borja del Castillo, madre de Carlos Manuel de Céspedes, abandonó la vida eclesiástica y fundó el periódico *El Tribuno*, donde escribió un editorial titulado *Laboremos* en 1868 respaldando la insurrección de Yara. A partir de ese editorial, la prensa española comenzó a llamar laborantes a todos los que simpatizaban con la causa mambisa. En 1869 fueron embargadas todas sus posesiones y sentenciado a morir en el garrote vil. Se refugió como exiliado en New York donde se afilió fuertemente a Miguel Aldama. Años más tarde partió a Europa donde trabajó con José Antonio Saco y escribió para el periódico francés *La Liberté*.

La *Constitución Española de 1837*, promulgada por el Partido Moderado durante la regencia de María Cristina de Borbón, con un ideario equivalente al partido conservador inglés de nuestros días: fortalecimiento del poder real, centralismo en Madrid, capitalismo y mantenimiento de la ley y el orden a ultranza.

Foto de *Martí* en los primeros días de su estancia en Madrid y una placa colocada en el edificio de la calle del Desengaño no.10, entre las calles Valverde y calle del Barco, en el distrito central de la capital española. Allí estuvo la primera residencia de Martí en Madrid, cuando alquiló una habitación cerca de la plaza del Callao y de la Gran Vía, en la pensión de estudiantes que tenía una castellana de nombre Doña Antonia Martínez. En 1871 la calle del Desengaño, cuyos orígenes databan del siglo XVI, había perdido su importancia debido al crecimiento desmesurado de Madrid; el barrio evolucionó en una zona de bares de poco lustre, peligros de asalto y presencia de mujeres de mala reputación.

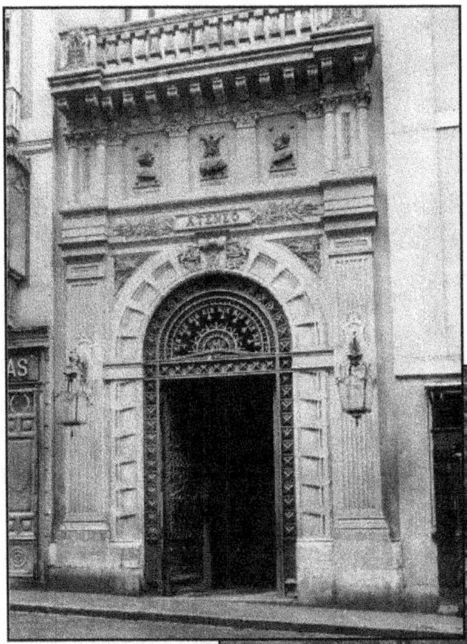

La entrada y la sala biblioteca principal del ***Ateneo de Madrid*** donde José Martí pasó largas horas de estudio complementando su formación intelectual. El acceso al Ateneo fue logrado gracias a la influencia de José Calixto Bernal, que era miembro de la Junta de Gobierno del Ateneo.

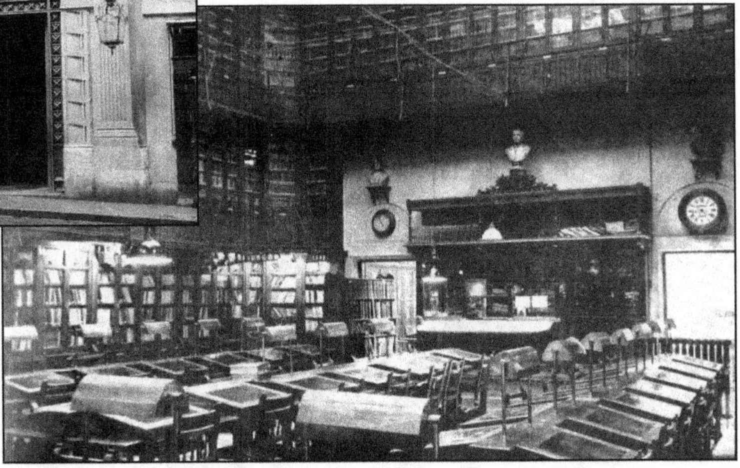

José Calixto Bernal Soto (1804-1886), eminente jurisconsulto camagüeyano residente en Madrid, autor de "*Vindicación, Cuestión de Cuba,*" un conmovedor ensayo en favor de los derechos de libertad de los cubanos, publicado en la época en que Martí llegó a Madrid en 1871 bajo el pseudónimo de "*un español cubano.*" En los años en que conoció a Martí, Bernal era autonomista y pensaba que Cuba debía tener un gobierno autónomo pero no representantes en las Cortes de Madrid. Fue de mano de Bernal que Gertrudis Gómez de Avellaneda conoció y leyó *El Presidio Político en Cuba* de José Martí, del cual le comentó a Mendive *«Ojalá no se malogre el escritor que se revela en estos escritos.»*

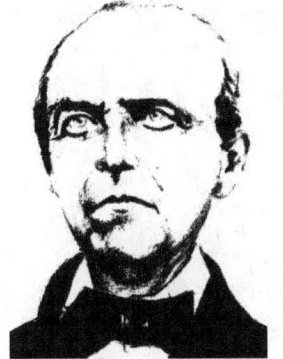

Jorge Mañach, en su biografía "Martí el Apóstol," caracterizó a Bernal como "*el tutor político*" de Martí, de igual forma que describió a Rafael María de Mendive como "*el tutor literario.*" La casa de Bernal en Madrid era en la época el refugio cariñoso de los que trabajaban incesantemente por la independencia de Cuba. Al morir el 20 de diciembre de 1886, Bernal fue enterrado en el Patio de Santa Catalina, en el cementerio San Justo de Madrid, donde reposan también los restos de José de Espronceda y Ramón de Campoamor.

VINDICACION.

CUESTION DE CUBA

UN ESPAÑOL CUBANO.

MADRID.

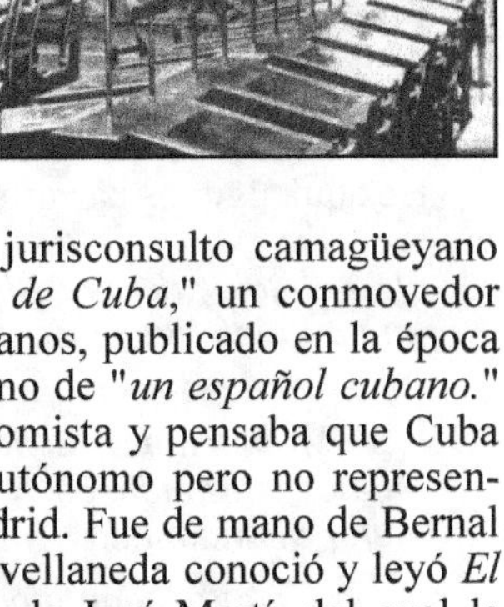

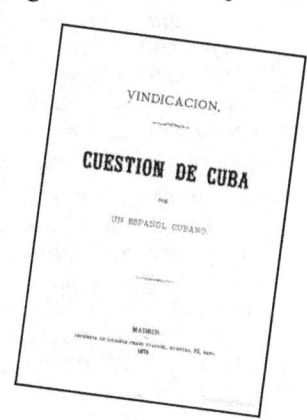

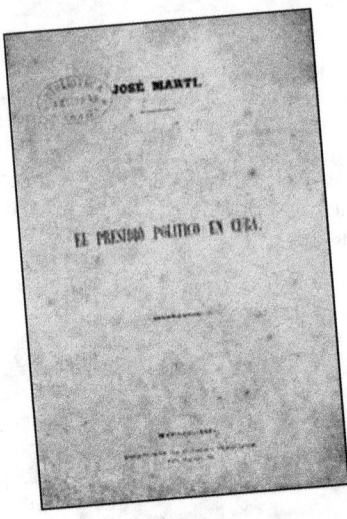

Pese a haber estado en prisión solamente seis meses, el paso por esa experiencia dejó en Martí huellas físicas y espirituales que le acompañarían toda la vida. Sus recuerdos fueron plasmados en *El Presidio Político en Cuba*, un folleto de 50 páginas que publicó en Madrid en la imprenta de Segundo Martínez en Travesía San Mateo no. 12. El tono de este ensayo es acusatorio y duro, dirigido a una sociedad española que no se interesa en el tema y desconoce los horrores que ocurrían en las cárceles de Cuba.

No por el dolor de ver lo que le estaba sucediendo y lo que le sucedía a otros a su alrededor Martí se doblegó humillado ni arrepentido por haber hecho lo que lo llevó a presidio; se mantuvo firme a sus convicciones y nunca vaciló en defenderlas.

Martí citó casos específicos con nombres y apellidos: Nicolás Castillo, un anciano de 75 años sometido a inhumanas torturas físicas y psicológicas; Lino Figueredo, un niño de doce años sometido a los mismos tratamientos a que eran sujetos los hombres hechos y derechos; y así Juan de Dios Socarrás, Ramón Rodríguez, un negrito llamado Tomás, y muchos otros.

Martí también denunció a médicos y enfermeros actuando como carceleros impiadosos, guardianes que disfrutaban dispensando crueldades, materializando sin piedad alguna sus frustraciones en las carnes de los seres vulnerables que encontraban a su alrededor.

He aquí algunos párrafos que Martí escribió en *El Presidio Político* a los 18 años:

«(...) el dolor del presidio, el más rudo, el más devastador de todos, es el que mata la inteligencia y seca el alma, y deja en ella huellas que no se borrarán jamás.»

«(...) Mi patria me había arrancado de los brazos de mi madre... Yo besé sus manos y las mojé con el llanto de mi orgullo, y ella partió, y me tuvo que dejar abandonado a mí mismo.»

«(...) ¡Cuánto, cuánto pensamiento extraño agitó mi cabeza! Nunca como entonces supe que el alma es libre en las más amargas horas de la esclavitud.»

«(...) Si meses antes era mi vida un beso de mi madre, y mi gloria mis sueños de colegio; si era mi vida entonces el temor de no poder besarla siempre, y la angustia de haberla perdido, ¿qué me importa? El desprecio con que acallo estas angustias vale más que todas mis glorias pasadas. El orgullo con que agito estas cadenas, valdrá más que todas mis glorias futuras. Cuando otros lloran sangre, ¿qué derecho tengo yo para llorar lágrimas?»

«(...) la venganza y el odio son dos fábulas que en horas malditas se esparcieron por la tierra. Odiar y vengarse cabe en un mercenario azotador de presidio; cabe en el jefe desventurado que le reprende con acritud si no azota con crueldad; pero no cabe en el alma joven de un presidiario cubano, más alto cuando se eleva sobre sus grillos, más erguido cuando se sostiene sobre la pureza de su conciencia y la rectitud indomable de sus principios, que todos aquellos míseros que a par que las espaldas del cautivo, despedazan el honor y la dignidad de su nación.»

El *Café de Fornos* o *Gran Café* en Madrid, en la esquina de la calle de Alcalá y la calle Peligros, era uno de los principales cafés de tertulia durante la época en que Martí estuvo en España. El Café de Fornos, específicamente, era un lugar acogedor para los poetas románticos por su aroma a café, las cómodas butacas y la luz tenue. En él se reunían artistas de las tablas, músicos, escritores, actores, toreros y futbolistas. Con el tiempo (el Café se abrió en 1807 y cerró sus puertas en 1908), allí fueron visitantes regulares Gustavo Adolfo Bécquer, Azorín, Pio Baroja, Menéndez y Pelayo y Manuel Machado.

Cuando Martí llegó a Madrid a mediados de enero de 1871, la ciudad aun no se había recuperado del impacto que había causado el *asesinato del General Juan Prim* cuando fue agredido en la calle del Turco, al costado de la fachada lateral del Banco de España, en camino al Palacio de Buenavista, el 27 de diciembre de 1870. Un tanto entretenido con los rumores de que Prim había sido mandado a matar por Serrano, o por Topete, o por Sagasta, Martí, fanático seguidor de la política, logró despejarse un poco de los malos recuerdos físicos y espirituales de su presidio en Cuba.

8 *Nostalgia*

Las noticias de la isla que se recibían en Madrid no eran muy buenas en 1871. La confirmación de que Miguel Jerónimo Gutiérrez, vicepresidente de la Cámara de Representantes en Armas había pedido la anexión de Cuba a los EEUU en abril de 1869 [65] era tal contradicción que creó muchas dudas sobre de futuro de la insurrección en la mente de los exiliados. La Cámara, por otra parte, parecía estar obstaculizando el esfuerzo de la guerra al destituir a Manuel de Quesada del mando supremo de Camagüey.[66] Domingo Goicuría, uno de los primeros civiles cubanos que apoyaron la independencia, había sido capturado en Cayo Guanaja, Camagüey, trasladado a La Habana y condenado al garrote vil. Perucho Figueredo e Ignacio Agramonte habían renunciado a sus posiciones en el ejército cubano en armas pero los detalles no eran conocidos en Madrid. El presidente Grant continuaba oponiéndose a los movimientos del exilio ayudando a la guerra en Cuba desde territorio americano. Blas Villate, Conde de Valmaseda como nuevo Capitán General de Cuba en diciembre de 1870, había comenzado sus funciones fusilando numerosos insurgentes a todo lo largo de Cuba. En la Habana había sido fusilado Juan Clemente Zenea en uno de los patios de la fortaleza de La Cabaña. Por último, el fusilamiento de ocho estudiantes de medicina enardeció la furia de todos los exiliados en Madrid, sobre todo por la narrativa de la prensa madrileña justificando esa decisión como esencial para salvaguardar el honor de España.

En los últimos meses de 1871 el liberal Práxedes Mateo Sagasta (1825-1903) formó gobierno en Madrid como parte de la práctica del *turno pacífico* por la cual Conservadores (Antonio Cánovas) y Liberales se alternaban como primer ministros.[67]

---

[65] Meses después de esas declaraciones Gutiérrez se unió a los insurrectos, alcanzó el grado de Mayor General y murió al ser hecho prisionero en Monte Oscuro en Las Villas.

[66] Quesada era un hombre de probada experiencia en el campo de batalla y como oficial militar. En la *Guerra de la Reforma* en México había alcanzado el grado de General de División en combate contra las fuerzas de Maximiliano y más tarde se había lucido en la *Batalla de la Rinconada* frente a las tropas francesas.

[67] A Sagasta le tocaría ser Primer Ministro durante la Guerra Hispano-Cubana de 1895 y le fue achacada la pérdida de Cuba y Puerto Rico.

A fines de noviembre Martí se enfermó de nuevo. Alrededor de su lecho de enfermo [68] sus amigos organizaron tertulias en las cuales el participaba a pesar de una fiebre persistente. Fue en esas tertulias que se enteró del fusilamiento de los estudiantes de medicina y no pudo apartar de su mente si Fermín Valdés había sido uno de ellos. Por fin los médicos que lo cuidaban decidieron someterlo a dos operaciones, las cuales aceptó con la esperanza de sentirse mejor. La intervención quirúrgica estuvo a cargo del Dr. Hilario Candela; redujo los síntomas pero no los eliminó, gracias a lo cual Martí se pudo de nuevo dedicar a sus estudios ya escribir.

En 1871, a los 18 años, Martí era ya un escritor de altura. En Sevilla *La Cuestión Cubana*, en Cádiz *La Soberanía Nacional*, en Madrid *El Jurado Federal* y en New York *La República* comenzaron a buscar y publicaban sus escritos. Su prosa escrita era vigorosa y polémica, escrita con una energía y pasión que embriagaba a sus lectores. Sus frases inspiraban a otros a repetirlas:

> «*España no puede ser libre mientras tenga en la frente manchas de sangre... nunca mejor sabe el hombre que cosa es ser libre como cuando conoce las horas de esclavitud... un cubano en presidio por sus ideas, es más alto cuanto más se eleve sobre sus grillos, más erguido cuando más se sostenga en la pureza de su conciencia y la rectitud indomable de sus principios... El león español se ha dormido con una garra sobre Cuba pero Cuba se ha convertido en tábano y pica sus fauces, y pica su nariz, y se posa en su cabeza, y el león en vano la sacude y ruge ... »*

Los exiliados cubanos que leían a Martí terminaban llorando en un mezcla de ternura y revelación, no solo por la emoción de las palabras sino porque sabían que venían de un joven desterrado que vivía indigentemente en un destierro injusto.

En junio de 1872, desterrado igual que Martí, llego a Madrid Fermín Valdés Domínguez. A pesar de sus éxitos como joven escritor, Fermín lo encuentra deprimido y enfermo, quizás al filo de la locura. Su poesía más reciente, al hacer referencias a la muerte, alarma a su amigo del alma:

---

[68] Martí tuvo en 1871 complicaciones debidas a la *sarcoidosis* que le aquejaba desde el presidio en Cuba. Sus síntomas eran fatiga crónica, pérdida de peso, dolores en todo el cuerpo, sequedad en los ojos y visión nublada. La sarcoidosis produce cedulas inflamadas en los nódulos linfáticos, que le causaban grandes dolores en el testículo derecho debido a un crecimiento a la derecha en la ingle llamado sarco celio, consecuencia de la fricción constante de las cadenas durante su prisión. Años más tarde, en 1877, durante la breve visita de Martí a Cuba, Martí padeció de conjuntivitis catarral en ambos ojos y una ampolla conjuntival en el ojo derecho y se vio con el Dr. Juan Santos Fernández en su consulta de Neptuno 62 en La Habana.

> *Y tú, la muerte, hermana del martirio,*
> *Amada misteriosa*
> *Del genio y del delirio,*
> *Mi mano estrecha y siéntate a mi lado:*
> *¡ Os amaba viviendo; mas sin ella*
> *No os hubiera tal vez idolatrado !*
> *En lecho ajero y en extraña tierra*
> *La fiebre y el delirio devoraban*
> *Mi cuerpo, si vencido, no cansado,*
> *Y de la patria gloria enamorado.*

Fermín lo llena de nuevas energías. Se convenció que aunque Martí se había matriculado desde finales de mayo en la Facultad de Leyes de la Universidad Central, su actitud era desganada y su decisión muy pobre. Fermín lo llevó a los merenderos alegres y bulliciosos de Madrid, al *Café de Artistas* , a la *Cervecería Inglesa*, donde conocieron a Armando Palacio Valdés y al *Café El Español*, donde se hicieron amigos del ya famoso José de Echegaray, un hombre de intereses universales, ingeniero, dramaturgo, político, matemático y futuro *Premio Nobel de Literatura en 1904*. Y finalmente, pero lo más importante, Fermín convenció a Martí de irse los dos juntos a estudiar a Zaragoza, una ciudad más tranquila con menos tentaciones y una Universidad considerada como de las mejores en España.

Esos años de principios de los 1870 que Martí y Fermín compartieron en Madrid, fueron años de una agitada vida política en la península, sobre todo cuando hizo entrada en el Palacio de Oriente, como nuevo rey de España, Amadeo de Saboya, Duque de Aosta, segundo hijo de Víctor Manuel II, el excomulgado Rey de Italia.[69]

Martí vivió con interés el corto período del reinado de Amadeo I, y se unió a la muchedumbre frente al edificio de las Cortes la noche del 11 de Febrero de 1873 cuando abdicó el rey. De allí, junto a Fermín, partieron a la Puerta del Sol, donde un indescriptible júbilo popular celebró el aparente triunfo del liberalismo en España. La mañana siguiente Martí enarboló en el balcón de su humilde resi-

---

[69] Amadeo, masón del grado 33 del Rito Escocés Antiguo y Aceptado, fue Rey de España por solo dos años. Fue rechazado por los carlistas, los republicanos, por la aristocracia borbónica, por la Iglesia, y por el pueblo por su escaso don de gentes y por su dificultad para aprender el idioma español. Su selección como rey de España fue una indicación de la crisis de autoridad y orden de la España de los 1870s.
Víctor Manuel II fue excomulgado por la Iglesia Católica Romana después de que el ejército italiano atacara Roma en 1870 y el Papa Pío IX tuviese que retirarse al Vaticano.

dencia la bandera cubana. Nadie, ni el mismo, podía imaginar en ese momento que ese balcón anticipaba el destino heroico de un joven que iba a desposeer a España del último bastión de su poderío en las Américas.

Apenas nacida la República Española el 15 de Febrero de 1873, Martí la contrapuso frente a la República de Cuba nacida en Guáimaro el 4 de noviembre de 1868. La guerra en Cuba iba mal. En el proyecto de Constitución Española de 1873 los liberales propugnaban considerar a Cuba como una provincia española. Para Martí tal cambio de sentimiento había llegado atrasado. Por mal que fuera la guerra, Martí quería creer que la voluntad de independencia de los cubanos era ya irrevocable :

> «Las aguas que separan a Cuba de España se han llenado de cadáveres... la gloria y el triunfo de la República española no son nada si se continúa la infamia y la injusticia con la República de Cuba... La tiranía de un régimen libre es mucho más repugnante que la falta de libertad bajo un régimen tiránico... España ya no tiene derecho ni autoridad moral para negarle a Cuba su independencia...»

Así surgió *La República Española ante la Revolución Cubana,* un folleto también publicado en la imprenta de Segundo Martínez. Días después, el periódico sevillano *La Cuestión Cubana* publicada dos artículos, *La Solución* y *Las Reformas.* En los tres, Martí era preciso con la frase «Cuba tiene formada la firme decisión de no pertenecer a España.»

La portada de **La República Española ante la Revolución Cubana.**

Alegoría de la República de Cuba presentada en el periódico sevillano *La Cuestión Cubana.*

Sucesos que José Martí conoció durante su exilio en Madrid.

Amadeo I, el único Rey de España de la Casa de Savoy, segundo hijo de Víctor Manuel II de Italia. Amadeo era también Duque de Aosta y gobernó en España entre 1870 y 1873, la época en que Martí estaba en Madrid.

La estatua del poeta **Juan Clemente Zenea** en La Habana, al principio de la calle Prado. Zenea era bayamés y se le reconoce por haber retomado el Romanticismo en Cuba. En 1870 viajó a Cuba aparentemente para llevar un mensaje de la Junta Cubana de New York a Céspedes pero también para presentar a los mambises una oferta de España de dar autonomía a Cuba si se rendían. Fue capturado, su salvoconducto ignorado, y fusilado en el *Patio de los Laureles* de La Cabaña.

Un dibujo presentando los ***fusilados en 27 de noviembre de 1871***, que causó un gran impacto en el exilio cubano de Madrid.

El Madrid en que vivió José Martí entre 1871 y 1873.

La *Puerta del Sol* antes de las reformas y construcciones de la Segunda República; la *Universidad Central* donde Martí se matriculó por la libre pero no adelantó gran cosa en sus estudios; el *Café y Restaurante Botín*, en la calle Cuchilleros 17, donde participó de tertulias literarias que giraban alrededor de Benito Pérez Galdós.

9 Estudios

En mayo de 1873, José Martí, a instancias de Fermín Valdés Domínguez, partió con él a Zaragoza para concluir sus estudios de derecho. La causa de la independencia de Cuba era demasiado absorbente para concentrarse en sus estudios en Madrid, sobre todo porque tenía también que ganarse la vida con clases particulares y otros menesteres que lo alejaban de su carrera. Fermín lo convenció de que en Zaragoza había una universidad de primera, menos distracciones de tertulias y reuniones de exiliados y un nivel de vida más económico, en el cual podían subsistir los dos con las remesas que Fermín recibía de su padre desde Cuba. «*Lo que buscas no es una carrera de literato en Madrid sino una misión de libertador en Cuba,*» fue el argumento más persuasivo de Fermín.

La situación española estaba en ese momento en estado crítico. La República Española se había tornado en un caos de desgobierno y desorden. No solo estaba en el aire la Guerra del 68 en Cuba sino enfrentamientos internos entre republicanos, alzamientos de los carlistas y disturbios constantes, huelgas y atentados políticos en Andalucía y Levante. A todo eso trató de poner fin el general Francisco Serrano, primer Duque de La Torre, que ya en 1841 había participado en el golpe a la regencia de María Cristina organizado por Baldomero Espartero, príncipe de Vergara.[70]

«*La Primera República murió sin que nadie perdiera el sueño,*» había comentado Benito Pérez Galdós, «*en las calles no había el menor signo de inquietud ni emoción, y todo el mundo continuó dedicándose a sus ocupaciones habituales. La República murió sin dignidad por parte de los ofendidos y sin arrogancia ni rencor por parte de sus liquidadores.*» Lo único que preocupaba a Serrano y su nuevo gobierno eran los avances que las tropas de Máximo Gómez estaban teniendo en Cuba y como desagraviar a los EEUU tras en bochornoso incidente del *Virginius*.[71]

---

[70] **Serrano y Espartero** fueron ardientes defensores de Isabel II y enemigos de los carlistas. Entre los dos forzaron a María Cristina, regente a la muerte de Fernando VII, a abandonar España y movieron las Cortes a declarar a Isabel II mayor de edad a los 14 años, para que pudiera heredar en trono español.

[71] La goleta **Virginius**, propiedad del general Manuel de Quesada, cargada de armas e insurrectos pero enarbolando la bandera de los EEUU, se acercaba a las costas de Oriente el 31 de octubre de 1873 cuando fue forzada a ir a Santiago de Cuba por la corbeta española *Tornado*. En Santiago 53 pasajeros, varios de ellos norteamericanos americanos e ingleses, fueron ejecutados por las autoridades españolas

La caída de la República puso fin a la simpatía que tenían los exiliados cubanos en España, y comenzó un período de detenciones preventivas y vigilancias. Martí tenía ya 20 años. El y Fermín se fueron a Zaragoza y se establecieron en una modesta casa de huéspedes propiedad de Don Félix Sanz, en la calle Platerías no. 13, hoy calle Manifestación, en la que vivía otro cubano del que solo se sabe su nombre, Simón.[72] Allí Martí escribió:

> *Para Aragón, en España,*
> *tengo yo en mi corazón*
> *un lugar todo Aragón,*
> *franco, fiero, fiel, sin saña*
>
> *Si quiere un tonto saber*
> *por qué lo tengo, le digo*
> *que allí tuve un buen amigo,*
> *que allí quise a una mujer.*[73]

En los 18 meses que Martí vivió en Zaragoza terminó las carreras de Derecho y Filosofía y Letras [74] y reforzó su gusto por el teatro, [75] siendo un asiduo del *Teatro Principal* y del *Teatro Lope de Vega*. Para él Zaragoza fue una ciudad bañada no solo por el rio Ebro sino también por un brillante y rejuvenecedor sol aragonés y bendecida por su abundancia de buenos cafés como el *Café Iberia*, el *Matossi*, el *Café Suizo* y el *Gran Café de España*. Por no decir de dos formidables periódicos, el *Diario de Zaragoza* y el *Diario de Avisos de Zaragoza*, ambos disfrutados por él en la mañana y la tarde.

En la Universidad de Zaragoza Martí se adentró en el mundo de la filosofía, sobre todo en el transcendentalismo del filósofo alemán Karl Christian Krause (181-1832), por entonces muy popular en centros académicos y culturales, así como del filósofo norteamericano

---

tratándolos como piratas el 4 de noviembre, dando lugar a un serio conflicto diplomático.

[72] El "***negro Simón***" impresionó a Martí peleando en enero de 1874 en las barricadas de la *Puerta Cinegia* contra un golpe de estado de Serrano y Espartero.

[73] El amor en cuestión fue una belleza zaragozana llamada **Blanca de Montalvo**, que Fermín describió en su poema *Ofrenda de Hermano* como «*una blonda, bella y distinguida señorita...*» Sus padres se oponían a la relación con Martí y los novios se veían a escondidas en paseos por los parques de Zaragoza. Al irse de Zaragoza Martí se enfrascó en su ideal de independencia para Cuba y dejó de escribirle a Blanca, la cual al cabo de varios años se casó con un médico de apellido Pastor y Pellicer. Tal debió haber sido su amor por Martí que Blanca bautizó a su primer hijo con el nombre de José.

[74] Aprobando 8 asignaturas de Derecho y 10 de Filosofía y Letras.

[75] Martí escribió en Zaragoza sus obras teatrales ***La adúltera*** y ***Amor con amor se paga.***

Ralph Waldo Emerson (1803-1882), poeta, graduado de Harvard y amigo de Walt Whitman, del que Martí luego sería gran amigo y compañero de visitas al teatro en New York.

La Zaragoza de Martí era una ciudad provinciana de poco más de 70,000 habitantes, en plena renovación urbana y en medio una intensa vida cultural solo superada por Madrid y Barcelona. Zaragoza era una mezcla histórica de tradiciones y arquitectura musulmana y cristiana. En una de sus cartas a su madre Leonor Pérez le escribió:

> «*Cuando termino mis clases en la Universidad, me gusta pasear por la plaza del Mercado y llegar a la animada calle Platerías donde vivimos Fermín y yo. Allí no estamos muy lejos de las ruinas romanas* [76] *y vivimos como en familia. Mis días en Zaragoza han sido los más felices de mi vida estudiantil.*»

A pesar de su afición por Krause y Emerson, ninguno de los cuales era creyente; a pesar de la influencia de Fermín Valdés, que era un consumado librepensador; a pesar de sus múltiples lecturas ateas y sus muchos amigos masones, Martí conservó en Zaragoza mucha de la fe cristiana que le había inculcado su madre. Unos de sus lugares de visita frecuente era la *Catedral del Salvador*, habitualmente llamada "*la Seo*" en contraposición de otra catedral zaragozana llamada "*la del Pilar.*" *La Seo* era una iglesia del siglo XVII con cinco naves cubiertas de bóvedas de crucería en la más clásica tradición del gótico clásico y con una fachada barroca que sustituyó al portal mudéjar que ostentaba en el siglo XV.

En las mañanas libres, José Martí se sumergía en *La Seo* para sentir «*una inefable emoción casi mística.*» De esas experiencias llegó a decir que «*la presencia de Dios parecía sentirse como una gran sombra fría en la nave callada e inmensa.*» Fue en medio de esos momentos religiosos que Martí conoció a Blanca de Montalvo y se enamoró de ella. Fermín decía que «*Pepe sonríe como no lo había visto por largos años.*»

Solo las cartas que llegaban de Cuba pusieron en perspectiva en la mente y el corazón de Martí que él era solamente un ave de paso en el mundo zaragozano. Su madre le escribía del asma de Don Mariano, que una vez más estaba desempleado. Leonor también mencionaba lo delgadas que estaban las niñas por la estrechez económica que pasaban y el hecho que estaban creciendo. En Cuba la crisis comercial y la quema de los ingenios había precipitado una miseria colectiva a la cual Madrid no tenía tiempo de hacerle caso. Leonor, Ana y Mariano comenzaban a hablar de irse a México que era el lu-

---

[76] **Cerca de la pensión** en que vivían Martí y Fermín estaba el *Teatro Romano*, el *Puerto Fluvial* y *Las Termas Romanas*.

gar más cercano y viable donde podían estar con Pepe, para el cual la isla estaba vedada.

A finales de 1873 el presidente de España Emilio Castelar, nombró a Joaquín Jovellar como Capitán General de Cuba. Desde La Habana llegaban noticias mixtas sobre la guerra. Carlos Manuel de Céspedes había sido despedido como presidente. Máximo Gómez, sustituto de Agramonte después de su muerte, se anotó en noviembre una gran victoria en *La Sacra*, Camagüey. En diciembre repetía la hazaña en *Palo Seco* y Calixto García asaltaba exitosamente la ciudad de Manzanillo.

En medio de todas estas emociones, rompió en toda España un movimiento encaminado al restablecimiento de una monarquía constitucional. El general Manuel Pavía y Rodríguez (1827-1895), Capitán General de Castilla La Nueva, que incluía la ciudad de Madrid, envió una nota al presidente de las Cortes el 3 de enero de 1874, en que someramente le decía: «*desaloje el local inmediatamente.*» Para reforzar que tal nota era seria, en media hora una dotación de la Guardia Civil desalojó por fuerza a los diputados, disolviendo las Cortes y dando por terminado el régimen parlamentario republicano. En pocas horas el poder lo asumió el general Francisco Serrano,[77] echando a un lado el gobierno de Emilio Castelar, cuarto presidente de la República en el espacio de ocho meses (Topete, Zorrilla, Sagasta y Castelar).

Los republicanos se lanzaron a la calle para defender a la república, entre ellos "el negro cubano Simón," criado de la casa donde vivía Martí. Los capitanes generales de las regiones fueron todos sustituidos. En las bocacalles principales de Zaragoza se alzaron barricadas. El repiqueteo de las metralletas y fusiles y el estruendo quebradizo de los cañones Krupp no permitían a nadie entablar conversaciones. La artillería pesada había hecho estragos en puentes, edificios, parques y tiendas. Una vez copados todos los puntos importantes de la ciudad, los golpistas comenzaron a fusilar republicanos en medio de las calles. Las calles estaban todas ensangrentadas. Martí le comentó a Fermín con cierto triste enardecimiento: «*la República ha muerto en manos de una deshonrosa soldadesca mancillada por la sangre de hombres*

---

[77] **Serrano** había encabezado junto a Prim y Topete la revolución conocida como *La Gloriosa* que en 1868 destronó a Isabel II, fue regente del reino hasta el nombramiento de Amadeo I como rey de España, se exilio en Francia al proclamarse la Primera República, participó en la disolución de las Cortes en 1874, y abrió el camino a la restauración de los Borbones en la figura de Alfonso XII a finales de 1874. Para todo eso se había preparado desde la Capitanía General de Cuba entre 1859 y 1862, donde hizo una pequeña fortuna en el tráfico de esclavos y la asignación a sí mismo de una enorme cantidad de tierras en el norte de la provincia de Oriente.

libres.» Para colmo de males, los carlistas estaban de nuevo en pie de guerra y habían conquistado la ciudad de Albacete.

Para fines de año Pepe Martí y Fermín Valdés, ambos con 21 años de edad, decidieron dar por terminada la aventura Zaragozana. Fermín ya era médico, Martí abogado y doctor en Filosofía y Letras. Ambos iniciaron un camino que los llevó juntos a París, Londres y New York, de donde Pepe siguió a México y Fermín a La Habana. En España Don Alfonso de Borbón aclaraba lo que iba a ser la nueva etapa en la historia del reino:

> «*Sólo el restablecimiento de la **monarquía constitucional** puede poner término a la opresión, a la incertidumbre y a las crueles perturbaciones que experimenta España.*»

En Paris Martí alquiló un *mansard* en 28, rúe de Rivoli y se decidió a quedarse allí casi un mes. Caminaba cinco o seis horas recorriendo las calles de Paris y cuando se cansaba buscaba un café donde hubiera una tertulia en pleno funcionamiento y se unía a ella, participando con un francés cubanizado que hacía gracia a los regulares. Visitaba con frecuencia el *Teatro L'Odeon*, en una pequeña plaza al frente de donde había vivido Camille Desmoulins durante la revolución francesa; al igual que la *Comédie Française*, cerca del Palacio Real, donde se hizo amigo de varios de los actores dramáticos y fue invitado al develamiento del busto de Alejandro Dumas hijo por Jean Baptiste Carpeaux. En pocos días Martí era un asiduo asistente a las tertulias literarias de París, conociendo en ellas a Víctor Hugo y Sarah Bernhardt, a la cual calificó Martí como «*una mujer de bella fiereza.*»[78]

El encuentro con Víctor Hugo, a pesar de lo que valoró conocer a la Bernhardt, fue extraordinariamente importante para Martí. Los dos habían conocido el destierro, los dos amaban y producían poesía y como Martí, Hugo era un hombre que abrazaba como suyas las causas por la libertad y la justicia y entre ellas la lucha de los cubanos por su independencia. Martí y Hugo congeniaron instantáneamente y el gran patriarca de las letras francesas le confió al cubano la traducción de su obra *Mes Fils*, dedicada a sus hijos muertos Charles y François Víctor. Después del encuentro de 1874, Martí y Hugo no se vieron más. Martí no pudo menos que escribir en su diario:

---

[78] Muchos de los que conocieron brevemente a Martí en 1874 comenzaron a calificar como "***un Martí***" a cualquiera que fuera un buen orador y tuviera una elegancia patricia al hablar. «*C'est gars-là est un Martí*» fue una frase que, si no en todo París, por lo menos era frecuentemente utilizada en los salones más exquisitos de la época.

«Cuando se mire atrás desde lo porvenir, se verá en la cúspide de este siglo grandioso un caballero cano, de frente acumulada, mirada encendida y barba hirsuta, vestido de vulgares paños negros: Víctor Hugo.»

Arriba, una placa en la casa de huéspedes en **Platerías no. 13** donde vivieron José Martí y Fermín Valdés Domínguez en sus días de estudiantes en Zaragoza.

Izquierda, el *General Manuel Pavia* que en la mañana del 3 de enero de 1874 disolvió sin resistencia el Congreso de Diputados terminando con el gobierno liberal de Castelar.

Debajo, el *Gobierno Provisional de Madrid* en 1869. En los círculos, de izquierda a derecha, Práxedes Mateo Sagasta, Juan Prim, Francisco Serrano y Juan Bautista Topete. Martí contaba con 16 años cuando el gobierno subió al poder y fue testigo de su disolución estando en Zaragoza.

El *golpe de estado* del general Manuel Pavía al desalojar sus tropas a los diputados de la Asamblea el 3 de enero de 1874.

Dos vistas de la *Universidad de Zaragoza* en la época que allí estudiaron José Martí y Fermín Valdés Domínguez. Una vista general y la entrada del paraninfo universitario.

José Martí y *Fermín Valdés Domínguez* en una foto tomada en los días que estudiaban en Zaragoza.

El General *Francisco Serrano*, Duque de La Torre, que contribuyó a la caída de la Regente María Cristina de España, participó en el golpe de Pavía en 1869 y junto a Prim, Topete y Sagasta controlaron el poder en España por 20 años.

Busto de *Alejando Dumas* hijo, el autor de La Dama de las Camelias. Martí asistió a la inauguración de este busto en la *Comédie Française* al vivir en Paris por unos días a finales de 1874.

Un busto de *Martí* en Paris, en un parque dedicado a escritores al noroeste de la ciudad, frente a la *Port de Champerret*.

La Catedral del Salvador, popularmente conocida como *La Seo*, la Iglesia donde Martí se refugiaba en muchas ocasiones para pensar y meditar.

El fondo del ***altar de La Seo***, que data del siglo XII cuando Alfonso I arribó por primera vez a la Zaragoza morisca.

Los edificios de la vieja ***calle de Platerías***, en el Zaragoza romano, donde Martí y Fermín vivieron en Zaragoza por 18 meses.

El ***Teatro Principal*** de Zaragoza, inaugurado en 1798 en la Plaza José Sinués.

La ***Torre Nueva***, de estilo mudéjar, famosa por su inclinación, cerca de la casa de Pepe y Fermín en la calle del Olmo no. 3, donde vivieron los últimos meses de la estancia de Zaragoza.

El interior del ***Gran Café de España*** en la calle Alfonso I, ambos lugares favoritos de Martí y Fermín Valdés.

Dos de los ***periódicos*** más importantes de Zaragoza donde Martí, a los 20 años escribió artículos sobre eventos mundiales, poesía y crítica teatral y literaria.

10   México

En Paris, unos días antes de salir rumbo a Inglaterra, New York y finalmente Veracruz, México, Martí recibió dos cartas de su madre que leyó afanosamente, sabiendo que no iba a ver otras por un buen tiempo. [79] Las últimas cartas de Leonor eran las de una madre que siente que su hijo esta arando en el mar, anteponiendo "*la causa*" a cualquier obligación consigo mismo y con su familia:

> «...*ya debes saber que en todas partes los hombres son iguales, que los hay buenos y los hay malos y que en todas formas de gobierno hay insatisfechos, y te acordarás de lo que desde niño te estoy diciendo, que todo el que se mete a redentor sale crucificado, y que los mas infames enemigos son los de la misma raza de uno; te lo vuelvo a decir, mientras tú no puedas apartarte de todo lo que sea política y periodismo, no tendrás un día de tranquilidad, y yo no viviré tal vez lo suficiente para tener el gusto de verte tranquilo, viviendo sólo de tu trabajo, pues por mucha fortaleza que tengas, la vida tan agitada que llevas desde hace tanto tiempo ya ha quebrantado tu salud.*»

Martí, por supuesto, no se dio por aludido. La fuerza de su deber y su compromiso tañía más alta que la voz de su bienestar personal o de sus penurias espirituales. Le apuraba ahora llegar rápido a Veracruz y a Ciudad México para besar a su madre y pedirle perdón por su abandono. También le interesaba mucho conocer de cerca la América indígena. Es por eso que, aun no separado de Fermín y habiendo ya descansado en Paris del maratón de asignaturas que examinó en sus últimos días en Zaragoza, viajaron por tren a Le Havre y allí tomaron el 28 de diciembre un ferry que los conduciría a Southampton.[80]

Las últimas noticias que recibió en Paris sobre Cuba no eran muy esperanzadoras. Carlos Manuel de Céspedes había muerto en San Lorenzo al ser sorprendido sin escolta por una tropa española. Calixto García fue capturado cerca de Bayamo pero había sobrevi-

---

[79] ***Pocas cartas*** de Martí a sus padres, sus hermanas y a Mendive se han encontrado entre 1871 y 1874, a pesar de que posiblemente hayan sido más de 50 en total.

[80] Durante ***28 días*** en septiembre de 1874 Martí había matriculado y aprobado las asignaturas Lengua Griega, Literatura Clásica y Griega, Geografía, Historia, Metafísica, Historia de España, Lengua Hebrea y Estudios Críticos sobre Autores Griegos, todas en la Facultad de Filosofía y Letras. En octubre 24 tomó el examen final para el grado de Doctor en Filosofía y Letras y lo pasó con sobresaliente.

vido un atentado de suicidio. Concha estaba de nuevo en la Capitanía General de la isla. Poco agradable también era la noticia que le gobierno español había enviado a Cuba en un vapor correo más de 700 prisioneros carlistas, republicanos federales y obreros internacionalistas. Por otra parte, Máximo Gómez había obtenido una resonante victoria en *Las Guásimas*, Camagüey, donde las bajas del ejército español habían ascendido a mas de 1,500 regulares. En lo personal, Gabriel Martínez Álvarez, un amigo de la infancia recién llegado al exilio en París, le dio la desafortunada noticia de la muerte de su hermana Lolita en los últimos días de 1870, cuando ya la familia estaba pensando en embarcarse para México.

En Southampton Martí permaneció solo unos días en espera del vapor que lo llevaría a reunirse con su familia o de una transferencia a un tren que lo llevara a Liverpool si de allí era más rápido el traslado a New York. Para él, Southampton era fascinante: romana por 400 años, anglo-sajona durante 600, vikinga por tres siglos, normanda por cien años, cuna de los *Plantagenets* durante el Medioevo, en manos de los Tudor durante el descubrimiento de América, punto de partida de los peregrinos que fundaron los EEUU, médula desde donde se propagó la revolución industrial. Se lamentó de no poderla explorar como había hecho en Paris pero su preocupación fue asegurar pasaje a New York cuanto antes.[81] Pronto Fermín y él supieron de salidas más rápidas desde Liverpool.

Mientras tanto, en Cuba, la familia de Martí había ya completado todos los arreglos necesarios para recibir a Pepe en México. El 22 de Abril de 1874, Mariano y Leonor junto a sus hijas Ana,[82] Carmen, Antonia y Amelia habían embarcado en el vapor *Eider* hacia Veracruz, donde llegaron el día 27 camino a Ciudad México. Con ellos viajaba Jesús García Martí, hijo de Don Manuel García y Leonor hija, que acababa de dar a luz a Oscar Eusebio, un nuevo sobrino de Martí. Los siete entraron en México por Veracruz y se trasladaron de inmediato por tren a la capital, donde los esperaban dos buenos amigos: Manuel Antonio Mercado y su esposa Dolores García Parra.

---

[81] *A regañadientes*, Martí había aceptado ciertos fondos para cruzar el Atlántico de manos de Fermín, que sabiendo lo muy desmejorado que estaba físicamente le suplicó que aceptara como regalo de despedida un ticket de primera clase para poder descansar durante la larga travesía. Dependiendo de los vientos prevalecientes en el Atlántico, el viaje duraba de 13 a 22 días.

[82] *Ana (Mariana Matilde)* moriría a los 18 años en México en 1875. Martí publicó en la Revista Universal de México un breve poema: *Mis padres duermen/ Mi hermana ha muerto/ Es hora de pensar. Pensar espanta,/ Cuando se tiene el alma en la garganta... /¡Decidme cómo ha muerto;/ Decid cómo logró morir sin verme;/Y puesto que es verdad que lejos duerme/ Decidme cómo estoy yo aquí despierto!*

El matrimonio estaba en muy buena posición; él era abogado, gran amigo de Benito Juárez y Diputado en el Congreso Mexicano. Ella era de profesión maestra y enfermera; ambos habían nacido en el estado de Michoacán. El ansia de ver a José no le hizo ver a la familia Martí las penurias económicas que habrían de pasar en Ciudad México.

El México de 1874 era no solo grandioso e inolvidable sino lleno de imprevisibles dificultades para forasteros. Las ciudades de México, incluyendo la capital, estaban salpicadas de cúpulas de iglesias, las casas eran casi todas blancas con tejas vidriadas, los edificios del centro con fachadas solemnes trabajadas monumentalmente en piedra, casi todas las poblaciones rodeadas por enormes valles, llanuras y montañas majestuosas. Nada que se pareciera a Cuba. La sociedad era policroma, 40 por ciento de indios, 12 por ciento de blancos, una porción insignificante de negros y el resto de mestizos, con la clase comercial y adinerada compuesta en su mayoría por españoles y otros europeos.

En 1862, unos años antes de la llegada de los Martí, México había sido invadido por los franceses. En cinco años la República triunfó sobre la intervención francesa y el imperio de Maximiliano, con lo cual se consolidó el poder de los liberales. Benito Juárez, presidente constitucional de los Estados Unidos Mexicanos, reinstaló su gobierno en la ciudad de México el 14 de agosto de 1867. Cinco años después, el 18 de julio de 1872 murió Juárez en medio de muchas insurrecciones entre ellas la del llamado "Plan de la Noria" encabezada por Porfirio Díaz, que más tarde, en 1874, llegaría a ser electo al Congreso por Veracruz.

En definitiva, en Southampton decidieron irse por tren a Liverpool llegando apenas tres horas antes de la salida del vapor *Celtic*, de la línea *White Star Line*, para New York el 2 de enero de 1875. Martí se despidió de su hermano Fermín en los muelles, a punto de abordar por si solo el vapor que lo llevaría de nuevo a las Américas. Fermín partió al día siguiente hacia La Habana, ansioso por comenzar su carrera de médico y apesadumbrado por separarse de su compañero de aventuras en España. No se verían mas por 17 años, hasta 1892, a pesar que Martí estuvo en Cuba poco después del *Pacto del Zanjón* cuando pudo entrar legalmente en Cuba. En el registro del vapor *Celtic*, Martí apareció como "*un inmigrante italiano.*" Aparentemente el oficial que procesaba los datos lo presumió parte de un grupo de cuatro músicos en camino a hacer fortuna en la pequeña Italia.

El viaje de Liverpool a New York, a pesar de contar con una cabina de primera clase, no fue nada agradable para Martí. El *New York Times* informó en un reportaje del 9 de enero que el *Celtic* había surcado los mares «*perseguido por una tormenta de lluvia, granizo y borrascas de nieve que hicieron imposible que los pasajeros disfrutaran de los acogedores asientos reclinables de cubierta.*» Por suerte el barco solo se demoró 12 días en llegar a su destino, en lugar de los 17 que se habían anticipado. La misma tormenta que había hecho la travesía peligrosa y desagradable, produjo retrasos en todos los barcos que zarparían para el sur en los próximos días. Martí de pronto se encontró en la ciudad que siempre había querido visitar, pero casi sin dinero y por un periodo indeterminado de espera. No fue sino hasta el 26 de enero que pudo conseguir espacio en un vapor con destino a Veracruz.

Por 12 días Martí se convirtió en lo que los franceses llaman un *flâneur*,[83] recorriendo incansablemente las calles de la ciudad y sus monumentos. En sus propias palabras, «*se sintió entre el flujo y reflujo de un movimiento constante, en medio de lo fugitivo y lo infinito, contemplando el mundo... estoy en el centro del mundo, y sin embargo paso desapercibido.*» New York, sin embargo, no era aun lo que estaba llamada a ser veinte años después cuando marchó de ella en 1895. La nación americana estaba en crisis, los periódicos presentaban una letanía casos de corrupción en el gobierno de Grant, el crimen estaba en ascenso, tanto en Boston como en San Luis, Chicago, New Orleans. Martí llegó a pensar que «*el país está pronto a perecer por la avaricia y las extravagancias y, a diferencia con Francia, no hay aquí una cultura superior ni un amor a la belleza.*» Curiosamente, Martí no trató de ponerse en contacto con Mendive, que desde hacía 5 años vivía en New York. Su estancia de 12 días cada día se hacía más deprimente, pensando en la familia que padecía de estrecheces en México y a la cual él no podía socorrer de inmediato. El periódico mexicano *La Iberia*, que Martí buscada afanosamente en una caseta en la esquina de Broadway y la calle 14, reportó la muerte de su hermana Ana, que tuvo que ser enterrada en un espacio que ofreció la familia de Manuel Mercado, alguien que él aun no había conocido.

El día 26 de enero, dos días antes de cumplir 22 años, Martí abordó en uno de los muelles del New York el vapor *Ciudad de Mérida* con rumbo a Veracruz, México. El itinerario del barco incluía

---

[83] *Flâneur*, en francés, es un callejero o bagabundeante, alguien que camina las calles con una dirección general pero sin rumbo fijo desviándose cada vez que algo le llame la atención. Balzac definió esa actividad como una "*gastronomía para los ojos.*"

una parada en La Habana y otra en Mérida, ambas de dos días, para recargar agua y combustible. El 31 de enero Martí se vio en el *Muelle de Luz*, en la vieja Habana, a una distancia de su casa de la calle Paula que hubiera podido cursar en menos de 15 minutos. Las autoridades españolas no le permitieron desembarcar. Durante dos días contempló en silencio la iglesia del Ángel, donde había sido bautizado, a apenas cuatro cuadras de distancia. Sus lecturas lo mantuvieron alejado de las pasarelas donde subían y bajaban marineros con mercancías y correo.

La guerra en Cuba estaba en pleno apogeo. Máximo Gómez había cruzado el 6 de enero la trocha entre Júcaro y Morón para llevar la guerra a occidente. El 18 combatió exitosamente con 2,000 de sus hombres en la *Loma del Jíbaro*, en Las Villas, lugar al que volvería un mes después. España, sin embargo, había traído a Cuba más de 70,000 regulares que se unieron a los 80,000 Voluntarios ya reclutados para enfrentarse a solo 7,000 mambises y el futuro no se veía muy prometedor. Bajo esas condiciones hubiera sido un suicidio que Martí se arriesgara en caer en manos de las autoridades portuarias. Con buenos consejos, Gabriel García, primer oficial del puente de mando del *Mérida*, le había recomendado que no insistiera.

El 2 de febrero el vapor *Ciudad de Mérida* levantó anclas rumbo a Mérida y finalmente Veracruz, donde llegó el 8 de febrero. Martí de inmediato envió un mensaje a Ciudad México y tomó el próximo tren hacia la capital mexicana. El viaje de Veracruz a Ciudad México, pasando por Orizaba, hacía honor a los ingenieros mexicanos que proyectaron y construyeron las vías ferrocarrileras. En uno de los tramos de poco mas de 40 kilómetros la vía tenía que salvar una altura de más de 1,200 metros, esto es, una pendiente promedio de tres por ciento. Se necesitaron 10 viaductos, 148 puentes y más de 350 alcantarillas para pasar los trenes. A lo largo de la vía se construyeron 30 estaciones. El material rodante consistía de 26 locomotoras, 36 coches y 350 carros.

Después de dos días, Martí llegó exhausto a la estación Buenavista de la capital el 10 de febrero de 1875. Allí lo esperaban Mariano Martí y Manuel Antonio Mercado. Martí no veía a su padre desde hacía cuatro años y lo abrazó tiernamente negándose a soltarle por más de cinco minutos. El viejo Mariano, que ya contaba con 60 años, se echó a llorar inconsolablemente mientras los ojos de Manuel Mercado le amenazaban de hacer lo mismo.

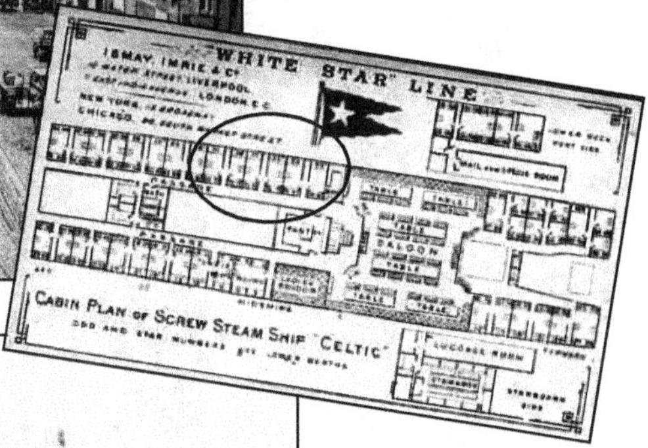

El ***muelle de Liverpool*** de donde partió en ***vapor Celtic*** rumbo a New York con José Martí a bordo.

El ***vapor Celtic en alta mar*** y la disposición de las cabinas de pasajeros. En un círculo la posible ubicación de la cabina de José Martí.

Las ***hermanas de Martí*** que con sus padres Mariano y Leonor se mudaron a Ciudad México en 1874 para esperar allí a Martí: Mariana Matilde (***Ana***), María del Carmen (***La Valenciana***), ***Antonia Bruna*** y ***Amelia Rita***.

El puerto de *Southampton* en el sur de Inglaterra desde donde Martí trató infructuosamente de tomar un vapor con destino a New York.

El periódico *La Iberia*, publicado en México y a la venta en Southampton, donde Martí conoció la noticia de la muerte de su hermana Ana.

El *Muelle de Luz* en La Habana. Sin poder desembarcar, Martí estuvo en el vapor *Ciudad de Mérida* por dos días esperando que reanudara su itinerario.

Entre las noticias que Martí supo en ese viaje a México fueron los éxitos del ejercito mambí en Cuba, especialmente noticias de la *Batalla de Loma del Jíbaro*.

El puerto de Veracruz en la época en que llegó allí Martí.

El tren Veracruz - Ciudad México en 1875.

La estación Buenavista de Ciudad México donde arribó Martí procedente de Veracruz.

Manuel Mercado, amigo por largos años de Mariano Martí que con él fue a esperar a José Martí a la estación de tren.

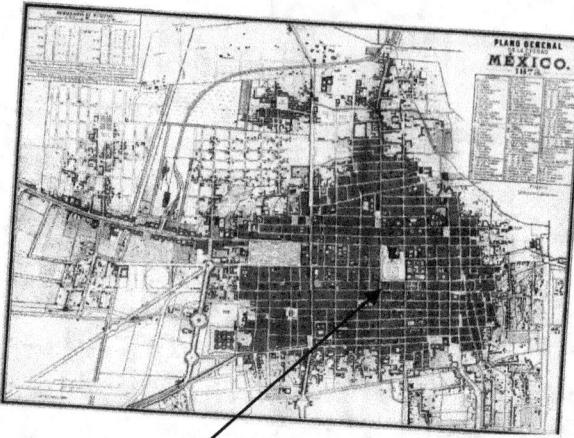

Iztaccihuatl   Catedral   Popocateptl

Foto de *Martí* en México en 1875.

Plano y grabado de *Ciudad México* en 1875, a la llegada de Martí. En ese momento la población total de México era 8.5 millones de habitantes, de los cuales 225,000 vivían en Ciudad México.

La *Revista Universal* de la Ciudad de México, donde Martí publicó por primera vez en ese país bajo el pseudónimo de *Orestes*.

11   Retorno

Manuel Antonio Mercado y de la Paz (1838-1909), el hombre que con Don Mariano recibió a Martí en la estación de Buenavista en Ciudad México, estaba llamado a ejercer una importante influencia en la vida de José Martí. Mercado era en ese momento Secretario de Estado del Distrito Federal de México e íntimo amigo del Presiente mexicano Lerdo de Tejada. Mercado tenía entonces 37 años; Martí 22. A lo largo de los próximos 20 años Martí y Mercado cursarían una correspondencia de más de 140 cartas, entre las cuales estaría la última e inconclusa carta escrita por Martí en la manigua cubana el 18 de Mayo de 1895, que ha sido considerada como su testamento político.[84] Mercado fue no solo uno de los mejores amigos de Martí y su íntimo confidente sino también el benéfico protector de Martí y su familia en muchas situaciones adversas. Gracias a Mercado y su admiración por Martí se han conservado cientos de cartas que revelan muchas facetas de su vida, sus inquietudes y su pensamiento.[85]

La casa de familia donde fue a residir Martí era un humilde apartamento en el mismo edificio de la residencia de los Mercado en la calle Principal Segunda. En 1875 todos albergaban la esperanza de salir adelante y tener una vida más sosegada y próspera de la que tenían en La Habana, donde las dificultades de Don Mariano para mantenerse trabajando eran un pesado lastre en la mente de todos. México, sin embargo, les trajo casi más dificultades que La Habana. Nunca se pudieron adaptar a la altura de Ciudad México. La frialdad y las lluvias ocasionales de escarcha y nieve los hacía gastar en médicos, medicinas y calefacción el dinero que tenían para la renta

---

[84] A la muerte de Martí el Teniente Coronel Ximénez de Sandoval entregó a las autoridades españolas en Santiago de Cuba las **pertenencias de Martí** recuperadas en Dos Ríos: una leontina, un fusil Winchester, una foto de María Mantilla empapada en sangre, un revólver *Colt Frontier* de seis balas, calibre 44, y la carta inconclusa a Manuel Mercado. Martí llevaba en su bolsillo 500 dólares en oro norteamericanos que fueron saqueados por la soldadesca antes de enterrarlo. La carta, copiada por Gonzalo de Quesada, ha desaparecido. Su último portador fue el General Salcedo, jefe de la plaza de Santiago de Cuba, que a raíz de la muerte de Martí fue relevado de su cargo y enviado a España.

[85] Las cartas, cuidadosamente guardadas por **Manuel Mercado** y, a su muerte en 1909, por su hijo Alfonso, fueron dadas a la luz en 1946 cuando la familia las entregó a la *Universidad Nacional Autónoma de México (UNAM)*, donde aún se mantienen.

y para comer. Inicialmente lo soportaron todo con el estoicismo que caracteriza a los emigrados, pero llegó un punto en que no fue tolerable ver las enfermedades que tenían las niñas; primero Ana, que había muerto un mes antes [86] de él llegar a México, y luego Antonia, de apenas 12 años, que parecía ir por el mismo camino. Martí, cuyos escritos empezaron pronto a ayudar un poco, no ganaba aun lo suficiente para hacer frente a la situación. Doña Leonor, llena de desesperación al ver a su familia desintegrarse en la indigencia, tomó una riesgosa decisión: trataría de volver a La Habana con Antonia, dejando atrás a Mariano, Pepe, Carmen, Leonor, Amelia y los niños de Leonor, Alfredo y Oscar.

Una de las grandes preocupaciones de Martí en mayo de 1876 era la tristeza y depresión emocional de su hermana Leonor, que habiendo llegado con un avanzado embarazo a México a finales de 1875, había tenido a su hijo Oscar en un hospital de Ciudad México. En La Habana, por falta de fondos, habían quedado su esposo Manuel García y su hijo Mario haciéndole compañía. El abatimiento y desánimo mantenían a su hermana Leonor encerrada en su cuarto con sus hijos Alfredo y Oscar, desconsolados y constantemente consternados. Martí, a pesar de la pobreza que lo rodeaba, se decidió a llevar a Leonor a Cuba en un viaje fulminante para ver a su esposo Manuel y traer a su hijo Mario a México. Manuel quedaría en La Habana para tratar de mantener su trabajo como escribano de las cortes españolas y poder establecer una reserva de dinero para toda la familia y un lugar adonde regresar si así lo decidían.

Un inesperado encargo del periódico *Excélsior* de Ciudad México representó para Martí la posibilidad de llevar a su hermana a La Habana. Sus honorarios por dos artículos excedieron el costo del viaje de ida y vuelta y sin pensarlo dos veces Martí partió a Cuba con su hermana, vía el barco carguero *City of Havana*, que partió del puerto Progreso en Yucatán. La ida a Cuba ocurrió el 16 de mayo; la vuelta a México en el mismo barco, el 2 de junio de 1876. Para pasar encubiertos por las aduanas de La Habana ambos se vistieron como trabajadores de la embarcación. En La Habana nadie les pidió documentación alguna; a la vuelta, en el puerto Progreso el reporte de

---

[86] ***Ana (Mariana Matilde)*** Martí murió en 1875 a los 18 años de complicaciones cardiacas debidas a la altura de Ciudad México. Era una de las hermanas de Martí con las que él mas se carteaba. Martí la recordaba por *«sus trenzas rubias, sus largas cartas y su hermosa sonrisa.»* Interesantemente uno de los enamorados que buscaban la amistad con Ana era un joven militar mexicano, alto, robusto, inteligente y testarudo a los 16 años, que asistió a su misa funeraria: José Venustiano Carranza y Garza (1859-1920), futuro presidente de México entre 1917 y 1920.

aduana mostró: "*J. Martí, Señora y Niño.*" En la prensa mexicana, de la que Martí dependía para sostener su familia en México, aparecieron alusiones a la ausencia de los escritos de Martí por varios días. La revista Universal reportó el 30 de mayo: «*José Martí se encuentra postrado a causa de una grave enfermedad que recogió en la prisión cuando fue encarcelado por haber defendido la Patria. En días pasados fue operado con éxito en una clínica de la ciudad por el Dr. Francisco Montes de Ocala.*»

En el otoño de 1876, Martí se declaró abiertamente en la prensa en oposición del llamado *Plan de Tuxtepec* que había propuesto Porfirio Díaz. El plan rechazaba a Sebastián Lerdo de Tejada como presidente de México bajo el principio de no-reelección pero aceptaba la constitución y las leyes de reforma y favorecía la elección de Díaz a la presidencia del país. La verticalidad de Martí a ese plan fue un acto valiente y arriesgado que lo puso en una precaria posición defensiva frente a las hordas porfiristas que estaban preparando un total desalojo político en México. Martí se había convertido en un hombre importante en la vida política mexicana, en detrimento de la estabilidad económica de su familia y de sus posibilidades personales de empleo. Todo eso le hizo contemplar la posibilidad de tener que abandonar el país. Por otra parte, Doña Leonor estaba ya de vuelta en La Habana con su hija Antonia, viviendo en casa del esposo de su hija ausente Leonor mientras Leonor permanecía en México con Don Mariano, sus hermanas y sus hijos.

A finales de 1876 José Martí decidió volver clandestinamente a Cuba en busca de recursos que sacaran a la familia de las insufribles estrecheces económicas que padecían.

En la casa de Principal Segunda la familia entera luchaba por mantenerse a flote económicamente. Don Mariano había retornado a su antigua profesión de sastre, esta vez —gracias a una recomendación muy favorable de Manuel Mercado— consiguió un contrato con Gerardo Borrel, un proveedor de uniformes para el ejército mexicano. Todos en la casa de los Martí cortaban, probaban, ajustaban, cosían, planchaban y empaquetaban los uniformes. Poco espacio familiar quedaba libre en el hogar ahora convertido en un taller de corte y costura. A pesar de todo, Pepe tenía que incansablemente conseguir asignaciones de artículos en la prensa mexicana. Ahí también lo ayudó la generosidad de Mercado, que gracias a sus contactos en el mundo político de México le abrió las puertas de *El Federalista, La Revista Universal* y *El Excelsior*.

Sabiendo que siendo un deportado político era un plan desesperado que podía costarle una nueva prisión, se decidió a hacerlo para salvar a su familia del hambre, la división y el desamparo. Ya Martí era novio de Carmen Zayas Bazán [87] y rehusó con delicadeza la ayuda que le ofrecieron sus futuros suegros.[88] En los planes de Martí también figuraba la idea de irse a Guatemala y establecerse allí como periodista, maestro, dramaturgo y ensayista. En México había ya llegado al poder Porfirio Díaz y a pesar de la amistad política del nuevo presidente con su amigo Mercado, Martí pensaba que no iba ser agradable ni llevadero vivir en un régimen que auguraba días de abuso y decisiones totalitarias.

En la decisión de Martí de irse a Guatemala figuraba primordialmente el padre de Fermín, Don José Mariano Domínguez, que años atrás había sido mentor de Don Justo Rufino Barrios, actual presidente de la República de Guatemala. En una carta de Fermín que respondía a la pregunta de Pepe si Don José Mariano lo podría ayudar a establecerse en Guatemala, Martí había recibido certeza de que sería un gran gusto para su padre ayudarlo a conectarse con la prensa y las personas influyentes que lo pudieran ayudar en su país.

El 29 de diciembre de 1876, apenas 10 meses de haber arribado en México, Martí partió en tren hacia Veracruz. El 2 de enero tomó el vapor *Ebro* que lo llevaría a Cuba. En su maletín de viaje llevaba todos los documentos necesarios para entrar en Cuba secretamente bajo el nombre de *Julián Pérez*, su segundo nombre y su segundo apellido.

En una carta a Manuel Mercado le confió:

«La suerte está ya desafiada, y pronto estará probablemente vencida: voy al fin a La Habana. Es necesario darle ropa a mis hermanas que las cubra, y buena vida que vivir; preparar su salida, colocar a mi padre y emprender este risueño y favorecido viaje a Guatemala: si todo eso logro, bien venido sean los riesgos graves de una prisión probable.»

El 6 de enero de 1877, día de los Reyes Magos, llegó Martí al puerto de La Habana. Allí lo estaban esperando Antonia, su hermana y Manuel García, el esposo de Leonor (La Chata), que le ofreció que se quedara en su casa. Tenía ahora que conseguir los fondos para mandar a buscar a México a su padre y a sus hermanas y alquilarles a todos una casa en La Habana. En Cuba no tenía trabajo ni posibilidades de conseguirlo dada su condición de

---

[87] José Martí y Carmen se habían hecho novios a finales de 1875 cuando se conocieron en una reunión de la **Sociedad Gorostiza**, una agrupación literaria de escritores dramáticos. Profundamente enamorados, se casaron el 20 de diciembre de 1877.

[88] Los **Zayas Bazán**, particularmente Don Francisco, el padre de Carmen, no valoraban a Pepe como un buen partido para desposar a la hija mayor. De hecho, nunca lo aceptaron ni aun después de casados. La precariedad en que vivían los padres de Martí era tal, sin embargo, que no repararon en tratar de tenderles una mano.

encubierto. Lo único que se le ocurrió fue acudir a Fermín y sus padres para poder enviar por lo menos 200 pesos oro americanos a México.

Una vez más tocó a la puerta en la casa de los Domínguez en Industria y San Miguel. Allí sorprendidos lo recibieron con abrazos Don José Mariano, Refugio,[89] la media hermana de Don José, y sus hijos Fermín y Eusebio, uno ya médico, el otro abogado.

Don José Mariano le dio a Martí cuatro cartas de recomendación para viejos amigos de Guatemala, su tierra natal, incluyendo una dirigida al presidente de la república. También le dio los fondos necesarios para pagar los pasajes de Mariano Martí y sus hijas desde Ciudad México a La Habana. Martí le escribió con gran alegría y esperanzas a Manuel Mercado:

> «Desde esta tierra, que no es aún la mía, he de decirle de visibles tristezas, avergonzadas observaciones y presentes fundadas esperanzas. La insurrección saldrá vencedora últimamente en esta lidia campal contra el ejército que la azota, con más susto que brío, proveniente de la desalentada y dividida España. De ella vienen, originarias, legítimamente del Gobierno, proposiciones de autonomía que los insurrectos aún no aceptan; aquí vuelven grupa ante nuestras caballerías de relámpago y rayo las fuerzas españolas.»

Desafortunadamente, la guerra en Cuba no iba tan bien como creía Martí. En sustitución de sanguinario Conde de Valmaseda, el general Joaquín Jovellar había sido nombrado Capitán General de la isla en 1876; al tomar posesión había mandado a buscar a España al general Arsenio Martínez Campos para dirigir al ejército español en la isla; con las tropas que había traído Martínez Campos los hombres defendiendo la autoridad española alcanzaban ya la cifra de 100,000. Las tropas cubanas de Las Villas se estaban negando a aceptar el mando de Julio Sanguily, protagonizando algo parecido a la sedición de Vicente García en Lagunas de Varona.[90] Sanguily tuvo que renunciar en favor de Carlos Roloff. Todo parecía indicar que, en vista de las divisiones sectarias del ejército insurrecto, Martínez Campos se aprestaba a lanzar una gran ofensiva española contra los independentistas.

---

[89] En los documentos de adopción de Fermín y Eusebio aparece Eusebia como la persona que los adopta ya que siendo clérigo Don José no podía legalmente ser el padre adoptivo. Refugio Domínguez, a pesar de tener un ligero retraso mental, quiso a Fermín y a Eusebio como verdaderos hijos y ese cariño se desbordó hacia Pepe Martí como si fuera un tercer hijo. Igualmente lo hizo una humilde camagüeyana que se encargaba de los quehaceres de la casa y le hacía compañía a Refugio, Merced Quintanó Brenes.

[90] En abril de 1875, el general Vicente García había producido un manifiesto contra la autoridad de la Cámara de Representantes en Armas y contra el poder ejecutivo, que entonces estaba en manos de Salvador Cisneros Betancourt. Concentró sus fuerzas orientales en un intento de golpe de estado, del cual por fin lo disuadieron Bartolomé Masó, Antonio Maceo y Máximo Gómez. Cisneros terminó renunciando la presidencia en favor de Juan Bautista Spottorno en junio de 1875.

De vuelta a Ciudad México, Martí hizo los arreglos necesarios para despedir en Progreso a su hermana Leonor y sus hijos, a su padre Don Mariano, su madre Doña Leonor, sus hermanas Antonia, Amelia y Carmen, todos de regreso a La Habana. Su hermana Leonor estaba reservadamente alegre pensando que sus padres iban por un tiempo a compartir la casa con su esposo e hijos.[91] José Martí quedó libre en Ciudad México para seguir escribiendo, para casarse con su novia Carmen y para tomar la decisión de ir o no ir a Guatemala a comenzar de nuevo. Atrás habían quedado el presidio, el destierro, las serias penurias económicas y los padecimientos físicos.

Como lo había hecho en Madrid y Zaragoza, Martí seguía ardientemente los aconteceres de la tumultuosa vida política en México. En la sala de redacción de *La Revista Mexicana*, que era su principal vehículo como ensayista, los veteranos de la prensa mexicana comenzaron a prestarle atención por sus agudas observaciones e interpretaciones de los rumbos políticos del país, a pesar de su foraneidad. Más que nada a Martí le llamaba la atención la virulencia conque los herederos de los sacerdotes Hidalgo y Morelos, héroes de la independencia mexicana, trataban de recriminar al clero y mantenerlo fuera del futuro de México. Juárez y Lerdo, entre otros, predicaban la expulsión de religiosas y jesuitas, con un laicismo y materialismo que ignoraba las raíces religiosas tradicionales del pueblo mexicano.

La vida de José Martí ya distaba de ser plácida desde la adolescencia y estuvo siempre sembrada de vicisitudes y adversidades. Sin embargo, rechazando ese laicismo embrionario y rencoroso que lo rodeaba en las reuniones editoriales de *La Revista Mexicana*, Martí, que no era practicante ni calambuco religioso, dio rienda suelta a su profunda espiritualidad en México:

> «La vida no tiene sentido sino como empresa del espíritu. No es posible ignorar la majestad y armonía del universo, la inmortalidad del alma y la necesidad eventual de una remuneración al bien personal sobre el mal.»

Sentimientos como esos los había expresado por primera vez en *El Presidio Político en Cuba*:

---

[91] Hay indicios de que en el año de 1869 Leonor Martí Pérez sufrió fuertes represalias de sus padres, que se oponían a su noviazgo con Manuel García.

El interior de la casa de apartamentos donde vivieron Manuel Mercado y la familia de José Martí a la llegada de este a Ciudad México en 1875. La casa estaba ubicada en la calle *Principal Segunda de la colonia Roma*.

Tres personajes importantes en la vida de los Martí durante su estancia en Ciudad México, el presidente de México *Sebastián Lerdo de Tejada* (1823-1889), el presidente de Guatemala *Justo Rufino Barrios* (1835-1885) y el joven militar *Porfirio Díaz Mori* (1830-1915).

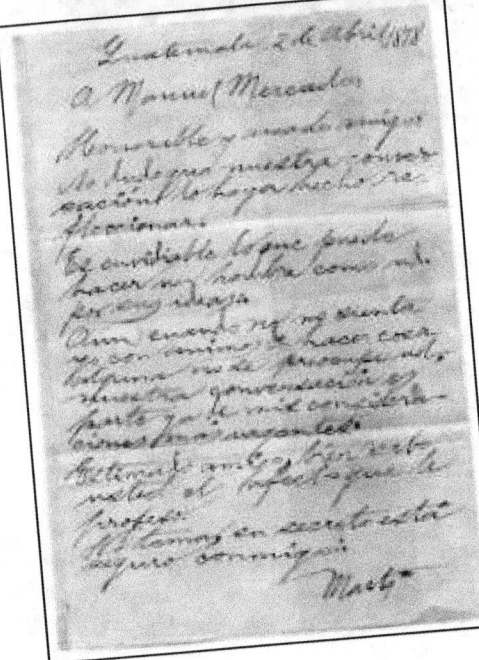

Una vista de **La Habana** en la época que José Martí la visitó dos veces clandestinamente en 1876 durante su estancia en México.

A la derecha el general **Arsenio Martínez Campos**, en una foto de 1876 al ir a Cuba como jefe del ejército español en sustitución, de Blas Villate, Conde de Valmaseda.

Una de las muchas **cartas de José Martí** a Manuel Mercado que fueron recuperadas por Gonzalo de Quesada a la muerte de Martí.

  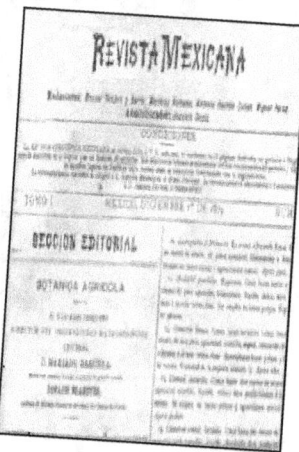

La zona del *Zócalo* o Plaza de la Constitución, centro del mundo oficial de Ciudad México desde tiempos de la colonia española. Fue allí en 1867 que Benito Juárez, una vez destronado Maximiliano, pronunció su famosa frase « el respeto al derecho ajeno es la paz.» En 1875 la familia de José Martí era un visitante frecuente del Zócalo.

Debajo, una foto de **Carmen Zayas Bazán** y otra de **José Martí** en la época que se hicieron novios en Ciudad México. Martí estaba profundamente enamorado de Carmen, que nunca comprendió los enormes sacrificios de Martí para adelantar la causa de la independencia de Cuba. De ella dijo Martí *«Ejerce ella en mi espíritu una suave influencia fortificante, a tal punto que creo ahora que bien pudiera ponerse por encima de la misma nostalgia de la patria, la nostalgia del amor.»* En una carta a Manuel Mercado Martí le dijo *«...voy rumbo al incierto destino que me espera en Guatemala, pero voy lleno de Carmen, que es ir lleno de fuerza...»*

Un ejemplar de la *Revista Mexicana*, principal fuente de artículos escritos por Martí durante su estancia en la capital de México.

Vapor Ebro, botado en 1866, propiedad de la *Naviera del Marqués de Campo*, adquirido en 1884 por *Trasatlántica Española*; fue el barco en que Martí se trasladó clandestinamente a La Habana en 1876.

Joaquín Jovellar y Soler (1819-1892), primer ministro español en 1875, gobernador general de Cuba cuando Martí estaba en México, furioso anti carlista.

Leonor Petrona Martí Pérez, la hermana de Martí que él acompaño subrepticiamente a Cuba en 1876 para traer a su hijo Mario a unirse a la familia en México.

Una vista de la ***Ciudad de Guatemala*** en 1877, la época de la visita de Martí.

12 *Guatemala*

El *Hotel Iturbide*, en la calle de San Francisco, hoy andador Madero, en la Ciudad de México, fue durante muchos años el edificio más alto de la ciudad; fue por él que la ciudad adquirió el título de "*La ciudad de los Palacios*". El Iturbide fue construido como residencia por la marquesa de San Mateo Valparaíso; luego pasó a ser propiedad del Marqués de Moncada. Años más tarde fue la residencia de Agustín de Iturbide y después el edificio principal del Colegio de Minería, antes de convertirse en el hotel de mas lujo y comodidad de la capital mexicana. Allí fue Martí en 1877 a visitar al ilustre Don Nicolás de Azcárate, un viejo amigo de Rafael María de Mendive que Martí conoció y respetó como niño por encargo de su mentor.

Nicolás Azcárate (1828-1894), un baluarte del Reformismo en Cuba, había formado parte de la comisión de 22 ilustres cubanos que habían asistido en 1866 en Madrid a la fracasada *Junta de Información* que el gobierno de España organizó para tratar de resolver el descontento de los cubanos por los elevados impuestos y derechos de aduana a principios de 1867. La forma en que fueron rechazados por el gobierno había sido uno de los causantes directos de la insurrección de 1868. Al regresar a Cuba a raíz del fracaso de la Junta, el Capitán General Valmaseda deportó a Azcárate a México acusado de respaldar el abolicionismo y atentar contra la economía española. Radicado en México, Azcárate se preparaba para colaborar en el periódico *El Eco de Ambos Mundos* cuando recibió por primera vez la visita de Martí.

Martí, con 24 años y Azcárate con 49, se hicieron íntimos amigos; pasaban largas horas conversando de política y literatura,[92] siendo Don Nicolás una de las pocas personas a las que Martí confiaba sus artículos antes de someterlos a la prensa. Martí ya había alcanzado un enorme prestigio intelectual gracias a sus artículos en *La Revista*

---

[92] El 23 de noviembre de 1876, echando a un lado unas elecciones ya acordadas y programadas, **Porfirio Díaz** había tomado el poder en México, lo cual daba múltiples ángulos desde donde discutir el acontecer político diario. Por otra parte, Martí había estrenado en el *Teatro Principal* su obra *Amor con Amor se Paga*. El día del estreno, en los palcos del teatro se encontraban las hijas de Benito Juárez, la familia Martí en pleno, Don Nicolás y todo lo más florido de la aristocracia mexicana.

Universal, en *El Federalista* y en *El Eco de Ambos Mundos*. En lo político, había rechazado el cargo de Secretario de Estado de Puebla, la tierra donde medio siglo antes había escrito un magno poema, *En el Teocalli de Cholula*, su ilustre coterráneo José María Heredia (1803-1839). Martí se desarrollaba en los círculos intelectuales y políticos de México como si hubiera nacido en esa tierra.

Entre las noticias de Cuba que comentaban Don Nicolás y Martí estaban numerosos reportes de divisionismo entre los insurrectos, además de vacilaciones en el apoyo que los exiliados de New York habían sostenido por más de cinco largos años. Desde 1875, las únicas armas de que disponían los alzados eran las que podían arrebatarle a las tropas españolas. El sostén en las provincias de Las Villas, Oriente y Camagüey se había reducido a infrecuentes distribuciones de raíces, trozos de caña y palmito. De Matanzas a Pinar del Rio no se sabía de nadie en pie de guerra. Los refuerzos recibidos por Martínez Campos en octubre de 1877 presagiaban un final trágico de las hostilidades. En diciembre varios grupos de insurrectos estaban entablando negociaciones de paz con el ejército español sin la autorización del gobierno central en Armas. Antonio Maceo había caído gravemente herido tras el combate de *Mangos de Mejía*. El Presidente en Armas Tomás Estrada Palma, había sido hecho prisionero en octubre cerca de Holguín y había sido deportado a España. En una opinión que compartían Azcárate y Martí... «*el sentimiento independentista en la isla estaba irreversiblemente condenado a desaparecer.*»

Martí se debatía entre su deseo de incorporarse a una lucha que parecía tener cada día menos posibilidades y la necesidad de resolver la situación económica de su familia, establecer un hogar con su adorada Carmen y ampliar su área de influencia política en otros países de la América Central, particularmente Guatemala, donde ya tenía sólidas conexiones. Finalmente, decidió irse a Guatemala y el 26 de marzo de 1877 llegaba a ese país hermano.

En la Guatemala que Martí conoció a su llegada, gobernaba el Presidente Juan Rufino Barrios; a pesar de que Martí le tomó gran afecto, [93] Barrios era un dictador liberal, y su gobierno distaba mucho de ser democrático. No había en Guatemala libertad de prensa y de opinión, ni libertad de asociación, condiciones que habían evocado en Martí un firme respaldo al gobierno de Lerdo de Tejada en

---

[93] ***Barrios*** había sido uno de los pocos presidentes de las repúblicas independientes de América que inmediatamente apoyó el gobierno en Armas de Carlos Manuel de Céspedes y ofreció refugio a los cubanos que escapaban de Cuba ante la represión del gobierno colonial tras el alzamiento del 10 de Octubre de 1868.

México. Lerdo, por otra parte, había trabajado incansablemente para incorporar los indios mexicanos a la vida de la república y terminar la pobreza crónica a la que estaban sometidos, condiciones que también existían en Guatemala pero a las que no daba mucha importancia el gobierno de Barrios.

Barrios gobernaba Guatemala desde 1870 y desde entonces su credo había sido desarrollar el país con una doctrina liberal y autoritaria. En un comentario que Martí envió a Azcárate al poco tiempo de llegar le decía:

> «Justo Rufino Barrios, presidente de Guatemala, cierra los ojos y prefiere escuchar el bullicio de ferrocarriles y máquinas de vapor que el silencio de los monasterios. No colorantes sintéticos en los mercados del mundo, pero a nadie le proponen comprar la cochinilla y el añil que Guatemala produce. El tiempo ahora es solo para el café. Los mercados exigen café y Guatemala les ofrece tierras, manos, trenes y puertos. Para modernizar el país, Barrios expulsa monjes que considera parasíticos, se apodera de la Iglesia y sus inmensas propiedades, y se las da a sus amigos más cercanos. La propiedad colectiva ha sido abolida por decreto y se ha impuesto la servidumbre obligatoria. Para integrar al indio a la nación, el gobierno liberal lo convierte en un siervo de las nuevas plantaciones de café. El sistema es el mismo de trabajos forzados que existía en tiempos coloniales.»

Una vez en Guatemala, Martí retrasó el momento de visitar al Presidente Barrios por varias semanas. Por un lado se molestaba el clima autoritario que Barros había establecido, que coincidía con la opinión de muchos exiliados guatemaltecos en México que lo tildaban de «*un caníbal, una pantera, un sátrapa y oprobio de la humanidad.*» Por otra parte, la opinión que encontró en los círculos intelectuales que había conocido gracias a las cartas de presentación del padre de Fermín le hizo concluir que «*Para los trabajadores, los intelectuales, y las gentes de bien, la tierra es la esencia de la vida. Barrios rinde homenaje al café con un fervor casi espiritual. El rico grano hierve en la sangre, anima y mueve pasiones y sueños, explota en las venas y su llama y aroma enaltece la mente. Es el grano de los dioses.*» Martí, sin lugar a dudas, compartió con Barrios la opinión que el café era el cultivo ideal que impulsaría Guatemala hacia adelante y liberaría a su marginada población indígena.

Cuando por fin Martí visita a Barrios el presidente simpatiza de inmediato con él y lo invita a dirigir el departamento de Filosofía y Letras de la *Escuela Normal Central*, que a la sazón era dirigida por un ilustre cubano, Don José María Izaguirre. Martí se unió a la facultad el 29 de mayo de 1877, dos meses después de haber llegado a Guatemala.

Izaguirre le abrió las puertas del mundo político e intelectual de Guatemala a José Martí; entre ellos estaba el General Miguel García Granados, ex-presidente y líder de la revolución de 1871, cuya casa fue frecuentemente visitada por Izaguirre y Martí. Allí conocieron a las hijas de García Granados, Adela, María, Cristina, Leonor y Luz. María, con 15 años, se enamoró perdidamente de Martí, que tenía 24.

La vida sonreía por primera vez a José Martí. Disfrutaba de un buen sueldo, prestigio político y literario, se había convertido en un invitado regular en círculos liberales y era enormemente popular entre las jóvenes casaderas de una de las ciudades que había estado entre las más importantes del mundo colonial español. El gobierno de Barrios le ofreció ser autor de la obra teatral que celebraba el aniversario de la independencia de Guatemala y Martí compuso en cinco días *Patria y Libertad*, un drama de dos actos que él calificó como *un drama indígena*.[94]

En Guatemala se revelan por primera vez las dos personalidades de José Martí: una, el prócer de la independencia de Cuba y luchador por libertades que abarcan todo el continente; la otra el insigne escritor, dominador de los recursos más encubiertos y avanzados del idioma castellano, poeta coronado de fama mundial. Sin embargo sus detractores solo identifican a Guatemala con Martí por medio de la poesía *La Niña de Guatemala*, en la cual en realidad no hay indicios de corrupción, impureza o de traición sino simplemente de un amor platónico y fugaz que no fue correspondido. [95]

---

[94] La única copia del libreto fue conservado por el escritor guatemalteco Antonio Batres, que la hizo llegar a manos de Gonzalo de Quesada en 1905. Junto a *Abdala*, *Adúltera* y *Amor con Amor se Paga*, en una de las pocas producciones dramáticas de José Martí. En **Patria y Libertad** Martí sostiene a viva voz la imperiosa necesidad de libertad, sin amos ni intrusos, para todos los países y razas de América Hispana. La obra es precursora de su importante ensayo de 1891 *Nuestra América*.

[95] Según palabras de **Gabriela Mistral** «*La adolescencia de la novia, más niña que mujer, es lo que ha hecho proyectar sobre La Niña de Guatemala una luz sin calor. El poema tiene un aspecto de juego melódico que no se aviene con lo grave del asunto, que lo banaliza un poco, a pesar de la belleza definitiva de la composición.*»

En diciembre de 1877 Martí vuelve a Ciudad México. A María, a Izaguirre y a Barrios les promete volver a Guatemala para continuar con su labor docente en la *Escuela Normal Central*. En México lo esperan Carmen, la novia que adora y Porfirio Díaz, el tirano que ha dado al traste con los ideales de Juárez. También le esperan noticias de Cuba, del curso de la guerra y las maniobras de Arsenio Martínez Campos para conquistar las angustias de los cansados mambises. Camagüey ha sido declarado territorio neutral para facilitar los términos de paz. Vicente García ha accedido a ser presidente de una *República en Armas* que se precipita a desaparecer. Hay rumores que la *Cámara de Representantes en Armas* va a disolverse y convertirse en un *Comité del Centro* que negocie un pacto de paz con España.

Martí se casa con Carmen el 20 de diciembre en la Parroquia del Sagrario Metropolitano de México; oficia Don Ambrosio de Lara, cura interino de esa iglesia, que entra el evento en la página 27 del libro de matrimonios. La ceremonia se festeja en casa de Manuel Mercado con un gran bizcocho y música del dúo *Jade*, el quinteto *Habaneras* y la orquesta *Sonatas Habaneras*. En el álbum de boda escribió una poesía José Joaquín Palma, un breve testimonio Don Nicolás Azcárate y uno de los indígenas invitados escribió una dedicatoria en Nahualt. También dejó sus mejores deseos Miguel García Granados, ex-presidente de Guatemala, líder de la revolución liberal de 1871 y padre de María, la niña de Guatemala.[96]

Cuando María supo del retorno de Martí con su nueva esposa, se retiró a sus habitaciones en medio de una silenciosa angustia que nunca logró superar. Martí decidió volver a México; por una parte estaba en desacuerdo con lo impersonal y autoritario que Barrios se estaba mostrando con las comunidades mayas. Por otra parte existía un cierto resentimiento por la importancia que Izaguirre y Martí le estaban prestando al tema cubano. Descorazonado, Martí renuncio a su cargo el 6 de abril de 1878 y partió con Carmen hacia Cuba en 6 de julio.

---

[96] El álbum lo conservó Carmen Zayas Bazán en su casa de Camagüey. Después de muerto Martí en Dos Ríos, añadieron sus firmas **Aurelia del Castillo**, la más destacada escritora y periodista cubana del siglo XIX, desterrada por Valeriano Weyler y **Enrique José Varona**, veterano de la Guerra de 1868, redactor de *Patria* en New York y responsable del *Plan Varona de Estudios* al nacer la república. También **Máximo Gómez** escribió en el álbum las palabras «*Para Carmen de este amigo que lo fue también del elegido de su corazón, caído con honor en los campos de batalla, defendiendo de su patria el honor y su bandera.*» Tanto Carmen como Aurelia y Enrique José eran camagüeyanos. Según Varona «*la fidelidad a conservar el álbum fue prueba de la devoción de Carmen a Martí.*»

Martí en Guatemala: el Hotel Iturbide, donde se encontró con Nicolás Azcárate, viejo amigo de Mendive, al cual Martí visitó con frecuencia durante su estancia en Guatemala. A la izquierda, alguno de los periódicos que publicaron trabajos de Martí con frecuencia.

María García Granados, la *Niña de Guatemala* y su padre, el ex-presidente de Guatemala Don Miguel García Granados. Debajo la Escuela Normal de Varones de Guatemala, donde Martí fue director de Filosofía y Artes y Don José María Izaguirre, el Director.de la Escuela, nacido también en Cuba.

Tres escenas de la ***industria del café en Guatemala***, foco principal del programa del presidente Juan Rufino Barrios para incorporar el mundo de los Mayas en la vida republicana de Guatemala: la recogida, la entrega y la transportación del grano. El programa de Barrios fue respaldado con entusiasmo por José Martí.

José Martí y Carmen Zayas Bazán, ambos a los 24 años de edad, cuando se desposaron en la Ciudad de México en 1877. Debajo la Catedral de México, y a la derecha, en un círculo, la *Parroquia del Sagrario Metropolitano*, donde se efectuó la boda el 20 de diciembre de 1877.

13   Matrimonio

La boda y la luna de miel de Carmen y José Martí fueron eventos de extraordinaria importancia y trascendencia en la vida de ambos. Según Carlos Ripoll,

> «Ningún acontecimiento le marcó la vida a José Martí de manera más profunda que su matrimonio. Ni la incomprensión de sus padres, ni el presidio, ni el destierro, ni la pobreza que frecuentemente lo asediaba, ni aun la pena misma de la patria, fueron tan pesada y dolorosa cruz como la del matrimonio. [conviene asomarse a la boda] para ver cómo y por qué llegaron a ella, las ilusiones que movían a los novios, el valor con que afrontaron recién casados las dificultades, y ver después cómo se deshizo, a golpes de incomprensión.»

El noviazgo de Martí y Carmen comenzó con grandes augurios, posiblemente a principios de 1876, en los días que Martí visitaba la casa de los Zayas Bazán para jugar ajedrez con Don Francisco. Martí «*se enamoró furiosamente de ella.*» Ella le escribió una primera carta diciéndole «*Pepe: ésta es la primera vez que tomo la pluma para decirte lo mucho que te amo... mucho hace que te amo, pero en silencio, mucho hace que mi corazón te pertenece. Es muy cierto que desde que te vi, te amé..*»

Martí disfrutaba plenamente su presencia en México, a pesar de las dificultades económicas de su familia que aún no había podido estabilizar. Sus escritos en la *Revista Universal* apenas pagaban por una vida rudimentaria y estrecha. El estreno de *Amor con Amor se Paga* lo había convertido en un éxito instantáneo en los círculos literarios de México, su apoyo al buen gobierno del presidente Lerdo le había ganado la aceptación de las altas esferas oficiales.

Ese mundo, sin embargo, se vino abajo el 16 de noviembre en las lomas de Tecoac, donde las tropas de Porfirio Díaz derrotaron al ejército nacional y con ello dieron fin al mandato de Sebastián Lerdo de Tejada. [97] Los periódicos que hasta entonces apoyaban al presidente Lerdo dejaron de publicarse. El futuro y la seguridad de Martí eran ahora motivos de preocupación. Bajo esas condiciones Martí tomó tres decisiones: mudarse a Guatemala, un país que gozaba la fama de grandes transformaciones logradas por un gobierno liberal,

---

[97] Unos meses después, el 5 de mayo de 1877 resultó electo el General Porfirio Díaz y comenzaba el **Porfiriato en México**.

democrático y honesto; ir a Cuba subrepticiamente para lograr el apoyo de Don José Domínguez, el padre de Fermín, que era Guatemalteco y tenía grandes conexiones en Guatemala; y casarse con Carmen en cuanto estuviera firmemente asentado en su nuevo país. Una vez satisfechas las dos primeras decisiones, cuando ya había logrado forjarse una aceptable situación económica en Guatemala, Martí retornó al México de Porfirio Díaz a cumplir su compromiso con Carmen. [98]

Ese diciembre, al llegar a Ciudad México se quedó en casa de Mercado, que ahora vivía en la calle Mesones 11. En una carta a Mercado al salir de Guatemala le había escrito: «*¡He vencido! ¡He vencido! Sin indignidad entre gentes indiferentes o indignas, con el resplandor de mi alma, con la fuerza de mi palabra y con el aroma del amor de Carmen.*» Los periódicos, que no le habían olvidado a pesar de un año de ausencia, saludaron efusivamente su llegada. El jueves 14 de diciembre *El Federalista* reportó: «*El martes ha regresado a México el joven y dulce poeta José Martí. Estamos de fiesta al anunciar la buena nueva a los muchos amigos que tiene el inspirado cubano.*»

En la boda de José Julián con Carmen firmaron como testigos Francisco Zayas Bazán, Manuel Mercado, el pintor Manuel Ocaranza y Ramón Guzmán, concuño de Martí. El festejo en cada de los Mercado fue alegre pero sobrio e íntimo. En su mente Martí tenía grabados los versos proféticos que había escrito un año antes:

> ¡Otra vez en mi vida el importuno
> Suspiro del amor, cual si cupiera,
> Triste la patria, pensamiento alguno
> Que al patrio suelo en lágrimas no fuera!
> Y, ¿con qué corazón, mujer sencilla,
> Esperas tú que mi dolor te quiera?
> Podrá encender tu beso mi mejilla,
> Pero lejos de aquí mi alma me espera.

---

[98] ***Trasladarse de Guatemala a Ciudad México*** no era nada fácil en la época. Martí viajó en un coche desde Guatemala a San José, un pequeño puerto pantanoso en el pacífico cuyo muelle «*desafía la cólera del Mar.*» De ahí tomó un barco carguero que lo llevó a Acapulco y se alistó en una caravana que partía hacia Ciudad México «*por el viejo camino del Asia, el mismo que fue construido por el virrey Luis de Velasco en 1595 para hacer llegar a la capital los tesoros provenientes de China.*»
Unos meses antes, en su viaje de Veracruz a Guatemala al regresar de La Habana, Martí había «*ido de Veracruz a Progreso en un barco platanero, en canoa de Progreso hasta Isla de Mujeres, de ahí en cayuco a Belize, siguiendo en lancha hasta Izabal y finalmente a caballo hasta Guatemala.*»

Aunque los Martí tenían prisa de regresar a Guatemala permanecieron cinco días en Ciudad México para celebrar las navidades con los Mercado, que les ofrecieron una cena de felicitaciones en el exclusivo e idílico restaurant *Tívoli de San Cosme* [99] en la Colonia San Rafael. El 26 de diciembre, a las primeras luces del alba y tras nostálgicas despedidas, los Martí partieron en coche [100] a toda velocidad, en medio del ensordecedor estruendo sobre el empedrado de las calles, hacia el camino de Tlálpan; felices, optimistas, llenos de sueños y esperanzas. Carmen iba seguro pensando que podría curarlo de «*esa enfermedad de la patria por la que tanto sufre y atormenta.*» Pepe por el contrario estaba seguro de «*haber encontrado una mujer de temple, compañera de futuras luchas, rebeldías, comprometida con la patria esclava.*» Si había algo que los separaría para siempre era que él no había nacido para sumirse en la vida simple de un pequeño burgués que no estaba interesado en dejar huellas a su paso; ella buscaba una vida idealista pero rutinaria, con un hombre principalmente ocupado en su trabajo y su familia. En esos días post navideños de 1877 los dos fantaseaban sin saberlo sobre su dicha matrimonial.

Los Martí no podían intuir que los días de la luna de miel serían los más felices que disfrutarían juntos. A un lado y otro del camino iban viendo algunos de los mejores paisajes que México tenía que ofrecer: el convento de *Churubusco*, la posta de *Tepepan*, las montañas de *Ajusco*, la cuesta de *San Mateo Xalpa, Topilejo*, la *Cruz del Marqués* en el estado de Morelos ,con indios de manta y huarache en el camino, doblados bajo el peso de sus huacales,. Mientras Carmen le sonreía Martí iba pensando en el enorme costo pagado por los divisionismos indígenas al enfrentarse a los conquistadores. Pizarro conquistó al Perú porque Atahualpa guerreaba con Huáscar; Cortés venció a Cuauhtémoc gracias a su rivalidad con Xicoténcatl, Alvarado conquistó Guatemala cuando los quichés rodeaban a los zutujiles.[101]

Así pasaron por *Zacaoexco* y *Huizilac, Traltenango* y por fin Cuernavaca la antigua *Cuahunahuac*, la ciudad preferida de los indeseados Cortés y Maximiliano pero favorecida por el entusiasmo de José María Heredia. Cruzaron el rio *Xochitepec* y llegaron a la rica y pode-

---

[99] El *Tívoli* ofrecía una cena muy romántica en el siglo XIX mexicano, con mozos vestidos de frac, suculentos aperitivos y platos principales exquisitos como el *noix de veau diplomate* y los *becassines à la cavaliere*, teniendo de noche como fondo una fabulosa vista del *Castillo de Chapultepec* iluminado.

[100] Iban **protegidos por una escolta** que no los dejó solos durante todo el recorrido debido al bandidaje que era común en todos los caminos de México.

[101] Dos de los **grupos étnicos** de la cultura y civilización Maya.

rosa *Hacienda San Gabriel*, donde durante la guerra de independencia al faltar proyectiles para cargar los cañones, los insurgentes sustituyeron las balas por puñados de pesos plata. Llegaron a Guerrero, la tierra de *Cuauhtémoc* y descansaron en la hacienda azucarera *Zacapalco* y después de unas horas de descanso contemplaron el valle de *Iguala*, donde Iturbide y Guerrero adelantaron la causa de la independencia. Cada día recorrieron de 20 a 25 leguas, casi siempre en las horas de la mañana por el calor de la tarde. Las bestias en las que viajan o tiran de los carretones en que se movían estaban más importunadas que ellos e iban sudorosas, rendidas, acobardadas, jaloneando y resistiéndose a esos dos turistas que consideraban incansables.

Siguieron su recorrido por *Chilpancingo*, donde Morelos se declaró libre de España y abolió la esclavitud. Allí Martí le escribió a Mercado:

«*Aquí estamos, Carmen disfrutando, yo con amor pero con penas. Dormimos bajo el cielo, azotados por los vientos, apenas alumbrados por bejucos de ocote,*[102] *pero Carmen me sonríe; ya no hablaré mas del valor romano, ahora diré siempre el valor de Carmen.*»

Martí, sin embargo, iba enfermo. El viaje lo estaba agotando sin compasiones. En otra carta a Mercado le decía: «*Esta tarde me ha dado un pequeño ataque, que aunque pequeño me robó el tiempo y el sentido.*»

Ya era 2 de enero cuando entraron en la abrupta Sierra Madre occidental, donde solo se puede viajar por senderos estrechos y peligrosos a lomo de mula o caballo, Carmen por el lado de la empinada loma, Pepe por el lado de la barranca cuando podían marchar lado a lado. A pesar de los peligros de las escarpadas montañas, la mayor molestia fueron las garrapatas, los mosquitos y las niguas. Así llegaron a *Mazatlán*, el lugar de los venados, rodeados de niños de mirada triste y enfermiza, para los cuales el paso de cualquier extranjero era una fiesta.

Desde las montañas, llenas de Tamarindos, Cocoteros, Mangos y Limoneros, por fin vieron el mar y sobre su orilla, Acapulco. El blanco deslumbrante de sus paredes contrastaba con los trechos rojizos. Al llegar allí, ya habían recorrido 120 leguas[103] desde Ciudad México. Acapulco, "*lugar de las cañas en el lodo*" era un pueblecillo de 3,000 habitantes y una playa que pocos utilizaban. Un sitio infecto, malsa-

---

[102] Palabra *indígena* que designaba las muchas clases de pinos del sur de México.

[103] Una *legua* eran 5,000 varas castellanas, o sea 4.19 kilómetros. Haber recorrido 120 leguas era un total de casi 500 kilómetros o sea, alrededor de 300 millas.

no y hasta pestilente, contaminado por el humo y los desperdicios de barcos que hacían comercio hasta tan lejos como Australia.

Los Martí pasaron cuatro días en Acapulco, descansando a la sombre de los laureles de la Plaza de Armas. Allí recordó que en 1813, al tomar Morelos el pueblo, había declarado: «¡Qué viva España, si, pero que viva como hermana y no como dominadora!»

El 9 de enero los Martí partieron del puerto de Acapulco hacia San José donde tomaron una diligencia hacia Guatemala. La nave abandonó el muelle y cruzó la ancha boca de la bahía y Martí, por el momento, le dijo adiós a México en camino a las otras tierras del Quetzal. Inmerso por tantos días en el mundo del México profundo y de Carmen, desconectado del resto de sus pasiones e inquietudes, Martí casi olvidó que en Cuba se fraguaba la rendición de los ejércitos libertadores. Seis meses después se firmó el Pacto del Zanjón, Antonio Maceo protestó en Baraguá y el New York de los cubanos exiliados, desalentados, retornó a las preocupaciones mundanas.

De regreso a México en menos de un año, a lomo de mula, Martí y Carmen, ella con seis meses de embarazo, volvieron a cruzar en el mes de julio montes y ríos para llegar a la costa hondureña donde el vapor *Nueva Barcelona* los llevaría a La Habana. Todas las ilusiones se habían venido a tierra. Una profunda tristeza embargaba a Martí; Carmen, por otra parte, viajaba ilusionada por la inminente protección del hogar paterno, al cual estaba determinada a incorporarse. El espectro de una separación inminente se encumbraba sobre ellos.

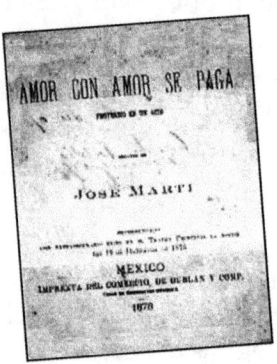 

El libreto de **Amor con Amor se Paga** y **María Padilla**, la actriz que interpretó el papel estelar en el estreno de la obra de Martí en el *Teatro Principal de México* el 19 de diciembre de 1875. La obra era de un solo acto en el que intervenían dos personajes, Julián y Leonor. En el estreno no apareció el nombre del autor sino se dijo que era «*un hombre ilustrado y modesto.*» El acto final de la obra era un soliloquio de Julián declarando su tristeza por estar lejos de su patria. José Martí contaba entonces con 22 años. El éxito del estreno le valió a Martí los elogios de la crítica.

El **Teatro Principal de México**, donde se estrenó *Amor con Amor se Paga* de José Martí. Debajo, las **Lomas de Tecoac**, un poblado próximo a Puebla y al volcán la Malinche (al fondo), al sur de la ciudad de México, donde se llevó a cabo la *Batalla de Tecoac* el 16 de noviembre de 1876.

En **Tecoac** unos 3,000 soldados de las tropas gubernamentales de Lerdo de Tejada se enfrentaron a 5,000 inexpertos pero entusiastas y aguerridos efectivos al mando del general Porfirio Díaz. Cuando todo parecía dar el triunfo al gobierno, en forma sorpresiva, aparecieron mil tropas al mando del general rebelde Manuel González y atacaron con tal fuerza las tropas federales que quedaron desorganizas y dispersas, dándole el triunfo a Porfirio Díaz. Sebastián Lerdo de Tejada renunció y escapó hacia Acapulco. Porfirio Díaz tomó días más tarde la ciudad de México.

El comienzo del **Porfiriato** determinó la decisión de Martí de irse de México.

La *casa de Manuel Mercado* (marcada con una flecha) en Ciudad México en la calle Mesones en 1871. El apacible *restaurant Tivoli de San Cosme*, donde los Mercado homenajearon a los Martí recién casados. El *puerto de San José*, en la costa del pacífico de Guatemala, por donde José Martí desembarcada cuando iba o venía de la ciudad de Guatemala.

Cuatro de los lugares visitados por Carmen y José Martí durante su luna de miel viajando y conociendo el interior de México: el **Convento de Churubusco**, confiscado para funcionar como cuartel y defender a la ciudad de México en la guerra con los EEUU; la iglesia de Ajusco y las montañas de **Ajusco** al sur de Ciudad México; la ciudad de **Mazatlán** en el estado de Sinaloa, atacada y ocupada por tropas de los EEUU en 1848 y de Francia para consolidar a Maximiliano como emperador en 1864; el Palacio de Hernán Cortés en **Cuernavaca**, construido en 1526 y no abandonado por la familia Cortés hasta en siglo XVIII.

Los últimos lugares del interior de México visitados por Carmen y José Martí en su viaje de luna de miel: la **Hacienda San Gabriel** en Morelos, cuya fabricación bajo órdenes de Cortés data de 1529; un mercado popular en **Chilpancingo**, un lugar apacible y tranquilo fundado en 1693, célebre por ser una parada conveniente entre Ciudad México y Acapulco y por ser el lugar donde José María Morelos en 1813 proclamó la independencia frente a España; finalmente, el puerto de **Acapulco**, establecido en 3,000 AC por antecesores de los Aztecas, convertido desde el siglo XVI como el centro de comercio entre el lejano oriente y España.

14 Habana

Durante la travesía a La Habana en el vapor *Nueva Barcelona*, Martí reflexionó sobre su apoyo inicial y su posterior desilusión sobre las medidas liberales de los gobiernos de los presidentes García Granados y Barrios. Por una parte había sido necesario buscar los medios para «*deshacerse del huacal ominoso de los indios, y poner en sus manos el arado, y en su seno dormido la conciencia, para que actuaran como propietarios y trabajadores libres de la tierra.*» La realidad, sin embargo, había sido muy distinta. Las medidas liberales de García Granados y Barrios habían ido mucho más allá de transformar a los indígenas en trabajadores. En la práctica, sus leyes resultaron en la expropiación de tierras, trabajos forzados y un endeudamiento criminal. En la época que Martí había llegado a Guatemala, la situación del indígena era una de las peores en las Américas y en la historia de Guatemala; con la excusa de aumentar la producción del café, el gobierno enlistó los indígenas para que fueran a laborar en las tierras de los colonos, donde eran saturados de alcohol para forzarlos a obedecer y trabajar.

Para poner su plan cafetalero en funcionamiento Barrios comenzó por quitarle a la iglesia sus tierras; acto seguido [104] adoptó la política de que cualquier persona o familia que no pudiera presentar un título de propiedad sería despojada de sus tierras, así hubieran vivido por varias generaciones en ellas. La alternativa era que pagaran por las tierras; los indígenas que no pudieron hacerlo fueron expulsados de sus casas y vieron su patrimonio vendido en mercado abierto. Como paliativo se les ofreció un lugar de trabajo en las plantaciones cafeteras de los colonos y propietarios de capa media rural. En el fondo, pensó Martí,

> «...*los programas liberales de Granados y Barrios eran una reactivación del trabajo obligatorio colonial, movido por una convicción del gobierno de que los indios eran gente inferior y que era necesario someterlos por la fuerza a contribuir en el progreso de la agricultura en Guatemala. Por otra parte, tales excesos del liberalismo fanático, como la confiscación de*

---

[104] El reglamento que estableció los trabajos forzados y la **Ley contra la Vagancia** fueron promulgados el 3 de abril de 1877, apenas unos meses después de la llegada de Martí a Guatemala.

propiedades y la subyugación del ciudadano por el estado conducían tarde o temprano al empobrecimiento humano y económico de la sociedad.»

La preocupación que quitaba el sueño a Martí durante la travesía, sin embargo, era la situación de Cuba, de la cual él había estado físicamente tan alejado por ocho largos años.

Martí y Carmen desembarcaron en La Habana el 31 de Agosto de 1878, dos meses después de Arsenio Martínez Campos haber asumido el cargo de Capitán General de la Isla y seis meses después del acuerdo del *Pacto del Zanjón* por el *Comité del Centro* en el campamento de San Agustín, Camagüey.[105] Tomás Estrada Palma no participó en esas conversaciones por haber sido hecho prisionero en octubre de 1877.

Las noticias que Martí recibió en La Habana al regresar con Carmen no podían haber sido más negativas y pesimistas. Máximo Gómez se había entrevistado con el general Martínez Campos en Vista Hermosa, Camagüey y había recibido un salvoconducto para volver a República Dominicana el 28 de febrero. Los insurrectos de Las Villas habían entregado todas sus armas, con la excepción de las tropas al mando de Ramón Leocadio Bonachea. El 1 de marzo las Cortes españolas habían concedido a Cuba representación en Madrid, a lo cual respondió Antonio Maceo [106] el 15 de marzo con una negativa incondicional a cesar sus operaciones en una entrevista con Arsenio Martínez Campos en un paraje llamado los *Mangos de Baraguá*.[107] En Mayo habían capitulado las tropas de Guillermón Moncada, José Maceo, Limbano Sánchez, Pedro Martínez Freire y Vicente García. Ya no quedaba nadie luchando en Oriente cuando Antonio Maceo y su estado mayor se marcharon de Cuba, sin aceptar el Pacto ni rendirse, el 10 de mayo en el buque español *Fernando el Católico*.

---

[105] El *Pacto del Zanjón* fue acordado en la mañana del 10 de febrero de 1878.

[106] Unos meses antes, el 29 de enero, las tropas de Maceo habían propinado una enorme derrota al batallón de *Cazadores de Madrid* en la llanura de Juan Mulato, cerca de San Luis, causándole al ejército español 260 bajas a pesar de solo contar con solo 38 hombres; días más tarde se enfrentó al batallón de Cazadores de San Quintín, la élite del ejército español (responsables por la muerte de Carlos Manuel de Céspedes), propinándole una derrota con 245 bajas de sus 270 efectivos.

[107] No fue solamente en *Mangos de Baraguá* que hubo una protesta contra el Pacto del Zanjón. En una zona aledaña a la Trocha de Júcaro a Morón, las fuerzas del coronel Ramón Leocadio Bonachea hicieron la misma resistencia en la *Protesta de Jarao* o *Protesta de Hornos de Cal*. Los hombres de Bonachea siguieron luchando por catorce meses en un teatro de operaciones que abarcaba Trinidad, Santi Spíritus, Remedios, Ciego de Ávila y Morón después de haber capitulado el ejército de Cuba en Armas.

Cada insurrecto que se había acogido al Pacto del Zanjón había recibido un pago equivalente a tres meses de sueldo que le hubiera tocado a un soldado español del mismo rango, a pesar de no haber estado incluido ese generoso estipendio en las condiciones acordadas del Pacto. El Capitán General saliente Joaquín Jovellar (1819-1892), en un reporte al gobierno de Madrid, calculó que el costo de la guerra había ascendido a 700 millones de pesos y 80,000 soldados españoles habían muerto de un total de 200,000 enviados a Cuba. Nunca se supieron cifras de las bajas y el costo de la guerra para los insurrectos.

El balance de los últimos diez años era claro para José Martí, que a pesar de tener solo 25 años era un estudioso de la historia y ya descollaba por su pensamiento y análisis estratégico. La Guerra del 68, a pesar de haber sido lanzada con objetivos nacionales no había pasado de ser un conjunto de operaciones y celos regionales. En ningún momento la insurrección, que había surgido en Oriente, había avanzado más allá del centro de la isla y muy pocas operaciones habían tenido éxito cruzando la trocha de Júcaro a Morón. En la limitada zona de operaciones las peleas internas habían dado lugar a confusión y consternación entre las tropas. El regionalismo, la patente tensión interracial, las disputas entre civiles y militares y la relativa escasez de victorias sonadas habían poco a poco socavado el entusiasmo de los mambises. Como era natural, en los últimos años de la lucha las deserciones, rebeldías y levantamientos habían hecho prácticamente imposible enfrentarse exitosamente a los refuerzos que Madrid había puesto en manos de Martínez Campos. La situación había llegado a tal punto de descontento que muchos insurgentes vieron la oferta de Martínez Campos como una forma decorosa de salirse de un esfuerzo peligroso con pocas posibilidades de triunfar.

Martí pensó que el Pacto del Zanjón iba a crear más discrepancias que ninguna otra adversidad de la guerra. Las concesiones españolas [108] eran insignificantes comparadas con el costo en sangre de tantos cubanos en 10 años de contienda, pero los mambises estaban cansados de luchar entre ellos y luchar contra las fuerzas coloniales. Aun los que se negaron al Pacto sabían que continuar peleando era

---

[108] *España limitó sus términos* a amnistía general para todos los insurrectos y libertad para los esclavos que habían luchado del lado cubano. Maceo reclamó que los dos objetivos de la guerra habían sido libertad para todos los esclavos e independencia para Cuba y ninguno de los dos se habían cumplido. Su queja cayó en oídos sordos entre los líderes cansados y agotados de la insurrección.

un gesto más simbólico que otra cosa; por eso hasta los rebeldes de Baraguá terminaron haciendo la paz con España y saliendo de Cuba, ilusionados que la paz iba a traer reformas en el gobierno colonial y una renuncia voluntaria de España al absolutismo metropolitano.

Pensando en el futuro, Martí vio algo positivo con el fin de la guerra y el *Pacto del Zanjón*. España, al hacer concesiones había implícitamente reconocido que las razones que impulsaron a los cubanos a organizarse en guerra eran legítimas aspiraciones frustradas. En base a eso quedaba escrito en el libro de la historia que el final de la guerra era simplemente una pausa para verificar si se producía o no un cambio de política española con relación a Cuba; si esos cambios no se daban, los cubanos volverían a los métodos y principios que enarbolaron en 1868. En otras palabras, la infructuosa insurrección daba paso al reformismo o el autonomismo, que de no tener éxitos traería irremisiblemente otra guerra independentista.

Al llegar a Cuba Martí se puso en contacto inmediatamente con los líderes reformistas y autonomistas, que se habían asociado en julio de 1878 a un nuevo *Partido Liberal*.[109] El programa liberal era ambicioso: igualdad de derechos de los cubanos de acuerdo a la constitución española de 1876, aplicación en Cuba de todas las leyes vigentes para los españoles en la península, separación de la autoridad militar y política en la isla, abolición gradual de la esclavitud en Cuba ya que no existía en la península, abolición de derechos de aduana en Cuba ya que no existían entre las provincias españolas y, al igual que las regiones españolas, autoridad a Cuba para establecer acuerdos comerciales con países extranjeros, particularmente los EEUU. Los únicos que no se unieron al Partido Liberal fueron los que, disgustados por el Pacto del Zanjón, escogieron la autodeportación y marcharon al extranjero para preparar un nuevo esfuerzo armado. Entre ellos iba a estar pronto José Martí.

En cuanto Martí llegó a Cuba ganó una merecida celebridad en los círculos intelectuales por su fulgurante oratoria y su alta producción literaria. Su primer reto político fue enfrentarse a la respuesta conservadora al crecimiento del *Partido Liberal*. En agosto de 1878 se había creado en Cuba el *Partido Unión Constitucional*, aunando los

---

[109] A ese nuevo **Partido Liberal** se unieron hacendados, agricultores, profesionales, propietarios, miembros de la *Sociedad Económica de Amigos del País*, peninsulares residentes en Cuba, periodistas, separatistas desilusionados, miembros y personalidades del clero y hasta antiguos jefes de la insurrección como Juan Bautista Spottorno, ex-Presidente de la República de Cuba en Armas.

propulsores de una llamada "*Cuba Española*." [110] Al nuevo partido conservador se unieron antiguos Voluntarios que habían luchado contra los insurrectos, comerciantes, hombres de negocios, empleados públicos de todos los niveles gubernamentales, industrialistas poderosos, hacendados y magnates azucareros nacidos en la península, y gran parte del clero. Para ellos Cuba se beneficiaría si se mantuviera como un territorio leal a los intereses de una metrópoli que la protegía y la alimentaba, sin la cual no había seguridad personal ni social en la isla. Para ellos "Cuba libre" era una ilusión destructora, como lo había demostrado la guerra del 68 con la quema de cañaverales, la destrucción de ingenios, los asaltos a las ciudades y el bandidaje en las calles y caminos. Para los autonomistas las reformas eran la mejor garantía de prosperidad, para los unionistas eran la mejor garantía de paz interna.

A todas estas, en La Habana, el 22 de noviembre de 1878, nació José Francisco, el hijo tan esperado de José y Carmen. El 6 de Abril de 1879 Martí, siguiendo un discernimiento que no podía ignorar, lo llevó a bautizarse a la parroquia de Monserrate en La Habana. De ahí en adelante se hizo cada vez más crítico el conflicto de intereses y lealtades de José Martí: mujer e hijo o guerra y patria. Fue una disyuntiva difícil de resolver para un alma apasionada como la de José Martí.

La Ley contra la Vagancia promulgada el 3 de abril de 1877 por el gobierno de Barrios, apenas unos meses después de la llegada de Martí a Guatemala.

Parte de los 200,000 refuerzos de soldados españoles llegados a Cuba con Martínez Campos en 1869 que hicieron inevitable la derrota de los mambises.

---

[110] El concepto de **Cuba Española** ha subsistido hasta nuestros días con el argumento de que «*Cuba es la Puerta de Las Américas y España la Puerta de Europa; no hay forma de que dos países que fueron uno solo por más de 400 años, no decidieran volver a mantener esa re-unión.*»

Miembros del **Comité de Centro** considerando las ofertas de España en el Pacto del Zanjón en el campamento de *El Chorillo* en Camagüey el 7 de febrero de 1878. La reunión fue presidida por Emilio Luaces, presidente de la Cámara en Armas.

Ramón Leocadio Bonachea, el último jefe insurrecto en deponer las armas.

Reunión del Comité del Centro con personal de la jefatura del Estado Mayor de Arsenio Martínez Campos reunidos en **San Agustín**, al norte de Santa Cruz del Sur en Camagüey el 28 de febrero de 1878.

Mangos de Baraguá, el paraje donde se celebró la reunión de Antonio Maceo y Martínez Campos y donde Maceo se negó a aceptar el Pacto del Zanjón. Una foto del lugar y un sello conmemorativo de 1933.

Oficiales del Ejército de Cuba en Armas que se unieron a Maceo en la Protesta de Baraguá.

Hornos de Cal, al sur de Sancti Spíritus, el lugar donde ocurrió una protesta similar a la de Baraguá cuyo líder fue el teniente coronel Ramón Leocadio Bonachea. Más de 20,000 soldados españoles lo persiguieron durante 13 meses y al fin, por recomendaciones del general Serafín Sánchez, depuso las armas sin rendirse en ese lugar el 15 de abril de 1879.

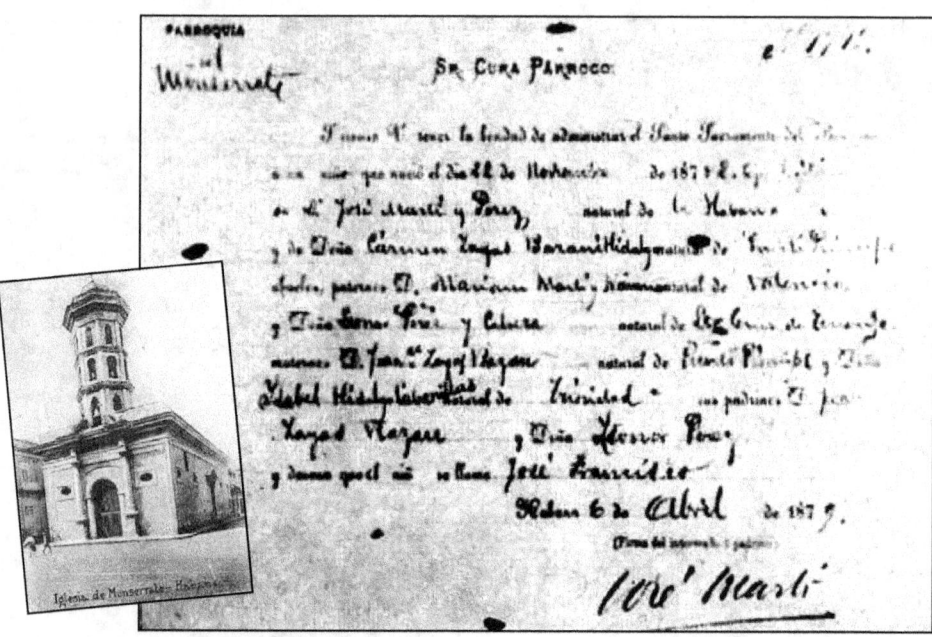

En la foto superior la solicitud que hizo José Martí el 6 de abril de 1879 para **bautizar en la parroquia de Monserrate en La Habana** a su hijo José Francisco Martí Zayas Bazán, nacido el 22 de noviembre de 1878 y conocido como Ismaelillo, Pepito o Pepe. Martí fue arrestado el 21 de abril, 15 días después de bautizar a su hijo.

En las fotos de abajo, *Ismaelillo* en brazos de su madre y de su padre. La foto de la derecha es la única foto conocida donde Martí está sonriendo.

15 Destierro

El 5 de febrero de 1879, lleno de gloria, el General Arsenio Martínez Campos regresó a España. Su éxito en Cuba había sido extraordinario. En unos pocos meses había logrado convencer a los mambises de deponer sus ambiciones de independencia y aceptar el manto de protección español. En las tiendas de La Habana muchos comerciantes peninsulares y algún que otro criollo mostraban en sus vidrieras la foto del *pacificador* que había traído a Cuba una prometedora paz y prosperidad. En las fotos, impresas en Madrid y enviadas a La Habana a toda velocidad, Martínez Campos mostraba su orgulloso pecho cubierto de medallas de hombro a hombro.

Numerosos excombatientes cubanos paseaban por las calles de La Habana y otras ciudades llenos de orgullo por haber conseguido de España *grandes concesiones*. No era raro verlos paseando en parejas, con machetes envainados en la cintura y sobreros de yarey luciendo al frente la bandera española. En los teatros y lugares de reunión favoritos de los criollos, incluyendo la Acera del Louvre y el Teatro Tacón, se hablaba de «*gozar de todos los derechos que corresponden a los residentes de la península gracias a la firmeza de los cubanos que ayer supieron pelear por esos derechos y de aquí en adelante los seguirán reclamando y defendiendo por vía legal.*»

Martínez Campos volvió a España como Senador por derecho propio a instancias de Antonio Cánovas del Castillo, líder de los conservadores y artífice de la restauración borbónica; de inmediato se pasó al Partido Liberal de Práxedes Mateo Sagasta, que lo nombró Ministro de Guerra.

En La Habana, los autonomistas habían recibido con los brazos abiertos a Nicolás Azcárate y Escobedo, el buen amigo de Martí en los días del común exilio de ambos en México. Azcárate abrió un modesto despacho en la calle San Ignacio 55, en La Habana tratando de recuperar la clientela de la que lo separó el recalcitrante Conde de Valmaseda.[111] El primer abogado que se asoció a su bufete fue el recién llegado a Cuba José Martí. El segundo fue Juan Gualberto Gómez.

---

[111] **Blas Villate**, Conde de Valmaseda se hizo cargo de la Capitanía General de Cuba el 6 de diciembre de 1871 como premio a su plan de la *Creciente de Valmaseda*, una «*guerra de tierra arrasada*» en la cual se cometieron crímenes atroces en el este de Cuba. Trasladado a La Habana, Valmaseda se hizo notorio por aprobar el fusilamiento de Juan Clemente Zenea y los ocho estudiantes de medicina en 1871.

En el bufete de Azcárate, un prestigioso y experimentado jurista de inclinación reformista o autonomista, brillaron por su intelecto y sus habilidades profesionales Martí y Gómez. Los clientes no eran muchos y el tiempo sobraba para explorar, argumentar, rebatir y llegar a conclusiones sobre el futuro de Cuba. Para las labores diarias bastaban dos o tres horas; el resto del día estaba consagrado a la retórica, la argumentación y la elocuencia. La fallida guerra del 68 era un tema diario; el tesón de los mambises y las pequeñeces e impertinencias de algunos de los jefes se analizaban en detalle en las calurosas tardes de La Habana veraniega. Solo el interés de Don Nicolás por lo literario lograba enfocar los razonamientos a otras áreas importantes del intelecto.

La pasión de Azcárate eran las buenas letras. Ya desde 1861 había fundado con Baltasar Velázquez, Román Sánchez y Hurtado de Mendoza, en la villa de Guanabacoa, un Liceo para fomentar la labor creativa literaria de los jóvenes habaneros. También había fundado una *Asociación de Escritores y Artistas Cubanos* a la que pertenecieron figuras como Gertrudis Gómez de Avellaneda, Juan Clemente Zenea, Enrique Piñeiro, Felipe Poey, Anselmo Suárez y Romero, Joaquín Lorenzo Luáces, José Fornaris y Enrique José Varona. En esa asociación, indistinguible con el *Liceo Artístico y Literario de Guanabacoa*, José Martí fue electo en 1879 Secretario de la Sección de Literatura. Los días de las presentaciones del joven José Martí, que contaba con 26 años, no se hicieron esperar. Su comprensión de la realidad cubana era sorprendente, a pesar de haber estado ocho años alejado de la isla.

La vida de Martí en los días que vivió en La Habana a partir de septiembre de 1878 siguió siendo «*aguijoneada por urgencias materiales.*» Cuando Carmen dio a luz a su hijo Ismaelillo, Martí decidió que había llegado el momento de buscar su propia casa familiar en lugar de continuar disfrutando de la generosidad de Fermín Valdés, que los había alojado en su propia casa.

En lo político, las promesas del Pacto del Zanjón se desvanecían de día en día. Martínez Campos trató en vano de mover al gobierno de España a cumplir lo prometido en 1868 pero sus enemigos políticos, llenos de celos, estaban dispuestos a convertir su jornada pacifista en Cuba en una farsa personal sin valor ninguno para España. En 1879 el liderazgo independentista de Cuba estaba en manos del *Comité Revolucionario de New York,* al frente del cual estaban el recuerdo de Francisco Vicente Aguilera, muerto en 1877, y el tesón inquebrantable de Calixto García. Martí decidió unirse a ellos y comenzó a pronunciarse en términos abiertamente hostiles al gobierno español.

El primer discurso que Martí pronunció después de esa decisión fue durante la velada del 28 de febrero de 1879 del Liceo de Guana bacoa que honraba la memoria del poeta Alfredo Torroella, un gran amigo que había compartido sus días de exilio en la capital mexicana. Frente al féretro, en el salón de actos del Liceo, Martí evocó en voz casi apagada por la tristeza, los días compartidos en el destierro mexicano con Torroella.

> «Fue un buen poeta y un poeta bueno... Cuando fruncía el ceño, veíase aun bajo el ceño la sonrisa...»

En la sala silenciosa del Liceo las palabras elocuentes de Martí recordando a su amigo fueron subiendo de tono hasta reprochar de cosas muy duras a España.

> «El pudor del dolor es el silencio. Ante la tumba de los poetas, no deben bautizarse los oradores, pero lo que no sabe mi voz de peregrino levantar dignamente hasta tu tumba, te lo dicen en tono solemnísimo ese rumor de pueblo agradecido, esos niños que miran medrosos tu cadáver, esos ojos de mujeres cubanas que te lloran. Tu alma de poeta ha sabido trocarse en alma de águila para cantar los males de la patria.»

Las referencias de Martí a "*la patria*," en un momento en que los españoles se referían a Cuba como "*la isla*," llegaron a oídos del General Ramón Blanco y Erenas, Capitán General de Cuba, que se propuso estar presente en la próxima disertación de Martí. Al general le intrigaban las noticias de la prensa habanera que se referían al

> «... águila naciente de nuestras tribunas, el joven y ya célebre orador José Martí, proveniente de la tierra de Juárez donde fue desterrado por España; una España que trató inútilmente de ahogar su elegante elocuencia que arrebata y transporta a los oyentes a hermosas tierras donde la palabra es arte y su genio se eleva por sobre los mejores disertantes de España. No, este Martí ha estrenado en Cuba una oratoria distinta a la acostumbrada; una locuacidad frenética, urgente, resplandeciente, nada fácil pero seductora...»

Ramón Blanco, sucesor de Martínez Campos en la gobernación de la isla y Camilo García de Polavieja, su General de Brigada, sabían que la recién controlada Guerra de los Diez Años en Cuba había entusiasmado a los filipinos a alzarse en armas y no estaban dispuestos a que un "*revoltoso de 24 años*" provocara nuevos disturbios en Cuba.

Para el 26 de abril de 1878 estaba programado en el salón de actos del segundo piso de la acera del Louvre un acto cívico en honor del periodista camagüeyano Adolfo Márquez Sterling, fundador de los periódicos *La Habana*, *Revista Semanal* y *La Libertad*, férreos combatientes los tres contra los autonomistas criollos. A petición del homenajeado Martí accedió a ser su vocero y dar el discurso de agradecimiento. Polavieja, presente en el acto, oyó frases como «*de las guerras perdidas a veces quedan átomos encendidos que tienen la voluntad de no apagarse...*», «*el anhelo de independencia no se consume sino con un abundantísimo caudal de libertades...*», «*el hombre que clama vale más que el que suplica... los derechos se arrebatan, no se piden, se arrancan, no se mendigan...*» Alarmado por esos pronunciamientos, Polavieja fue directamente al Palacio de los Capitanes Generales a alertar a Ramón Blanco con las palabras «*Ese jovencito Martí es un loco...*»

El Capitán General oyó en calma el urgente mensaje de Polavieja y decidió comprobar personalmente lo que creía ser un intolerable atentado de sedición. Había pensado excusarse de asistir a una velada el día siguiente en el Liceo de Guanabacoa pero ahora, sabiendo que José Martí estaría presente, estaba más que nunca interesado y decidido a asistir. En su conversación con Polavieja sus palabras fueron: «*quiero saber cómo se comporta ese nuevo sinsonte y por lo menos verle el plumaje.*»

El 27 de abril el Liceo homenajeaba a Rafael Díaz Albertini, un joven cubano de 21 años que acababa de ganar el Primer Premio de Violín del Conservatorio de París.[112] Ramón Blanco y Camilo Polavieja ocuparon los asientos de honor en el Liceo. Martí decidió no desaprovechar la oportunidad de ser oído por la máxima autoridad española en Cuba. Abiertamente proclamó la gloria de Albertini y lo que representaba eso para Cuba, la "patria" que lo vio nacer. Hizo referencia a una juventud criolla en Cuba que superaba las más ambiciosas esperanzas de rendirle con sus éxitos fama y reconocimiento a una "patria" que merecía un más digno porvenir.

Los cubanos asistentes al acto se mantuvieron en vilo ante el ardor de las palabras de Martí y su constante movimiento de un lado a otro del escenario. Polavieja observó sonrojado y en silencio lo que ocurría ante sus ojos. Ramón Blanco apenas podía mantener un esforzado semblante de indiferencia y tranquilidad. Al salir de la función le comentó a Polavieja:

«Quisiera no recordar lo que he oído y que no hubiera concebido que nunca se dijera delante de un representante del gobierno español. Este hombre es en efecto un loco... pero un loco peligroso.»

El gobierno de España en Cuba, advertidos de que las falsas promesas del Pacto del Zanjón estaban dando lugar a nuevos amagos de renovar la lucha independentista en Cuba, comenzó a activamente deshacerse de todos los posibles focos de insurrección. Las tropas españolas en Cuba sumaban 20,000 regulares y alrededor de 60,000 Voluntarios. Madrid había ya garantizado que de surgir nuevos conflictos en Cuba, el gobierno estaba en disposición de enviar 10,000

---

[112] Un honor que había sido alcanzado también en 1856 por el matancero **José Silvestre White Lafitte,** que en la ocasión fue generosamente alabado por Gioachino Rossini, el célebre compositor de la opera *El Barbero de Sevilla*. White es el autor de *La Bella Cubana*.

reclutas adicionales cada mes hasta aplacar los ánimos. De diez a quince naves de guerra patrullaban las costas de Cuba a lo largo de un perímetro de casi seis mil kilómetros de los cuales un 70% eran manglares difíciles de explorar.

En la ciudad de Güines un grupo de diez Voluntarios comenzaron a vigilar día y noche a Serafín Sánchez,[113] que Martí consideraba como un hermano. En Oriente Polavieja deportó preveniblemente a Flor Crombet,[114] del que pensaban era el oficial más disciplinado y celoso de sus deberes del ejército que había depuesto sus armas tras el Pacto del Zanjón. Docenas de cubanos peligrosos eran deportados todos los meses desde Santiago de Cuba hacia Ceuta y Mahón.[115]

Por su parte Martí tenía que complementar su sueldo en el bufete de Azcárate con clases particulares y las clases que ofrecía en el *Colegio Plasencia*, que le robaban un tiempo enorme cada semana. Su madre y su exhausto padre Don Mariano, a pesar de todo, lo recibían todos los días con café y algunos bocadillos que preparaba Doña Leonor todas las tardes. «*Mis padres me reciben todos los días a la inglesa pero con un café fuerte en lugar del té verde de los británicos,*» le comentó a Juan Gualberto.

El día 17 de septiembre de 1879, a las 12:30 am, en la calle Amistad 42, entre Neptuno y Concordia, su hogar habanero, Martí almorzaba con su esposa Carmen y su frecuente invitado Juan Gualberto Gómez cuando un celador de la policía interrumpió la sesión para detener a José Martí por órdenes expresas del Capitán General Ramón Blanco. Martí había sido advertido por Miguel Francisco Viondi, director del bufete en que ahora laboraba, en Empedrado 2, esquina a Mercaderes, que las autoridades españolas sabían de sus

---

[113] **Serafín Sánchez** (1846-1896), Mayor General en la Guerra de 1868, se había alzado en su ciudad de Sancti Spíritus a los 22 años y se había destacado en numerosas batallas al lado de Ignacio Agramonte y Máximo Gómez. Fue conocido como el gran maestro de mambises, alfabetizando a soldados, campesinos y esclavos a todo lo largo de la guerra. Después de luchar en las tres guerras de independencia murió en combate el 18 de noviembre de 1896. Al sentirse herido de muerte dio órdenes a la tropa diciendo «*Me han matado, eso no es nada ¡sigan la marcha!*»

[114] **Flor Crombet** (1851-1895), también Mayor General en la Guerra de 1868, estuvo con Maceo en la Protesta de Baraguá y también peleó en las tres guerras de independencia. Murió en combata en *Alto de Palmarito*, Baracoa, durante la Guerra del 95.

[115] En **Ceuta**, en la costa norte de África y en **Mahón**, la capital de la isla de Minorca, el gobierno de Madrid estableció en 1802, tras el Tratado de Amiens, sendas colonial penales donde enviaban los indeseables que hacían demasiada bulla en Cuba , las Filipinas y Puerto Rico.

actividades como simpatizante de una nueva guerra en Cuba. «*Ten cuidado,*» habían sido las palabras de Viondi, «*eres el más peligroso conspirador según la cuenta que lleva el General Blanco.*»

Juan Gualberto salió a la calle para tratar de seguir el coche en que el celador se llevó a Martí. Una vez lo vio entrar en la Jefatura de la Policía situada en la esquina de las calles Empedrado y Monserrate, se fue de inmediato a avisarle a Azcárate. Con urgencia los dos salieron del bufete y se encaminaron a una misión de rescate sin muchas esperanzas. Mientras Azcárate hacía las gestiones Juan Gualberto se dirigió al bufete de Viondi para quemar todos los papeles en que él y Martí habían trazado los planes de una sublevación independentista en la ciudad de La Habana. Viondi, ya enterado por Carmen, le hizo entrega a Gómez de un maletín con toda la documentación comprometedora, del cual se hizo cargo Azcárate al día siguiente. Martí, en una celda aislada, desconocía las gestiones que se hacían a su favor y el paradero de los papeles que había dejado en el bufete de Viondi.

La primera y única visita que tuvo Martí fue cuatro días después, el 21 de septiembre, en que lo visitó un teniente Arellano de la escolta el Capitán General Blanco. En virtud del interés de personas influyentes que estaban dispuestas a garantizar la conducta futura de Martí, el Capitán General ofrecía a Martí una libertad condicional inmediata si declaraba a la prensa su adhesión y acatamiento a España. La respuesta de Martí fue también inmediata:

> «*Decidle al General Blanco que José Martí no es de la raza de los hombres que venden su lealtad ni ponen precio a su sumisión.*»

El 25 de septiembre Martí, sin proceso ni juicio, partió por segunda vez a un exilio en España a bordo del vapor *Alfonso XII*. Contaba ya con 25 años y volvía a la tierra que había abandonado rumbo a México apenas cinco años antes. El 11 de octubre llegó a Santander. Durante la travesía hizo amistad con el sobrecargo del barco, un español de apellido Viniegra que se magnetizó con la cultura y conocimientos del cubano que iba escoltado por dos guardianes del ejército español. Meses después Martí le escribió unas emotivas frases:

> «*Cualquiera que sea el campo de batalla en que mi espíritu grave arrebate mi vida, ni lo hondo de las penas, ni lo vivo de las alegrías alejará de mi memoria, tenaz y afectuosa, el recuerdo de un hombre en que con ser tantas, no alcanzan las ricas dotes del carácter a las de su nobilísimo corazón.*»

José Martí no volvería a pisar su tierra natal hasta el 11 de abril de 1895, más de 15 años después.

Entrada triunfal del General Martínez Campos en La Habana tras la firma del *Pacto del Zanjón* en 1878.

Camilo Polavieja y del Castillo, Marqués de Polavieja (1838-1914), monárquico, conservador, cruel militar, futuro Capitán General de Cuba en 1890.

General Arsenio Martínez Campos, restaurador de la monarquía en España, presunto *pacificador* de Cuba en 1878, dos veces gobernador de Cuba, caballeroso como militar.

Una vista de *La Habana en 1879*, tomada desde la Fortaleza del Morro. En el centro puede verse la Iglesia de San Francisco.

El *Liceo Artístico y Literario de Guanabacoa*, fundado el 16 de junio de 1816 en época del Capitán General Francisco Serrano, situado en la calle Máximo Gómez No. 59. Por sus tertulias pasaron conferencistas como Rafael María de Mendive, José de la Luz y Caballero, Gertrudis Gómez de Avellaneda, Felipe Poey, Mercedes Matamoros, Enrique José Varona, Manuel Sanguily, Rafael Díaz Albertini, Diego Vicente Tejera, Miguel Viondí y muchos otros prestigiosos intelectuales cubanos.

Ramón Blanco Erenas (1833-1906), nombrado Capitán General de Cuba en 1879, bajo cuyo mandato fue deportado Martí por segunda vez a España.

La casa donde vivieron al llegar a Cuba **Carmen Zayas Bazán y José Martí** en 1878, en la calle Amistad no. 42 entre Neptuno y Concordia, en La Habana.

La *casa donde más tarde se mudaron los Martí*, en la calle Tulipán no. 32 en el Cerro, una zona donde residían destacados intelectuales y diplomáticos de recursos limitados. Martí recibía correspondencia en Industria no. 122, la casa de Fermín Valdés Domínguez, un lugar más seguro y céntrico.

El edificio donde estaba el ***bufete de Miguel Viondi***, calle Empedrado no. 2, esquina a Mercaderes. Allí trabajó Martí por casi un año como pasante de abogado.

Cuatro figuras importantes en la vida de José Martí durante su estancia en Cuba desde septiembre de 1878 hasta septiembre de 1879:

Juan Gualberto Gómez, compañero de bufete y amigo del alma en las luchas por la independencia de Cuba. *Adolfo Márquez Sterling*, fundador de numerosas publicaciones separatistas, en cuyo homenaje dirigió la palabra José Martí el 26 de abril de 1878 en presencia del general Polavieja. *Miguel Viondi*, abogado cubano de gran renombre; en su bufete trabajó José Martí antes de ser deportado a España. *Rafael Díaz Albertini*, un músico cubano mundialmente reconocido al que rindió honores José Martí en el Liceo de Guanabacoa.

El vapor *Alfonso XII*, donde José Martí hizo la travesía hacia el destierro custodiado por dos oficiales del ejército español, entre el 25 de septiembre y el 13 de octubre de 1879.

16   Europa

El 13 de octubre de 1879, José Martí escribió su primera carta desde Santander a su amigo Miguel Viondi, contándole algunas de las peripecias durante los días desagradables de navegación:

«Fueron mis únicos compañeros de viaje tres cubanos, Roa,[116] *con una fidelísima memoria de cosas pasadas, un joven [de apellido] Ojea y Cárdenas, bueno y fiel, y Luis Díaz, un estimable y juicioso matancero... los tres se ocuparon muy especialmente de evitarme impresiones penosas a bordo... e inclusive demoraron su viaje dos días en espera de la resolución de Madrid sobre mi caso.»*

En la carta Martí añadió los detalles de su desembarco. En un bote que traía a bordo del *Alfonso XII* a los médicos y oficiales de inmigración llegó preguntando por él un Inspector de Policía que lo condujo a la residencia del Gobernador, el cual determinó enviarlo a la cárcel de la ciudad. Allí tuvo Martí...

«... cuanto bienestar y libertad eran posibles... y pude conocer a tres infelices cubanos [dignos, puros y fuertes] enviados desde Sancti Spíritus en silencio en el vapor anterior... a los que pude aliviar en algo su mala fortuna. Una vez solo,» continuó Martí, *«vi cerca de mí a un anciano, de mirada tiernísima y manso aspecto. A ese hombre debo hoy mi libertad: Ladislao Setién se llama, y es diputado a Cortes por Laredo, un distrito de esta provincia. No bien, al llegar a Santander, me supo preso, vino a saludarme conmovido. Me ofreció sus servicios, [lo cual] agradecí y olvidé.* [117] *Y a los dos días, con el noble Setién, entraba en la Cárcel la orden de mi libertad bajo fianza. Él era mi fiador: vea usted qué alma. Solo saludos nos habíamos cruzado y eso hacía él. ¿Por qué inspiré al admirable Setién tan súbito afecto y tan*

---

[116]   ***Ramón Roa Traviesa*** era el autor de "*A pie y descalzo, de Trinidad a Cuba*," un polémico libro en el cual narró sus peripecias como participante de la malograda expedición de "*El Salvador*", que recaló en las costas de Trinidad en septiembre de 1870. El jefe de esa expedición fue el coronel Fernando López de Queralta, el mismo que años después ocasionó el fracaso del *Plan de Fernandina* de José Martí. "*A pie y descalzo*" fue publicado en 1890, diez años después de sus conversaciones con Martí a bordo del Alfonso XII. El libro desató una ardiente polémica entre los patriotas cubanos, cuando fue denunciado por su extraño desaliento y pesimismo por José Martí, polémica en la que se vieron involucrados entre otros Manuel Sanguily, Enrique Collazo y Manuel de la Cruz.

[117]   De hecho, el 12 de octubre el Ministro de Ultramar español ya había dispuesto el traslado de ***Martí a Ceuta*** "en concepto de preso," decisión de la que lo eximen las enigmáticas y un tanto milagrosas gestiones de Setién.

completa confianza? Porque vengo todo lleno de las noblezas que para mí tuvieron y tienen mis amigos.»

La orden de libertad bajo fianza impuso a Martí la responsabilidad de presentarse diariamente a la Secretaría de Gobierno hasta que se determinara si se le permitiría trasladarse a Madrid o no. El 22 de octubre llegaron las órdenes de mudarse a Madrid bajo las mismas condiciones de reportarse a las autoridades, ahora una vez a la semana. Martí, con un pasaporte español en regla, partió de inmediato y encontró alojamiento en Madrid en una casa de huéspedes situada en Tetuán no. 20, a unos metros de la Puerta del Sol; allí, en las oficinas de gobernación, debía presentarse cada viernes en la mañana ante las autoridades españolas.

El 29 de octubre, con solo una semana de residencia en Madrid, Martí recibió una orden de presentarse ante el Ministro de Guerra, que curiosamente era el "pacificador arquitecto" del Pacto del Zanjón de 1878 en Cuba, el general Arsenio Martínez Campos. El general, muy amistosamente, trató de convencer a Martí de "apartarse de su causa" y le ofreció conseguirle un puesto en alguna casa de estudios de alta reputación en Madrid.[118] Amistosamente y con igual deferencia, Martí le escuchó sin hacerle promesas de "arrepentimiento" ni indagar la naturaleza del lugar y los términos de la oferta académica del general.

El Madrid que recibió a Martí a finales de 1879 era definitivamente muy distinto a la Zaragoza que había conocido como estudiante. En Aragón había vivido intensamente los turbulentos y prometedores años republicanos del sexenio democrático.[119] En Madrid lo recibió la paz borbónica de la restauración, con Alfonso XII en el trono, en medio de un clima de estabilidad y grandes esperanzas largamente añorado por los españoles. En España ya nadie apetecía cambios de gobierno ni nuevos experimentos políticos; el pueblo quería equilibrio sin interrupciones. Nada ni nadie, sin embargo, podía aplacar la sed política de Martí de hacer algo por Cuba, sobre todo sabiendo que Martínez Campos, el hombre que había hecho todas

---

[118] Después de la ***entrevista con Martínez Campos***, la disposición de libertad bajo fianza no fue revocada. No hay explicación lógica para eso teniendo en cuenta que nada tenía que ganar el gobierno de España al dejar libre a Martí sabiendo que iba a continuar sus esfuerzos de promover la independencia de Cuba. La única explicación posible es que el ego de Martínez Campos lo obligaba a evitar una confrontación que empequeñeciera su imagen de "pacificador.".

[119] El *sexenio democrático* es definido como el período desde la revolución de septiembre de 1868 que depuso a Isabel II (*La Gloriosa*), pasando por el reinado de Amadeo I hasta la primera república española en 1873, la dictadura de Francisco Serrano durante casi todo el 1874 y la restauración borbónica a que dio lugar el pronunciamiento de Martínez Campos en diciembre de 1874.

las solemnes promesas del Pacto del Zanjón, ahora estaba muy cerca del trono de España y podía hacer realidad todas sus ofertas de autonomía. «*Una cosa es predicar,*» pensó Martí, «*y otra dar trigo.*» [120]

Por dos semanas Martí disfrutó otras cosas que ofrecía Madrid que nada tenían que ver con la Cuba de sus sueños. La ciudad se preparaba para las bodas de Alfonso XII con la Archiduquesa de Austria y Princesa de Hungría, que se celebraría el 29 de noviembre. Sus calles estaban limpias y relucientes, sus museos y bibliotecas abiertos y resplandecientes. Martí pasó horas en el Prado visitando los cuadros negros que Goya había pintado en la Quinta del Sordo en 1819, que Martí pensó eran una especie de monólogos de Goya consigo mismo; seres extraños, grotescos, fantásticos, con brujas, procesiones siniestras, viejos repugnantes y visiones, en las que triunfaba lo expresivo por sobre la belleza de las formas. Pasó horas interminables en el salón de lectura del Ateneo y en la Biblioteca Nacional, leyendo a Diderot, Montesquieu y Rousseau alternándolos con Quevedo, Gracián, Menéndez Pelayo y hasta la recién promulgada encíclica *Æterni Patris* de León XIII.

Le conmovió el hecho que toda esa sabiduría estaba en manos de los madrileños y que de hecho, a pesar de su compromiso separatista, el amaba y se enorgullecía de la cultura española. En su primera carta a Carmen, la cual extrañaba todos los días, le dijo:

«*Soy separatista porque España está presente en Madrid pero no en Cuba. Aquí me siento un hombre libre con acceso a la erudición; en Cuba tengo que vivir en la sombra, sometido, sospechado, vigilado noche y día, negado a los derechos que tengo aquí, que a pesar de no ser la tierra que me vio nacer es la que me honra con sus ilustración.*»

Y añadió, unas tiernas palabras para Carmen e Ismaelillo:

«*En vano busco mi alma quedada en ustedes. No encuentro aquí gran cosa que admirar, y no veo en teatros ni ateneos nada que baste a mi espíritu ávido de ciencia noble y sólida, y de arte grandioso y puro como el de ustedes dos.*»

Su decisión de irse de Madrid no se hizo esperar. Seis días después de enviar esa carta y ya perdida en la memoria la entrevista con Martínez Campos, Martí se dispuso a ir a París, camino a New York. Tomó un tren que lo llevó de vuelta a Santander y de allí en coches y diligencias llegó a París en los primeros días de diciembre.

Martí dominaba y saboreaba el francés; había penetrado la esencia de esa lengua con tal gusto que cuando estaba en territorio

---

[120] "*Una cosa es predicar y otra dar trigo*" es un refrán castellano y también canario que alude al incumplimiento de la palabra dada. Es un tema que se repite mucho en el refranero español como "Del dicho al hecho hay un gran trecho," y "Obras son amores y no buenas razones."

francés pensaba y hablaba consigo mismo en esa lengua maravillosa de Víctor Hugo, del cual había traducido y publicado su obra *Mis Hijos* en la *Revista Universal de México* en 1875.

Su dominio de la cultura francesa abarcaba numerosos trabajos periodísticos y de crítica literaria de las obras de los hermanos Goncourt, de Flaubert y de Zolá, los contrastes que tenían con las obras de Cervantes y Rabelais y la sencillez de los escritos homéricos. Con la misma intensidad que veneró a sus favoritos, echó a un lado los parnasianos —entre los que se encontraba su coterráneo José María de Heredia— por sus frases melodiosas que creía vacías de sentido.

En los pocos días que estuvo en París visitó la Academia, la Sorbona, el Odeón, el Panteón, la Comedia Francesa, el *Pont des Arts* y la Opera de Garnier; fue a sumergirse en los conciertos de órgano maravilloso que Franz Liszt improvisaba al terminar la misa de 11 de la mañana en *Saint Eustache* frente al gigantesco mercado de Les Halles; recorrió las galerías de arte del Bario Latino y de Montmartre y visitó la tumba de Baudelaire en el cementerio de Montparnasse. No ignoró Martí tampoco que unas semanas antes de su arribo a París, un cubano, Severiano de Heredia, primo de los dos Heredia famosos, el del Niágara y el de la Academia Francesa, había sido electo presidente del Consejo Municipal de París.[121]

El París que conoció Martí en los días finales de 1879 había recientemente sobrevivido dos traumáticas realidades: primero, un intento de Napoleón III de invadir Alemania;[122] más tarde la creación de la *Comuna Francesa* de 1871,[123] durante la cual los trabajadores de París reemplazaron el Estado por sus propios órganos de gobierno y mantuvieron el poder político durante más de dos meses antes de ser derrotados en un conflicto armado que segó 50,000 vidas. Durante la visita de Martí, sin embargo, Paris estaba resplandeciente. Sobrepuestas las lesiones de principios de la década la ciudad anticipaba la llegada de una *belle epóque*.

---

[121] En *1879 Paris* tenía dos millones de habitantes. El cargo de Presidente del Consejo Municipal de París era equivalente a lo que es hoy la alcaldía. Severiano Heredia también desempeñó la posición de Ministro de Obras Públicas en el gobierno francés y sucedió a Víctor Hugo en la presidencia de la *Asociación Filotécnica Francesa*, agrupación dedicada a la enseñanza de adultos, que aun existe en el Barrio Latino de Paris.

[122] El 2 de septiembre en Sedán, el ejército de Bismark tomó prisionero al emperador francés y 100,000 de sus hombres. El *4 de septiembre* los franceses declararon la república dando fin al imperio.

[123] La *Comuna* eliminó todos los privilegios de los funcionarios, congeló los alquileres, pasó los talleres abandonados a ser propiedad de los obreros y nacionalizó todos los centros de cultura y aprendizaje. Martí conoció el caos que eso sembró en Francia.

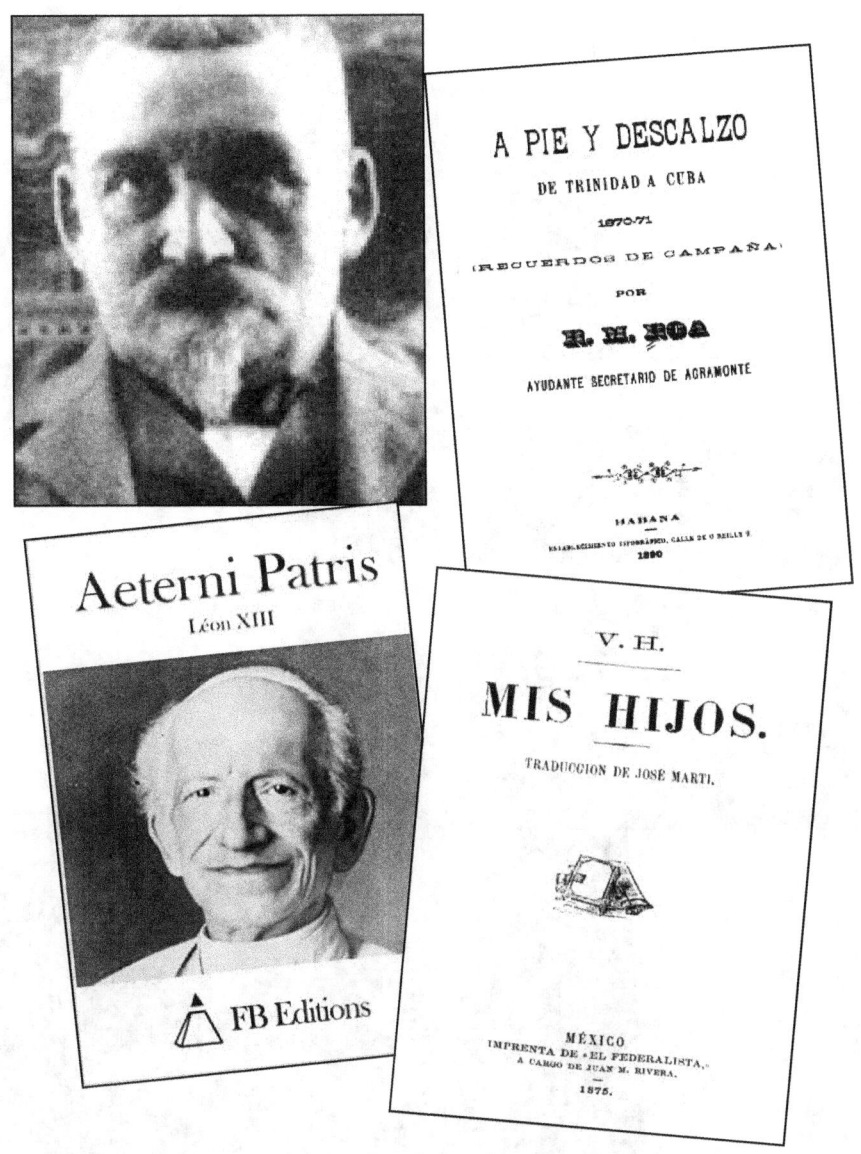

Ramón Roa Traviesa (1844-1912), autor de *A Pie y Descalzo*, secretario del presidente argentino Domingo Faustino Sarmiento y de Ignacio Agramonte en la Guerra de 1868, organizador del *Comité del Centro* que gestionó el Pacto del Zanjón. Martí criticó fuertemente el derrotismo de A Pie y Descalzo porque *«era una obra que retrotraía las aspiraciones de libertad de los cubanos.»* Roa se mudó a Islas Canarias y no participó en la Guerra de 1895.

Æterbi Patris, la encíclica de León XIII que Martí leyó y estudio en la Biblioteca Nacional de Madrid.

La edición de *Mis Hijos* de Víctor Hugo que Martí tradujo en México, basado en el ejemplar de su libro *Mes Fils* que Hugo le regaló en Paris en 1878.

Tres fotos de la época en que Martí estuvo en España durante su segundo destierro.

Los *tranvías urbanos* de Santander, frecuentemente utilizados por Martí durante su estancia en esa ciudad.

El *puerto de Santander*, punto de entrada y salida de Martí durante su destierro en España en 1878.

La *Puerta del Sol* de Madrid en la época del segundo destierro de Martí. En el círculo, el edificio del *Ministerio de Gobernación* donde Martí acudía a firmar todas las semanas.

La casa de huéspedes donde Martí vivió durante los días que estuvo en Madrid en 1878, situada en *Tetuán no. 10*, a unos pasos de la *Puerta del Sol*.

Severiano de Heredia (1836-1901), alcalde de París entre 1 de Agosto de 1879 y el 12 de febrero de 1880, apenas unas semanas después que Martí partiera de Paris hacia New York; habanero, primo de José María Heredia.

La Iglesia **Saint Eustache**, donde Martí iba a escuchar el órgano de Frank Liszt los domingos al mediodía.

Tres lugares del Paris que Martí conoció en 1878.

El Puente de las Artes (**Pont des Arts**), que sobre el Sena unía la *Academia Francesa* con el *Museo del Louvre*, ambos muy visitados por Martí.

El enorme y popular mercado de **Les Halles**, "*el vientre de París,*" visto desde la Iglesia de *Saint Eustache* en la época que Martí estaba en Paris.

El **Muro de los Federados**, en el cementerio *Père Lachaise*, donde el 28 de mayo de 1871 fueron fusilados 147 dirigentes de la *Comuna de París*.

17 New York

El 4 de diciembre de 1879 Martí tomó la decisión de irse de Paris y acercarse al nuevo mundo. Lo martirizaba saber que en Cuba se sufrían los fracasos del Pacto del Zanjón, la vida se hacía cada vez más inhumana y la urgencia de conseguir la independencia era cada vez más apremiante. España y Martínez Campos, ahora estaba seguro, no tenían deseo alguno de activar las reformas prometidas y habían recrudecido el divisionismo racista haciéndole creer a los cubanos que la Guerra del 68 no había sido otra cosa que una conjura de negros. Para los que se oponían a ese adoctrinamiento estaban las prisiones de Ceuta, las Chafarinas y Mahón en Menorca, donde seguían llegando cubanos cuyos nombres ni siquiera se daban a conocer en los periódicos. Lo único positivo sobre Cuba que había oído desde Paris era que posiblemente el rey concedería una emancipación de los esclavos en la isla como ofrenda apropiada a su boda.[124]

«No por el valor humano que tiene la dignidad del hombre,» le escribió a Viondi, *«sino por el placer de asegurar la bendición de Dios y del pueblo en una fecha tan significativa como su acceso al trono.»*

El día 10 de diciembre Martí estaba en *Le Havre* a bordo del vapor *France* con destino a New York. Solo llevaba consigo una pequeña maleta y una especie de mochila llena de papeles. Su capital consistía de 17 libras esterlinas y unos céntimos. El invierno, más que en el cuerpo, le hacía sentir un frio en el alma.

«Huyo de mi mismo,» pensó, *«no tengo ni suelo propio en que vivir, ni patria a la que volver, ni hijo al cual poder besar.»*

La soledad y los sucesos frente a los cuales no tenía fuerzas para resistir habían hecho crítico su conflicto entre la disposición patriótica y la devoción familiar. Carmen no cejaba de reprocharle su vocación política. Gustaba verlo con honores y jerarquía pero detestaba el quijotismo con que se enfrentaba a todo lo cubano. Sus últimas cartas, desde el señorío provinciano de Camagüey, estaban llenas de nimiedades y frialdad. De hecho, poco le contaba de Pepito, lo cual aumentaba su atormentada desilusión. Llegó a pensar que por el mundo que le esperaba en New York no valían la pena los riesgos

---

[124] La **esclavitud en Cuba**, terminó parcialmente el 13 de febrero de 1880 y definitivamente en 1886, pero no hay indicios de que haya tenido nada que ver con dádivas de Alfonso XII a los cubanos. En 1880 había en Cuba 400 mil esclavos.

que corrió al escapar de la escolta española que no le perdía ni pie ni pisada en Madrid.

El New York que recibió a Martí el 3 de enero de 1880 no era una ciudad pintoresca como Londres; allí no había nada con más antigüedad que 400 años y sus habitantes no tenían la menor consideración por las tradiciones o por lo antiguo, como los parisinos. Más que nada, New York era una ciudad donde se hacían experimentos y se comenzaban aventuras en lo social, lo humanitario, lo político y lo económico. Lo que no funcionaba se echaba a un lado, se descartaba y se volvía a empezar. Los páramos pantanosos se drenaban, se rellenaban y se parcelaban en un año y se arrasaban, se excavaban y se convertían en un prado o en un lago al año siguiente.

Desde la Guerra Civil, New York se había convertido en un pueblo grande de casi un millón de habitantes. Al llegar Martí, casi medio millón de personas vivía en la zona de *uptown* (justo al sur de la calle 42), mientras que el otro medio millón vivía al sur de la calle 14. Una de las invenciones americanas maravillosas, el sistema de tránsito rápido, seducía a las masas a que se mudaran *uptown* y viajaran a diario a sus centros de trabajo en otras zonas. La pasión americana por planificar ya había diseñado una red de calles hacia el norte, hasta la calle 104. Por el momento, sin embargo, los habitantes de esas bien delineadas calles y avenidas del futuro eran los muy ricos, quienes vivían en bellísimas extensiones de terrenos con bosques preciosos, o los pordioseros, quienes vivían en sus hacinadas casuchas en cualquier pedazo de tierra vacía.

La parte más al sur de Manhattan, excepto por la torre de 284 pies de la Iglesia Trinity en Wall Street, estaba repleta de edificios de no más de cuatro pisos. Tanto Filadelfia como Boston sobrepasaban a New York en importancia. La avenida Madison, entre la calle 40 y la Universidad de Columbia en la 49, por ejemplo, era un camino agreste lleno de baches, chivos, cerdos y *apple angel's trumpets* y *zombie cucumbers*, dos tipos de hierbas con fuertes propiedades alucinogénicas que crecían silvestres, las cuales todavía no habían sido descubiertas y utilizadas por los neoyorquinos como *delirantes recreativos*, como se les decía a tales yerbajos en esa época.

En *The New York Journal*, el primer periódico que Martí tuvo en sus manos al desembarcar, leyó:

> «New York es la ciudad con menos porcentaje de habitantes nacidos dentro de sus fronteras. Sus habitantes vienen de todas partes del mundo y todos los sentimientos y opiniones se encuentran aquí. No hay ningún otro lugar que se le asemeje en la intensidad y energía de sus negocios. No hay ningún otro lugar donde las opiniones expresadas y las discusiones sean tan

apasionadas como en New York. No hay otra ciudad en el mundo con tanta libertad. No existe el provincialismo. Los sentimientos de todas las naciones y de todas las clases se funden aquí en un molde único y de él fluyen a todas partes, emociones corregidas y purificadas por la experiencia de New York.»

Martí pensó que eso confirmaba su intuición que de allí saldría el próximo impulso para lograr la independencia de Cuba.[125]

Al bajar del barco, Martí pasó una media hora caminando por el *Battery Park*, donde había gente buscando trabajo y los patronos venían a buscar criadas, doncellas, cocineros, cocheros y todo tipo de posibles empleados. Con fondos limitados, Martí buscaba una manera económica para llegar a la casa de Miguel Fernández Ledesma, un amigo de su padre que había ofrecido albergarlo por unos días hasta que encontrara su propio apartamento. Al oír un acento cubano, Martí se acercó a tres jóvenes que esperaban por un amigo que les llevaría a su destino. Invitaron a Martí a ir con ellos y Martí aceptó, encantado. Lo dejaron cerca de la casa de Fernández Ledesma, un apartamento en el 74 Este de la calle 30, cuatro cuadras al norte de *Madison Square Park*, cerca de *Park Avenue*.

Luego de estar unos días con la familia Fernández-Fraga, Miguel supo de una casa de huéspedes a una cuadra de su casa, en el 51 East de la calle 29, casi esquina a *Park Avenue*. Los dueños eran Manuel Mantilla y su esposa Carmen Miyares, cubano él, venezolana ella. Martí reservó allí una habitación, comenzando una amistad con los Mantilla que duraría hasta irse a Cuba en el '95. El mismo día que se mudó, asistió a una reunión del *Comité Revolucionario Cubano*, (CRC) una organización presidida por Calixto García; fue inmediatamente electo a la Junta de Directores en sustitución de José Francisco Lamadrid, que acababa de ser nombrado delegado del CRC en Cayo Hueso.

El 16 de enero el Comité tuvo su primera reunión en casa de Calixto García, un apartamento interior de un edificio localizado en la calle 45 y la avenida novena. En la puerta lo recibió el secretario, Carlos Roloff. Con solo 13 días de estar en New York, Martí ya era la gran atracción del momento. Algunos de los asistentes eran exilados que habían participado en la Guerra de los Diez Años; otros, jóvenes deportados por España que deseaban conocer a Martí, a quien su

---

[125] José Martí *escogió a los EEUU* como centro de sus actividades independentistas por el entusiasmo endémico que sabía existía en ese país para materializar grandes designios y hacer realidad sueños aventureros y arriesgados. Pudo haber escogido a Ciudad México, Caracas, Guatemala u otros lugares más cercanos a Cuba que tenían sociedades de habla española donde hubiera sido más fácil conseguir apoyo, pero prefirió aliarse al mundo lleno de dinamismo y libertad de los EEUU.

fama como gran orador le precedía. Esta era la última reunión antes de la salida de una expedición a Cuba para lanzar la llamada *Guerra Chiquita*.[126] La reunión procedió en forma ordenada pero con todos hablando casi a la vez, en el estilo cubano entre amigos, prestando gran atención a las últimas noticias de la salida de Calixto García y su grupo hacia la manigua cubana. Calixto había sido del grupo de patriotas líderes de la Guerra de los Diez Años que junto con Antonio y José Maceo y Guillermón Moncada, de Santiago de Cuba y Emilio Núñez, de Sagua la Grande no habían firmado el *Pacto del Zanjón*.

Martí conoció allí que los expedicionarios encaraban serias dificultades. Solo tenían las armas enterradas por ellos mismos y sus tropas al final de la Guerra del '68, y las armas que les pudieran arrancar a los soldados españoles. El único con experiencia militar era Calixto García; los pocos líderes que habían sobrevivido la guerra habían sido arrestados y deportados a Ceuta en África del Norte. Para mayor infortunio Antonio Maceo y Calixto habían tenido un desacuerdo tras el cual Maceo le retiró su apoyo a la expedición de García a última hora.

---

[126] Entre los asistentes a la reunión, se encontraba un grupo de distinguidos cubanos: **Ezequiel García Enseñat**, de 38 años, Doctor en Letras de la *Universidad de La Habana*, editor futuro de *Patria*, anteriormente exilado en París. **Amelia Castillo de González**, de 38 años, nacida en Camagüey, casada con **Francisco González del Hoyo**; ella era escritora, autora de *Hicotencatle, Doña Marina* y *Moctezuma*. **Juan Guiteras**, de 28 años, de Matanzas, hijo de Eusebio Guiteras y Josefa Gener. Había sido estudiante del *Colegio La Empresa*, fundado por su padre y su tío Antonio; también fue estudiante de Felipe Poey en la *Universidad de La Habana*, luego graduándose de Medicina en *University of Pennsylvania*. **Pedro E. Betancourt y Dávalos**, de 21 años, también matancero, también médico, graduado de medicina de la *Universidad de Madrid*. Acababa de ver a Martí en Madrid. **Francisco de Quesada**, de 52 años, un tabacalero, y su esposa **Juana Verona de Quesada**; **Flora Quesada**, hija de ellos, de 18 años, y un sobrino, **Gonzalo de Quesada**, de 12 años. **José A. del Cueto**, de 26 años, graduado a los 21 años de la *Universidad de Madrid* con títulos en Leyes, Filosofía y Letras y Derecho Civil y Canónico; **José Ramón Villalón y Sánchez**, de 17 años, de Santiago de Cuba, estudiante de Ingeniería Civil en *Lehigh University* en Pennsylvania; **Rafael Montoro**, de 28 años, abogado, antiguo editor de la *Revista Europea* en Madrid, fundador del periódico *El Triunfo* en La Habana y un apasionado autonomista que había sido diputado a las Cortes Españolas por Camagüey. **Nicolás Rivero**, de 39 años, natural de Asturias. Justo antes de ser ordenado al sacerdocio a los 23 años, se escapó del seminario para tomar las armas por la causa Carlista en España, del bando de Don Carlos de Borbón, pretendiente al trono español. Estaba en New York de paso a La Habana, donde iba a ser el editor del periódico *El Relámpago*. Era el único presente opuesto a la independencia de Cuba y **Enrique José Varona**, de 39 años, gran intelectual, con un grado de Filosofía y Letras de la *Universidad de La Habana*. Había sido diputado a las Cortes y a los 19 años había escrito un erudito volumen sobre las *Odas Anacreónticas*.

El 28 de Marzo de 1880 Calixto García y 26 insurgentes abandonaron New York, vía Jersey City, rumbo a Jamaica en la goleta *Hattie Haskell*, que los llevaría a Cuba. Martí los fue a despedir al muelle 51 del rio Hudson. El 7 de mayo desembarcaron en Cuba. Guillermón Moncada ya se encontraba en las montañas de Oriente reclutando a veteranos; Francisco Carrillo se había alzado en las montañas de San Juan de los Remedios con Serafín Sánchez y Emilio Núñez. El brigadier general Belisario Grave de Peralta había tomado armas con más de 200 hombres cerca de Holguín. Además de estas noticias, Martí recibió la información de clubes por toda Cuba que se habían comprometido a darles la bienvenida a los insurgentes y a apoyar la nueva guerra. Un gran número de antiguos guerreros se habían puesto en posición en la zona entre Gibara y Holguín; con Guillermón y José Maceo estaban Belisario Peralta, Limbano Sánchez, Francisco Varona, Jesús Rabí, Gregorio Benítez y Emiliano Crombet, entre otros. Contaban, sin haberlo confirmado, estar respaldados por unos 6,000 hombres listos a pelear por la causa independentista.

Muy pronto, sin embargo, a medida que fueron llegando nuevas noticias, la situación de los cubanos insurrectos en Cuba fue deteriorando. La ausencia de Martí, de Maceo y de Máximo Gómez en la Guerra estaba siendo perentoria. La guerra estaba teniendo una pequeña medida de éxito en el territorio de Holguín a Gibara; pero en otras partes la mayoría de los encuentros armados los estaban ganando los españoles; no había prácticamente ningún apoyo del exilio y muy poco o ningún entrenamiento para los nuevos mambises. Una vez más, por otra parte, España había azuzado el temor de los blancos con el fantasma supuesto de la ambición de los negros de crear una república como la de L'Overture en Haití. El hombre que España había escogido para dirigir su campaña y perpetuar este mito miserable en Cuba era Camilo García de Polavieja y del Castillo, *Marqués de Polavieja* (1838-1914), Gobernador de Oriente en 1879 y 1881 y Gobernador General de Cuba entre 1890 y 1892.

> «Polavieja,» decía Martí, «considera que todos los negros son seres abyectos, con un nivel intelectual que no transciende la esfera del instinto. Cree que los negros son peligrosos porque, en el último análisis, son los únicos que pueden soportar los rigores de la guerra, y pueden resistir los castigos más extremos. El alegato de Polavieja es que España prefiere luchar en contra de un ejército puramente blanco, el único que valdría la pena derrotar para la gloria de España. Su es que hay muchos criollos que creen que los negros luchan por la independencia, cuando en realidad están luchando para establecer su república negra.»

Martí, con gran pesar, se convirtió a finales de 1880 en el portavoz de los tristes resultados del esfuerzo desastroso de la *Guerra Chiquita*. Francisco Carrillo, rodeado de tropas españolas hasta el punto en el cual no podía recibir pertrechos o refuerzos, fue forzado el 4 de junio a aceptar salvoconductos para él y sus hombres para irse de Cuba por el Puerto de Cienfuegos. El líder insurgente Cecilio González fue delatado y muerto con varias de sus tropas cerca de Villa Clara. Pio Rosado y Lorié, brigadier del ejército, fue fusilado con diez de sus tropas el 7 de julio. José Maceo, Quintín Banderas y Guillermón Moncada fueron capturados el 6 de septiembre y enviados a prisiones en las colonias penales españolas en el África. El 17 de septiembre se presentaron frente a las tropas españolas el general Emilio Núñez y sus hombres, algunos de los cuales tuvieron que ser llevados en hombros de sus compañeros por su estado grave de extenuación. Calixto García, con apenas cincuenta hombres, pasó varios meses en la manigua y finalmente entregó sus armas a fines de octubre del 1880 en Mabay, cerca de Bayamo. En total, más de 5,000 alzados se habían entregado, habían sido muertos o habían escapado de Cuba. La Guerra Chiquita se había convertido en un desastre. Comenzaba ahora la tregua fecunda

Con gran sentido histórico, tratando de borrar el pesimismo de las caras de los cubanos exiliados, Martí se dirigió al *Comité Revolucionario Cubano* de New York el 2 de noviembre:

«La guerra ha consolidado nuestra resolución, nos ha dado un sentido de cómo son las estrategias de España y de cómo serán en un futuro; también ha definido la relación exilio-manigua. Le ha dado a España el mensaje claro que el Pacto del Zanjón, en vez de ser el final de los ideales independentistas, ha sido simplemente un paréntesis en la lucha. Los errores de la Guerra de los Diez Años y de la Guerra Chiquita nos han enseñado que las guerras no se pueden hacer a la diabla, sin la armonía, la organización ni la madurez y la disciplina necesaria. Esas lecciones están ahora aprendidas —los errores no se repetirían la próxima vez.»

Terminó sus palabras diciendo:

«La ilusión es demasiado bella y es mucho ya el decoro empeñado para pensar en retroceder. El ansia de libertad de Cuba es tan grande que podrá superar todos los obstáculos.»

El puerto de *Le Havre*, de donde partió Martí para New York en diciembre de 1879. El *Garden Castle*, en el puerto de New York, por donde desembarcó Martí al llegar a la ciudad el 3 de enero de 1880. Antes de marchar a New York, a orillas del Sena Martí visitó una ***réplica del brazo de la estatua de la libertad*** situada en el *Puente de Alma* para recaudar contribuciones. Una vista del ***sur de Manhattan***, conocida por Martí, donde predominaban inmigrantes de todas partes del mundo.

Vistas de New York durante los primeros años de la estancia de Martí en la ciudad, cuando fue testigo de importantes inauguraciones:

El *Metropolitan Opera House* en la avenida Broadway 1411, ocupando una manzana entera entre las calles 39 y 40 del lado Oeste, inaugurado en 1883 con una presentación del Fausto de Charles Gounod.

El *sur de la avenida Broadway*; a la derecha la Estación Principal de Correo, al fondo Trinity Church en la esquina de en Wall Street, consagrada en 1846.

El *Puente de Brooklyn* en construcción, inaugurado en 1883 en el rio del este de New York. Por muchos años fue el mayor puente colgante del mundo. A la inauguración acudieron 150,000 personas, entre los cuales tal vez estaba José Martí.

El ensamblaje de la *Estatua de la Libertad* en el puerto de New York; la estatua fue inaugurada el 28 de octubre de 1886 por el presidente Cleveland con la presencia del diseñador Frédéric Auguste Bartholdi, un notable arquitecto francés y posiblemente también la asistencia de José Martí.

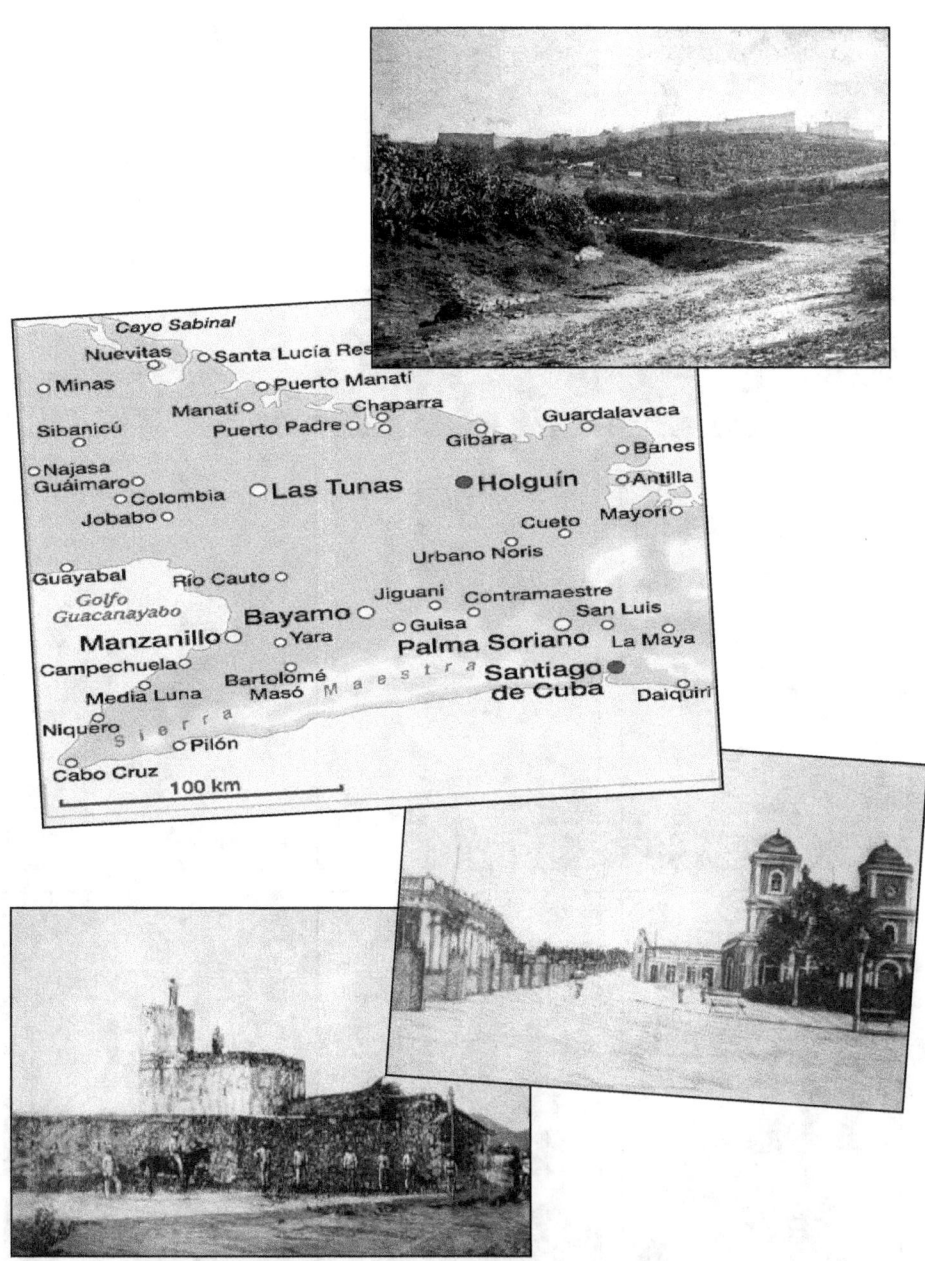

El ***Presidio de Ceuta***, la principal cárcel española para insurgentes y revoltosos cubanos. Albergaba 2,200 prisioneros, excluyendo militares.

Mapa de la zona donde se produjeron los pocos encuentros entre tropas españolas y cubanos insurrectos en la ***Guerra Chiquita*** (agosto de 1879 hasta septiembre de 1880).

Dos fotos de las principales poblaciones durante la guerra, ambas tomadas en 1879: ***Gibara*** y ***Holguín***.

Los principales líderes de la Guerra Chiquita:
Limbano Sánchez, Emilio Núñez y Belisario Grave de Peralta.
Serafín Sánchez, Guillermón Moncada y Quintín Bandera.
Jesús Rabí, José Maceo y Calixto García.

18   Discursos

En 1880 Calixto García era el jefe bravío «*que nunca había pactado,*» en el cual estaban centradas todas las esperanzas de los cubanos de reanudar las guerras de independencia. En su frente llevaba una cicatriz en la que los cubanos veían una estrella; el resultado de haber tratado de morir por sus propias manos en lugar de caer en las manos de soldados españoles.[127] Al llegar Martí a New York Calixto estaba dando los toques finales de un nuevo desembarco de insurgentes en Cuba. Prestarle atención a un joven poeta de 24 años sin distinciones en la Guerra del 68 no figuraba en sus planes. Martí, si quería ser alguien, tenía que ganarse la confianza y admiración del viejo general, que en ese momento tenía 40 años y casi podía ser su padre. Lo que al fin le hizo al general apreciar a Martí fue el discurso que pronunció en *Steck Hall*[128] ante un numeroso público cubano el 24 de enero de 1880.

En *Steck Hall*, el desencajado, delgaducho y empalidecido José Martí enardeció a la audiencia, que en repetidas ocasiones estalló en aplausos y vivas. Su voz resonó inesperadamente como un trueno alertador, haciéndole perder la respiración a los que le oían. Calixto García le contempló lleno de júbilo, pudiendo a duras penas encubrir su admiración.

---

[127] **Calixto García** se había unido a los insurrectos a la edad de 16 años. Su abuelo había luchado bajo Simón Bolívar en la Batalla de Carabobo para lograr la Independencia de Venezuela. Al ser capturado Calixto en en 1874, se trató de suicidar con su pistola calibre .45 antes de caer en manos enemigas; hecho prisionero fue liberado el 8 de junio de 1878, tras el Pacto del Zanjón, viajó a Paris, donde hizo amistad con Ramón Emeterio Betances, el patriota puertorriqueño, y New York, desde donde lanzó la *Guerra Chiquita*. En la Guerra de 1868 había peleado junto a Máximo Gómez, Donato Mármol, Antonio Maceo, Guillermón Moncada, José Maceo, Belisario Grave de Peralta y Jesús Rabí entre otros. En noviembre de 1878 arribó a E.U. con el propósito de unirse a los cubanos que en la emigración estaban enfrascados en recaudar fondos para continuar la guerra. Allí fue escogido como jefe del "Comité Revolucionario Cubano;" como tal viajó a Jamaica para organizar la expedición que lanzó la Guerra Chiquita

[128] **Steck Hall**, inaugurado en 1865, estaba situado en el número 11 de la calle 14 en Manhattan, a mitad de cuadra entre Broadway y la Quinta Avenida, cerca de University Place; era el salón de conciertos del fabricante de instrumentos de concierto George Steck, cuyos pianos con el tiempo fueron los favoritos de Richard Wagner.

«Nos reunimos aquí esta noche para hablar de la patria...

«La vida estaría suspendida, el ánimo indeciso, la mano floja para todo, si unos cuantos bravos y unos cuantos buenos no supieran dar toda su vida en aras de la patria, para compensar la porción de sacrificio que le escatiman los demás...

«Vengo a vaciar en seno amigo el pecho atormentado por los dolores de Cuba, esa noble madre, que con la espalda cargada de cadáveres y el pecho atravesado por las espadas de sus propios hijos, camina todavía—alimentada por divina fuerza—por la senda donde nos dan venenosa sombra los colores de las banderas enemigas, los colores del sufrimiento y de la sangre...

«¡Qué espectáculo el de la isla sometida! ¡Qué helador decaimiento, qué pobreza de la mente, qué aterradora flojedad en la virtud! Las más vergonzosas transacciones reglamentan y norman la vida, de manera que en atmósfera alguna es posible agitarse sin que las manchas de la conciencia, saliendo alarmadas a los ojos, tiñan de negro el pan que los manchados ojos miran...

«La paz tiene sus deberes, como la guerra, y todo estado social, ya paz ya guerra, es un combate. Es un soldado todo ciudadano, y el que no sepa combatir no es ciudadano. La opinión enérgica es tan poderosa como la lanza penetrante: quien esconde por miedo su opinión y como un crimen la oculta en el fondo del pecho y con su ocultación favorece a sus tiranos, es tan cobarde, como el que en lo recio del combate vuelve grupas y abandona la lanza al enemigo...

«¡Excelente bondad es la de nuestras mujeres! Jamás tan apacible y natural ternura fue mezclada en grado tal a la aptitud para las virtudes más heroicas. Jamás las rosas de la naturaleza dieron como ellas—rosas del alma—frutos de amor debajo de la nieve: jamás las que ostentaron en la trenza negra brilladoras plumas, para enaltecerse descendieron para elaborar plumas humildes para trenza ajena...

«No quedan ya de aquellos héroes, más que los necesarios para vengar a los que han muerto y salvar, aun contra su voluntad, a los que viven. El bien se hace a la fuerza...»

El discurso de Martí duró dos horas, durante las cuales no hizo uso alguno de notas ni documentos. Por primera vez cubanos humildes y señoriles, blancos y negros, hombres y mujeres, intelectuales, analfabetos y todas las clases intermedias, se vieron convocados y arrastrados por el entusiasmo de un hombre sincero; algunos habían ido a *Steck Hall* por melancolía o por un sentido del deber. Otros se sentían exasperados por la inacción o la ausencia de un camino viable para rescatar a Cuba. Todos al unísono ahogaron las últimas palabras de Martí en un asonar clamoroso de esperanzas. Calixto, viendo por primera vez en las caras de los asistentes un inexorable compromiso con Cuba, entendió más que nunca aquello de «*en el principio era el verbo...*»

De aquella explosión de patriotismo en *Steck Hall* surgió una fuerte contribución a la campaña de Calixto García por parte de Miguel Cantos, un rico hacendado cubano que se había establecido en New York tras los indultos del Pacto del Zanjón; Don Miguel había sido parte de los 315 presos políticos que el gobierno del Capital General Dulce había enviado a Fernando Póo al comienzo de la Guerra de 1868. [129]

La decisión de borrar los fracasos de la Guerra del 68 y restaurar el estado de guerra en Cuba fue fuerte pero la desunión e innumerables errores tácticos destruyeron una vez más el sueño de independencia de los cubanos. No hubo parque para las armas ni expertos en armamentos, no hubo entrenamiento para los militarmente neófitos, no hubo jefes militares experimentados, no hubo abogados en los EEUU que pudieran defender a los cubanos insurrectos de despachos a Cuba para ayudar el esfuerzo militar en la isla, no hubo expediciones de afuera ni apoyo en la isla, no hubo fe en la victoria; el resultado fue numerosos reveses, desilusión, capitulaciones y víctimas.

Apremiado por su inestable situación económica, sobre todo ante la posible visita de Carmen e Israeliillo ya anunciada, Martí comenzó a tomarse en serio la necesidad de conseguir trabajo aunque le robara buena parte del tiempo que estaba dedicando a Cuba.

New York en 1880 crecía a pasos agigantados a medida que los EEUU se convertían de una sociedad agraria a una colectividad urbana, y New York estaba llamada a ser la ciudad más grande y progresista del planeta. Los hispanos, y en particular los cubanos, crecieron en la ciudad significativamente. En 1880 New York contaba con un periódico hispano y más de una docena de revistas de todos géneros. Con el progreso, sin embargo, llegó una marcada corrupción en la política y el mundo de negocios, una alta tasa de desempleo, descomposición sindical, una lamentable alza en criminalidad, el relajamiento de los valores morales, prostitución y promiscuidad sexual, juegos ilegales, vicios, alcoholismo y abuso doméstico. Para protegerse, muchos inmigrantes hispanos recurrieron a agruparse en guetos, que a su vez resultaron ser el mejor remedio para la añoranza.

---

[129] Sabiendo que **Miguel Cantos** había estado en *Steck Hall* el 24 de enero, José Martí y Carlos Roloff visitaron a Cantos en su oficina de Pine Street, cerca del centro financiero de New York para solicitar fondos que permitieran a Calixto García partir hacia Cuba. Cantos respondió generosamente a la solicitud y Calixto embarcó el 17 de abril con 26 acompañantes rumbo a Cuba en la goleta *Hattie Harskell*.

Martí decidió incorporarse al ritmo de vida que exigía la ciudad y renunciar a la cálida protección del gueto. Sin alejar la vista a las imperiosas necesidades de Cuba comenzó a ser, en cierto sentido, un "buen americano". En sus escritos sobre New York declaró:

> «*Vivo en un país donde cada uno parece ser su propio dueño. Se puede respirar libremente, por ser aquí la libertad fundamento, escudo y esencia de la vida misma... recorro los barrios pobres, converso con los obreros que luchan contra el abuso a que son sometidos, he visto mucha gente que padece de indiferencia social, conozco las ambiciones desmedidas de muchos políticos, pero sigo pensando que en este país y en esta ciudad viven los hombres y mujeres más libres del mundo, se que esta democracia será cada vez mas incluyente gracias a la base de respeto en que se fundamenta...*»

Martí comprendió enseguida que la más sólida fortaleza de la democracia americana era la prensa, con esos modernos y eficientes desarrollos técnicos que la hacían cada día mejor vehículo de divulgación de ideas democráticas e igualdad: el linotipo, el telégrafo, la heliografía, la fotografía, la prensa rotativa, los sistemas de distribución, los adesógrafos o adresógrafos, casi todos invenciones netamente americanas. Tras un feliz encuentro con Charles Anderson Dana,[130] un apasionado defensor de la libertad para Cuba, Martí comenzó a escribir en la revista *The Hour* y en el periódico *The Sun*.

El 21 de noviembre de 1880, los miembros del *Comité Revolucionario Cubano*, a sugerencia de Martí, se reunieron en la Iglesia de la Transfiguración en 29 Mott Street. La iglesia había sido fundada en la sección pobre llamada *Five Points* por el cura, entonces de 39 años, Félix Varela y Morales (1788-1853) en 1827. En esa reunión, convocada para orar o simplemente para desearle suerte a los expedicionarios estaban Juan Bellido de Luna, Leoncio Prado, Leandro Rodríguez, Carlos Roloff, Manuel Beraza, José F. Lamadriz, Juan Arnao, Cirilo Pouble y Pablo Inzua. Un solo miembro del Comité estaba ausente por haberse ido a Cuba con Calixto, el Brigadier Pio Rosado. Fue allí que Martí dio las malas noticias de la guerra y recomendó

---

[130] **Charles Anderson Dana** (1819-1897), entró en el mundo periodístico como auxiliar de Horace Greeley, el influyente director del *New York Tribune*. Durante la Guerra Civil americana fue Secretario Auxiliar de Guerra y más tarde el más firme conservador y anti-esclavista en la ciudad de New York. En 1871 participó en un acto en *Chickering Hall* de New York condenando la muerte de los ocho estudiantes de medicina en Cuba y de ahí en adelante fue un ávido propulsor de la independencia de Cuba. En 1895 Charles Anderson Dana logró que un selecto grupo de hombres de negocio norteamericanos apoyaran la independencia de Cuba entre ellos, Henry Cabot Lodge, Theodore Roosevelt, J.P. Morgan, Samuel Gompers y Johns Jacob Astor IV.

una disolución temporal del *Comité Revolucionario Cubano* de New York. Bajo estas circunstancias, el único periódico que quedaba como voz revolucionaria de los cubanos pro independencia de Cuba, fue *Yara*, de Key West.

No fue hasta dos años después, en 1882, que una nueva organización se formaría en New York, el *Comité Patriótico de la Emigración*, presidido por Salvador Cisneros Betancourt, ya de 54 años; estos recogieron la bandera cubana del olvido y comenzaron la insurgencia una vez más.... Este comité no logró nada, ni tampoco el nuevo *Comité Revolucionario Cubano* fundado en New York en 1883 y presidido por Juan Arnao.

Las esperanzas de una insurgencia en Cuba parecían evaporarse cuando llegó a New York el general Ramón Leocadio Bonachea, en Julio de 1883. Había sido Bonachea el último oficial en deponer sus armas sin rendirse en 1878, después de Baraguá y aún después de Loma Pelada. Inicialmente los generales Francisco Castillo y Emilio Nuñez, Cirilo Villaverde, Enrique Trujillo y otros, se reunieron con Bonachea en el *Clarendon Hall*, en el 114 East de la calle 13, para planear una nueva incursión a Cuba y para levantar fondos. Las contribuciones en esta reunión y en otras que le siguieron, fueron muy limitadas. Sin embargo, Bonachea pudo recoger $7,000; como hombre de honor, se sintió obligado en usar el dinero para lo que había sido recogido y así desembarcó en Manzanillo con 7 compañeros y algunas armas, con la esperanza de reclutar antiguos mambises en Oriente. Bonachea fue capturado y fusilado, luego de un juicio sumario; sus hombres fueron fusilados o enviados a prisiones en la Ceuta española.

Otras intentonas, todas sin éxito, de recomenzar la Guerra en Cuba siguieron a éstas. Francisco Varona Tornet y Limbano Sánchez recogieron $6,000 y 20 hombres para abrir un frente en *Punta de Caletas*, Baracoa, en Mayo 1885. Fueron capturados y uno a uno fusilados sin juicio alguno, luego que el Gobernador General de Cuba, hubiere declarado a la provincia de Oriente bajo sitio.

Durante todo este tiempo, José Martí insistía en su opinión que era muy temprano para resumir la Guerra y que era un intento fútil a no ser que se contara con el apoyo en pleno de los cubanos de la isla, lo que estos fracasos probaron que aún no se tenía. En la reunión del 21 de noviembre de 1880 del *Comité Revolucionario Cubano* en la *Iglesia de la Transfiguración* en el 29 Mott Street Martí había renunciado como presidente interino y le había transferido a José Francisco Lamadrid todas sus prerrogativas y funciones. Había reiterado esa posición en una reunión que se llenó de cubanos, en el *Templo Masónico* de la 6 avenida y la calle 23, el 16 de enero de 1881.

En lo personal, el año 1880 fue lleno de dificultades para Martí. El 21 de Octubre de 1880, Carmen e Ismaelillo habían regresado a Cuba. Pensando en ellos, Martí se fue a Caracas en enero de 1881 habiendo aceptado una posición de profesor de literatura y Gramática Francesa en el *Colegio Santa María* en Caracas, bajo la dirección del profesor Agustín Acevedo y una posición de profesor de oratoria en otro colegio de Caracas dirigido por Guillermo T. Villegas. Tuvo una exitosísima presentación patriótica en el *Club de Comercio*, se convirtió en un contribuyente fijo para *La Opinión Nacional* en Caracas y fundó la *Revista Venezolana*, una revista erudita dedicada a la política, el arte y la literatura. Durante los tres meses de su estadía en Caracas, Martí soñó con poder traer a Carmen y a su hijo a vivir con él, ahora que ya tenía buenos y sólidos trabajos y un sueldo fijo. El dictador venezolano Antonio Guzmán Blanco, sin embargo, inquieto con la popularidad y energía de Martí, lo expulsó del país por sus escritos y el foco periodístico de la *Revista Venezolana*. Sobre esta aventura venezolana, Martí le escribiría a Fermín Valdés:

«... lo único bueno que salió de esto fue que tuve el tiempo y la paz mental, por tres meses, para escribir Ismaelillo, el cual será publicado el próximo marzo en los Estados Unidos.»

Cuando Fermín le preguntó cuáles eran sus planes futuros, le respondió:

«Siempre trabajaré por Cuba. Desde el punto de vista del dinero, y a distancia, tengo contratos para escribir una columna titulada La Sección Constante para La Opinión Nacional en Caracas y algo parecido con La Nación de Buenos Aires.»

Fermín Valdés Domínguez, tratando de levantarle el ánimo a Martí, le respondió a esta carta con una donde parafraseaba un escrito de James Madison (1751-1836), el cuarto presidente de los Estados Unidos:

«Una nación sin información verdadera o los medios para adquirirla no es más que el prólogo a una farsa, a una tragedia o a las dos. Hay que ser generosos con el conocimiento. El conocimiento siempre prevalecerá sobre la ignorancia. Si los pueblos quieren ser sus propios amos, tienen que armarse con el poder que da el conocimiento.»

El día 28 de noviembre 28, en New York, nació María Mantilla, hija de Manuel Mantilla y Carmen Miyares de Mantilla, los dueños de la casa en que se hospedaba; una niña que Martí quiso como si fuera su hija, cuyo retrato llevó como escudo contra las balas, el día de su muerte peleando en Cuba quince años después.

El Consejo de Dirección Editorial del periódico ***The New York Tribune***. El periódico fue establecido por Horace Greely en 1841 y desde entonces fue el periódico republicano por excelencia en los EEUU, con una circulación de 200,000 ejemplares diarios. En la foto ***Charles Anderson Dana***, el amigo de Martí en la fila superior y Horace Greely sentado, ambos en un círculo.

La fábrica de pianos Steck, en el no. 11 de la calle 14 en Manhattan y ***George Steck***, su fundador y dueño.

En la foto superior dos de las mazmorras de la ***Colonia Penal de Fernando Póo*** en África, donde numerosos cubanos fueron enviados a lo largo de la colonización española.

Debajo, la ***Iglesia Católica de la Transfiguración*** en la zona de *Five Points* de Manhattan, hoy parte del Barrio Chino de New York.

En las paredes de la Iglesia, una placa y una estatua en homenaje al fundador de la parroquia, el sacerdote cubano ***Félix Varela***.

La calle *14 de Manhattan* en 1880, al sur de la cual vivían casi todos los cubanos exilados en la época de Martí en la ciudad.

El edificio donde estaba situado el *Clarendon House* en el 114 Este de la calle 13.

El edificio donde estaba *Hardman Hall*, sexta avenida y calle 13; en ambos hizo presentaciones patrióticas José Martí.

El 20 de enero de 1881, José Martí llegó a Venezuela. Por el puerto de La Guaira, y, sin apenas reponerse del fatigoso viaje en barco que lo había traído procedente de Nueva York, emprendió la marcha hacia Caracas por el empinado *Camino de los Españoles*. Martí se alojó en una casa de huéspedes en el barrio de Chacao, cerca de la esquina que hoy hacen las avenidas Francisco de Miranda y Principal del Country Club. En febrero comenzó a impartir clases en el **Colegio de Santa María** y en marzo en el *Colegio de Villegas*.

Apenas seis meses después comenzó a colaborar en el periódico **La Opinión Nacional** y fundó la **Revista Venezolana**.

En agosto de 1881, tuvo que salir de Venezuela por desavenencias con aliados del presidente de la república **General Antonio Guzmán Blanco**.

19 Periodismo

El día 28 de Julio de 1881 José Martí embarcó para New York en el vapor *Claudius*, llegando a esa ciudad el 10 de Agosto. Su llegada a Caracas desde La Guaira seis meses antes, bordeando precipicios y barrancos, la relató con un poético y breve detalle en la revista *La Edad de Oro*, ocho años después, en un cuento titulado *Tres Héroes*:

> «*Cuentan que un viajero llegó un día a Caracas al anochecer, y sin sacudirse el polvo del camino, no preguntó donde se comía ni se dormía, sino cómo se iba a donde estaba la estatua de Bolívar.[131] Y cuentan que el viajero, sólo con los árboles altos olorosos de la plaza, lloraba frente a la estatua, que parecía que se movía, como un padre cuando se le acerca un hijo.*»

El 27 de julio, un día antes de partir desde La Guaira hacia New York, le escribió a Fausto Teodoro de Aldrey, un gran amigo escritor y editorialista del periódico *La Opinion Nacional* de Caracas.:

> «*Amigo mío: Mañana dejo a Venezuela y me vuelvo camino de Nueva York… no me es dable responder con la largueza y reconocimiento que quisiera las generosas cartas, honrosas dedicatorias y tiernas muestras de afecto que he recibido estos días últimos… Muy hidalgos corazones he sentido latir en esta tierra; vehementemente pago sus cariños; sus goces, me serán recreo; sus esperanzas, plácemes; sus penas, angustia; cuando se tienen los ojos fijos en lo alto, ni zarzas ni guijarros distraen al viajador en su camino: los ideales enérgicos y las consagraciones fervientes no se merman en un ánimo sincero por las contrariedades de la vida… Deme Venezuela en qué servirla: ella tiene en mí un hijo.*»

Durante los próximos años Martí trabajó febrilmente en New York, con un gran sentido de urgencia, entre todos los exilados cubanos. Su vida entera era una cadena continua de compromisos con la causa de la independencia de Cuba a través de discursos, publicaciones, artículos periodísticos, visitas a personalidades que pudieran promover o defender la causa, convocatorias a los cubanos para que mantuvieran viva la chispa del compromiso, reuniones para levantar fondos para una guerra futura y la apertura de clubes que unieran y cementaran a los cubanos fuera de la isla. Sus acciones iban dirigidas a organizar el exilio y a mantenerlo unido para «*la Guerra necesaria.*" Tenía Martí un sueño, además de la causa de Cuba, el cual bautizó *Nuestra América*, la voluntad colectiva de las antiguas colonias espa-

---

[131] Martí se refería aquí a la estatua ecuestre de bronce de 4 metros de altura del Libertador inaugurada el 7 de noviembre de 1874 en la Plaza Bolívar de Caracas por el presidente Antonio Guzmán Blanco.

ñolas para enfrentar juntas el futuro, en un bloque cultural y político que tuviera el mismo poder que los Estados Unidos o Europa.

En Septiembre de 1881 había escrito sus *Cartas de New York* y *Escenas Norteamericanas*, publicadas en in *La Opinión Nacional* en Caracas, *El Partido Liberal* en México, *La Nación* en Buenos Aires y *La América* in New York, entre otros periódicos. En 1882 había escrito sus *Versos Libres*. Bartolomé Mitre, director de *La Nación* en Buenos Aires le escribió a todos sus amigos en el mundo de los periódicos para dejarles saber que el artículo de Martí del número de Septiembre 13 de *La Nación* había sido la crónica que más había dado de hablar jamás publicada en su periódico. Otros periódicos latinoamericanos comenzaron a pedir las columnas sindicalizadas de José Martí —y el accedió. En Octubre de 1882 Martí comenzó a levantar fondos en una campaña internacional dirigida a lograr la libertad de su cautiverio en España, de José Maceo, José Rogelio Castillo y José Celedonio Rodríguez. Habían escapado de la prisión en Cádiz y se habían refugiado en Gibraltar, pero ignorando las normas internacionales de asilo, fueron entregados a las autoridades españolas por la policía británica. Salvador Cisneros Betancourt y Cirilo Villaverde se unieron a la campaña visitando fábricas de tabaco y escribiéndoles a todos sus amigos y contactos en los medios de comunicación. En 1883 Martí se convirtió en Editor en Jefe de *La América*; allí se instaló, en las oficinas que estaban en 756 Broadway, donde podía recibir a los exilados con mucha más comodidad que antes.

En una reunión con Samuel Gompers,[132] el líder sindical británico de 33 años que era el jefe del Sindicato de Tabaqueros de New York, Martí accedió a apoyar la campaña de Gompers de mantener las pequeñas factorías de tabaco fuera de los edificios de los barrios bajos. Se hicieron aliados en sus batallas y aventuras; Gompers le presentó al senador estatal republicano Theodore Roosevelt, quien acababa de ser electo líder de la minoría en Albany. Cuando Roosevelt le preguntó cuáles eran los fines de *La América*, Martí le respondió:

> «... *definir, alertar, aconsejar y descubrir el secreto del éxito maravillosos de la América* [los Estados Unidos] *a todos los pueblos de habla hispana en el continente y promover, con explicaciones claras y al día, cómo lograr esos éxitos en sus propios países.*»...

---

[132] **Samuel Gompers** fue un líder obrero americano de renombre nacido en Inglaterra; fundador de la *American Federation of Labor (AFL)* unos años después de conocer a Martí. Sus primeros pasos en el mundo obrero fueron entre los obreros del tabaco, a los cuales organizó en 1877.

A Roosevelt le encantó la precisión y la claridad con la que tal explicación había sido expresada, según contaron años después varios de sus amigos: William R. Nelson, editor general del *Kansas City Star*, William H. Moody, Juez de la Corte Suprema y varios otros colegas del futuro presidente.

Durante su primer año como editor de *La América* Martí escribió muchos artículos que requerían un cierto conocimiento de la ciencias, de la ingeniería, de la economía y ciertamente de la política: la mecánica del puente del Great East River Bridge (luego rebautizado como Brooklyn Bridge); la adquisición del *The New York World*, de Jay Gould, por un nativo de Hungría, dueño también del *St. Louis Post-Dispatch*, Joseph Pulitzer; el primer día de señoras en el béisbol profesional en el estadio de los *New York Gothams*; la enorme fiesta de inauguración de la mansión en 640 Fifth Avenue, la cual había costado $2 millones, propiedad del riquísimo millonario dueño de ferrocarriles William Vanderbilt, de 34 años, y su esposa de 29, Alba; un robo de $3 millones en el Manhattan Bank; la inauguración de la primera casa de la *YMCA, Young Men's Christian Association*, en 222 Bowery, entre las calles Prince y Spring Streets; la exhibición en Viena del *Glossograph*, un aparato que usando ondas electromagnéticas podía ser insertado en la boca para transformar la palabra hablada en escritura en papel normal. Algunos de estos artículos fueron introducidos de contrabando en Cuba y publicados anónimamente en La Habana en el periódico *El Triunfo*.

Como periodista obstinado e inagotable, Martí corría por todo New York en búsqueda de historias y de noticias interesantes para el periódico, y también para establecer contactos con los cubanos y con cualquiera que pudiera algún día ayudar la causa de la independencia. Le comisionó al general Flor Crombet que contactara a los generales Antonio Maceo y Máximo Gómez para ir pensando en reunirse los tres en New York. Crombet partió par Honduras en Julio del 1882 para reunirse con Maceo. Maceo inmediatamente respondió desde Puerto Cortés, Panamá, pronunciándose incondicionalmente listo para luchar de nuevo en Cuba. Máximo Gómez, desde Santo Domingo, mostró algo más de reticencia pero respondió que sí estaba listo para reunirse en New York y claro, para regresar a Cuba. Por esa época, Martí firmó un contrato generoso de larga duración con la compañía *D. Appleton and Company* para llevar a cabo traducciones de libros del español, francés o italiano al inglés. Este contrato le proveería más libertad de acción sin tener que estar preocupado por su comida diaria.

A principios de 1882 Martí publicó su libro de versos *Ismaelillo* en New York y escribió sin editarlos, casi todos los poemas que luego aparecerían bajo el título de *Versos Sencillos*. Social e intelectualmente pasó una buena parte de su tiempo en reuniones en casa de Enrique Trujillo en el 446 West 57th Street, con varios cubanos eminentes y exilados comprometidos con la causa de Cuba en New York: Salvador Cisneros Betancourt, de 55 años; Juan Arnao, 48; Cirilo Villaverde, 71; Plutarco González, 47; Martín Morúa Delgado, 27; Rafael Serra, 25; Rafael Montoro, 31; Enrique José Varona, 34; Emilio Nuñez, 28; José Castillo, 29, Diego Vicente Tejera, 35, y otros.

En Marzo de 1883 la Casa Appleton publicó las traducciones de Martí de *Antigüedades Romanas* de A.S. Wilkins y *Antigüedades Griegas* de J.H. Mahaffy, así como las *Nociones de Lógica* de Stanley Jevons. El 24 de julio de 1883 fue escogido para ofrecer el discurso principal por la celebración del centenario del nacimiento de Simón Bolívar; ese día se reunión con Rubén Darío y con el presidente de Honduras; los tres pasaron unas horas discutiendo asuntos relacionados con la independencia de Cuba.

A lo largo de los duros años de 1881 a 1883, Martí vivió las mismas experiencias que cientos de cubanos condenados al exilio por situaciones opresivas en Cuba.

> «Martí recorrió en Nueva York el vía crucis del desterrado: solicitó afanosamente trabajo donde pudo, respondió a los anuncios que aparecían en los diarios en demanda de empleados bilingües; logró hacer para la casa Appleton and Company algunas traducciones, y aun trabajar regularmente bajo contrato; sentó plaza de oficinista en la firma Lyon and Company... y, por conducto de Luis Baralt, profesor del 'City College of the City University of New York'... fue también maestro de la 'Central High School'. Cinco veces por semana, durante dos años, concurría a sus aulas para enseñar español en clases nocturnas.»[133]

Durante esos tres primeros años en New York Martí llevó una vida apretada, meticulosa y ordenada. Por la mañana, después de un ligero desayuno, comenzaba a escribir a las 8:15 am, principalmente artículos para *La Nación* de Buenos aires y para la revista *La América* de New York. Al mediodía, casi sin almorzar, se trasladaba a las oficinas de Lyons & Company, donde despachaba cartas y pagaba facturas con la misma diligencia que lo hubiera hecho si le hubiera fascinado esa labor; casi al anochecer volvía a su apartamento en Brooklyn, donde revisaba los escritos de la mañana y los complementaba si fuese necesario. Exhausto se acostaba a la medianoche, después de escribir a sus amigos y cumplir sus compromisos de traducción.

---

[133] Según describiera **Guillermo de Zéndegui** (1910-2002) en *Ámbito de Martí*.

El vapor *Claudius*. El 28 de Julio de 1881 José Martí tomó ese barco para viajar de regreso desde La Guardia, en Venezuela hasta New York.

El edificio de la casa *Appleton* en la esquina de la calle Leonard y Broadway en New York, donde Martí trabajó por varios años traduciendo libros de Inglés en Español y viceversa.

La estatua de bronce de *Simón Bolívar* en Caracas que Martí mencionó con gran afecto en *La Edad de Oro*.

Fausto Teodoro de Aldrey (1825-1886), buen amigo de Martí, escritor y editorialista del periódico *La Opinión Nacional* de Caracas.

Samuel Gompers (1850-1924), fundador y primer presidente de la *American Federation of Labor (AFL)*, amigo de José Martí cuando Gompers organizaba los grupos sindicales de tabacaleros en los EEUU.

El terreno de pelota del **Club Gotham** de New York, fundado en 1837; el equipo jugaba en terrenos del ejército cerca de lo que hoy es *Madison Square Garden*. Fueron antecesores de los *Knickerbockers*, que tuvieron mayor fama en el Base Ball americano. Martí escribió sobre el *Gotham* en la revista **La América** en 1881.

El edificio del periódico *El Triunfo* en la Habana, el periódico cubano que reproducía artículos escritos por José Martí en New York en 1882.

Dos de los libros publicados por José Martí cuando llegó a New York y comenzó a publicar su obra con la imprenta de *Thomson & Moreau*: **Versos Sencillos** e I*smaelillo*. En una de las visitas a la imprenta conoció y se hizo amigo de Walt Whitman (1819-1892), que publicó allí *Leaves of Grass*.

El periódico *La Nación* de Buenos Aires, donde José Martí escribió numerosos artículos como corresponsal en New York. *La Nación* fungió como agente sindicalizador de Martí, divulgando sus escritos por numerosos periódicos en la América Hispana.

El consejo de dirección de *La Nación* en 1882. Sentado a la derecha de José Martí, ***Domingo Faustino Sarmiento***, director del periódico y presidente electo de Argentina en 1868. El director y fundador de *La Nación* fue Don Bartolomé Mitre, que lanzó el periódico en 1870.

20 *Actividades*

El New York de José Martí

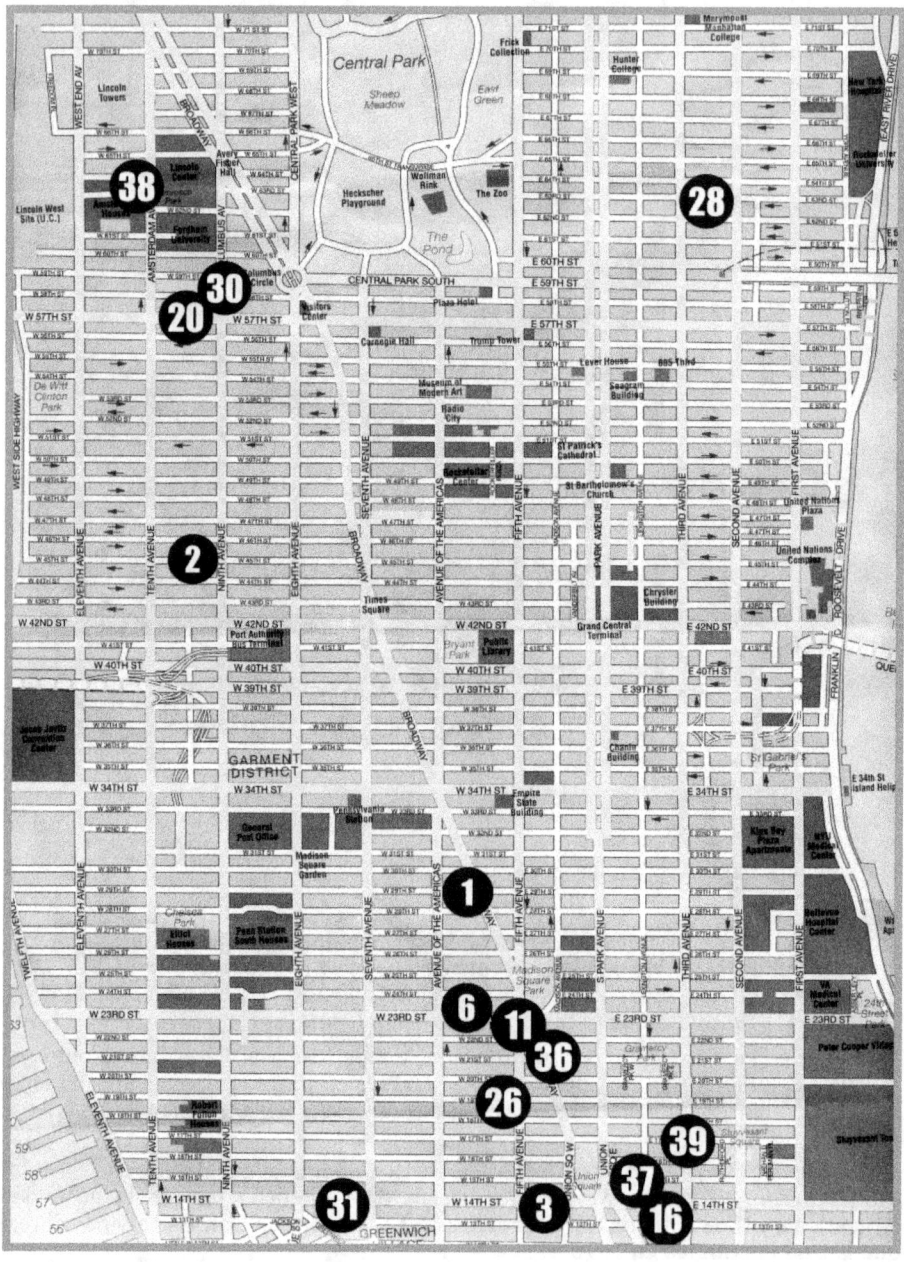

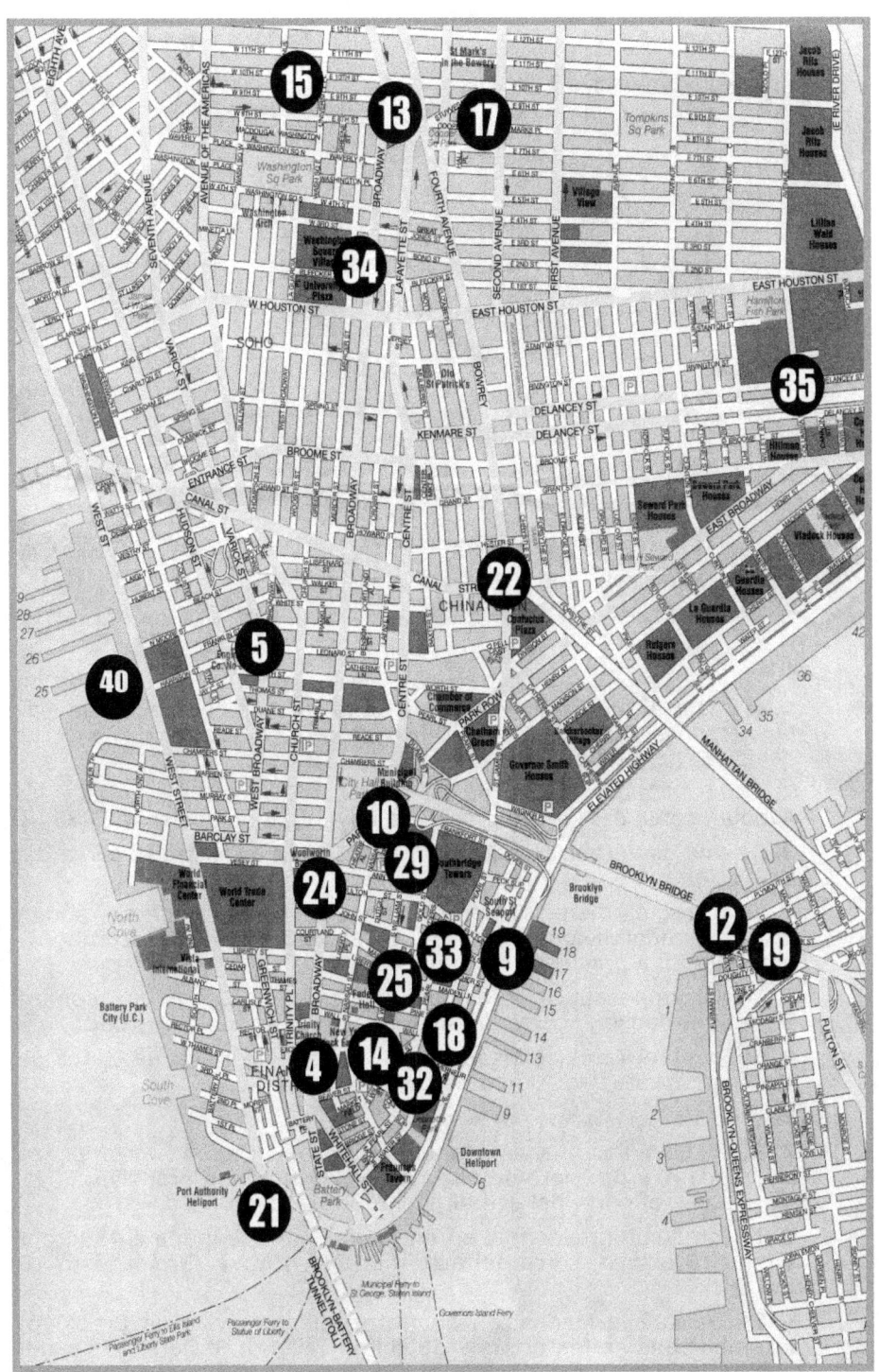

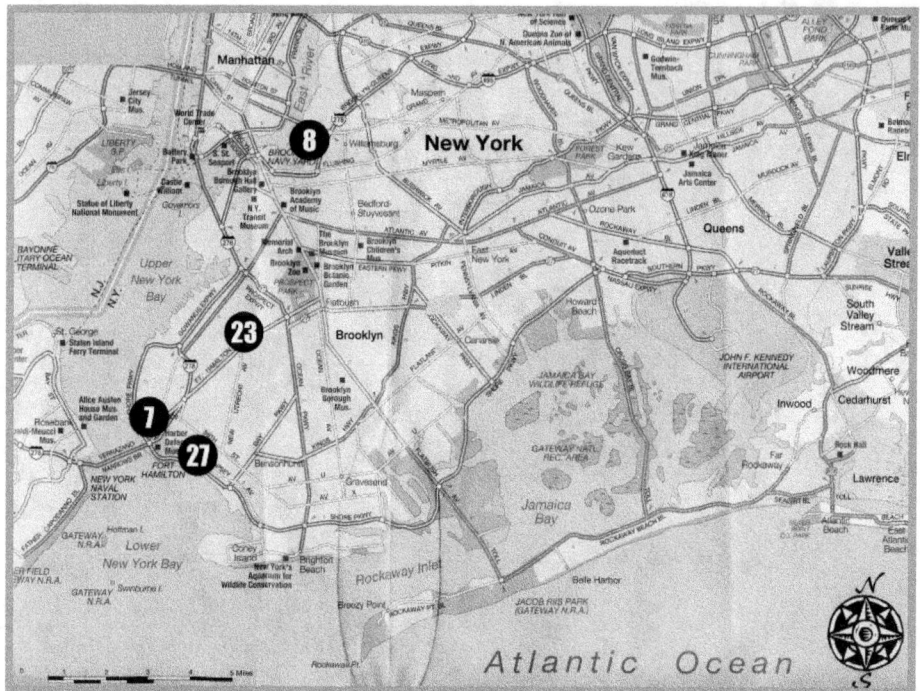

1880

1. Al llegar a New York, Martí vive en la casa de huéspedes de *Manuel Mantilla*, en el 51 West 29 Street, cerca de Broadway, a partir del 8 de enero de 1880.

2. Visita a *Calixto García* en su casa del 54 W. 45th Street y 9th Avenue, cerca del *Port Authority* de hoy, el 16 de enero de 1880.

3. Da una conferencia en *Steck Hall*, 11 East 14th Street, cerca del *Union Square*, enero 24 de 1880.

4. Visita regularmente la librería *Ponce de León*, donde se reúnen los conspiradores con frecuencia, en el 32 Broadway, cerca de *Trinity Church*, a principios de mayo de 1880.

5. Comienza a traducir obras para *Appleton and Company*, Leonard Street y Broadway, cerca del Ayuntamiento, en junio de 1880.

6. Habla en el *Templo Masónico*, 23rd Street y 6th Avenue, cerca de *Madison Square Park*, Junio 16 de 1880.

1881

7. María Mantilla, hija de Manuel Mantilla y Carmen Miyares, es bautizada el 6 de enero de 1881 en *St. Patrick's* en Brooklyn, 9511 4th Avenue, al norte del actual puente *Verrazzano-Narrows*.

8. Luego de un breve viaje a Venezuela, Martí se muda a 459 Kent Avenue, Brooklyn, cerca del actual *Brooklyn Navy Yard*, agosto 10 de 1881.

9. Se traslada a Manhattan por ferry mientras vive en Brooklyn, desembarcando en la esquina de Fulton y South Streets, al sur del puente de Brooklyn.

1882

10. El 31 de enero es testigo del fuego en el edificio del *New York World en* 53 Park Row, esquina a Nassau Street, al sur del ayuntamiento; el fuego consume la estructura.

11. El 10 de abril, John Putman, dueño de un negocio en el 182 Fifth Avenue, al sur de *Madison Square Park*, imprime una edición limitada de *Ismaelillo* para regalársela a Nicolás Azcárate, un gran amigo de Martí. Esta firma se convirtió en el *Knickerbocker Press*, adquirida un siglo después por *Penguin USA*.

1883

12. Fascinado por los cuentos sobre el recién inaugurado Puente de Brooklyn, Martí se camina todo el paseo del Puente el 1ro de junio. (El empresario P.T.Barnum dirigió a 21 elefantes a cruzar el Puente el día de su inauguración y 12 peatones fueron muertos, aplastados por los elefantes en una estampida).

1884

13. Martí se convierte en director de la revista *La América* con oficinas en el 756 de Broadway, al este de Washington Square Park, en enero de 1884.

14. Es nombrado Cónsul General del *Uruguay* y sus oficinas están en 17-19 William Street, Suite 20, cerca de Wall Street, en mayo de 1884.

15. Se reúne con Maceo y Gómez en el *Hotel de Madame Griffou* en el 21 East 9th Street, cerca el parque de *Washington Square*, el 2 de octubre de 1884. Tiene una desavenencia con Gómez el 18 de Octubre. Rompe con Gómez y Maceo el día 20. Gómez tenía 48 años, Maceo 39 y Martí sólo 31.

1885

16. El 25 de junio, 1885, se reúne con un gran grupo de exilados en el *Clarendon Hall* (114-116 East 13th Street, cerca del *Union Square Park*) para aclarar su rompimiento con Gómez.

17. Visita regularmente la biblioteca *The New York Free Circulating Library* en 135 Second Avenue, cerca de *Cooper Square Park*; esa fue la primera rama de la biblioteca pública de New York, *New York Public Library.*

1886

18. En octubre de 1886 abre su propia oficina en 120 Front Street, Suite 18, piso 4, cerca de la pared este de Wall Street. Publica *Patria* desde esa dirección hasta que marcha a la Guerra de Cuba en 1895.

19. Usa regularmente el nuevo elevado de Brooklyn, *Brooklyn Elevated Railway*, con terminales y conexiones en el lado de Manhattan del Puente de Brooklyn: Lexington Avenue, Broadway y la línea elevada de la Quinta Avenida.

1887

20. Se reúne con numerosos exilados en casa de Enrique Trujillo, 446 West 57th Street, cerca de *West Central Park*, en noviembre 9 de 1887.

21. Se sorprende al ver la campaña anti-inmigrante del *The New York World*, y visita la estación de procesamiento en *Castle Garden*, cerca de *Battery Park*, donde los pasajeros de tercera clase desembarcan para entrar en los Estados Unidos.

1888

22. Debate al brigadier Flor Crombet en *Pythagoras Hall* en Canal Street y Bowery, en Chinatown, en julio 15 de 1888.

23. Comienza a buscar casa en Manhattan, luego de una tormenta de nieve que ha dejado a Brooklyn *incomunicado* con 20 pulgadas de nieve y una acumulación de hasta 15 pies. Mueren más de 400 personas en Brooklyn. Después de la tormenta escribe «*la ciudad, como víctima de un ataque desaprensivo, trata de sacarse su mortaja.*»

1889

24. Comienza a escribir para el *Evening Post*, 208 Broadway en Manhattan, cerca del *Ayuntamiento*, en marzo 25 de 1889.

25. Publica en julio desde su oficina en 77 William Street, cerca del *Federal Hall*, los cuatro volúmenes de *La Edad de Oro*.

26. Habla en *Hardman Hall*, 4 West 19th Street, cerca de la Quinta Avenida, en un homenaje a José María Heredia en noviembre 30 de 1889. Hablará allí muchas veces durante 1893, notablemente el 15 de Enero, el 16 de Abril y el 10 de Octubre de 1893, fecha en la que conoce a Rubén Darío.

1890

27. Comienza su propia tradición de veranear en *Bath Beach*, Brooklyn, cerca de *Fort Hamilton*, al noroeste de *Coney Island*, en la casa de Manuel y Carmen Mantilla; veranea allí durante tres veranos.

28. Enseña español por las noches en *Central Evening Night School*, 220 East 63rd Street, al este de *Central Park*, comenzando el 1ro de Octubre de 1890. Populariza el método «*a la gramática por el lenguaje y no al lenguaje por la gramática.*»

29. Trabaja como traductor para los diarios *The New York World*, *The New York Tribune*, *The New York Herald* y *The New York Times*, todos situados en *Newspaper Row* en Park Row Street, muy cerca del *Ayuntamiento*.

1891

30. Se muda al 361 West 58th Street el 1ro de Enero de 1891.

31. Cuando llegan a visitarlo su esposa Carmen Zayas-Bazán y su hijo José Francisco (Ismaelillo), se muda al *Hotel Phoenix*, 211 West 14th Street, al norte de *Greenwich Village*; esa fue la última visita de Carmen, de Junio a Agosto. La primera estadía había sido desde marzo hasta octubre de 1880 y la segunda desde diciembre de 1882 hasta marzo de 1885.

1892

32. El 14 de marzo lanza el periódico *Patria*, 214 Pearl Street. Invita a otros cubanos a escribir en *Patria*: Estrada Palma, Benjamín Guerra, Sotero Figueroa, Manuel Sanguily, Gonzalo de Quesada y Manuel de la Cruz.

33. El mismo reparte *Patria* al *Polegre Restaurant,* a la librería *Ferrer* y a las fábricas de tabaco en Pearl Street.

1893

34. En esta época, el trabajador promedio ganaba $9.42 a la semana, más de 15,000 pequeños negocios se enfrentaban a la bancarrota y 74 líneas de tren cayeron en sindicatura. Sin embargo, Martí recibía $18 por cada artículo, el precio más alto que ningún escritor de habla hispana recibiera en New York –y posiblemente en todo el mundo. Su banco era el *Bank for Savings* en Bleecker Street y Broadway (actualmente *Bayard Building*, el edificio de Louis Sullivan). Con esos fondos, Martí financiaba a *Patria* y a sus viajes patrióticos por la Florida, México y el Caribe.

1894

35. El 24 de Febrero da un discurso en honor a Fermín Valdés Domínguez en el *Jaeger's Salon,* 65 Columbia Street, cerca de lo que es hoy en día la rampa hacia el puente de Williamsburg.

36. En abril 8 visita a Máximo Gómez y a sus hijos en el *Hotel Central*, en Broadway y la 23, al sur de *Madison Square Park*.

37. Invitado por Horacio Rubens, Martí asiste a un show del ilusionista de 20 años Harry Houdini, que se presentó en el *Huber Opera House*. Rubens y Martí cenan en *Lüchow's Restaurant,* 110 East 14th Street, un restaurante frecuentado por Diamond Jim Brady y Lillian Russell, cerca de *Union Square*.

1895

38. Se refugia en la casa del Dr. Ramón Miranda, 116 West 64 Street, justo al oeste del actual *Lincoln Center*, para evitar ser interrogado por las autoridades federales luego del fracaso de la expedición de *Fernandina*, en enero 14.

39. John Brisben Walker, editor de *Cosmopolitan Magazine*, lo invita a cenar en *Scheffel Hall*, en la Tercera Avenida y la Calle 17, cerca de Union Square. Walker, inversionista experimentado, trata de convencer a Martí que no vaya a Cuba, que su lugar está en New York. Walker le repite su oferta de comprar la isla de manos de España por $100 millones.

40. El 30 de enero, Martí se marcha de New York por última vez, saliendo de un muelle en el rio Hudson frente a Harrison Street. Viaja con Mayía Rodríguez y Enrique Collazo, hacia *Fortune Island* y *Cabo Haitiano,* camino a *Montecristi* en la República Dominicana.

21 Crónicas

En marzo de 1883 José Martí comenzó a escribir en la revista *La América*,[134] una publicación editada en Nueva York cuyo contenido principal era la divulgación en español de los muchos adelantos de las ciencias, la ingeniería, la agricultura y la industria en los Estados Unidos y en otras partes del mundo. Para sus lectores, era sorprendente que José Martí, un hombre de sólida formación humanística, considerara de máxima importancia la necesidad de tener una cultura integral a la altura del tiempo en las disciplinas tecnológicas que tanto afectaban al hombre y a la sociedad.

En sus primeros artículos, tanto en *La América* como en *La Nación* escribió:

>«*Acólitos no deben dar ya las escuelas, sino agrónomos; no enfrenadores de almas, sino acariciadores de la tierra... En la escuela se ha de aprender el manejo de las fuerzas con que en la vida se ha de luchar... Escuelas no debería decirse, sino talleres. Y la pluma debe manejarse por la tarde en las escuelas; pero en la mañana, la azada...*
>
>*El mundo nuevo requiere una escuela nueva... Es necesario sustituir al espíritu literario de la educación, por el espíritu científico... Debe ajustarse un programa nuevo de educación, que empiece en la escuela de primeras letras y acabe en la Universidad, brillante, útil, de acuerdo con los tiempos, estado y aspiraciones de los países en que se enseña... Que se trueque de escolástico en científico el espíritu de la educación... Divorciar el hombre de la tierra, es un atentado monstruoso... Que la enseñanza científica vaya, como la savia en los árboles, de la raíz al tope de la educación pública... Que la enseñanza elemental sea ya elementalmente científica...*»

Haber vivido sus últimos quince años en los EEUU, donde avanzaba a pasos agigantados la revolución industrial de fines del siglo

---

[134] La revista *La América* comenzó a publicarse en abril de 1882, bajo la dirección de Rafael de Castro Palomino. En los primeros meses de 1883 José Martí asumió la dirección y en enero de 1884 fue ratificado como tal por Ricardo Farrés, un nuevo propietario de la revista. A partir de marzo de 1883, Martí escribió la revista en su totalidad, desde titulares hasta artículos y ensayos. En *La América*, Martí describe los recientes descubrimientos científicos y reseña con detalles las exposiciones que exhibían los últimos logros de la ciencia; también comenta sobre libros nuevos que detallaban importantes aspectos de industrialización y su impacto económico, poniendo énfasis en la necesidad de la formación científica como soporte esencial de la educación de los pueblos de la América Hispana.

XIX, jugó un papel muy importante en la formación de la cultura científica y técnica de José Martí. En una carta a María Mantilla, desde Cuba, poco antes de su muerte en Dos Ríos, Martí escribió:

«Donde yo encuentro poesía mayor es en los libros de ciencia, en la vida del mundo, en el orden del mundo y en la unidad del universo, que encierra tantas cosas diferentes, y es todo uno.»..."

Fue extraordinario el esfuerzo de Martí desde no solo en *La América* sino también en sus escritos en *El Economista Americano* y *El Latino Americano*, y muchos otros órganos de información en el continente.[135] En ellos abarcó, con un estilo propio y singular,[136] una variedad extraordinaria de aspectos; historia, literatura, filosofía, guerras, política internacional, educación, arquitectura, moda y todos aquellos adelantos vinculados a la ciencia, la ingeniería y la tecnología.

En los últimos días de 1883 Martí, echando a un lado su febril trabajo como periodista, escritor, poeta y estudioso, se puso en contacto por primera vez con Máximo Gómez por medio de Flor Crombet, que había escapado de la prisión en las colonias penales españolas de África del norte. Martí y Crombet habían hecho amistad en 1879 en Madrid, en casa de José Lacret. Gómez formaba parte de una nutrida colonia de exiliados cubanos en Honduras que incluía a Antonio Maceo, Tomás Estrada Palma y Carlos Roloff, todos los cuales ocupaban puestos importantes en el gobierno del país gracias a las simpatías del presidente de Honduras, Don Marco Aurelio Soto, con excepción de Máximo Gómez que se dedicaba a sus acostumbradas labores agrícolas. Hasta el viejo general hizo Martí llegar su carta aprovechando que Flor se unía a la colonia a petición de su entrañable amigo Antonio Maceo.

---

[135] Entre 1880 y 1892, Martí publicó más de **cuatrocientas crónicas** y un centenar de ensayos trabajando en muchos diarios y órganos de prensa, tales como *La Nación*, en Buenos Aires; *La Opinión Nacional* y *La Revista Venezolana*, en Caracas; *La Opinión Pública*, en Montevideo; *La República*, en Tegucigalpa; *El Partido Liberal*, en México; la revista *La América* y los periódicos *The Hour, The Sun, Patria, La Revista Ilustrada, El Economista Americano, El Federalista, La Juventud, El Hogar, El Latino Americano* y *El Siboney*, en Nueva York; *El Álbum, El Avisador Cubano* y *El Diablo Cojuelo* (un sólo número) en La Habana; *La América*, en Madrid; *La Patria Libre* y *La Pluma*, en Bogotá, y la revista mensual *La Edad de Oro*, en Nueva York, entre muchos otros.

[136] En *La Nación*, Martí escribió el 10 de junio de 1887: *«Tiene mucho el periodista de soldado... el arte de escribir ¿no es reducir? La verba mata sin duda la elocuencia. Hay tanto que decir, que ha de decirse en el menor número de palabras posibles: eso sí, que cada palabra lleve ala y color.»*

Flor Crombet, santiaguero con 32 años de edad, se había distinguido en las dos primeras guerras de independencia, la del 1868 y la Guerra Chiquita; era conocido como un estudioso estratégico del terreno y gran conocedor de las ordenanzas y leyes del Ejército Libertador, siendo enormemente apreciado y distinguido como oficial disciplinado y celoso de sus deberes. Bajo el mando de Maceo había participado en uno de los primeros contingentes de la invasión a occidente y había recibido heridas en el combate de Naranjo Mojacasabe de febrero de 1874; había también mostrado su coraje en Las Guásimas en marzo de 1874, en el ataque a Caobillas en septiembre de ese año y en el ataque al ingenio Sabanilla en marzo de 1875. En Baraguá se unió a Maceo y participó en la Protesta, marchando al exilio en New York y retornando a Cuba en la Guerra Chiquita, lo que le costó 23 meses de prisión y destierro en 1879.

La carta de Martí que Crombet le hizo llegar a Máximo Gómez, antes de hablarse de su deseo de unir fuerzas para organizar una nueva guerra en Cuba, comenzaba humildemente con estas palabras:

«El aborrecimiento en que tengo todas las palabras que no van acompañadas de actos, y el miedo de parecer un agitador vulgar, habrán hecho sin duda que usted ignore el de quien con placer y afecto le escribe esta carta.»

Máximo Gómez, ocupado en ganar una subsistencia que le permitiera alimentar y mantener unida su familia, se demoró en contestarle a Martí; cuando lo hizo le expresó su entusiasmo por la idea, su compromiso con Cuba y sus reservas de naturaleza táctica:

«Como antes estoy dispuesto a ocupar el puesto que me señale el liderazgo insurreccional; hay que tener, sin embargo, mucha cordura a la hora de proclamar un levantamiento para ni detener ni precipitar los acontecimientos.»

La carta concluía indagando sobre las gestiones y trabajos que se habían estado haciendo para llevar a Cuba un nuevo estado de guerra. Martí le informó de la creación de un *Comité Patriótico de la Emigración* en New York, encabezado por el ex presidente Salvador Cisneros Betancourt [137] y el lanzamiento de un organismo coordinador en julio de 1883, bajo el nombre de *Comité Revolucionario Cubano,*[138]

---

[137] El *Comité Patriótico de la Emigración* no tuvo resultados prácticos ni en movilización de voluntarios ni en recaudación de fondos y fue disuelto al cabo de cuatro infructuosos meses en abril de 1883.

[138] Martí no se involucró ni en el *Comité Patriótico de la Emigración* ni en el *Comité Revolucionario Cubano*, por entender que eran *«intentos improvisados abocados al fracaso.»* De hecho la única expedición organizada por el *Comité Revolucionario Cubano* fue la comandada por el brigadier **Ramón Leocadio Bona-**

bajo el mando de Juan Arnao Alfonso, [139] así como un tercer organismo gestor de expediciones y reclutamiento de patriotas designado con el nombre de *Club Independencia*, bajo el liderazgo de Limbano Sánchez. [140]

En respuesta a las comunicaciones de José Martí, Máximo Gómez el 30 de Marzo de 1884 proclamó desde su residencia en San Pedro Sula, Honduras, el llamado *Plan Gómez-Maceo*, que centralizaba la dirección política y militar de las gestiones de guerra y el levantamiento en un General en Jefe electo por los clubs de exiliados cubanos de Cayo Hueso, New York, Nueva Orleans, Filadelfia, Santo Domingo Kingston y Colón, Panamá.

En medio de las actividades preparatorias al *Plan Gómez-Maceo* se produjo un desafortunado y doloroso enfrentamiento de Gómez y Maceo con Martí, el 2 de octubre de 1884, cuyo desenlace fue una famosa carta,[141] escrita dos días después, en la que Martí expresó su desacuerdo con el corte militarista de la forma de gobierno que propugnaban Gómez y Maceo para la *República en Armas*. El resultado final fue el retiro de José Martí de ese movimiento.

---

chea, al que nadie estaba esperando en Cuba y, siendo capturado, fue fusilado el 2 de diciembre de 1885 en la explanada del morro de Santiago de Cuba. Bonachea, santaclareño, tras la *Protesta de Baraguá* en 1878, había continuado combatiendo con su heroico destacamento por 13 meses, siendo perseguido por mas de 20,000 soldados españoles; el 15 de abril de 1879 depuso las armas en Hornos de Cal, cerca de Sancti Spíritus, sin rendirse.

[139] **Juan Arnao Alfonso** (1812-1901), matancero, fue un distinguido escritor, poeta, políglota, abogado y líder de la insurgencia cubana desde la conspiración de la *Mina de la Rosa Cubana* de Narciso López en 1850. En la Guerra del 68 fue capitán del batallón de Goicuría conocido como los *Cazadores de Hatuey*. En 1892 estaba llamado a participar con Martí en la fundación del *Partido Revolucionario Cubano*.

[140] El ***Club Independencia*** fue financiado en su casi totalidad por el acaudalado exiliado cubano Félix Govín, que entregó a Limbano Sánchez la suma de $100,000 dólares, con el compromiso de otros dos de sus amigos de hacer similares contribuciones si Maceo y Gómez se unían al esfuerzo insurreccional.

[141] La larga y dolorosa **carta de Martí del 20 de octubre de 1884** incluía la desde entonces notoria frase «*Un pueblo, general, no se funda como se manda un campamento,*» y terminaba diciendo «*confirmo sin embargo a usted, lleno de méritos, que lo quiero...*»

Algunos de los *periódicos* en los que escribía José Martí al llegar a New York en los primeros años de la década de los 1880.

Flor Crombet (1851-1895), luchador cubano en las tres guerras de independencia; se unió a las tropas de Antonio Maceo a la edad de 17 años.

Juan Armao Alfonso (1812-1901), fundador con José Martí del *Partido Revolucionario Cubano*. Líder del exilio independentista en New York en los 1880s.

Marco Aurelio Soto (1846-1908), presidente de la República de Honduras entre 1876 y 1883, época en que ofreció asilo y apoyo a los exiliados cubanos tras la Guerra del 68.

Félix Govín (1832-1904), el exiliado cubano más acaudalado de New York en la época que Martí dirigía el *Club Independencia* en los primeros años de los 1880.

22 *Enfrentamiento*

El desafortunado y doloroso enfrentamiento de Gómez y Maceo con Martí en el hotel de Mme. Griffou, el jueves 18 de octubre de 1884 tuvo lugar en medio de los viajes de Antonio Maceo y Máximo Gómez desde Honduras, "sufragados" por las contribuciones de Félix Govín al *Club Independencia* que lideraba en New York Limbano Sánchez.[142]

Maceo y Gómez desembarcaron en New York el miércoles 1 de octubre de 1884. Allí los esperaban varios cubanos exiliados que los trasladaron al hotel de Mme. Griffou, en el número 21 de la calle 9 del oeste de Manhattan, un conocido hospedaje de cubanos exiliados cuando estaban en tránsito en la ciudad. A principios de octubre, conociendo de la visita de Gómez, el pequeño hotel estaba lleno de exiliados cubanos que habían venido desde Filadelfia, Tampa, Cayo Hueso y Boston para estrechar las manos de Gómez y Maceo. Los cuartos ocupados por los cubanos «*no se vaciaban de humo de tabaco prieto ni de frases encanecidas.*» [143]

José Martí, en ese momento simplemente un prometedor joven abogado y periodista con 31 años de edad, conoció por primera vez a Maceo y Gómez en la reunión a que fue invitado en el cuarto de Gómez en la mañana del 2 de octubre. Su historial no incluía otra cosa que sus destierros a España, su condena a trabajos forzados en las canteras de San Lázaro en La Habana y sus escritos independentistas. Se encontró el 2 de octubre con los dos grandes héroes de la Guerra del 68, uno de los cuales estaba lleno de heridas sufridas en combate.

---

[142] A pesar de haberlo prometido, **Félix Govín** no pudo aportar los fondos para el viaje de Maceo y Gómez a New York. En octubre de 1884 Govín tenía pendiente una demanda al gobierno español en las cortes de New York para que le fueran restaurados los fondos que en 1873 le habían embargado por colaborar con la insurrección. No era probable tener éxito en esa reclamación en las cortes americanas en 1884 si se comprobaba que había vuelto a conspirar contra España en medio de su demanda. La falta de fondos hizo fracasar el *Plan Gómez-Maceo* a la larga

[143] Según relata **Jorge Mañach** en su *Martí el Apóstol*.

Los detalles de lo ocurrido en la reunión solo son conocidos por cartas de Máximo Gómez y Antonio Maceo a sus amigos haciendo referencia a los hechos en el Griffou.

Los eventos, por ejemplo, fueron relatados por Máximo Gómez a Flor Crombet unos días después en los siguientes términos:[144]

> *«En estos días de fatigosa espera seguía Martí visitándome, y como era natural, hablando siempre del mismo modo y con igual calor de nuestro plan revolucionario. Ya notaba yo que él se permitía hacerme muchas indicaciones inusitadas que no tenían razón de ser, y que no correspondía hacerlas al que se le confía la dirección de un asunto —mas yo con blandura lo contenía en los límites que he creído que él puede llegar, para no perjudicarnos dejando el mando de la nave a muchos capitanes, hasta que haciendo caso omiso del Gral. A. Maceo, que era el jefe designado para la comisión, me dijo que (sus palabras textuales) "al llegar a México y según el resultado de la comisión..." —yo no lo dejé concluir, con tono áspero— (mis palabras textuales) "vea, Martí, limítese Ud. a lo que digan las instrucciones, y lo demás el Gral. Maceo hará lo que deba hacerse",[145] nada más dije, y me contestó tratando de satisfacer mi indicación, apenas le oí, un criado me avisó de un baño que hacía días pensaba darme, —no había podido ser así por no tener lugar—, y aprovechando el momento, dejé a Martí con el Gral. Maceo, presente siempre en nuestras conversaciones. Durante mi momentánea ausencia, no sé lo que dicho Gral. habló con Martí, pero se deduce por el sentido de la carta. Cuando yo regresé, aún encontré al señor Martí en mi cuarto; a poco se despidió de mí de un modo afable y cortés. Solos yo y el Gral. Maceo, me dijo este, "este hombre, Gral., va disgustado con nosotros". Tal vez, le contesté yo, y no hablamos más una palabra.»*

En otra carta a Juan Armao el 20 de enero de 1885, Máximo Gómez volvió a comentar los eventos en el Griffou con estas palabras:

> *«Respecto a la negativa de Martí,[146] no me extraña. Martí desde el primer día que me conoció en New York se hubiera separado, pero no encontraba un medio hábil, hasta que la casualidad se lo dio. Y digo se hubiera separado, porque él no es hombre que puede girar en ninguna esfera sin la pretensión de dominar... He aquí, amigo mío, ni más ni menos, las reflexiones de ese joven a quien es preciso dejar tranquilo, que ya iremos a luchar por*

---

[144] El relato se encuentra en toda su integridad en el archivo de Gonzalo de Quesada publicado en La Habana en 1933.

[145] Se refiere aquí Gómez al acuerdo de enviar de dos en dos a los líderes de la insurrección a diversos países en busca de contribuciones. Martí y Maceo habían sido escogidos para visitar los exiliados cubanos en México.

[146] Una negativa de retirarse de cualquier participación en los esfuerzos insurreccionales que tuvieran que ver con Maceo y Gómez.

hacerle patria para él y sus hijos. No nos ocuparemos más de esas pequeñeces, esos átomos que nada influyen en los destinos de los pueblos.»

Antonio Maceo, por otra parte, escribió el 14 de junio de 1885 una carta a Enrique Loynaz del Castillo en forma aun más dura:

«¿Qué importa pues la doblez y la falsía de unos pocos, si se cuenta con la abnegación y probado patriotismo de los más? ¿Acaso admiten paralelo, por más que a todos los prohijó el mismo suelo? Mas, poco importa; sin ellos y contra ellos nuestra obra se realiza, sin que basten a impedirla sus maquiavélicos planes que basan en la infamia y la calumnia. Concretando especial y determinadamente estos comentarios a un solo individuo, que lo designaremos Dr. Martí, debo agradecerle los antecedentes que relativos a su conducta Ud. ha tenido la bondad de proporcionarme: también al amigo Rubiera he de agradecerle igual servicio. Conocidas como son las retrógradas tendencias del amigo que nos ocupa, debe Ud. procurar el concurso de los que, amantes de su Patria, aspiren al bien de ella para que unidos así combatan en todos los terrenos tan fatal elemento.»

Desde el punto de vista de Martí, la reunión en el Griffou le ocasionó una profunda tristeza y decepción. En una carta a Manuel Mercado desde New York el 13 de noviembre le decía:

«En New York estoy, pero lleno de agitaciones y dudas, y a punto ¡quién nos lo hubiera dicho! de ir por quince días a México. Grandes empeños me llevaban; porque yo soy siempre aquel loco incorregible que cree en la bondad de los hombres y en la sencillez y naturalidad de la grandeza ¿Qué para qué iba yo a México?... he esperado, con una paciencia parecida a la agonía, el instante en que abatidas ya todas las falsas esperanzas de nuestra gente, se decidiesen a dejar campo a los que no ven más manera de salvar al país que arrebatarlo de sus dueños: y en todas estas labores yo no tenía el pensamiento en mí, que sé que todo poder y todo provecho me están vedados por mi carácter austero en el mundo; ni aspiraba a más gozo que al de hacer algo difícil y desinteresado, y acabar.

Vinieron hasta New York esperanzados en el éxito de un movimiento de armas con la exasperación, angustia e ira reinantes en el país, dos de los jefes más probados, valientes y puros de nuestra guerra pasada y, con estos calores míos, me puse a la obra con ellos y yo veía llegada la hora memorable y dolorosa de ir a implorar, con lágrimas y con razones, el cariño y la ayuda de todos los pueblos, pobres y generosos, de nuestra América.

De las dificultades no me hable, que yo me las sabía; pero tal brío llevaba en mí, y tal fe en la nobleza humana, que de antemano estaba orgulloso de mi éxito: ¿por dónde había de empezar, sino por México? Acordamos planes y fechas: señalé el 20 de octubre para partir: no tenía más modo de vivir que lo que me producía el Consulado del Uruguay, en que hacía de Cónsul interino y como el Uruguay está en amistad con España, renuncié, con el Consulado, a mi único modo de vivir.

De súbito vi que, por torpeza e interés, los jefes con quienes entraba en esta labor no tenían aquella cordialidad de miras, aquel olvido de la propia persona, aquel pensar exclusivo y previsor en el bien patrio,-aquel acatamiento modesto a la autoridad de la prudencia y de la razón sin las que un hombre honrado, que piensa y prevé, no puede echar sobre sí la responsabilidad de traer a un pueblo tan quebrantado como el nuestro a una lucha que ha de ser desesperada y larga. ¿Ni a qué echar abajo la tiranía ajena, para poner en su lugar, con todos los prestigios del triunfo, la propia?

No vi, en suma, más que a dos hombres decididos a hacer, de esta guerra difícil a que tantos contribuyen, una empresa propia; ¡a mí mismo, el único que los acompañaba con ardor y los protegía con el respeto que inspiro; llegaron, apenas se creyeron seguros de mí, a tratarme con desdeñosa insolencia!... ¿cómo, en semejante compañía, emprender sin fe y sin amor, y punto menos que con horror, la campaña que desde años atrás venía preparando tiernamente; con todo acto y palabra mía, como una obra de arte? Desdeñando glorias y provechos que otros, y no yo, consideran más apetecibles, he movido la pluma para todas esas tierras, cuando no podía ya mover el alma, porque el cariño que personalmente había tenido la fortuna de inspirar, podía ponerlo luego al servicio de mi patria?

Renuncié a dejar de verlo. Me quedé sin modos de vida. Pero he hecho bien: y recomienzo mi faena. En mi tierra, lo que haya de ser será: y el puesto más difícil, y que exija desinterés mayor, ese será el mío.-No me asombro de lo que me ha sucedido, aunque me duele: ¡sé ya de tan viejo que a los hombres le es enojosa la virtud! Y esto que yo, si tengo alguna, procuro no enseñársela, para que no me la vean: pero obrar contra ella, no puedo;- Y de esto me viene siempre mal.»

Con el cursar de los años Máximo Gómez y José Martí se reconciliaron y llegaron a ser muy buenos amigos y tener un alto concepto el uno del otro. Ese no fue el caso con Maceo; Martí tuvo repetidas y continuas muestras de admiración y cariño con Maceo en los años subsiguientes, no solo desde el destierro sino también una vez en la manigua. Maceo nunca cambió la opinión de desagradable disgusto con la personalidad y las intenciones de Martí que abiertamente expresaba en su carta. Loynaz del Castillo relató que el 10 de octubre de 1895, tras pasar el día en Dos Ríos para ubicar el lugar exacto donde había muerto Martí, regresó al campamento de Maceo, y comenzó a hablarle en términos elogiosos sobre Martí, cuando Maceo, en términos impacientes, lo interrumpió diciendo: «*Sí, es verdad que el Dr. Martí era un gran abogado,*» refiriéndose a Martí en la misma forma, "Dr. Martí," en que lo había hecho en la carta de 1885. El orgullo de Maceo no le permitió reconocer nunca que lo habían visto llorar en su tienda de campaña, sentado en un taburete con la cabeza entre las manos, el día que supo de la muerte de Martí.

El *Hotel de Mme. Griffou*, en el 21 del este de la calle 9, cerca del parque de Washington Square, en Manhattan; a la izquierda en la época d Martí, a la derecha como luce hoy en día.

La esquina del restaurante *Delmonico*, donde Martí acostumbraba a cenar en situaciones y días especiales. Allí se despidió de sus amigos en 1895 al embarcar con destino a Cuba.

La reunión de Martí con *Felix Govín*, el potentado cubano, en 1880. La reunión tuvo lugar en el hogar de los Govín, Luciana y Félix, en el 116 del oeste de la calle 64 en Manhattan. Govín está de espaldas, segundo desde la izquierda. En la extrema derecha, también de espaldas, esta Gonzalo de Quesada.

Varios aspectos del New York en que vivió Martí a
principios de la década de los 1880.

El equipo de pelota los **Gothams de New York**, el favorito de José Martí.

La **Estatua de la Libertad** en construcción.

Una vista de la **calle 23 cerca de la avenida Broadway**.

El recién construido **Edificio Dakota** al borde del parque central de Manhattan.

Otras vistas del New York en que vivió Martí a
principios de la década de los 1880.

La cárcel de Manhattan, *The Tombs*, construida en 1838. Los presos más serios eran enviados a *Sing Sing*, una prisión a 30 millas al norte de la ciudad.

La **Biblioteca Astor**, construida en 1872 con un donativo de John Jacob Astor de $400,000 (equivalente a $10.9 millones en 2016). Muy visitada por Martí.

La **Biblioteca Lenox**, inaugurada en 1877 por James Lenox en 5a avenida y la calle 42, hoy ampliada como Biblioteca Pública de New York. Favorita de Martí.

El *Arco del Parque Washington*, construido de yeso, madera y paja, en la época que lo vio Martí antes de ser reconstruido en mampostería y mármol en 1890.

23 Proselitismo

Una vez Martí hizo llegar su carta a Máximo Gómez, se retiró de todos sus esfuerzos y compromisos insurreccionales y se dedicó intensamente a traducir, escribir y reportar. Por encargo de la Editorial Appleton tradujo la novela *Misterio de Hugh Conway* y escribió en una semana su única novela, *Amistad Funesta*, [147] la cual publicó gracias a las gestiones de su amiga Adelaida de Baralt.

En 1885 Martí añadió *La República* en Tegucigalpa y *La Opinión Pública* en Montevideo a los periódicos sindicalizados que publicaban sus artículos. En 1887 aceptó la posición de Cónsul de la República de Uruguay en New York; terminó su traducción de *Ramona*, de Helen Hunt Jackson y de *Thomas Moore*, de Lalla Rookh; comenzó a escribir para *El Economista Americano* en New York y para *The New York Evening Post*. En Julio de 1886 publicó *La Edad de Oro*, una revista mensual para niños, completamente —de cubierta a cubierta— escrita por él. En 1889 fue el orador principal en la celebración de otro aniversario del *Grito de Yara*, Octubre 10, 1868. Lo presentó esa noche un joven estudiante de New York University, a quien había conocido de niño, acabado de llegar a New York, el estudiante de Derecho de 21 años, Gonzalo de Quesada (1868-1915), quien lo presentó como el Apóstol[148] de la independencia de Cuba. Al acabar el acto, Martí y Quesada estuvieron hablando hasta casi el amanecer, estrechando los lazos de una amistad que duraría hasta los días finales de Martí. Martí y Quesada hablaron de todo un poco, principalmente *«noticias triviales e importantes pero interesantes de New York,»*

---

[147] Martí calificó a **Amistad Funesta** de ser una *«noveluca de menor arte, un libro inútil, producido bajo la presión de una seria necesidad económica, lleno de muertes, desordenes de personalidad, pasiones inocuas y demasiadas muchachas frívolas; cosas que agradan solamente a sacerdotes y funcionarios públicos, vacíos de las realidades de la vida.»* Por esa y no otra razón la novela fue publicada bajo el pseudónimo de Adelaida Ral, apócope de "ralea," que claramente daba a entender su inferior calidad literaria, con la cual Martí no quería asociarse. El prólogo de *Amistad Funesta* comenzaba diciendo *«Quien ha escrito esta noveluca, jamás había escrito otra antes, lo que de sobra conocerá el lector sin necesidad de este proemio, ni escribirá jamás otra después.»*

[148] **Gonzalo de Quesada** fue el primero que llamó a José Martí "el apóstol de la independencia cubana."

como relatara Gonzalo de Quesada años después. El nuevo asfaltado de las calles que brindaba una superficie llana y estable a los carruajes, el busto de Ludwig van Beethoven instalado recientemente en Central Park, la acusación a John Sullivan y a su contrincante Alf Greenfield por *pelear sin armas* ante una multitud record en el *Madison Square Garden*, la inauguración de los apartamentos *Dakota* en la calle 72 y Central Park West —financiados por la compañía de máquinas de coser Singer, la muerte de *Ulysses S. Grant* [149] cuatro días después de completar su *Autobiografía*, la nueva ordenanza municipal prohibiendo la construcción de edificios de más de nueve pisos, la huelga de tranvías —ya terminada— que logró que se pagara $2 por un día de trabajo de 12 horas a los operarios y conductores, la dedicación de la *Estatua de la Libertad* por el presidente Grover Cleveland; el viaje inicial del tren *Florida Special*, saliendo de Jersey City, el cual prometía ser la línea más próspera de trenes de H. M. Flagler y su *Florida East Coast Railway* y claro, de todo lo que atañía al destino de Cuba, sobre todo la organización dentro de Cuba de una red secreta, *La Convención Cubana*, que consistiría de células rebeldes en Cuba que pudieran responder inmediatamente uniéndose a cualquier expedición de buen tamaño que llegara de EEUU.

Gonzalo de Quesada, a pesar de su juventud, y de haber vivido en New York desde su más temprana infancia, estaba al día en todo lo que tenía que ver con la lucha por la independencia de Cuba. Le extrañaba la evidente discordia entre Martí, Maceo y Gómez y lamentó que las noticias de esa desavenencia se habían regado como pólvora por todo New York e inclusive en poco tiempo llegaron hasta la Florida. Desde ese día, Quesada, con 21 años, se convirtió en el hijo o hermano espiritual de Martí, quien ya tenía 36 años. Juntos, montarían la batalla más encarnizada por la libertad que España jamás había visto en las Américas.

Unos meses después, en 1890, Martí fue nombrado Cónsul de la Argentina y Paraguay en New York; también comenzó a enseñar en la escuela nocturna del *New York Central School*, en el 220 East de la calle 63. Gonzalo de Quesada se graduó de abogado y por la intervención de Martí, recibió su primera tarea internacional como secretario de la delegación argentina al Congreso Panamericano en Washington, D.C. Inmediatamente después del Congreso, Gonzalo fue invitado a visitar la Argentina y regresó a los EEUU como Cónsul

---

[149] Grant estaba en la más terrible pobreza; la publicación de su Autobiografía estaba dirigida a proveer fondos para su familia después de su muerte.

General de la Argentina en Filadelfia. Poco después, Herman Norman, un artista sueco, hizo un retrato de Martí al óleo, en su oficina del 120 de la calle Front; fue ese retrato el único a colores hecho a José Martí.

En 1891, Martí estaba abrumado por su pesada carga de trabajo y la desgarradora carga de haberse enfrentado a la realidad de que sus adorados Carmen e Ismaelillo no iban a vivir con él en New York. En una carta a Fernando Figueredo Socarrás le decía:

«Me siento como si el cielo me hubiera caído en la cabeza. Entre satisfacer la frivolidad y aceptar la austeridad del exilio, he tenido que escoger —y me ha costado la felicidad. He perdido mi hogar para siempre.»

Fue con ese espíritu que Martí se decidió a renunciar a sus obligaciones diplomáticas y comenzó a trabajar a tiempo completo por la causa de la independencia de Cuba. Sacrificaría inclusive su pasión por escribir para poder dedicarse por más tiempo a reclutar seguidores y a organizar eventos para levantar fondos para la guerra. En una carta a Nicolás Domínguez Cowan en México, escribió:

«Hay adversidades e infortunios que hacen muy difícil abrir el alma para poder escribir. Hay obligaciones públicas que debilitan el espíritu e invaden su carácter. No puedo escribir nada que no tenga que ver con Cuba y con su independencia. Hace falta que lo entiendan a uno los que uno ama y aprecia. De otra manera, lasciate ogni speranza.» (se desecha toda esperanza).

Una vez liberado de todos los trabajos bien pagados que tenía, excepto el de traductor para *Appleton House*, Martí se mudó a una nueva casa en el 361 oeste de la calle 58 y comenzó a visitar los clubes cubanos por todos los Estados Unidos y el Caribe. Néstor Leonel Carbonell lo invitó a hablar en el *Club Ignacio Agramonte* en Tampa en septiembre de 1891, donde fue recibido por una banda marcial a pesar de la fuerte lluvia. Había impreso su discurso en un panfleto titulado *Dos Discursos Patrióticos: Con Todos y para el Bien de Todos* y *Los Pinos Nuevos*, ambos discursos pronunciados en el *Club Cubano de Tampa*.

Comenzó a trabajar día y noche en el *Partido Revolucionario Cubano* (PRC) que había fundado en el *Hotel Duval* de Cayo Hueso en abril de 1892. De vuelta en New York, habló varias veces en *Hardman Hall* y no queriendo que nadie lo fuera a llamar Presidente, se hizo titular *delegado* del PRC. También fundó el periódico *Patria* el 12 de marzo de 1892 y nombró a Gonzalo de Quesada como Secretario del PRC y miembro del Consejo de Dirección de *Patria*. Gonzalo siguió llamando a Martí *el Apóstol* en público pero *Maestro* en privado.

En una carta a los cubanos exiliados en Cayo Hueso, Gonzalo de Quesada los invitó a una charla de Martí en los siguientes términos:

> «*A todos los cubanos que viven en Cayo Hueso. La hora ha llegado para hacer la manifestación final de honor y de afecto a nuestro huésped bien amado, Don José Martí. Se tiene que ir a New York. Pronto estallará la guerra. Con esto en mente, esperamos que ni un cubano amante de la libertad tendrá a bien estrechar su mano y abrazarlo, Este patriota muy especial nos ha mostrado cómo amar y respetarnos los unos a los otros y cómo cumplir con el deber solemne hacia nuestro país.*»

Mientras José Martí luchaba por olvidar sus diferencias con Maceo y Máximo Gómez y reconocía que ambos tenían «*una trayectoria de disciplina, buen juicio y dedicación que yo no tengo,*» [150] la situación en la isla se desarrollaba con aparente tranquilidad y control por parte del gobierno de España.

El 8 de junio de 1884 se inauguró en La Habana el *Teatro Irijoa* en la esquina de las calles Dragones y Zulueta,[151] con columnas de hierro fundido, pisos de mármol, alfombras, cortinas, espejos y lunetas de hierro y una ventilación y acústica excelentes, a lo que se sumaban nuevos adelantos tecnológicos como el que permitía mecánicamente colocar el piso de la platea al nivel del vestíbulo y el escenario para la realización de bailes y otras actividades. En Madrid murió Alfonso XII y Doña María Cristina fue nombrada Regente de España. En 1885, en La Habana, el holandés Hubert de Blanck fundó el *Conservatorio Nacional* [152] en Prado 100, gracias a donaciones de la *Real Sociedad Económica de Amigos del País*. En mayo de 1886 abrieron las Cortes de Madrid sin la presencia del diputado cubano del Partido liberal Enrique José Varona, que había renunciado a esa posición por oposición a sus ideas independentistas. Varona, uno de los espíritus más amplios y fecundos de la cultura cubana y un frecuente colaborador de escritos de carácter filosófico, político, literario y científico de *El Libre Pensamiento, La Habana Elegante, La Ilustración Cubana, El Panal, El Triunfo, Revista de Cuba y La Revista Cubana*, ayudaría a José Martí a fundar el periódico *Patria* en 1892. A finales del año 1886 Martí conoce de la muerte de su preceptor Rafael María de Mendive el día 24 de noviembre, a los 65 años de edad.

El año 1887 comenzó con noticias dolorosas y tristes para Martí. En La Habana, el 2 de febrero, murió su padre, Don Mariano. A pe-

---

[150] En palabras que escribió a Gonzalo de Quesada en 1890.
[151] Allí se estreno en Cuba la ópera Tosca de Puccini en 1902
[152] Rompiendo tradiciones el Conservatorio estableció como único requisito de admisión saber leer, escribir y tener aptitud musical y de estudio. Entre sus notables alumnos y profesores figuraron Ernesto Lecuona, Eduardo Sánchez de Fuentes, Manuel Saumell y Nicolás Ruiz Espadero.

sar de la separación por largos años, Martí sintió no haberle expresado con más frecuencia su cariño. En una carta a Fermín Valdés Domínguez el 28 de febrero Martí escribió.

> « Mi padre acaba de morir, y gran parte de mí con él. Tú no sabes cómo llegue a quererlo luego que conocí bajo su humilde exterior toda la entereza y hermosura de su alma. Mis penas, que parecían no poder ser ya mayores, lo están siendo, puesto que nunca podré, como quería, amarlo y ostentarlo de manera que todos lo viesen, y le premiara en los últimos años de su vida, aquella enérgica y soberbia virtud que yo mismo no supe estimar hasta que la mía fue puesta a prueba.»

El final de la década de los 1880 lucía cada vez más desorganizado y evasivo con relación a reanudar una lucha por la independencia de Cuba. La isla seguía agobiada de impuestos, contribuciones especiales y nombramientos oficiales que discriminaban a los criollos. En Cayo Hueso, Tampa y Filadelfia los cubanos estaban desunidos y desilusionados por las palabras faltas de acción de los líderes tradicionales del exilio. Martí se decidió a hablar en el *Masonic Temple* de New York en 1888, en el 20avo aniversario del 10 de octubre.[153] Ya en 1887, en el mismo lugar y conmemoración había expresado:

> *«Los misterios más puros del alma se cumplieron en aquella mañana de la Demajagua, cuando los ricos desembarazándose de su fortuna, salieron a pelear, sin odios a nadie, por el decoro, que vale más que ella: cuando los dueños de hombres, al ir naciendo el día, dijeron a sus esclavos: ¡Ya sois libres!»*

Ahora en 1888 el *Masonic Temple* se llenó. Presidió el acto Don Tomás Estrada Palma, ex presidente de la República en Armas y director de un prestigioso colegio en Central Valley, New York. Martí comenzó su discurso evocando el alzamiento de Yara, «*en medio del frío de una mañana sublime.*» Al final sus palabras fueron:

> «Acá en estos fríos hay corazones viriles y probados que no se impacientan por el triunfo ajeno, ni se cansan con la espera forzosa, ni se deslumbran con la osadía vulgar del despotismo, ni se aturden con las intrigas, ni se dejan sacar de camino por la pasión irreflexiva, ni confunden el sentido con el sentimiento, ni sacrificarán su patria a una idea ciega, ni estarán en el destierro ocioso una sola hora, cuando por la perfección de su propia obra, o la brusca interrupción de la ajena, o los insultos repetidos del opresor, reluzca el día en que, despertando los bosques donde cayeron con un ¡viva Cuba! en los labios, saldrán a recibirlos con los brazos abiertos aquellas sombras que protegen, y que protegerán siempre a la patria, de la descomposición que con la ayuda... Nosotros somos espuela, látigo, realidad, vigía, consuelo. Noso-

---

[153] Algo que había hecho en 1897 en *Masonic Temple* y que repetiría los 10 de octubre de 1889, 1890 y 1891 en *Hardman Hall*, New York.

tros unimos lo que otros dividen. Nosotros no morimos. ¡Nosotros somos las reservas de la patria!»

En 1891 Martí estaba en la cúpula de su profesión como periodista, traductor, diplomático consular, escritor, novelista y poeta. Sus múltiples actividades lo habían hecho merecedor de la confianza de todos los hispanos en New York; de hecho era en la práctica un nuncio voluntario que servía a los nacidos en todas las repúblicas de la América Hispana. Atendía por igual al emigrado que buscaba empleo, al potentado que estaba de vacaciones, al funcionario que visitaba New York para hacerse un minucioso examen médico o al pobre indígena que había sido abandonado en la vorágine del cosmos neoyorquino por empequeñecidos patrones. Gustosamente Martí interrumpía sus escritos cuando alguien le solicitaba. Sus ojos eran cada vez mas melancólicos, su salud cada vez más precaria. Siempre vestía de negro, con un fino lazo en el cuello y una almidonada blanca camisa acrisoladamente impecable. Era para todos sus amigos y para los visitantes fortuitos un abastecedor de ideales, una prueba fascinante del poder de la palabra humana bien articulada.

En medio de todos esos éxitos que, en cierto sentido compensaban por su inestabilidad e inseguridad familiar, en Octubre de 1891 renunció a sus nombramientos como cónsul de los tres países suramericanos (Uruguay, Paraguay, and Argentina) para dedicarse a tiempo completo a la independencia de Cuba. Su primera orden del día fue consagrar su vida a la creación del PRC, destinado a la preparación de una nueva guerra de independencia de Cuba y la futura República. Pero antes de la gran obra era necesario salirle al paso a los periódicos *The Manufacturer* de Filadelfia y *The Evening Post* de New York, que el 16 y el 27 de marzo de 1889 habían publicado una visión despectiva de Cuba y los cubanos.[154]

Martí les contesta un largo artículo que terminó diciendo:

«Centenares de hombres han muerto después de la guerra en el misterio de las prisiones. Sólo con la vida cesará entre nosotros la batalla por la libertad. Y es la verdad triste que nuestros esfuerzos se habrían renovado con éxito, a no haber sido por la esperanza poco viril de los anexionistas, de obtener libertad sin pagarla a su precio.»[155]

---

[154] Los artículos tachaban a los cubanos de *«feminoides, ineptos y perezosos, sin fuerza viril ni respeto propio, que con indolencia se han sometido a la opresión española por cuatro siglos.»*

[155] Ver la respuesta completa de Martí en el Apéndice 6 de la página 326

New York Central School, en el 220 East de la calle 63 de Manhattan, donde Martí enseñó por varios semestres comenzando en 1890.

El ***Teatro Irijoa*** en La Habana, propiedad del Vasco Ricardo Irijoa, inaugurado el 8 de julio de 1884 en la esquina de Dragones y Zulueta; en 1899 se convirtió en el *Teatro Martí*, sede de las sesiones de la Asamblea Constituyente de 1901.

El ***Madison Square Garden***, en la esquina de la 5a avenida y Broadway en Manhattan, construido por un sindicato que incluyó a J.P.Morgan y Andrew Carnegie en 1879; muy frecuentado por Martí durante su residencia en New York.

Enrique José Varona (1849-1933), un distinguido escritor, filósofo, pensador y pedagogo camagüeyano que participó en la Guerra del 68; Martí lo escogió como director del periódico *Patria* al marchar a Cuba en 1895.

Dos fotos muy conocidas de ***José Martí en Tampa y en Kingston***, Jamaica, meses antes de irse a Cuba a participar en la Guerra del 95.

José Martí en Brooklyn con la niña ***María Mantilla*** que consideraba y quería como si fuera su hija.

El periodista, escritor, poeta y lector de tabaquería cubano ***José Dolores Poyo y Estenóz***, líder de los cubanos de Cayo Hueso y gran amigo de Martí.

Martí en dos fotos con ***fundadores del Partido Revolucionario Cubano***, ambas fotos tomadas en Cayo Hueso en 1892.

24 Peregrino

Los viajes de Martí en preparación para la Guerra de 1895

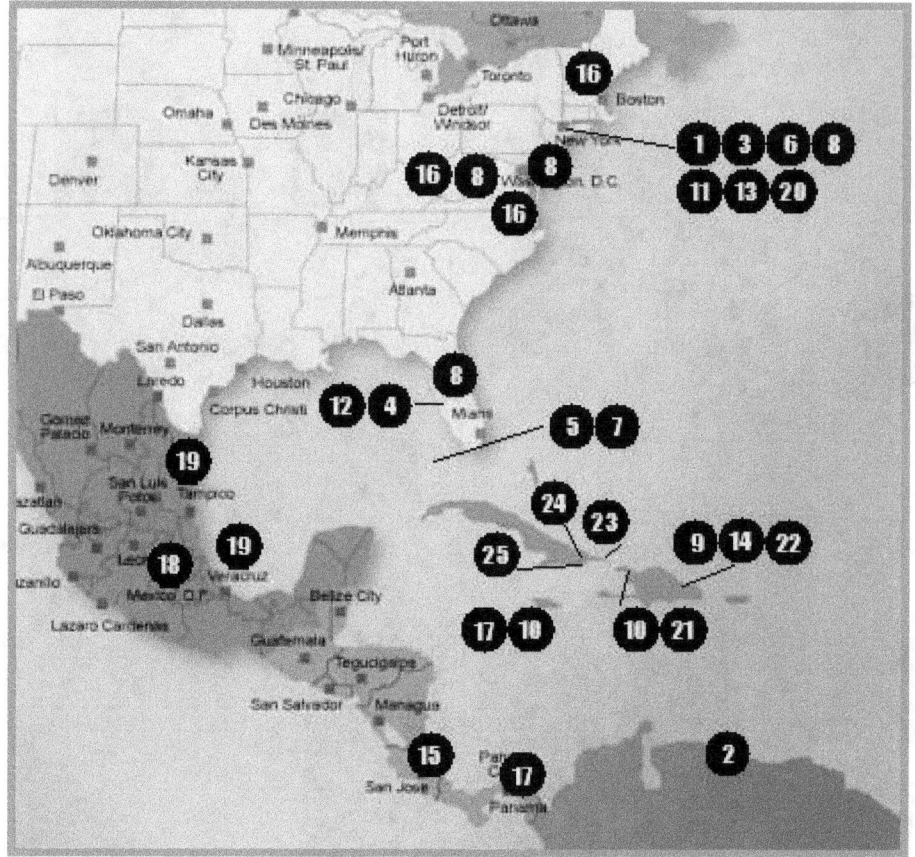

1880

(1) Llega a New York procedente de España, vía París, el 3 de Enero. Se queda unos días con Calixto García y luego alquila una habitación en la pensión de Manuel Mantilla.

1881

(2) Se muda a Caracas, Venezuela en Enero. Enseña gramática, oratoria y literatura y escribe para *La Opinión Nacional* y *La Revista Venezolana*. Conoce a Cecilio Acosta, el gran escritor venezolano. El 27 de Julio, el Presidente de Venezuela, Antonio Guzmán Blanco, le ordena salir del país.

(3) En Agosto regresa a New York y vuelve a alquilar en la pensión de Carmen Miyares y Manuel Mantilla. Continúa escribiendo para *La Opinión Nacional* bajo un pseudónimo. El 5 de Septiembre comienza a publicar sus *Cartas de New York* en *La Opinión Nacional* en Caracas, *El Partido Liberal* en México, *La Nación* en Buenos Aires, *La Opinión Pública* en Montevideo y *La América* in New York.

1882
Escribe sus *Versos Sencillos.*

1883
Recibe a su padre en una visita que éste le hace en New York.

1884
Recibe a Máximo Gómez y a Antonio Maceo en New York. Ambos son de la creencia que la Guerra del '68 se perdió por la excesiva interferencia de la autoridad civil. Martí difiere y decide no interferir pero no apoya su proyecto de invasión a no ser que la dirigencia máxima esté en manos civiles.

1885
Muere Manuel Mantilla.

1886
Escribe ensayos sobre política, asuntos sociales, arte, traduce, escribe una novela, escribe poesía y es corresponsal de varios periódicos latinoamericanos.

1887
Su padre, Don Mariano Martí, muere en Cuba. Trae a su madre, Doña Leonor Pérez, New York.

Conoce a Enrique José Varona.

1888
Debate con Flor Crombet en el *Club de Independientes* en Pythagoras Hall en New York City.

1889
(4) Visita Tampa. Comienza en Julio a publicar *La Edad de Oro*, una revista mensual. Ofrece un discurso en Hardman Hall.

1890
Nombrado Cónsul de la Argentina y de Paraguay en New York, en Julio. Desde Abril del '87 ya era Cónsul del Uruguay.

1891
Publica *Nuestra América* en la *Revista Ilustrada* de New York, Enero 1.

En Octubre renuncia a sus nombramientos como cónsul de los tres países suramericanos (Uruguay, Paraguay, and Argentina) para dedicarse a tiempo completo a la independencia de Cuba.

Vienen en una última visita a New York, el 30 de Junio, su mujer Carmen Zayas-Bazán y su hijo, Ismaelillo. Se marchan a Cuba el 27 de Agosto.

(4) Visita de nuevo a <u>Tampa</u> el 25 de Noviembre. Presenta su discurso *Con Todos y para el Bien de Todos* en el Club Ignacio Agramonte. El 27 de Noviembre presenta *Los Pinos Nuevos* en la Liga Patriótica de Ibor City, cerca de Tampa.

(5) Visita a <u>Key West</u> a fines de Noviembre.

(6) Regresa a New York, cuando Herman Norman pinta el único óleo que se conoce de Martí, en su oficina.

1892

Inaugura y él mismo paga por el periódico P*atria* en New York, Marzo 14.

(7) El 10 de Abril en una visita a Key West funda el *Partido Revolucionario Cubano* en el Club San Carlos y en el Hotel Duval House, donde se reúne con los presidentes de varias organizaciones patrióticas.

(8) Visita a los clubes cubanos en Julio, así como a las fábricas de tabaco en <u>Florida</u>, <u>Washington</u>, <u>Filadelfia</u> y <u>New York</u>.

(9) Visita a Máximo Gómez en Montecristi, República Dominicana, el 31 de Agosto.

(10) Visita clubes cubanos en Haití y Jamaica durante el mes de Octubre.

(11) Regresa a New York en Noviembre.

(12) Visita los clubes cubanos en Tampa el 16 de Diciembre, cuando hay una intentona de envenenamiento en contra de Martí.

1893

(13) Breve regreso a New York el 24 de Mayo. Se reúne con Rubén Darío después de un discurso en Hardman Hall.

(14) Regresa a la República Dominicana el 26 de Mayo y visita de Nuevo a Máximo Gómez en Montecristi.

(15) Visita a Antonio Maceo en Costa Rica, Junio 30.

(16) De Julio a Diciembre visita <u>Filadelfia</u>, <u>Washington</u>, <u>Boston</u>, <u>Richmond</u>, buscando el apoyo para la causa cubana de los clubes cubanos y de los trabajadores de tabaco.

1894

(17) Viaja a Panamá y a Jamaica buscando fondos y apoyo para la Guerra.

(18) Visita a Manuel Mercado en <u>México City</u>. Se entrevista con el Presidente de México, Porfirio Díaz.

(19) Visita a cubanos en Veracruz y Tampico.

1895

(20) Vuelve a New York. El desastre del *Plan de Fernandina* se da a conocer el 12 de Enero. Los vapores *Lagonda*, *Amadis* and *Baracoa* son confiscados en Fernandina en la Florida. El Coronel López de Queralta es el traidor que hs denunciado los planes a España.

La orden de levantamiento en Cuba es emitida en New York, firmada por Martí, José Mayía Rodríguez y Enrique Collazo.

(21) Martí viaja de New York hacia *Cabo Haitiano*, en Haití, con Mayía Rodríguez y Enrique Collazo el 30 de Enero.

(22) Visita a Máximo Gómez el 7 de Febrero en Montecristi en la República Dominicana.

El 25 de Marzo emite el *Manifiesto de Montecristi,* que firma conjuntamente con Máximo Gómez.

La expedición hacia Cuba parte el 10 de Abril desde la República Dominicana a bordo del vapor *Nordstrand*, después que el capitán de una pequeña goleta llamada *Brothers* se niega a cumplir su contrato.

(23) Desembarca en Playitas de Cajobabo, Oriente, Cuba, cerca del cabo Maisí, el 11 de Abril, con Máximo Gómez, Francisco Borrero, Ángel Guerra, César Salas y Marcos del Rosario.

Los generales Antonio Maceo y Máximo Gómez designan a Martí como *mayor general del Ejército Cubano* el 15 de Abril.

(24) El 19 de Mayo, José Martí muere en Dos Ríos, un campo en la confluencia del Río Cauto y el Rio Contramaestre, en un encuentro con tropas al mando del general Español Ximénez de Sandoval.

(25) El cuerpo de Martí es enterrado en *Remanganagua* el 20 de Mayo; es exhumado y embalsamado el 23; el 26 lo llevan a Santiago de Cuba y lo entierran temporalmente en el cementerio de *Santa Ifigenia*, nicho 134 de la parte sur. En 1907 los restos son mostrados a Carmen Zayas Bazán, su viuda. En 1947 los restos son trasladados al *Retablo de los Héroes* de *Santa Ifigenia* y el 30 de Junio, 1951 son finalmente colocados en un monumento construido en su memoria en el mismo cementerio de Santiago de Cuba.

25 Soledad

En medio de sus gestiones por reiniciar una guerra de independencia en Cuba y a pesar de su soledad familiar, [156] José Martí estaba al tanto con muchos sucesos importantes que ocurrían en el mundo y a su alrededor en los primeros años de la década de los 1990. El, como sus amigos y corresponsales, sabían que las noticias que antes tomaban una semana o hasta dos en saberse, ahora se conocían en veinte y cuatro horas —o menos. Wilhelm II, emperador de Alemania, había rechazado la doctrina del Canciller Otto von Bismarck, terminando así la carrera del hombre que había unido a Alemania. Durante los mismos años, la Torre Eiffel en París fue terminada y la era de los grandes edificios de ladrillos y hierro en Paris comenzaba.

En el mundo del arte, Vincent van Gogh se había suicidado, después de haber vendido sólo un cuadro en toda su vida. Los aranceles más altos de la historia americana (49% en la mayoría de los productos) se hicieron ley como parte de la *McKinley Tariff Law*, con gran júbilo por parte de los intereses comerciales y financieros de la costa este de los Estados Unidos. En el resto del último quinquenio del siglo XIX, *Ellis Island* se inauguró en New York; 15,000 negocios, 600 bancos y 74 ferrocarriles se fueron a la bancarrota en el Pánico de 1893; Debussy compuso *Prelude a L'Apres-Midi d'un Faune*,[157] (Preludio a la Siesta de un Fauno); un verdadero ejército de desempleados invadieron Washington, D.C. y New York y fueron arrestados luego de pedir ayuda para lidiar con la depresión económica que los hundía; el autor escocés de *Dr. Jekyll and Mr. Hyde*, Robert Louis Stevenson, de 44 años, moría de una hemorragia cerebral al intentar abrir una botella de *Pauillac* (*Château Pedesclaux*) en su casa de Samoa; *Sun Yat-Sen* fracasó en su primer intento de derrocar a la dinastía Manchú en la China mientras en Fashoda, un punto remoto en el Sudán, Inglaterra y Francia estaban al filo de de la Guerra por decidir quién controlaría el rio Nilo.

---

[156] El 30 de junio de 1891 **Carmen Zayas Bazán**, su esposa, y José Francisco, su hijo, se habían reunido con Martí en New York. El 27 de agosto se fueron los dos para Cuba y Martí y Carmen nunca volvieron a estar juntos.

[157] Un tema sinfónico para orquesta basado en un poema de Etienne Mallarmé (1842-1898), que Martí había conocido en Paris en 1879. **Preludio a la siesta de un Fauno** está considerado como el inicio de la música orquestal moderna.

En España, el asunto de Cuba ya era crítico para principios de la década del 1890. Cuba era la «*ultima posesión importante de España y controlar la isla era imperativo por cuestión económica, pero aún más por razones de prestigio y del "honor de España."* En la mente de muchos españoles lo importante era «*mantener la bandera Española en alto.*» El Primer Ministro conservador Antonio Cánovas del Castillo (1828-1897), quien había estado alternando como Primer Ministro con el progresivo Práxedes Mateo Sagasta (1825-1903), temía que la pérdida final del imperio generaría un choque tan severo en España que hasta podría hacer caer no sólo al gobierno sino a la Casa de Borbón. De acuerdo con los términos del *Pacto del Zanjón* en Cuba, la esclavitud había terminado en 1886, pero la prometida autonomía no había sido instituida. Luego de darse cuenta de la cruel mentira que se les había dicho, los delegados cubanos a las Cortes españolas habían regresado a Cuba con aversión y un enorme disgusto ante la perfidia española. Cada vez más, era evidente que el mercado natural para Cuba eran los Estados Unidos. España no podía ni absorber y pagar por las exportaciones cubanas, ni proveer a Cuba, a precios razonables, los productos y mercancías que Cuba necesitaba. Las tres quejas más vitriólicas en Cuba, hechas inclusive por miembros del *Partido Unión Constitucional* —cuyo objetivo era mantener a Cuba en manos de España— eran los impuestos, los aranceles y la corrupción.

En 1890, inducida por la importación de esclavos en el siglo XIX y fortalecida por la revolución de Haití, Cuba se había convertido en el proveedor de una tercera parte de todo el azúcar producido en el mundo. Gran cantidad de inversionistas americanos se tiraron de cabeza en la economía del azúcar cubano y el bienestar de la isla comenzó a depender más y más de los altibajos del mercado americano y menos de la voluntad o indulgencia de España. En el 1894 el Congreso Americano terminó sus convenios comerciales con España, y restituyó aranceles no favorables al azúcar cubano. El trauma y la herida a la economía cubana fue masiva—e instantánea. Esto aprestó los éxitos de Martí levantando fondos entre los exilados y los de Maceo y Máximo Gómez reclutando insurgentes para pelear en las maniguas de Cuba. Los astutos políticos e inversionistas americanos sabían cómo tocar la política de la isla para que *"the ripe fruit would gravitate to the United States as predicted by the laws of nature,"*[158] como aseveró John Quincy Adams (1767-1848) en 1823. La realidad

---

[158] **John Quincy Adams** fue el autor de la imagen de Cuba como una manzana que irremediablemente iba a caer por gravedad cerca del árbol —los EEUU.

era que ya para el 1895, España había perdido sus esperanzas de estar en control de Cuba.

Conscientes de las condiciones favorables para reiniciar la Guerra de Independencia en Cuba, José Martí, Antonio Maceo y Máximo Gómez no tenían la menor duda de que tenían que salvar las diferencias entre ellos tres antes de mandar nadie a Cuba a arriesgar sus vidas. Martí, generosamente, tomó la iniciativa.

En los 1890s Martí estaba en buena posición económica, con ingresos mensuales de más de $185 —fijos— y recibiendo $100 por cada uno de los artículos que escribía como *freelancer*, el mayor emolumento recibido por ningún periodista de su época en New York. En la ápoca, un trabajador con destrezas y oficio especiales, recibía un sueldo de $52 por una semana de trabajo de 48 horas, menos de la mitad de lo que recibía Martí por un artículo de alrededor de 1,200 palabras. Además, Martí vivía muy frugalmente en un pequeño apartamento en el 361 del oeste de la calle 58, ahorrando todo el dinero que podía para la causa cubana. Ya había desaparecido su pasión por comprar libros en *Brentano* y en la librería *Ponce de León*. Ahora usaba la biblioteca pública, *Lenox Library*, en la 5a avenida y la calle 70. Habían desaparecido también los días de vino blanco de buena cosecha, los parguitos fritos en el restaurante de *Madam Laurel* en Broadway y la calle 21 y las especialidades de *Delmonico* en la 5a avenida y la calle 14. Ahora era cuestión de *Arroz a la Vizcaína* en la *Fonda Polegre* en la calle Pearl, y de vez en cuando, una copa de *Vino Mariani*, el vino popular y barato favorito de la Reina Victoria, los papas Pio X y León XIII, la reina Victoria, Ulysses Grant y Thomas Alva Edison. [159]

En Mayo de 1893 Martí decidió comenzar el proceso de reconciliación visitando a Máximo Gómez en la República Dominicana. Su ruta: por mar a Santo Domingo vía Kingston, por tierra a Santiago de los Caballeros, entonces a Laguna Salada y finalmente, Montecristi, donde el presidente Don Isidro Jiménez le había otorgado a Gómez varios acres donde desarrollar una colonia al estilo cubano en enero de 1889, en la época en que Martí terminaba su *La Edad de Oro* en New York. Como recuerdo a uno de sus campamentos en Cuba, en el cual había nacido su hijo Panchito, Máximo Gómez le había puesto a su nueva propiedad *La Reforma*. Allí, en una finca ro-

---

[159] El ***vino Mariani*** era una bebida que contenía vino y extractos de hoja de coca. Fue creada en 1863 por *Angelo Mariani* (inspirada por el "*elixir de coca Lorini*" creado en 1860), quien la promovía atribuyéndole una gran cantidad de propiedades terapéuticas. En su época era y sabía a lo que después fue la CocaCola.

deada de platanales, maíz, hojas de tabaco, boniato y naranjales, fue firmado el compacto de dos generaciones: los hombres de 1868 se unieron a los que iban a pelear en el 1895.

Martí le describió la ocasión a Gonzalo de Quesada cuando se vieron en New York:

«Al cruzar la cerca frente a la propiedad, me bajé del caballo con gran respeto, caminando junto a él unas cincuenta yardas hasta entrar en la finca. El general me esperaba en su portal; podía yo ver sus ojos a los 20 pies. Quise leer en ellos una mirada que me escudriñaba con cierto afecto. Nos abrazamos y él se echó para atrás como un pie, sin soltar mis brazos que estaban en sus hombros como los de él en los míos. Inició un segundo abrazo, creo que con agradecimiento hacia el viajero que había viajado tantas millas sólo para hablar con él. Le dije que lo que le traía eran los saludos de todos los cubanos a quienes él les había dado esperanza. No pudo contener sus lágrimas y tapó mis labios con sus dedos viejos y temblorosos. Los presentes, amigos y parientes, comenzaron a aplaudir y el general, con su sombrero en la mano, les indicó que pararan: "Bienvenido a mi casa, José Martí," dijo con emoción, "Bienvenido a mi casa."»

«Se estaba haciendo tarde y alguien comenzó a alumbrar las lámparas; entramos y encontramos una mesa cubierta por un mantel de hilo natural, con un lechón asado entero, hocico arriba, con las cuatro patas extendidas a los cuatro puntos cardenales en una gran fuente; había plátanos maduros, yuca, arroz blanco y frijoles colorados y una gran ensalada de berro. A un lado de la mesa había varias botellas de Ron Bermúdez, de Santiago de los Caballeros, esperando a ser bebidas... Comenzamos a conversar y todos los demás se fueron discretamente a otros puntos del gran comedor para que pudiéramos hablar sin ser escuchados.»

«La conversación fue desde los detalles triviales de mi viaje hasta los asuntos más profundos que nos apasionan a los dos. Ni por un minuto se me ocurrió brindarle elogios, aplausos o felicitaciones; él nunca expresó dudas, reparos o reservas de ningún tipo. Siempre supe que este viejo glorioso no dejaría descansar a sus huesos hasta haber terminado su misión en la vida, que como la de la mía, era la libertad de Cuba. Temía yo, sin embargo, que un malentendido dejara a nuestros ejércitos sin el mejor estratega militar que jamás tuvo Cuba. La primera hora de las conversaciones fue una hora llena de ansiedad y de complejidades, pero el viejo general seguía tratando de que yo me sintiera en mi casa, insistiendo de mil maneras que no había duda alguna que estaba listo a unirse a Maceo y a mí. Finalmente se paró, a las tres horas de estar conversando, y ceremoniosamente me apretó la mano primero; entonces me apretó contra su pecho y allí me mantuvo hasta que mi pecho oyera el latido de su corazón. Suavemente me dijo: 'Gracias, Martí, por haberme devuelto el sueño más importante de mi vida.' Dicho eso, me acompañó a pasear, de cabo a rabo, por toda La Reforma. ¡Esas palabras aún susurran en mis oídos!»

Martí se pasó tres días en conversaciones con Máximo Gómez y se fue el 7 de Junio, temprano por la mañana, habiendo dormido sólo por cuatro horas. Años más tarde, Gonzalo de Quesada relataría que Martí se fue de *La Reforma* sintiéndose como Alonso Quijano (Don Quijote) cuando se fue de la Venta luego de haber sido iniciado como caballero: «... *el gozo le reventaba las cinchas del caballo...* »

Luego de haber hecho las paces con Máximo Gómez, Martí partió camino a Haití, Panamá y finalmente, el 29 de Junio, a Nicoya, en Costa Rica. Martí sabía que tenía que arreglar el entuerto con Antonio Maceo y restaurar la confianza en la completa unidad de los líderes de la próxima insurrección cubana. Maceo tenía fama, con toda justicia, de ser el hombre más valiente en la lucha por la independencia de Cuba. En 1878, el general Martínez Campos lo había visitado en Baraguá para convencerlo de que depusiera sus armas, de hombre a hombre, de soldado a soldado, de general a general. No se dejó impresionar por la visita que le había otorgado Martínez Campos, el general de más rango en Cuba, ni se dejó tentar por las vastas sumas de dinero ofrecidas por el español; con gran vigor, Maceo rechazó pactos y dineros y reiteró su decisión de seguir luchando en contra de España—por la independencia de Cuba. De acuerdo con la leyenda, el cocinero gallego de Martínez Campos, testigo de la reunión entre Maceo y su jefe, le dijo a sus compañeros en la tropa: «*Seu corpo enteiro está cheo de coraxe.*» Maceo era realmente adorado por todos los cubanos, negros y blancos, ricos y pobres, civiles y militares, por su audacia, por su galantería y por su total falta de miedo al liderar las tropas.

Martí comenzó a preparar su reunión con Maceo escribiéndole mucho antes, el 26 de Mayo de 1893:

> «Mañana me embarco para ir a visitarle. Espero llegar a Puerto Limón alrededor de Junio 30. Espéreme con los brazos abiertos: sé que lo único que su corazón espera es la oportunidad de comenzar una nueva guerra. Espero que juntos la encontremos ahora.»

Maceo había fundado una comunidad agrícola auto-suficiente en una península aislada frente al Océano Pacífico, en Costa Rica. En efecto, había creado una cooperativa moderna, con un ingenio de tamaño mediano, almacenes, talleres, casas para todos los trabajadores y sus familias, una oficina de telégrafos y un correo, tiendas y todo lo necesario para un pueblo pequeño. Alrededor de cien familias vivían allí, incluyendo algunos de los guerreros bajo su mando en la Guerra de los Diez Años: Flor Crombet, José y Tomás Elizardo, Juan Rojas, y su propio hermano José Maceo.

Maceo y Martí se reunieron en el *Gran Hotel* de San José, la capital de Costa Rica. Flor Crombet y José Maceo vinieron a la reunión desde Punta Arenas. No tomó mucho tiempo para que Maceo y Martí se apretaran las manos y se abrazaran; estaban rodeados de patriotas cubanos quienes anticipaban este encuentro como un hito, el momento en el cual se vislumbraría el éxito y se olvidarían todos los viejos agravios. Martí, Maceo y Antonio Zambrana visitaron el *Colegio de Abogados* para hacer oficial el acuerdo sobre las estrategias para la Guerra y las decisiones de los dos líderes. «*Durante toda la estadía del Apóstol en Costa Rica, nunca estuvo lejos del general Antonio,*» escribiría luego Gonzalo de Quesada al recibir las noticias en New York. El 8 de Julio Martí salió de Costa Rica y le escribió a Máximo Gómez:

> «*Nunca soy magnánimo con la censura o con la absolución, pero me complace decirle que nosotros dos debemos estar muy felices con el apoyo universal y entusiasta del general Maceo a este esfuerzo, que es tanto suyo como nuestro.*»

Maceo comenzó inmediatamente a prepararse en la tarea de salirse ordenadamente de sus responsabilidades en Nicoya.

Martí volvería a Costa Rica en Junio de 1894; más temprano ese año, Martí había celebrado su cumpleaños en la pensión de Manuel Mantilla y Carmen Miyares, en la calle 57 entre la 8 y la 9 avenidas, en New York, con un grupo de distinguidos artistas y autores de la América Latina: José María Vargas Vila (1860-1933), un escritor colombiano quien se había peleado con Rubén Darío; Martí intervino y salvó la amistad; Patricio Jimeno (1865-1912), un artista peruano quien le presentó a Martí a Hermann Norman, el pintor del único óleo de Martí; Juan Antonio Pérez Bonalde (1846-1892), poeta venezolano, íntimo amigo de Martí; José Asunción Silva y Rubén Darío, precursores del Modernismo en la literatura latinoamericana; José Eloy Alfaro Delgado (1842-1912), un ecuatoriano, futuro presidente del Ecuador desde 1895-1901 y 1906-1911, a quien Martí invitó a que le ayudara con el plan de Fernandina y Fermín Valdés Domínguez, quien viajó desde La Habana para estar con Martí en su 42 cumpleaños. Huelga decir que la conversación estuvo obsesivamente centrada en lo inmediato de la Guerra de Cuba. Durante el transcurso de la animada noche, Martí reveló que en ese momento ya tenía $30,000 procedentes de honorarios por sus discursos, sus viajes a los *Cuban Clubs* y sus propios ahorros.

Una foto de *José Martí con Máximo Gómez* en las oficinas del periódico Patria en Manhattan. Martí contaba con 40 años; Máximo Gómez con 57.

La página final del *Manifiesto de Montecristi*, firmada por José Martí y Máximo Gómez el 25 de marzo de 1895 en Montecristi, República Dominicana.

El *Gran Hotel de San José*, Costa Rica, donde José Martí se reunió con Antonio Maceo en presencia de José Maceo y Flor Crombet el 30 de junio de 1893 para ultimar detalles sobre el alzamiento del 1895 y darle a conocer los detalles del proyecto de guerra independentista concebido por el general Máximo Gómez.

Dos pancartas de propaganda del ***Vino Mariani,*** favorito de Martí y de muchas otras personalidades a finales del siglo XIX. El vino era muy popular en Europa y las Américas y era un bebida estimulante parecida al refresco *CocaCola.*

Una foto en ***Costa Rica,*** con un grupo de mujeres cubanas cosiendo banderas en preparación a la Guerra del 1895 en Cuba. En un círculo, María Cabrales, esposa de Antonio Maceo.

Una foto de los **disturbios en New York**, frente al edificio del *New York Stock Exchange*, debido a la depresión de la economía y el desempleo en 1893.

Una caricatura ilustrando la inevitabilidad de Cuba de caer en posesión de los EEUU como una fruta que cae en las manos del dueño deel árbol (la llamada ***ripe fruiit theory*** expuesta por primera vez por el presidente americano Clay Adams).

José Marti y Rubén Dario nunca se fotografiaron juntos pero esa composición fotográfica se hizo popular en la década de los 1890.

Cinco de los eminentes escritores y poetas que celebraron con José Martí su fiesta de 40 cumpleaños en 1893: ***José Vargas Vila*** (1860-1933), colombiano; ***José Asunción Silva*** (1865-1896) colombiano; ***Fermín Valdés Domínguez*** (1853-1910), cubano; ***Juan Antonio Pérez Bonalde*** (1846-1892), venezolano; ***José Eloy Alfaro Delgado*** (1842-1912), futuro presidente ecuatoriano.

Bono de cien pesos del ***Partido Revolucionario Cubano*** para sufragar la Guerra de 1895, firmado por José Martí y Benjamín Guerra y otros.

26 Campañas

El 26 y 27 de noviembre de 1891 José Martí pronunció en el *Liceo Cubano de Tampa* dos discursos trascendentales que abrieron nuevos capítulos a la Historia de Cuba. El primero ha sido con el tiempo conocido como *Con Todos y Para el Bien de Todos*. El segundo ha pasado a la historia como *Los Pinos Nuevos*. En el preámbulo del primer discurso Martí mencionó unas palabras que los asistentes no pudieron olvidar:

«Para Cuba que sufre, la primera palabra... De altar se ha de tomar a Cuba, para ofrecerle nuestra vida, y no de pedestal, para levantarnos sobre ella... yo quiero que la ley primera de nuestra república sea la dignidad plena del hombre... En la mejilla ha de sentir todo hombre verdadero el golpe que reciba cualquier mejilla de hombre...»

Martí consideraba como una necesidad imperiosa lograr la superación de las múltiples causas que mantenían desunidos a los cubanos dentro del exilio y dentro de Cuba. Era inaplazable la creación de un partido político al que se adhirieran todos aquellos que estuvieran dispuestos a llevar a cabo o apoyar con fondos y materiales la acción insurreccional, sin limitación alguna por el color de la piel, el sexo, la nacionalidad, la religión o la fé, la posición social, sus criterios sobre el orden social, la ubicación dentro o fuera de la patria, la participación o no en las guerras anteriores de independencia de Cuba. Sólo podría triunfar una organización capaz de obtener el consenso y el apoyo de grandes mayorías dentro y fuera de Cuba y vencer los temores sociales, étnicos y económicos que paralizaban los esfuerzos.

También, pensaba Martí, había que poner al día los sistemas de dirección y acabar de superar las argumentaciones entre: militares y civiles, cubanos radicados en la Isla y en el exilio, patriotas veteranos y de la nueva generación, ricos y pobres, patronos y obreros, habitantes de las provincias occidentales y orientales, cubanos y españoles, negros y blancos. En otras palabras, había que establecer nuevas condiciones aceptables o toleradas por todos que definieran las ideas fundamentales que dirigirían la acción.

El instrumento más idóneo para lograr esos propósitos —pensó Martí— era fundar un partido político y patriótico que aunara los cubanos de todas partes y credos en un esfuerzo generoso y sublime que lograra la independencia de la patria.

El 28 de noviembre, aprovechando el entusiasmo creado por sus palabras en Tampa, propuso y fueron aprobadas por la emigración de Tampa las denominadas *resoluciones*, consideradas como el *Prólogo de las Bases de un Partido* que acelerara la independencia de Cuba.

Pocos días después, los días 4 y 5 de enero de 1892, se aceptaron y aprobaron las *Bases y los Estatutos Secretos* por los representantes independentistas de Nueva York, Filadelfia, Washington, Tampa y Cayo Hueso, en esta última localidad.

Las Bases señalaban:

«El Partido Revolucionario Cubano (PRC) no se propone perpetuar en la República Cubana que aspira a fundar, el espíritu autoritario y la composición burocrática de la Colonia, sino fundar un pueblo nuevo, capaz de vencer por el orden del trabajo real y el equilibrio de las fuerzas sociales los peligros de la libertad repentina en una sociedad diseñada para la esclavitud.»

El Artículo primero de los Estatutos expresaba:

1 *«El Partido Revolucionario Cubano se constituye para lograr con los esfuerzos reunidos de todos los hombres de buena voluntad, la independencia absoluta de la Isla de Cuba, así como para fomentar y auxiliar la de Puerto Rico.»*

El Acta de Formación incluía otros cinco Artículos y postulados de los Estatutos sobre la razón de ser del Partido:

2 *No tiene como fin precipitar la guerra, ni lanzar al país a un movimiento mal dispuesto, sino ordenar una guerra generosa y breve que asegure en la paz y el trabajo la felicidad de todos los habitantes de Cuba.*
3 *No tiene por objeto llevar a Cuba a un grupo victorioso, sino preparar la guerra para el decoro y bien de los cubanos.*
4 *El Partido Revolucionario Cubano no desea atraerse la malevolencia de los países con los que debe mantener cordiales relaciones.*
5 *Con la finalidad de organizar y llevar la guerra a Cuba allegará los fondos necesarios para ello.*
6 *El Partido Revolucionario Cubano aspira a establecer relaciones con los pueblos amigos que le permitan acelerar la guerra.*

En el noveno y último Artículo se señalaba:

«El PRC se regirá conforme a los estatutos secretos que acuerden las organizaciones que lo fundan... Los estatutos secretos, de 13 puntos, exponen su composición por todas las asociaciones organizadas de cubanos independientes que acepten su programa y cumplan con los deberes impuestos en él.. El partido funcionará por medio de las asociaciones independientes, que

son las bases de su autoridad, de un Cuerpo de Consejo constituido en cada localidad con los Presidentes de todas ellas, y de un Delegado y Tesorero, electos anualmente.»

En palabras que escribió a Máximo Gómez:

«*Un partido revolucionario que inspire, por la cohesión y modestia de sus hombres, y la sensatez de sus propósitos, una confianza suficiente para acallar el anhelo de paz del país...*»

El 14 de marzo de 1892, independientemente pero actuando en la práctica como órgano oficial del Partido, Martí fundó en Nueva York, el periódico *Patria*, para llevar a sus lectores el sentimiento y orgullo de ser miembros de la nación cubana, y la necesidad de hacerla independiente y soberana, así como para dar a conocer las actividades del exilio cubano.

No queriendo darse el título de Presidente, Martí fue a la elección como Delegado; allí también se eligió a Benjamín Guerra como Tesorero, siendo ambos los únicos funcionarios el 10 de abril de 1892, día de la proclamación del Partido. La fecha fue escogida por ser el 10 de abril un día glorioso desde hacía 23 años, el aniversario de la Asamblea de Guáimaro, celebrada en 1869, durante la cual los delegados presentes de la insurrección independentista de 1868, constituyeron la *República en Armas* y aprobaron la primera Constitución de Cuba.

Varios meses después de haberse constituido el Partido Revolucionario Cubano, José Martí volvió a escribir en el periódico *Patria* el 25 de junio de 1892, acerca de la organización y cómo había sido su fundación:

«*Los partidos políticos que duran a pesar de todas las posibles vicisitudes; los partidos que nacen de la conciencia pública; los partidos que son el molde visible del alma de un pueblo, y su brazo y su voz; los partidos que no tienen por objeto el beneficio de un hombre interesado, o de un grupo de hombres... -no se organizan con la prisa indigna y artificiosa del interés personal, sino, como se organiza el Partido Revolucionario Cubano, lo hacen con el desahogo y espontaneidad de la opinión libre... a veces, esperar es morir, pero también a veces, esperar es vencer. Y esto ha sucedido en el Partido Revolucionario Cubano.*»

El 4 de agosto de 1892 —por encargo de Martí— viajó a Cuba el comandante de la Guerra del 1868 Gerardo Castellanos como Comisionado y representante de Martí como Delegado del partido. Martí, por su parte, comenzó a recorrer los caminos de la diáspora cubana para incorporar a los generales mambises Carlos Roloff, Serafín Sánchez, Máximo Gómez y Antonio Maceo, así como para agregar a la lucha a cientos de cubanos en la nueva insurrección. Estos últimos fueron lo que Martí bautizó como *Los Pinos Nuevos*. No hubo tierra en las Américas que Martí no pisara si allí había cubanos: todos los países del Caribe y Centroamérica, México, Venezuela y todas las latitudes donde había emigrados cubanos en Estados Unidos.

La recaudación de fondos, medicamentos y reclutas iba una tarea de urgente importancia para la delegación que presidía Martí. [160] Las colectas públicas, las cuotas a través de los clubes y los aportes de exiliados cubanos y simpatizantes extranjeros serían la fuente más fuerte de recaudación. Algunos propietarios emigrados, como Eduardo Gato y Martínez Ibor, hicieron contribuciones desinteresadamente.

Otra manera de recaudar fondos iba a ser el cobro de contribuciones a los dueños de valiosas propiedades en Cuba, a cambio de concesiones para que estos continuaran realizando sus actividades económicas. [161]

El PRC reiteró como política estratégica de los mambises la establecida en 1868 por Máximo Gómez:

«*A falta de un reconocimiento del control de territorios por las fuerzas independentistas, la tea incendiaria contribuirá a demostrar la fuerza mambisa y privará a España de los recursos que extraía de Cuba para mantener la guerra.*»

---

[160] La *fuente más respetable*, inclusive tanto por su monto como por su significado patriótico, fueron las pequeñas contribuciones que a costa de grandes sudores y sacrificios realizaron los cubanos del exilio. Cientos de hombres y mujeres comenzaron a extender sus horas de trabajo remunerado, las mujeres comenzaron a coser a altas horas de la noche, los empleados de restaurantes terminaban sus quehaceres y se trasladaban a otro lugar de empleo, los hombres con trabajos de campo recogían mas canastas de frutos —naranjas, peras, aguacates, caña— que lo esperado por los patronos, los tabacaleros torcieron mas tabacos y cargaron mas bultos hacia los muelles. Todos redoblando esfuerzos para proveer a los peleadores con armas, uniformes, medicinas y sobre todo zapatos de campo, que muchos recordaban como el más penoso martirio —caminar con zapatos destripados— en los días de la Guerra del 68.

[161] Así, por ejemplo, el 22 de marzo de 1898, el Consejo de Gobierno del PRC acordó pedir el pago de **contribuciones** (impuestos de producción en las zonas controladas por la insurrección) a los dueños de fincas en Cuba, de la misma forma que el poder colonial lo hacía en las zonas controladas por el ejército español (inicialmente casi toda Cuba). El Consejo de Gobierno del PRC autorizó la emisión de bonos de la República, pagaderos después de la independencia. Por esta vía no se obtuvo un gran resultado pues los bonos no tuvieron amplia acogida, ni siquiera entre los cubanos acaudalados. Interesantemente donde más se vendieron fue en Europa, particularmente en Paris.

La fábrica de cigarros de *Vicente Martínez Ibor* en Ibor City, Tampa en 1893.

El *Liceo Cubano de Tampa*, donde José Martí pronunció el 26 y 27 de noviembre de 1891 los discursos Con Todos y Para el Bien de Todos y Los Pinos Nuevos.

El interior de la fábrica de *Vicente Martínez Ibor* de Tampa en 1894.

José Martí en *Kingston*, Jamaica en 1893.

La casa de *Teodoro Pérez* en Cayo Hueso en 1894. Desde allí se dirigió José Martí a los cubanos exiliados para pedir apoyo a la guerra en Cuba.

Eduardo Hidalgo Gato (1847-1926), uno de los tabaquetos cubanos que mas apoyo dio a Martí en sus visitas en Cayo Hueso.

La fábrica de tabado de *Eduardo Hidalgo Gato* en Cayo Hueso.

Una manifestación de *vecinos pro-España* en Tampa durante las campañas de recaudación de contribuciones para la guerra de los cubanos.

Una rara *imagen de José Martí* publicada el 18 de marzo de 1895 en el periódico *San Paul Daily Globe* en Minessotta.

Fabrica de Tabaco en Tampa con un lector de tabaquería arriba, a la derecha (en un círculo).

Una tarja conmemorando el discurso de Martí en el ***Club Agramonte*** en Tampa en septiembre de 1891.

Vista aérea de la zona de New York donde Martí estableció las *oficinas del periódico Patria* (señaladas con un flecha blanca).

El cartel en la puerta de entrada de las oficinas de *Patria*.

El *edificio* neoyorquino donde estaban las oficinas de *Patria* y del *Partido Revolucionario Cubano* en el 214 de la calle Pearl, al sur de Manhattan.

La sala en Cayo Hueso donde en 1882 Martí se dirigió a la emigración cubana para presentar las bases el *Partido Revolucionario Cubano*.

Chickering Hall
5a Avenida

Hardman Hall
calle 19

La esquina de la **5a ave y la calle 19, en Manhattan**, donde estaban dos de las salas utilizadas frecuentemente por José Martí, *Chickering* y *Hardman Halls*, para hacer presentaciones a los emigrados cubanos de New York.

Fotos de **Benjamín Guerra**, electo tesorero del *Partido Revolucionario Cubano* en las elecciones del 8 de abril de 1892, cuando Martí resultó delegado y Gonzalo de Quesada secretario.

Rafael Serra y Montalvo, líder y activista negro, dirigente con Martí de la *Sociedad de Instrucción y Recreo La Liga*, donde Martí dió clases en 1890.

27   Apostolado

A medida que corría por las tierras de la emigración un apoyo entusiasta al ideal y los propósitos del *Partido Revolucionario Cubano* fundado por Martí, comenzaron a surgir en La Habana y el exilio algunas inexcusables notas discordantes. Uno de los grandes impulsadores de esa reacción ácida al llamado de Martí fue Ramón Roa,[162] el hombre que en su libro *A Pie y Descalzo* había caracterizado la Guerra del 1868 como «*un inútil y sufrido esfuerzo lleno de privaciones, trabajos y desventuras.*»

El 26 de noviembre de 1891 José Martí había hablado por primera vez en Tampa en un discurso conocido como "*Con Todos y Para el Bien de Todos.*" En el discurso había pronunciado las siguientes palabras:

«*¿O nos ha de echar atrás el miedo a las tribulaciones de la guerra, azuzado por gente impura que está a paga del gobierno español; el miedo a andar descalzo, que es un modo de andar ya muy común en Cuba, porque entre los ladrones y los que los ayudan, ya no tienen en Cuba zapatos sino los cómplices y los ladrones? ¡Pues como yo se que el mismo que escribe un libro para atizar el miedo a la guerra dijo en versos, muy buenos por cierto, que la jutía basta a todas las necesidades del campo en Cuba, y sé que Cuba está otra vez llena de jutías, me vuelvo a los que nos quieren asustar con el sacrificio mismo que apetecemos, y les digo ¡mienten!*»

Las palabras de Martí, reproducidas en muchos medios de información del exilio cubano, dieron lugar a un desagradable e infortunado encuentro entre el Apóstol y grupos de veteranos de la Guerra del 68. Muchos de ellos no veían con buenos ojos a Martí, «*un novato tratando de organizar una nueva guerra de independencia*» y, a instancias de Roa, incitaron al general Enrique Collazo [163] a dirigir a Martí una

---

[162]   **Ramón Roa Traviesa** (1844-1912), fue el autor de *A Pie y Descalzo*, un vívido relato de su marcha desde Trinidad a Holguín, a la que alude el título. Martí consideró el libro inoportuno y lo criticó en su discurso "Con Todos y Para el Bien de Todos" de Tampa en noviembre de 1891. El libro dio origen a virulenta polémica entre Enrique Collazo y José Martí. Su feliz desenlace contribuyó a soldar a los "*pinos nuevos*" con los "*pinos viejos*" y a fortalecer la indiscutida autoridad política y revolucionaria de José Martí.

[163]   **Enrique Collazo Tejada** (1848-1921), participó en la expedición del vapor Perrit que llegó a Cuba en mayo de 1969 para unirse a Máximo Gómez en la guerra del 68. Con el grado de comandante fue parte del Comité del Centro que negoció el

carta que le hiciera saber que lo consideraban un advenedizo con pocas calificaciones para iniciar un nuevo esfuerzo bélico. El final de la carta de Collazo rebosaba de acusaciones hirientes:

>«... le faltó a usted valor para ir a la manigua, pudiendo mas su amor a sí propio que el amor a Cuba... quien ahora se las da de apóstol sonsacando con discursos fatuos el dinero de los emigrados... sepa usted, señor Martí, que si de nuevo llegase la hora del sacrificio, tal vez no podríamos estrechar la mano de usted en la manigua de Cuba; seguramente, porque entonces continuaría usted dando lecciones de patriotismo en la emigración, a la sombra de la bandera americana.»

Desde una cama donde se recuperaba del esfuerzo extraordinario de viajar por los EEUU y el Caribe, Martí le contestó a Collazo:

>«Señor Collazo, ¿qué puedo decirle de mi persona? Si mi vida me defiende, nada puedo agregar que me ampare más que ella. Y si mi vida me acusa, nada podré decir que la absuelva. Me defiende mi vida. Sé que ha sido útil y meritoria, y lo puedo afirmar sin arrogancia, porque es deber de todo hombre trabajar porque su vida lo sea. Jamás dejé de cumplir en la guerra del 68, niño, pobre y enfermo, todo el deber patriótico que a mi mano estuvo, y fue a veces deber muy activo... En su carta con fecha 6 de enero [1892] revela Ud. la capacidad de ofender sin razón, y muestra su desconocimiento lamentable de la obra de generosidad y de prudencia con que la emigración, aleccionada por los sucesos anteriores y posteriores a la guerra, se dispone a no recaer en el divorcio y abandono que Ud. y el autor de A pie y descalzo censuran con justicia... es frío este rincón y poco propicio para visitas. Pero no habrá que esperar a la manigua, Sr. Collazo, para darnos las manos; sino que tendré vivo placer en recibir de Ud. una visita inmediata, en el plazo y país que le parezcan convenientes.»

En la prensa habanera hubo protestas y disgustos por el ataque martiano a Collazo y se desencadenó una polémica muy violenta entre los revolucionarios emigrados en los Estados Unidos y varios excombatientes del Ejército Libertador residentes en La Habana.[164] El general Enrique Collazo señaló incluso que estaba dispuesto a batirse en un duelo con Martí.

Pacto del Zanjón con el gobierno español y en 1895 firmó con Martí y Mayía Rodríguez el plan de alzamiento en Cuba.

164 La **polémica** de Martí con Ramón Roa tenía sus raíces en 1879, cuando Roa y Martí coincidieron en un vapor con destino a España. Martí se había opuesto al Pacto del Zanjón y viajaba preso hacia el destierro por ser uno de los que desde La Habana apoyaban la Guerra Chiquita; mientras que Roa había participado en las negociaciones directas del fin de la Guerra del 68 y había apoyado el Pacto.

El sentimiento de los cubanos de la emigración en New York, Cayo Hueso, New Orleans, Tampa, Ocala y Washington, sin embargo, se molestó por las recriminaciones que se hacían contra Martí y protestó airadamente para vindicar la conducta y motivaciones de Martí. Serafín Sánchez, Manuel Sanguily y Máximo Gómez mediaron en la disputa para allanar el incidente. El proceso fundacional del Partido Revolucionario Cubano no era buen momento para desencadenar viejos enfrentamientos, sino una oportunidad única de afirmar la unidad con un consenso democrático que enfatizara una inclusión política y social. Ambas partes lograron civilizada y amistosamente su objetivo y cesó la disputa en la prensa.

El incidente, que parecía provocar una enemistad entre los veteranos y los jóvenes del exilio y de Cuba, perfiló en Cuba una gran imagen de Martí, que hasta ese momento solo se conocía por el nombre en Cuba pero nadie sabía detalles de su ejecutoria. Los cubanos de la isla ahora vieron en él un visionario y un insistente e incansable luchador por la libertad de la isla. La reacción de los cubanos en la isla definitivamente aceleró los planes de la guerra. Desde su casa en Contramaestre Máximo Gómez le escribió a Serafín Sánchez:

«La hora ha llegado... ahora es la ocasión, o nunca... no hay tiempo que perder... usted debe ponerse al habla sigilosamente con Martí en Nueva York...»

Martí le escribió al viejo general:

«Lo que debo decir antes de que se me apague la voz y mi corazón deje de latir en este mundo, es que mi patria posee todas las virtudes necesarias para la conquista y el mantenimiento de la libertad.»

«Poco a poco, pero con premura,» Martí comenzó a estructurar la organización del exilio para una guerra que ya parecía inevitable y una victoria que lucía estar al alcance. Se continuaron fundado clubes, se incrementó la circulación de *Patria*, se difundieron con más asiduidad las Bases del Partido, Martí hizo descansar el peso de la redacción de *Patria* a Sotero Figueroa, un hombre de color nacido en Puerto Rico. Gonzalo de Quesada, acabado de llegar de Argentina al terminar la Conferencia Americana, fue designado como jefe del esfuerzo de reclutar voluntarios para las expediciones a Cuba; Horacio Rubens estaba ahora a cargo de todos los asuntos legales del esfuerzo de llegar a Cuba con armas y pertrechos; el General Emilio Núñez fue asignado para ser director y responsable de estudiar, seleccionar y adquirir las armas y municiones para la lucha; Tomás Estrada Palma, un tanto al margen por sus responsabilidades en el Colegio de Central Valley, fue nombrado Consejero Oficial de la guerra que se organizaba; Fernando Figueredo Socarrás se convirtió en el hombre de contacto diario con la emi-

gración de Cayo Hueso; Martí quedó a cargo de motivar e inspirar a la emigración y levantar los fondos para la obra.

Desde New York, el *Cuerpo de Consejo* del *Partido Revolucionario Cubano*, presidido por Juan Fraga, se encargó de desenmascarar a los que atacaban a los dirigentes de la insurrección, entre ellos el periódico *El Porvenir*, propiedad de Enrique Trujillo [165], que desplegaba a diario falsas noticias sobre el PRC y José Martí.

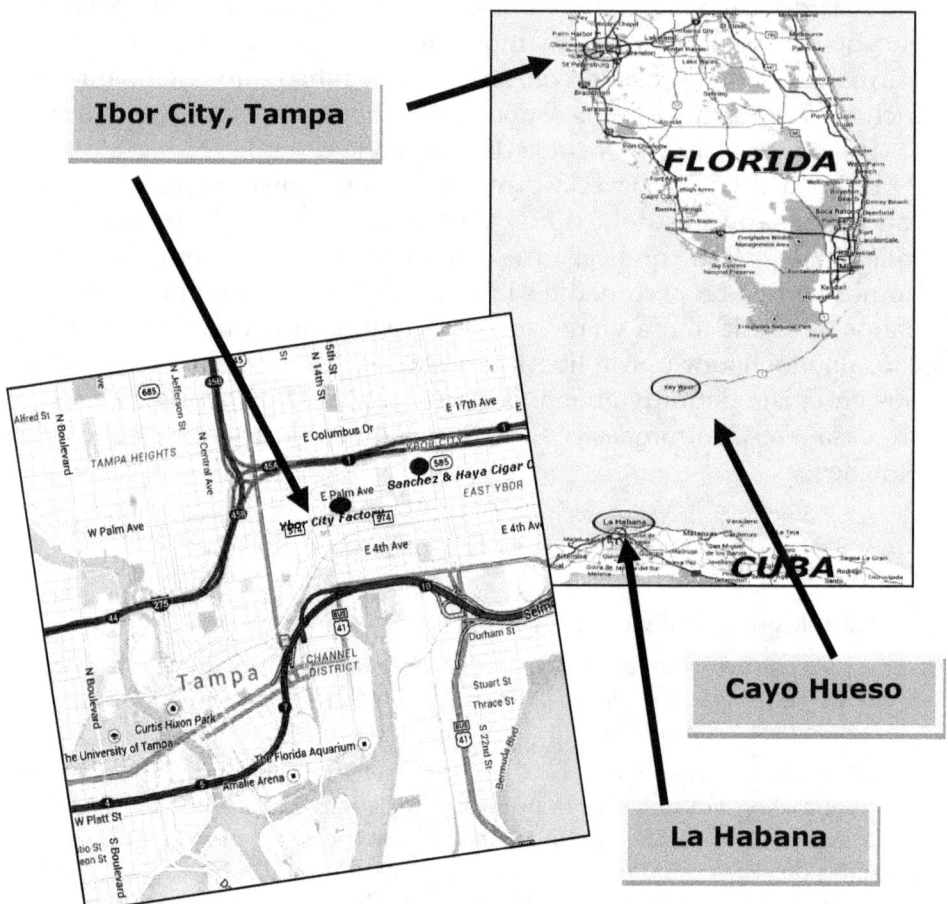

La zona de fabricación de cigarros (puros, habanos) para los Estados Unidos a finales del siglo XIX. **Cayo Hueso, La Habana** e **Ibor City**, Tampa.

---

[165] **Enrique Trujillo y Cárdenas** (1850-1903) había sido deportado a España en 1879, pero logró escapar y se estableció en Nueva York. En 1885 editó *El Avisador Cubano y en* 1890 *El Porvenir;* a pesar de la gran amistad que Martí le profesaba acompañó, en agosto de 1891, a Carmen Zayas Bazán, al Consulado español, donde pidió protección para ella y su hijo, motivo por el cual Martí le retiró el trato. Posteriormente Trujillo desató una fuerte campaña contra el Partido Revolucionario Cubano y contra Martí.

La *Calle Duval* en Cayo Hueso en 1893.

Aspecto general de las zonas de *Cayo Hueso* donde comenzaron a establecerse los exiliados cubanos en los 1870.

Las primeras casas en *Ibor City* que fabricaron para sus familias los cubanos exiliados que trabajaban en la industria del tabaco.

La *casa de los Pedroso*, en la esquina de la 8 avenida y la calle 13 en Cayo Hueso. A la derecha, **Paulina Hernández de Pedroso**, la anfitriona de muchas reuniones de exiliados de Cayo Hueso con José Martí. En el lugar de la residencia está hoy el **Parque Martí**, construido en 1951 por el gobierno cubano. Desde 1959 ha sido objeto de múltiples vandalismos por fidelistas cubanos.

Un grupo de obreros tabacaleros *calentando la sopa* que las empresas solían proveer gratis a sus empleados al mediodía.

Una de las calles principales de **Ibor City**, Tampa, en 1896.

***Cuatro importantes empresarios tabaqueros en Tampa en la época que
Martí buscaba respaldo para la Guerra del 1895:***

Samuel Seidenberg, con fábricas en Cayo Hueso y Tampa, español con ascendencia alemana. Siempre se opuso a los clubes insurrectos y a los lectores que leían textos favorables a la independencia. En 1895 despidió a todos los trabajadores cubanos y los sustituyó por españoles traídos de La Habana.

Eduardo Manrara, camagüeyano; en 1872 Vicente Martínez Ibor lo ascendió a socio de su firma Príncipe de Gales y le comisionó abrir una fábrica en Cayo Hueso, donde Manrara fabricó Flor de Madrid, La Perla y El Triunfo para Ibor.

Ignacio Haya, socio de Serafín Sánchez en Sánchez y Haya, fabricantes de La Flor de Sánchez y Haya, La Pureza, La Belle Creole y La Flor de Salvini.

Gabino Gutiérrez, amigo de Ibor y Haya, uno de los primeros productores en Tampa, donde le compró un gran lote lleno de cocodrilos y pantanos a John T. Lesley, el *barón de Hillsborough County* por $5,000 y comenzó a plantar tabaco.

28 Fernandina

El 5 de enero de 1894 José Martí dio la bienvenida al año nuevo con un artículo de corte muy pesimista que publicó en la primera página del periódico Patria:

«*¿Cómo empieza en verdad el año nuevo [1894] para los cubanos? En Cuba, en la miseria creciente y en las cárceles; afuera, muriendo de limosna en los hospitales, ocultando bajo el gabán roído las muñecas sin puños o el corazón enjuto, de falta de trabajo, o asistiendo al espectáculo odioso de que el pueblo que amó, y al que deseó tal vez unirse, y al que le levantó en el arenal una ciudad próspera y una gran industria, convide a las playas libres de América a sus tiranos extranjeros, para que continúen oprimiendo en la tierra de la libertad a sus bienhechores. ¡Ese es el año nuevo para los cubanos! ... El que se conforma con una situación de villanía, sea su cómplice... ¿Y para qué ha de servir este año nuevo, para acorralar más a los cubanos en su propia tierra, para debilitarles más el ánimo con la desconfianza de sí propios, y la política sin crédito y sin preparación y sin objeto, para favorecer la ocupación práctica de la Isla, y de todos sus rendimientos y empleos, por la población sobrante, inculta y enemiga, de España, para tirar unas cuantas piedras doradas y pulidas, como protesta única, a la cara de bronce del opresor? Ese es entretenimiento de niños, o de criminales. ¡Para echar todo eso abajo es para lo que nos ha de servir el año nuevo!*»

El 25 de diciembre de 1894, escasamente un año después, ya Martí había completado los detalles para dar inicio próximamente a la contienda definitiva por la libertad de Cuba. El conocido hoy como Plan de Fernandina, había sido cuidadosamente preparado y consistía en llevar a la isla tres expediciones armadas en los vapores *Amadís*, *Lagonda*, y *Baracoa*. [166]

Totalmente absorto en planear la Guerra, Martí recibió al Coronel Mayía Rodríguez en New York en los últimos días de 1894 con noticias de los arreglos de última hora de Máximo Gómez. Martí le pidió

---

[166] **Vapor Lagonda**, un yate con aparejo de goleta, casco de madera, 139 pies de eslora, 19,6 de manga y 10 de calado, 120 toneladas de desplazamiento, que desarrollaba 12,5 nudos de velocidad. **Vapor Amadís**, un yate construido en 1893, 100 pies de eslora 17,6 de manga y 9 de calado, 85 toneladas de desplazamiento, 11 nudos de velocidad. **Vapor Baracoa**, buque de carga, con casco de hierro, 380 toneladas de desplazamiento y bandera noruega.

a Benjamín Guerra que depositara algún dinero ($9,000) en lo que él llamaba *la cuenta de las armas* en el *Importers and Traders National Bank* de New York; escribió un cheque por $2,000 a la compañía de armas Remington para la compra de 20 rifles Remington 1840, calibre .36, sin martillo y con expulsores automáticos —un arma mucho más avanzada que cualquiera que pudiera tener el ejército español. En medio de esas faenas desde New York, desafortunadamente, tuvo que lidiar con el llamado *Asunto Queralta*.

Fernando López de Queralta se había hecho famoso cuando como Coronel y líder militar del vapor *El Salvador* había echado a perder una expedición en Septiembre de 1870, precipitando la pérdida de más de 1,200 rifles, 200 cajas de municiones, más de 200 machetes y provisiones de comida empaquetada, así como uniformes y botas dirigido todo a apoyar la insurrección en Las Villas.

El Salvador había sido un vapor diseñado para romper bloqueos durante la Guerra Civil Americana y luego de haber sido adaptado en talleres navales en Jersey City, había sido usado con éxito en una expedición a Nuevas Grandes [167], dirigida por Rafael de Quesada, hermano de Manuel de Quesada, primer expedicionario a bordo del *Galvanic* y cuñado de Carlos Manuel de Céspedes. El vapor lucía como uno de esos botes del rio Mississippi, habiendo sido adquirido por $900; muy pronto se vio que tendría problemas. Tenía dos enormes chimeneas de gran volumen, demasiado pesadas para un barco de ese tamaño; su construcción era de planchas de hierro muy delgadas, ya oxidadas de popa a proa a nivel de la línea de flotación. Sus calderas habían sido reconstruidas varias veces; el barco sólo lograba alcanzar once nudos por hora, cuando la mayoría de los barcos españoles viajaban fácilmente a 14.

Fernando López de Queralta había recibido instrucciones de salir de Nassau en *El Salvador* y dirigirse a *Tayabacoa*, un pueblo y puerto de la costa sur de Cuba, donde el general Federico F. Calvada y sus tropas estarían esperando. Queralta contrató a un capitán llamado M. H. Halker que desconocía por completo la costa sur de Cuba. Luego de salir de las costas de Bermuda, los navegantes se dieron cuenta que *El Salvador* no tenía ni una cubeta para achicar agua y mucho menos bombas para mover agua; cuando la popa se empezó a inundar, los hombres tuvieron que sacar el agua con platos de la

---

[167] ***Nuevas Grandes*** es una cañada cerca de Manatí y Nuevitas que corre por tierras anegadizas en la costa norte entre Camagüey y Oriente.

cocina. Pronto se había acabado el carbón, no había instrumentos de navegación ni forma alguna de descargar mercancías o equipo.

El capitán y el piloto se enredaron en una pelea desesperada cuando vieron unas luces en la distancia; uno de los tripulantes mató de un tiro al capitán cuando este desobedeció a Queralta y se negó a acercarse a la costa. Obedeciendo órdenes de un nuevo capitán, *El Salvador* encalló en la playa esa noche y la tripulación bajó todo el cargamento en la playa oscura. Por la mañana, se dieron cuenta que estaban dentro de la Bahía de Casilda, a menos de una milla de Trinidad, completamente controlada por los españoles. Sin que la tripulación pudiera achicar el agua que inundaba el barco, este se hundió en ocho brazas de agua; sus 37 expedicionarios fueron atrapados por los españoles y la mayoría, fusilados en un lugar conocido como *Mano del Negro* en Trinidad. El general Calvada había estado esperando al barco a solo 20 kilómetros al oeste en la costa. Sólo sobrevivieron 5 personas; desafortunadamente para la causa cubana, Fernando López de Queralta fue uno de ellos. Queralta no se atrevió regresar a los Estados Unidos después del fracaso de *El Salvador*; se fue a Bogotá donde, en 1881, defraudó a un grupo de inversionistas con un plan imaginario de traer luz eléctrica a la capital. En un plazo de dos años, gracias a las pobres memorias y a los corazones blandos de sus compañeros insurgentes, Fernando López estaba de vuelta en New York, trabajando en la oficina de un negocio de importación-exportación y buscando contactos con revolucionarios cubanos para asegurarse de tener un papel en la inevitable tercera guerra por la independencia de Cuba.

Cuando Martí fue puesto al día sobre estos asuntos por Gonzalo de Quesada, pensó que ya tendría que lidiar con Queralta en un futuro cercano, pero decidió archivar el tema en ese momento y aceptar su participación en la guerra. Más adelante admitiría que eso fue un señalado error.

Luego de más de quince años de promover y organizar el regreso de las hostilidades, las actividades diarias de Martí llegaron a ser tan enormes y complicadas que comenzó a confiarle más y más de ellas a Gonzalo de Quesada. Gonzalo se le hizo indispensable a Martí, no solo por su cuidadoso control de la agenda de Martí y de sus responsabilidades, sino por ser el que mejor podía interpretar las intenciones y estrategias de Martí. En una conversación con Horacio Rubens, Enrique Collazo y Enrique Loynaz del Castillo en Jacksonville en Enero del 1895, Gonzalo transmitió al grupo las decisiones estratégicas que Martí había preparado para organizar expediciones a Cuba.

«Hasta ahora y por los últimos 50 años, los cubanos hemos adquirido armamentos y municiones sin coordinarnos; en nuestro fervor y entusiasmo por la causa, hemos actuado abiertamente sin cuidado de levantar sospechas; hemos hablado explícitamente sobre planes que debieron haber sido confidenciales. Era muy fácil para los españoles averiguar lo que estaba pasando y pedirle a las autoridades americanas que detuvieran las expediciones ilegales…Por eso han fracasado nuestros planes de reunir y embarcar materiales de guerra y expedicionarios a la manigua cubana—ha sido fácil para los espías españoles: todo lo que tenían que hacer era notificar a las autoridades en Cuba dónde y cuándo esperar a nuestras expediciones y allí decimarlas. Hemos sido definidos a las autoridades americanas como invasores temidos por la población cubana; en Cuba, por la historia de arrestar a nuestros hombres y capturar nuestros armamentos por parte de los americanos, somos vistos como bandidos perseguidos por los americanos. A este estado de cosas tenemos que poner fin de inmediato.»

Luego de una pausa para atraer la atención de sus oyentes, Gonzalo continúo.

«La historia va a recordar a José Martí como un gran poeta, precursor de movimientos literarios, genio de la palabra, periodista, el hombre que reunió lo que hacía falta para la guerra que se avecina con su energía, sus discursos, sus trabajos sin tregua… Pero ya se descubrirá una nueva faceta por generaciones futuras: Martí como estratega y organizador sin par. Se me pidió que me reuniera con Uds. para elaborar sobre la organización y la coordinación de las expediciones.»

Sorprendidos por la formalidad con la que Gonzalo presentaba la agenda, todos se acercaron más a él:

«De ahora en adelante va a haber una comisión coordinadora de las expediciones. Para Martí, necesitaremos tres funciones específicas en esta comisión. La primera es estar al corriente de las leyes. La compra de armas y materiales bélicos es legal en los Estados Unidos pero no el exportarlos a territorios o países que como España son amigos de este país. Cada vez que vayamos a mover un rifle o una escopeta, y mucho más un cargamento completo, Horacio Rubens y su grupo estarán listos a intervenir si hay bloqueos, detenciones, confiscaciones o disputas en altamar. La segunda función es la de saber escoger armamentos, cuáles son los mejores y cómo y dónde se pueden comprar. Como contamos con tomar armas de los soldados españoles, hace falta una buena fuente de municiones para los Máuser fabricados por Loewe & Co. en Berlín, quienes son los proveedores de los españoles. Martí le ha pedido al general Emilio Núñez que sea nuestro experto en armamentos. Nos hace falta un rifle superior al Máuser, y el general Núñez ha escogido el Remington, con el cual ya estamos familiarizados y de los cuales tenemos cientos enterrados en Cuba.»

Luego de una pausa, en la que se palpaba la energía del grupo, Gonzalo prosiguió:

«*Finalmente, he sido escogido para coordinar el esfuerzo de establecer metas para que los clubes cubanos puedan recoger dinero y armas personales; crear itinerarios de cómo recoger esas armas y hacérselas llegar a nuestros mambises. Varios clubes de mujeres cubanas en New York, Filadelfia, Tampa, Ibor City, Baltimore, Nueva Orleans y Cayo Hueso ya se han comprometido a comprar un rifle por persona cada dos meses de ahora en adelante. Estas mujeres son costureras, maestras, empleadas de oficinas y enfermeras, así que este es un compromiso muy fuerte para sus finanzas, ya que un Remington vale $125. Martí me ha encargado que organice más clubes que contribuyan armas, así como el desarrollo de un plan logístico para almacenarlas en lugares seguros hasta poderlas transportar a nuestros barcos para mandarlas a Cuba. Nos rodean los agentes Pinkerton contratados por el gobierno español, así que el silencio más absoluto y la mayor discreción son esenciales. Loynaz del Castillo estará a cargo de la seguridad de todo el proyecto. Lo asistirán un grupo de patriotas en las diferentes ciudades, los cuales le reportarán a él, cuyos nombres no necesitamos conocer.*»

Gonzalo tomó la palabra de nuevo:

«*He guardado por varios meses dos cartas escritas por veteranos de la guerra del '68 a Martí, las cuales le enviaron en abril de 1892 cuando se fundó Patria. Nunca han sido publicadas y Martí espera el momento preciso para hacerlas públicas. Las cartas muestran qué ocurre cuando hay falta de cuidado por nuestra parte así como la inmisericorde brutalidad el ejército español si no tomamos el mayor rigor en nuestras defensas. Una carta es de Narciso Martínez de Las Tunas, tripulante sobreviviente de una expedición:*»

«*Diez y siete de los tripulantes de El Salvador fueron apresados en la costa. El infatigable Juan Osorio murió fusilado en Nuevitas; su hermano Pascual, macheteado; José Feu y el habanero Jackson murieron de hambre; Pedro Ambrosio y Joaquín Pizano, ahorcados por el enemigo: José Botella, graduado alférez, enfermó de fiebre, y murió de dos balazos; Manuel Pimentel, Teniente Jefe de la escolta de Agramonte, murió también de dos balazos cuando quedó dormido por el cansancio y fue sorprendido en una pradera; Eduardo Toralla, asaltado en un rancho, murió defendiéndose con un pedazo de machete que había encontrado en el camino.*»

Un silencio absoluto rodeó la lectura de esta carta. Gonzalo abrió la segunda.

«*La segunda carta fue escrita por uno de los hombres que escapó del naufragio de El Salvador, el Dr. Vicente Rodríguez de la Barrera, de La Habana, de 44 años, el médico de la expedición. Un mes después que encallara El Salvador, lo cogieron preso a unos kilómetros de la playa. Dice así:* »

«*Calados de agua hasta los huesos, hinchados los pies por el ir y venir sobre la costa pavimentada de 'diente de perro', famélicos, rendidos por el insomnio de dos noches y las fatigas y emociones del desembarco; sin guía, ignorantes de la topografía del lugar, estuvimos vagando al azar en la eterna penumbra del bosque. En vano, demacrados y derrotados; como caravana de mendigos atormentados por la sed, buscamos un manantial o charco en que saciarla; el suelo era árido como un arenal, y no lográbamos dar con la salida de aquel laberinto de árboles. A la sed, se unió el hambre. Para distraer la primera, sorbíamos gotas de rocío de las hojas de algunos árboles; para entretener el hambre, comíamos raíces y hojas. ¡Qué dolores tan punzantes, qué vértigos, qué desequilibrio! No teníamos fuerzas para pensar; nos había invadido el mutismo de las bestias; parecíamos una gavilla de locos escapados de un manicomio. Pasado el tercer día de permanencia en el bosque, pudimos saciar la sed en una corriente; hasta el sexto día, no engullimos bocado alguno. Fue entonces que dimos con una patrulla que, gracias a Dios, era mambisa.»*

Un profundo silencio rodeó de nuevo a los amigos. Se miraron, comprendiendo profundamente las palabras de Gonzalo sobre la importancia de sus funciones y de toda la misión.

Unas semanas después, Gonzalo le presentó a Martí, a principios de diciembre, algunos detalles de lo que éste bautizó como el *Plan de Fernandina*. Al reporte le siguió una reunión de toda la comisión coordinadora, esta vez con Martí y Gonzalo. Gonzalo abrió la reunión:

«Ya hemos comprado suficientes armas y municiones para equipar mil hombres más allá del nivel al que están las tropas españolas. Van a ser enviadas a Fernandina, en Amelia Island, al norte de la Florida en cajas de madera y barriles rotulados como aperos de labranza, clavos, picos y palas para una mina de manganeso el este de Cuba.»

Un aparte se hizo para que Martí explicara sobre Fernandina [168], ya que los participantes no la conocían. Gonzalo entonces continuó con el plan de Fernandina.

«Un amigo, Nathaniel B. Borden, dueño de varios negocios en Fernandina Beach, ha sido el responsable de alquilar los mejores barcos posibles para nuestra expedición. Dos grandes barcos, el Amadis y La Gonda y un vapor de carga de frutas, grande también y muy rápido, el Baracoa, son los escogidos por su velocidad sobre la de cualquier barco español conocido. Los

---

[168] **Fernandina** es una playa en Amelia Island, de hecho un cayo de 14 millas entre el sur de Georgia y el norte de la Florida. La islita ha estado bajo nueve banderas diferentes a través de los años: descubierta por un francés en 1562, ha estado en manos de España dos veces, de los ingleses una vez, de los patriotas floridanos de 1812 otra, de los rebeldes de Gregor McGregor, pariente de Bolívar, de origen escocés, una vez, de una alianza de aventureros Mexicana-Francesa otra en 1817, bajo bandera americana dos veces y bajo la Confederada una vez. *Fort Clinch* fue construido por el ejército del norte y fue nombrada en 1861 en honor del héroe de las guerras con los *Seminoles*. La isla era lugar frecuente de turistas de New York, incluyendo a los Rockefellers y a los Carnegies. Allí alquiló Martí, como cuartel general, una cabaña grande en el *Florida House Inn*, un hotel muy privado en la calle tercera, cerca del final el pueblo, que aún se conserva.

papeles de aduanas del puerto indicarán que van a América Central. De hecho, uno de ellos, La Gonda, va a parar en algún punto de la costa este de la Florida y recoger a Carlos Roloff y a Serafín Sánchez con 800 hombres. Su destino será la costa norte de Santa Clara. El segundo barco, el Amadís, irá lo más rápido posible a las costas de Costa Rica a recoger a Antonio Maceo, Flor Crombet y unos 200 hombres más, para desembarcarlos en Camagüey. El tercer barco, el Baracoa, con Martí, Enrique Collazo y Mayía Rodríguez desembarcará primero en la República Dominicana para recoger al grupo de Máximo Gómez y tomar rumbo a Oriente. Todos los hombres van a ir vestidos de campesinos, con herramientas y aperos de labranza a bordo de los barcos, donde se puedan ver, mientras que los cajones y baúles con las armas, las que incluyen 600,000 municiones, estarán almacenadas en los pantoques. En altamar, cargado con nuestros hombres y oficiales, los barcos cambiarán de rumbo hacia Cuba a un destino que sólo un hombre en cada barco, escogido para esto, sabrá. Si las tripulaciones o capitanes, quienes sean no combatientes, objetan, se les hará prisioneros y se les confinará a las bodegas hasta el final de la misión.

En Cuba, habrá tres hombres que sabrán los puntos de desembarque, para verificar que la seguridad y la disponibilidad de tropas estén ahí para proteger los destinos finales de cada expedición. Son todos veteranos de la guerra del 1868 y como precaución, no se conocen entre sí. Nuestros anfitriones armados en Cuba serán tres grupos de más de 100 hombres de la Infantería y 15 de la Caballería en cada zona de desembarque potencial. Los hombres no sabrán hasta el último minuto el punto hacia donde tienen que correr cuando nuestros barcos estén ya a medio día de la costa.»

«¡Fabuloso! ¿Cuánto hemos invertido en esta operación?,» preguntó uno de la comisión, visiblemente excitado.

«Tres años de preparación y $58,000 de nuestros fondos de guerra,» contestó Gonzalo. «También hemos puesto nuestro prestigio en la línea. Nuestra gente en Cuba ha sido notificada de nuestra salida próxima, sin detalles. Maceo ha sido notificado, y arde en ganas de acabar de llegar a Cuba. Un puerto cerca de Sabana Laguna y Punta Arenas ya ha sido preparado para atracar allí el barco que recogerá a Maceo y a sus hombres. Sólo el general Maceo sabe el punto exacto a donde llegará el barco. De nuestras oficinas de New York han salido los fondos hacia Costa Rica para pagar por materiales de construcción para habilitar un puerto temporal. Los materiales han sido comprados en Panamá para desconcertar a nuestros enemigos. El istmo está repleto de agentes españoles. Las comunicaciones con Flor y Maceo han sido codificadas par usarse solo una vez, con una clave al final para ser usada en el próximo mensaje. Cualquier decisión sobre el terreno es ahora de Maceo.»

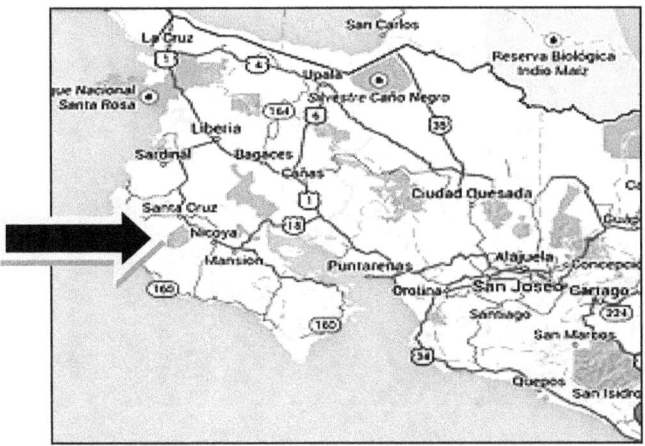

Costa Rica fue una de las naciones latinoamericanas que aportó más expedicionarios para que desembarcaran en costas cubanas y se sumaran a la Guerra de 1895: Casi todos vivían en Nicoya: **Antonio Maceo, sus hermanos Tomás, José y Elizardo, Flor Crombet, Juan Rojas, Arcilio Guía y Pedro Pie**, que vivieron allí su exilio después de la Guerra de los Diez Años (1868- 1878). Uno de los objetivos del *Plan de Fernandina* era que el vapor *Amadis* los recogiera y trasladara a Cuba.

El grupo de exiliados cubanos en Costa Rica en 1892.
De pie, izquierda a derecha, **Antonio Collazo, Flor Crombet, Antonio Maceo, Agustín Cebreco y José Barrenqui**. Sentados: **Martín Morúa Delgado, Juan Rojas, Pedro Castelló, Gabriel Peña, and José Rogelio Castillo.**

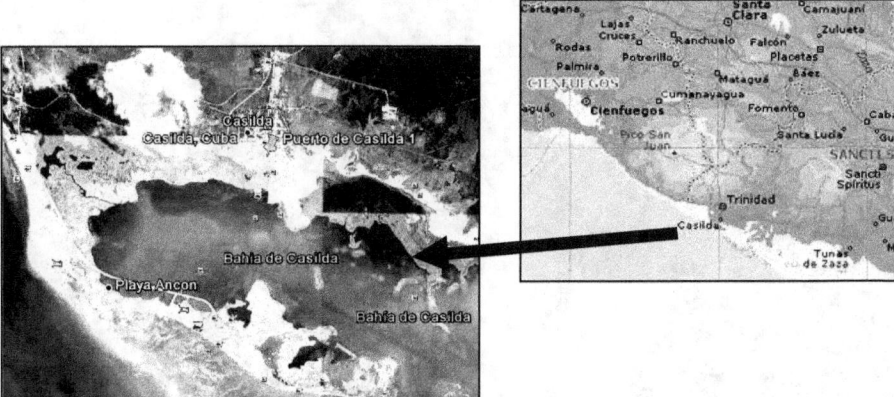

Benjamín Guerra, tesorero del *Partido Revolucionario Cubano*, hombre de confianza y mano derecha de José Martí por muchos años.

Federico Fernández Calvada, cienfueguero, comandante de las fuerzas insurrectas en Cuba en la *Guerra de 1868*; veterano de la *Guerra Civil Americana* en la que participó en la *Batalla de Gettysburg*, donde fue capturado por el ejército de la Unión.

El *vapor **El Salvador*** encallado en el ***Puerto de Casilda***, cerca de Trinidad en el sur de Cuba; área donde tuvo lugar la costosa captura del vapor *El Salvador,* al mando de *Fernando López de Queralta* en Septiembre de 1870.

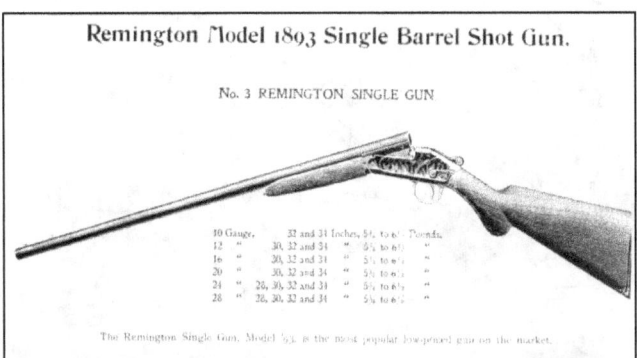

Los fusiles **Mauser** (fabricación alemana, utilizados por el ejército español y **Remington** (fabricación norteamericana, utilizados por el ejército mambí).

El **fuerte Clinch** en *Amelia Island*, que guarnece la *Playa de Fernandina*.

Hotel Duval y la Oficina de Correos en *Sarasota* en 1893; una zona donde vivían gran cantidad de cubanos exiliados en 1893.

La calle Bay Street en *Jacksonville*. Al fondo, el *Hotel Travellers* donde residía Martí cuando recibió las noticias del fracaso del Plan de Fernandina.

El viejo muelle de la *Playa Fernandina* utilizado por Martí y los patriotas cubanos al intentar llegar a Cuba y lanzar la *Guerra de 1898*.

29 Estrategias

Los planes de Martí en los primeros días de 1895 avanzaron vertiginosamente. En una conversación con el general Emilio Núñez, director el Departamento de Expediciones del Ejercito Mambí y su especialista en armas, Martí le confió:

«*Ahora mismo varios cajones camuflageados con armas están llegando a Fernandina consignadas a Carlomagno, el nom-de-guerre de nuestro hombre manejando lo de las armas allí. En botes alquilados están siendo cargadas de inmediato en nuestros tres barcos. La residencia de Ludovico, el nom-de-guerre del sobrino de Carlomagno, está siendo vigilada por tres agentes Pinkerton que trabajan para los españoles y a los cuales hemos identificados en Jacksonville y Fernandina. No están cerca de nada porque sólo hay movimientos de mentira en los alrededores de Ludovico. Este magnífico hombre es nuestro señuelo; ha sometido a su familia a todas las inconveniencias de ser vigilados por los Pinkertons. Afortunadamente también nosotros tenemos espías—en las casas de Enrique de Mariátegui, el cónsul español, y de Juan Potous, su vice-cónsul. Hasta ahora, no tienen sospechas...a pesar de estar desesperados por agarrarnos in flagrante* [169] *y en locus delicti* [170]*...*»

... comentó Martí apuntando hacia Gonzalo con una sonrisa, para deleite de su audiencia, la cual comenzó a reírse, incluyendo a Martí.

«*¿Quién está a cargo de todo esto en Cuba?*» preguntó alguien.

«*Los dirige el más confiable de todos: Juan Gualberto Gómez, coordinando y dirigiendo el plan,*» dijo Gonzalo. «*No puedo dar más detalles pero habrán varios levantamientos en toda la isla para distraer al ejército español y asegurarnos de la seguridad de Martí, Gómez y Maceo al desembarcar en Cuba.*»

Gonzalo y Martí tenían los detalles de los levantamientos: Saturnino Lora se levantaría en *Baire*, el 24 de Febrero; Juan Gualberto Gómez en *Ibarra*, cerca de Matanzas; Rafael Casillas Monteagudo y Leoncio Vidal Caro en *Camajuaní*, Las Villas, cerca de Caibarién; Juan Bruno Zayas en *Vega Alta*, al noreste de Santa Clara; Guillermón Moncada, Quintín Banderas, los hermanos Sartorius, los hermanos Rabí y Rafael Portuondo Tamayo en *Santiago de Cuba*; Bartolomé Masó en *Bayate*, al noroeste de Guantánamo y Pedro Agustín

---

[169] **Atrapado** en el momento de cometer un crimen.
[170] El *lugar* donde se comete un crimen.

Pérez en *Guantánamo*; Julio Sanguily cerca de La Habana y Joaquín Pedroso en *Aguada de Pasajeros*. Listos a desembarcar en Cuba antes que el ejército español pudiese organizarse —triunfase o no el Plan de Fernandina— había seis veloces barcos alquilados por Gonzalo en la costa este de los Estados Unidos bajo la dirección de Emilio Núñez; zarparían de Fernandina, Key West, Kingston y Cabo Haitiano, cada uno equipado, a un costo de $30,000, con un cañón, 1000 revólveres, 500,000 cartuchos y no menos de 500 hombres, cada barco estará bajo la dirección de un oficial cubano veterano de la guerra de 1868.

Restaba sólo a Martí mantener a los conspiradores quietos hasta que pudiera actuar abiertamente. El plan exacto lo encerraba en su cerebro prodigioso. En prosecución del mismo, había contratado dos yates de vapor, el *Amadís* y el *Lagonda*, además del vapor *Baracoa*. Las armas y municiones, compradas en partidas distintas, fueron embarcadas a la consignación de N. B. Borden, Talleres y Almacenes de Madera, Fernandina, Florida. Las embarcaciones citadas irían allí a tomar su cargamento y luego procederían a recoger a los expedicionarios

De acuerdo a los planes, el *Amadís* cargaría en Fernandina cajas de herramientas para una mina magnesiana en Cuba, propiedad de D. E. Mantel (Martí). A bordo se hallaría Juan Mantel (Manuel Mantilla) y Jesús Miranda (Patricio Corona), que recogerían algunos amigos de Mantel en Costa Rica y cierto número de obreros. Los amigos eran el General Antonio Maceo, su hermano José y el General Flor Crombet. Sus compañeros irían como obreros

Se llevaba a bordo un bote de 30 pies, cuatro toneles vacíos, fuertes y grandes, y tablones pesados, que se utilizarían como balsas en caso de accidente. Había hachas para abrir las cajas al desembarcar.

El *Lagonda*, una vez cargado, iría a Cayo Hueso a recoger el contingente mayor, que incluía los veteranos Generales Serafín Sánchez y Carlos Roloff. Después de zarpar de Fernandina, el *Baracoa*, recogería al General Máximo Gómez, que era el General en Jefe del movimiento, en Santo Domingo, e iría acompañado de su personal, de Martí, General José María Rodríguez y Enrique Collazo, representante de los conspiradores en la Isla

Los Generales Rodríguez y Collazo no pidieron detalles a Martí. Los Generales Sánchez y Roloff, aparecían como sus asesores

El *Amadís* fue el primero en llegar a Fernandina, y el Gobierno Federal lo sometió a registro inmediatamente sin resultado alguno. En horas de la tarde del 12 de enero de 1895, Manuel Mantilla y Patricio Corona, encargados de hacer llegar a Antonio Maceo en Centroamérica los fondos necesarios para su expedición, fueron apresados en Fernandina por orden del secretario de Hacienda de los EEUU. Al saberlo, Martí convocó a Enrique Collazo, José María Rodríguez, Charles Hernández, Enrique Loynaz del Castillo, Tomás Collazo, Gonzalo de Quesada y Horacio Rubens al *Travellers Hotel*, en la esquina noroeste de las calles Bay y Cedar en Jacksonville. La decisión que tomaron en conjunto fue seguir los planes según trazados. Martí días después comentaba con sus asociados:

«Aun apareciendo todo perdido, aunque no hubiera dinero para continuar la labor revolucionaria, una empresa acometida con tal determinación y entusiasmo, no puede, en modo alguno, abandonarse. A la depresión que posiblemente surja si fracasa el plan, debe suceder la fe que conforta y la resolución determinada de mantener la pelea hasta triunfar.»

Martí recibió a los pocos días en el hotel *Travellers*, donde estaba alojado con nombre supuesto, todos los detalles del fracaso del Plan de Fernandina. Confrontado con ese infortunado evento, telegrafió a Quesada, que estaba en New York, para que retirara apresuradamente del banco los fondos restantes para evitar un posible embargo. Puso en manos de Horatio Rubens y Gonzalo de Quesada la protección de los patriotas que se hallaban comprendidos en el proceso de Fernandina. El General Collazo describió la reunión en que él informó a Martí y a Rodríguez de esos sucesos:

Martí hablaba colérico y desalentado; caminaba de un extremo al otro del cuarto, exclamando: ¡Hay que sobreponerse a este percance!. Los Generales le ratificaron su firme lealtad, tratando de calmarle; pero su ira y desesperación no cedían.»

Quesada llevó mil quinientos pesos, -todo lo que quedaba de los fondos, y un mensaje de su madre política, Lucina Govín de Miranda, que deseaba prestar la fianza a todos los que se hallaban envueltos en el proceso.

A pesar del planeamiento estelar, la dedicación de los hombres a cargo del plan, a pesar de tener fondos suficientes, de la confidencialidad y el secreto en que se manejaron y se movieron las armas, y la manera sigilosa en la que miles de hombres se movieron a sus posiciones, un incidente de último momento paró y luego hizo fracasar al Plan de Fernandina.

El traidor había sido Fernando López de Queralta, el hombre cuya ineptitud hizo hundir *El Salvador* dentro del Puerto de Casilda cerca de Trinidad, en la guerra de 1868 y a quien Serafín Sánchez le diera una segunda oportunidad para luchar por su país en 1895. Pretendiendo ser del círculo íntimo en la organización de las expediciones, Queralta le hizo unas ofertas estúpidas a George Handler, dueño del *Amadís*, luego de preguntarle si le interesaba alquilar su barco para otras expediciones. Un chivato español que trabajaba para Handler contactó enseguida al vice-cónsul de Jacksonville, Juan Potous, quien hizo redoblar la vigilancia de los *Pinkertons* sobre todo el movimiento de cargamentos en la playa de Fernandina.

Gonzalo enseguida se enteró, por su propio espía en el consulado español; Martí dejó todo lo que estaba haciendo y se fue a Fernandina, sentando cuarteles en una modesta vivienda, para pasar desapercibido a los *Pinkertons*. De inmediato ordenó que se separase a Queralta de la expedición en *La Gonda*, la cual iba a recoger a Roloff y a Serafín Sánchez en la costa de la Florida; ordenó también que se mantuviese al individuo bajo vigilancia constante.

Mortificado al extremo al verse fuera de su esperado papel de héroe desembarcando en Cuba, Queralta se vengó en forma deshonrosa: aún tenía algunas armas bajo su control en New York y le pidió a un amigo que se las mandase por tren a Jacksonville marcadas «*artículos militares*.» Las armas fueron inmediatamente confiscadas en New York y un día después, el 14 de enero, el gobierno federal estaba deteniendo los tres barcos y confiscando todo el cargamento del Plan de Fernandina.

Martí sufrió un gran golpe emocional. Aparte del gasto gigantesco de tiempo y dinero ($65,000), pensó que también sería una pérdida terrible de prestigio y de confianza en él —y en el liderazgo revolucionario.

Gonzalo, el único que se atrevió a acercársele en su depresión y angustia, lo animó diciéndole:

«*Horacio ya ha puesto en juego sus destrezas legales con el coronel James Buchanan Anderson, inspector general del Ejército Americano en la Florida y ya consiguió que no nos confiscaran los rifles ni las municiones, ya que no hay evidencia física alguna de que éstos iban para Cuba —lo demás es suposición. Mira, ya verás como más tarde o más temprano, lograremos meter todo este armamento en la isla. Ahora lo que hay que hacer es rentar un almacén para proteger las provisiones de los elementos, ya que los capitanes de los tres barcos están ansiosos de irse de Fernandina.*»

Martí, como buen abogado, sabía estos hechos de memoria, pero apreció con una sonrisa los esfuerzos de Gonzalo, otro buen abogado, para animarlo.

«*Escucha —esta catástrofe aparente tendrá el efecto opuesto de lo que te lamentas. La gente, en todas partes, incluyendo los de aquí en los Estados Unidos, pero ciertamente dentro de Cuba, va a asombrarse del alcance de este proyecto, ahora que ha sido revelado. Tanto insurgentes como exilados se van a impactar positivamente al enterarse. La noticia les dirá que existe un liderazgo capaz y competente, el que pudo organizar hasta el último detalle este evento, llevándolo a cabo profesionalmente, en secreto y con toda la confidencialidad del mundo, hasta el último momento fatídico. Esto nos define no como un grupo de bandidos o aventureros sino como parte de un ejército profesional, bajo la dirección inspirada de civiles, capaz de organizar la guerra ahora y de dirigir un país más tarde.»*

Martí pensó que Gonzalo estaba siendo más racional y menos emocional que él mismo en evaluar los sucesos de Fernandina.

«Si quieres más razones de que esto, al final, hará bien a la causa, tienes aquí la confirmación de que estamos rodeados de espías y traidores y de que toda la cautela que utilicemos todavía no será suficiente. Hay muchos cubanos que creen que nuestras advertencias son exageradas; bueno, hemos aprendido bien la lección. Mira, los abusadores en el poder necesitan rodearse de espías, cimbeles, delatores y chivatos: ya tiene nuestro pueblo evidencia de que sí existen estos personajes y ahora tendrán más cuidado.»

Hubo un largo silencio. Gonzalo seguía pensando en argumentos para levantarle la moral a Martí y Martí seguramente en cómo seguir adelante con los planes para comenzar la guerra…

«Mira, esperemos a saber qué está pasando en Cuba con todos los levantamientos planeados alrededor del Plan Fernandina. Si bien es cierto que nuestros líderes están regados, también es cierto que son hombres de temple capaces de responder a estos retos y a más.»

Pronto hubo noticias de que Antonio Maceo, Máximo Gómez y todos los comandos militares y civiles estarían listos a embarcarse hacia Cuba por los medios que fueran. Martí y Gonzalo se alegraron mucho de ver que el esfuerzo de lanzar la guerra seguía vivo, listo a continuar. Era el momento de retomar su causa mientras esperaban más noticias de la isla.

Florida House, el hotel donde se alojó José Martí en la *Playa de Fernandina* en 1895, y una placa conmemorativa.

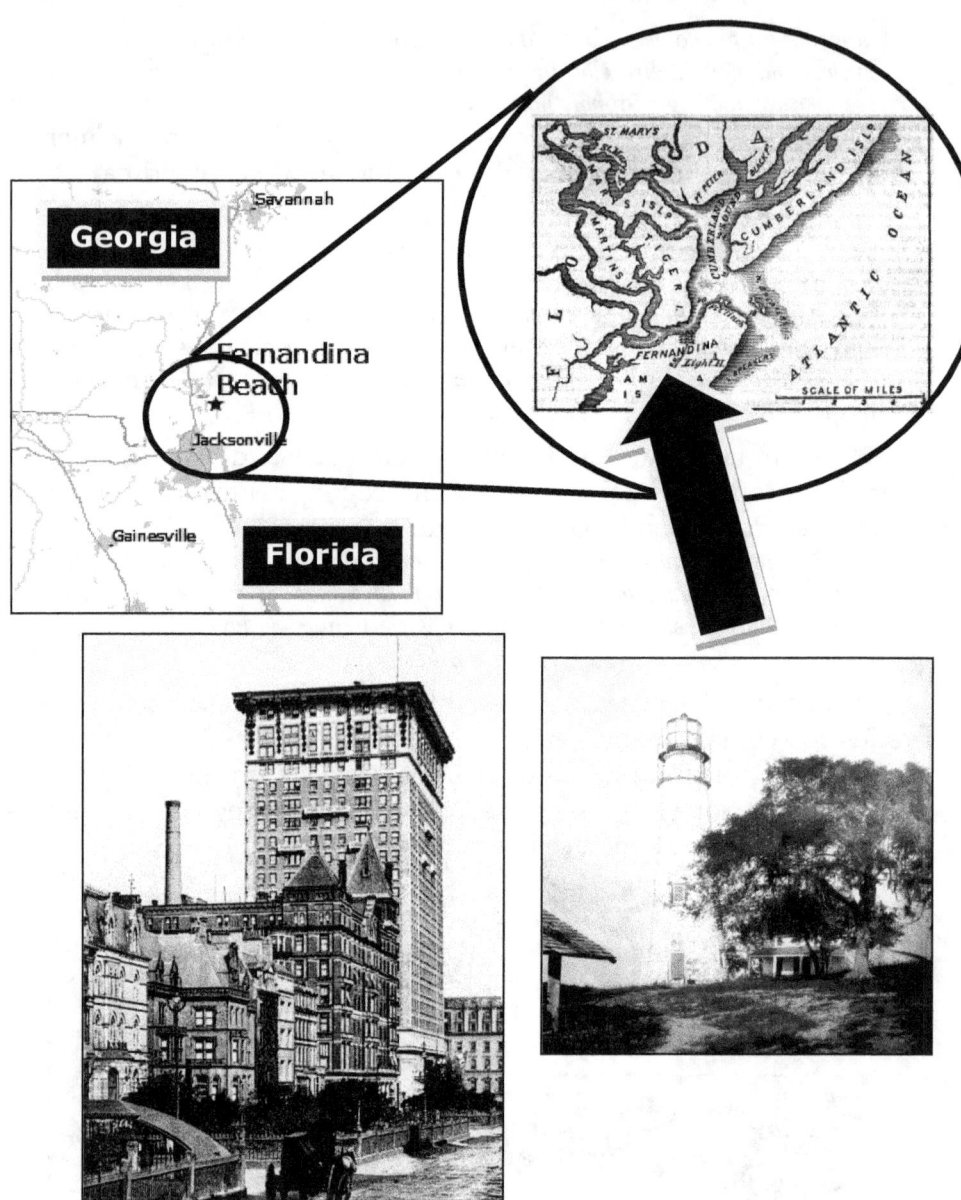

La ***Playa de Fernandina***, en la costa este de La Florida, al sur de la frontera con Georgia. Allí se llevó cabo la captura de los barcos y el fracaso del plan inicial de José Martí para lanzar la *Guerra del 1895* en Cuba.

El edificio del ***Hotel Belmont*** en Park Avenue y la calle 42 de Manhattan, en cuyo primer piso estaba el *Importers and Traders National Bank* donde Martí depositaba los fondos para la Guerra de 1895.

El faro de la ***Playa de Fernandina*** en Amelia Island, La Florida.

El muelle N.B. Borden en la *Playa de Fernandina* donde Martí alquiló los tres vapores que emprenderían el Plan de Fernandina. A la derecha Mr. Nathaniel Borden, el dueño de las tres naves.

Los tres vapores, el *Lagonda*, el *Amadis* y el *Baracoa*.

Importantes figuras cubanas al comenzar la Guerra de 1895

Enrique Loynaz del Castillo (1871-1963), amigo personal de José Martí, fue General de Brigada en la Guerra de 1895 y edecán de Antonio Maceo. En 1895 concurrió como representante a la *Asamblea Constituyente de Jimaguayú* y compuso el *Himno Nacional Cubano*.

Emilio Núñez (1855-1922), graduado de la *Universidad de Pennsylvania* como cirujano dentista, peleó en la Guerra del 1868 y fue capturado y sufrió prisión en El Morro. En la Guerra de 1895 Martí le confió la dirección de toda el área de armamentos para la guerra. En 1901 fue miembro de la *Convención Constituyente*.

José (Mayía) Rodríguez (1849-1903) fue Mayor General en las Guerras de 1869 y 1895, resultando herido en *Mojacasabe* en 1874 y en *Matanzas* en 1896. Fue jefe del estado mayor de Máximo Gómez en 1895. En 1899 fue uno de los 9 generales cubanos que presidieron la toma de poder del *Gobierno Constitucional Cubano*.

Gonzalo de Quesada (1868-1915), fue junto a José Martí, uno de los arquitectos del movimiento independentista cubano en 1895. En 1891 se graduó en Columbia University, NYC, e inmediatamente comenzó a trabajar con Martí. Fue miembro de la Convención Constituyente y más tarde embajador de Cuba en Alemania.

Enrique Collazo Tejada (1848-1921), santiaguero, graduado de la *Escuela de Artillería de Segovia* en 1866; llegó a Cuba a bordo del *Perrit* en 1869. Firmó, con Martí y Mayía Rodríguez, la orden de alzamiento de la Guerra del 1895.

Horacio Seymour Rubens (1869-1941), coronel del ejército libertador en la Guerra de 1895. En las cortes norteamericanas defendió los intereses cubanos ante la incautación de las naves y pertrechos del *Plan de Fernandina*; cooperó con gran acierto con el *Departamento de Expediciones* del ejército cubano en Armas.

30   Despedidas

Días después del fracaso del *Plan de Fernandina*, la reacción de José Martí fue una mezcla de pesar, de renovada decisión y de consternación por los esfuerzos perdidos de los cubanos que había comprometido a esa obra.

> «La cobardía, y la maldad de López de Queralta entregó nuestro plan entero: nuestros tres barcos rápidos, salidos a la vez, para llegar casi al mismo tiempo, con armas para 400 hombres. Acaso se salvará el cargamento. Pero hemos salvado algo más importante, la disciplina y el respeto de la Isla, asombrada de nuestro esfuerzo.»

En una carta fechada el 18 de enero de 1895 al periódico *Patria* en New York, Horatio Rubens escribió:

> «El plan ha sido delatado a la autoridades federales y una gran cantidad de exiliados cubanos presos fue el resultado. Los cubanos todos eximieron a Martí de toda culpa, ratificándole su confianza. Yo di prisa a mi cometido de salvar al personal de ser arrestado y luego recobré el cargamento del Amadís, así como el material restante, depositado en los Almacenes de Borden.»

Comentando esta carta el General Collazo añadió:

> «No había pasado una hora de la llegada de Rubens y Quesada, sin que el estado de nuestros ánimos hubiera cambiado totalmente.»

Martí, levantando los ánimos a sus amigos a pesar de la angustia que le acogía, declaró:

> «... aun apareciendo todo perdido, aunque no hubiera dinero para continuar la labor revolucionaria, una empresa acometida con tal determinación y entusiasmo, no puede, en modo alguno, abandonarse. A la depresión que sigue por el fracaso tremendo debe suceder la fe que conforta y la resolución determinada de mantener la pelea hasta triunfar. El ansia primordial de todos los involucrados debe ser ahora evitar arrestos »

Manuel Mantilla y Patricio Corona fueron embarcados para el Norte. Rubens y Gonzalo de Quesada optaron por acompañar a Martí hasta New York, donde podría ocultarse por el momento en la residencia de los padres de Gonzalo de Quesada. El General Collazo, su hermano Tomás, Enrique Loynaz del Castillo, (que tenía armas escondidas en un coche de caballos en el zaguán de su casa en Camagüey) y Charles Hernández, partieron para Tampa y Caso Hueso

Ramón Luis Miranda proporcionó este *"recuerdo a su amigo José Martí,"* relatando los acontecimientos del 10 de enero de 1895. [171]

«Grato me es consagrarle hoy un merecido recuerdo a mi inmortal amigo José Martí, a quien más de una vez tuve el honor de prestarle mis servicios profesionales y desde el principio, cuando se hacían los preparativos para libertar a Cuba y cuando todo estaba en estado embrionario y nadie creía pudiera germinar la revolución, por no estar preparada, según decían, Martí, iluminado, vio claro y presintió su triunfo. En esa época, me mandó a buscar por estar enfermo y me dirigí a su casa al oeste de la calle 61, cerca de la Avenida de Columbus; lo encontré en su modesto y estrecho cuarto, postrado en cama, febril, nervioso; examinado, diagnostiqué bronquitis y que en breve se curaría; él se había alarmado creyendo que su enfermedad pudiera agravarse y me dijo -"Doctor, cúreme pronto, tengo una misión sagrada que cumplir con mi patria; poco me importa morir después de realizarla; la muerte para mí no es más que la cariñosa hermana de la vida." Ésa fue la primera vez que conocí personalmente a Martí, y desde entonces sentí por el respeto, admiración y comprendí su grandeza e inmenso amor por Cuba

Con frecuencia nos veíamos después, habiendo tenido el placer de que pasase sus últimos días en New York, en nuestra casa, a donde llegó desesperado desde Jacksonville, en una noche de enero de 1895, acompañado de Gonzalo de Quesada, por haber fracasado la expedición que tantos desvelos y dinero había costado y que tan bien organizada estaba para llevar gran cantidad de pertrechos de guerra de Fernandina a Cuba, en los vapores Lagonda, Amadís y Baracoa; pero la fatalidad hizo que fuera traicionada y se perdiese tan valiosa expedición

Imposible me es poder bosquejar el estado de excitación nerviosa en que se encontraba Martí; se paseaba incesantemente de un lado a otro de la sala, intranquilo, lamentando lo que acababa de suceder, meditando en lo que debía hacerse, no desmayando en su empresa.

Apenas concilió el sueño esa noche; pero al día siguiente y los sucesivos, ya elaborado su plan, con su fácil concepción, con asombrosa actividad lo desenvolvió, conferenciando con los generales Enrique Collazo y José María Rodríguez, escribiendo numerosas cartas para los jefes en Cuba, con el fin de fijar el día del levantamiento, suscritas por él y por los generales Collazo y Rodríguez, orden que llevó Gonzalo de Quesada a Cayo Hueso el mismo día

---

[171] ***Ramón Luis Miranda Torres*** (1839-1910), fue un médico matancero graduado de la Universidad de París en 1867. Emigró exiliado a los EEUU en 1874, donde tuvo un extraordinario éxito como especialista en cáncer y anestesiología. Ramón Luis Miranda formó parte desde 1890 del círculo íntimo de José Martí. Su hija, Angelina Miranda y Jovín era la esposa de Gonzalo de Quesada y Aróstegui. Su hijo, Luis Rodolfo Miranda, fue alumno de Tomás Estrada Palma en el colegio de *Central Valley*, NY. El testimonio que aquí se acompaña fue escrito el 1º de mayo de 1903 en Nueva York y fue publicado en el periódico *Excelsior* el 6 de agosto de 1928 y en *Revista Cubana* Vol XXIX de julio 1951, por el Ministerio de Educación, La Habana, Cuba.

de la partida de Martí para Santo Domingo. Martí escribió sus cartas en la mesa regalada a Gonzalo de Quesada por el doctor Manuel Quintana, mesa histórica donde escribió ese ilustre argentino el primer proyecto de arbitraje internacional.

Como Martí ansiaba comunicar a Cuba lo acontecido en Fernandina, para que lo supiesen los que estaban allá de acuerdo, él redactó un cablegrama que llevó a Enrique Trujillo, quien gustoso lo cableó en seguida al periódico La Lucha de La Habana, tal cual lo había escrito Martí.

Falto de recursos Martí para continuar su empresa y sin poder salir a la calle por temor de que lo detuviesen, pues los reportes se sucedían para informarse donde podrían encontrarlo (lo suponían en uno de los Estados del Sur de los EEUU), tan pronto como algunos amigos supieron lo que necesitaba con urgencia, contribuyeron en seguida ; las señoras Rita de Portuondo, la madre de Gonzalo, Luciana Govín de Miranda, Emilio Núñez, Gonzalo de Quesada y el -que suscribe estas líneas, reunimos dinero suficiente para que pudiese realizar sus deseos.

Durante el tiempo que pasó Martí en nuestra casa (dos semanas) [172] *proporcionó a toda la familia deliciosos ratos, con su amena, variada y elocuente conversación, que jamás olvidaremos, como tampoco el 28 de enero de 1895, día de su cumpleaños (42) que lo pasó agradablemente en compañía de varios de sus amigos, los cuales compartieron con nosotros nuestra mesa. Dos días después, entusiasmado, lleno de fe y esperanza en que Cuba sería libre, se despidió cariñosamente de nosotros y partió hacia Santo Domingo, acompañándolo durante su viaje el decidido joven Manuel Mantilla. Allí se reunió con el valiente general Máximo Gómez, saliendo ambos para Cuba, el primero de abril de 1895, y sellando Martí con su sangre, en 19 de mayo del mismo año, su inmortalidad en Dos Ríos. ¡Honor y gloria a su memoria!»*

Martí de inmediato partió a New York en un tren distinto al que viajaban Manuel Mantilla y Patricio Corona el día 13 de Enero; allí se ocultó en la casa del Dr. Ramón l. Miranda en la calle 64 número 116 del Oeste, desde donde informó a Máximo Gómez la pérdida del plan y los pertrechos [173], anunciándole una inmediata visita a Montecristi. Unos días después, el 15 de enero, el vapor *Amadís* fue interceptado y dejado en libertad por no tener evidencias para ser confiscado. El capitán y la compañía de seguros demandaron suspender la operación de ir hacia Suramérica. El día 19 Martí hizo llegar a Maceo las malas noticias y un envió de $2,000 para que pudiera organizar su propia partida a falta del *Amadís*.

---

[172] **Martí** se refugió en la ciudad de New York escondido como un fugitivo; los agentes de la agencia de detectives *Pinkerton*, al servicio del consulado de España, lo querían encontrar para entregarlo a las autoridades de los EEUU por violación de las leyes de neutralidad.

[173] Unas **130 cajas** con material bélico suficiente para abasatecer a 600 insurgentes.

El fracaso del Plan de Fernandina no desilusionó ni a Martí ni a ninguno de los patriotas cubanos empeñados en llevar la guerra a Cuba. Nada les hizo desistir de lanzar una guerra de independencia en 1895; al cabo de solo unos días, los planes de continuar estaban ya en movimiento. El 17 de enero de 1895 Martí le escribió a Juan Gualberto Gómez ofreciéndole la opción de alzarse de inmediato o esperarlo ya que iba a reanudar las labores insurreccionales de inmediato... *«sin un día de pérdida, y sin haber perdido el respeto y la valiosa ayuda por parte alguna, emprendo la nueva faena.»*

El 25 de enero Horacio Rubens envió a Martí un telegrama donde le anunciaba que el total del cargamento de armas de Fernandina había sido recuperado en las cortes. *«Rubens ha ganado otra pelea para la causa cubana,»* pensó Martí. El 28 de enero, día de su natalicio, un grupo de amigos íntimos, sabiendo que Martí partiría en breve para la guerra necesaria, le ofrecieron en su honor una comida en su restaurante favorito, el *Delmonico*, a la que asistieron su médico e íntimo amigo, el doctor Ramón Luis Miranda, Gonzalo de Quesada, casado con la hija de Miranda, Gustavo Govín y Luis Rodolfo Miranda. Fue su último cumpleaños en vida.

Al día siguiente, después de recibir respuesta de Juan Gualberto sobre la disposición de alzarse en Cuba de inmediato, redactó y le envió la *Orden de Alzamiento* que suscribió junto con José María (Mayía) Rodríguez y Enrique Collazo. Gonzalo de Quesada partió hacia Cayo Hueso con dicha orden dentro de un tabaco; el 5 de febrero la orden estaba en La Habana en manos del conspirador Juan de Dios Barrios, quien la entregó al propio Juan Gualberto Gómez.[174]

Pocas horas antes de partir para Haití y Santo Domingo, los últimos momentos de Martí en Nueva York fueron llenos de gestiones y despedidas. Según un relato de Blanca Zacharie de Baralt:

«Era el 31 de enero de 1895 a las ocho y media de la mañana. Estaba yo en el comedor de mi casa tomando el desayuno. Sonó el timbre y oí la voz de

---

[174] La orden, firmada por **Martí**, como Delegado del *Partido Revolucionario Cubano*, Mayía Rodríguez, en nombre del General Gómez, y por Enrique Collazo, en nombre de la *Junta Revolucionaria de La Habana*, estaba dirigida a Juan Gualberto Gómez. El mensaje secreto liberaba la isla del compromiso de subordinar el alzamiento general a la llegada de las expediciones, pero advertía que occidente no debía levantarse en armas hasta que lo hicieran Las Villas y Oriente. Una importante directiva era que el alzamiento debía realizarse con la mayor simultaneidad posible, durante la segunda quincena del mes de febrero y no antes. Inmediatamente después de la llegada de la orden a La Habana se reunieron los jefes de la conspiración en occidente y acordaron que los alzamientos se efectuarían el 24 de febrero.

Martí preguntar a la criada que le abría la puerta: "¿Está el caballero?" -y momentos después entraba en el comedor. "Me dicen que se ha ido Luis ya; qué pena. Vine presuroso pensando alcanzarlo, pues no quería marcharme sin darle un abrazo. Sabe Dios cuándo nos volveremos a ver."

Después de hablar breves minutos conmigo:

"Me despide de Adelaida y de Fico. No puedo demorarme y ahora me voy. No tengo un momento que perder."

Lo acompañé hasta la puerta de la calle y salió en la mañana helada como una flecha. Días después nos fijamos en un sobretodo marrón que había colgado en la sombrerera. No pertenecía a los de la casa. ¿Sería de algún amigo que lo había dejado allí olvidado? Cosa rara en pleno invierno. Mi cuñada registró los bolsillos a ver si se hallaba algún indicio de su dueño. Cuál no sería su asombro al ver que estaban repletos de cartas y papeles dirigidos a Martí. Pobrecito, en la precipitación de su ida, no se acordó que había dejado su abrigo en el vestíbulo, y se fue a la calle en ese día glacial sin notarlo. ¡Cómo estaría de preocupado!» [175]

En la casa del doctor Ramón L. Miranda vivió Martí escondido la mayor parte del tiempo hasta su salida para Haití, el 30 de enero de 1895, pues evitaba la vigilancia y persecución de los espías y de la policía al servicio de España. Luis Rodolfo Miranda, residente en aquel entonces en dicha casa, ha descrito así la partida de Martí:

«*Para eludir el Apóstol la vigilancia de que era objeto, tanto por nuestros adversarios como por los detectives del gobierno americano, a solicitud de la Legación de España en Washington, Martí y Gonzalo de Quesada contrataron un carruaje cerrado que, situado en la acera de nuestra casa, les esperaba, y con las debidas precauciones para no ser descubiertos, no se detuvieron en ningún lado y ambos se dirigieron al muelle donde estaba atracado el vapor que debía conducirlo a la República Dominicana. En efecto, burlando la vigilancia del espionaje español y de las autoridades norteamericanas, Martí, en compañía de Mayía Rodríguez, Enrique Collazo y Manuel Mantilla, embarcó en el vapor Athos, de la línea Atlas, hacia Cabo Haitiano, a fin de reunirse con el general Máximo Gómez. El fracaso del Plan de Fernandina no le impidió su sueño de volver a la patria para liberarla del yugo colonial de España.*»

En una carta a José Dolores Poyo con copia a Máximo Gómez Martí le anunció su partida de New York añadiendo:

---

[175] **Blanca Zacharie de Baralt** (1865-1947) era esposa de Luis Baralt, un íntimo amigo de Martí que lo llevó a la *Central High School* (número 361 de la calle 58 Oeste) donde Martí enseñó escuela nocturna, de 7 a 9 pm, durante 1891-92. Aunque se lo ofrecieron, no enseñó el curso 1892-1893 para poder dedicarse por completo a organizar la Guerra de 1895. Lo sustituyó Gonzalo de Quesada.

«*No tema de mí, sé padecer y renovar. La cobardía, o más, de un hombre inepto, se nos clavó de arrancada en la hora grande. Renaceremos. Yo no miro a lo deshecho, sino a lo que hay que hacer.*»

Angelina Miranda y Govín, esposa de Gonzalo de Quesada, en una foto de 1904.

Luis Rodolfo Miranda, sobrino del Dr. Ramón Luis Miranda, médico de Martí; en 1892. A los 14 años, comenzó a ayudar como secretario a Martí. En 1898 terminó la Guerra de Independencia como Comandante del *Ejército Libertador Cubano*.

Dr. Ramón Luis Miranda, médico personal de José Martí en 1895.

Blanca Zacharie de Baralt, amiga entrañable de José Martí, primera mujer graduada de Filosofía y Letras de la Universidad de la Habana; autora de *El Martí que yo Conocí* en 1945.

Amistades importantes de Martí en la década de los 1890s

Martí con **Gonzalo de Quesada** y su esposa **Angelina Miranda y Jovín**, celebrando el primer aniversario de sus bodas en 1892. Quesada, uno de los arquitectos de la independencia cubana, había sido estudiante de City College of New York, Columbia University y New York University cuando conoció a Martí.

Martí con **Manuel Mantilla Miyares**, hijo de Manuel Mantilla y Carmen Miyares, hermano de María Mantilla, ahijada de José Martí, cuya paternidad ha sido erróneamente atribuida a Martí.

Juan Gualberto Gómez, hijo de esclavos, educado en París, al que Martí consideraba como un hermano y participó junto a él en la organización de la Guerra de Independencia de 1895.

Martí con **Fermín Valdés Domínguez** y **Panchito Gómez Toro** (de pie) en 1893.

La **Orden de Alzamiento** que suscribió José Martí junto con José María (Mayía) Rodríguez y Enrique Collazo lanzando la Guerra de 1895.

Las últimas miradas de Martí a New York antes de partir a la Guerra en Cuba

Park Avenue y Broadway (***Union Square***), que Martí visitada frecuentemente.

El restaurante ***Delmonico*** en 2 South William Street, el lugar donde los amigos lo despidieron en una cena.

La esquina donde Martí compraba el periódico, al final de Bowery y la calle 7 del este (hoy conocida como ***Cooper Square***).

31   *Partida*

La fuerza de la palabra de José Martí compensó con creces el desanimo natural que ocurrió tras el fracaso del *Plan de Fernandina*. El patriotismo se acrecentó en los clubes patrióticos de Nueva York, La Sociedad Literaria y el Club Los Independientes. Los Clubes de Cayo Hueso, de Tampa y de otras ciudades comenzaron a reunir fondos con un entusiasmo desbordable para hacer renacer los planes independentistas.

Las autoridades españolas no podían creer lo que estaban viendo. Martí casi había logrado desembarcar en Cuba a pesar de las cuantiosas inversiones en espías y delatores que Madrid gastaba en New York para vigilarlo. El joven exiliado que en España pensaban que era simplemente un poeta y escritor, se había transformado ante sus ojos en hombre de acción, un estratega militar y un agente de insurrecciones que había demostrado ser capaz de preparar y financiar un plan tan complejo como el Plan de Fernandina.

El ejército que España había situado en Cuba antes de 1895 consistía de 14,000 hombres, apoyados por defensores voluntarios, que sólo operaban en las grandes ciudades. Ante la amenaza de Martí, las autoridades de Madrid comenzaron a hacer planes para enviar a Cuba 235,000 soldados. Martí, convertido ahora en un buen analista de estrategias militares españolas, pensó que a España le iba a ser difícil enviar casi un cuarto de millón de hombres a Cuba cuando le estaba costando difícil poner 25,000 en pie de guerra en el conflicto de Melilla.[176] Interesantemente, para los españoles Martí había madurado del hombre que recibió desterrado en 1869 y en 1879 y ahora era «*un loco farsante, cómplice de Máximo Gómez, un viejo ambicioso ya inutilizado por la avanzada edad,*» según la prensa madrileña.

Martí por su parte seguía recalcando en su oratoria:

«*El asunto no es sacar a España de Cuba; sino en sacarla de nuestras costumbres. Nuestro ideal no es solamente ser independientes sino ser tam-*

---

[176] La ***crisis de Melilla***, en Africa del Norte, duró desde 1890 a 1893 y culminó con un ataque de las *cabilas rifeñas* (bereberes del norte de Marruecos) a la ciudad en el cual murió el gobernador de esa posesión española, el General Juan García Margallo. España envió tropas a Melilla para enfrentarse a la revuelta; al mando de ellas estaba el General Arsenio Martínez Campos, bien conocido de los cubanos.

bién libres La independencia en los Estados Unidos llegó con Washington, la libertad cuando Lincoln.»

El 30 de enero de 1895 José Martí abordó el vapor *Athos* de la compañía *Atlas* con tumbo a Port-au-Prince, con escala en la isla *Fortuna*. Le acompañaban Mayía Rodríguez, Enrique Collazo y Manuel Mantilla. No era la primera vez sino la tercera que Martí visitaba a Máximo Gómez en la República Dominicana. En septiembre de 1892, viajando primero en un buque de carga costero, mas tarde a caballo y finalmente en frágiles goletas, había visitado al generalísimo para conocerle mejor después del infortunado incidente del *Hotel de Mme. Griffou* en Manhattan. En junio de 1893 volvió a Montecristi camino a Costa Rica en sus gestiones de asegurar el entusiasmo no solamente de Gómez sino también del indispensable Antonio Maceo.

En este tercer viaje, después de una semana de navegación hacia el Caribe, llegó Martí a Cabo Haitiano [177] el día 6 de febrero, con Mayía, Collazo y Mantilla; juntos salieron en bote esa misma noche hacia Montecristi, donde impaciente, los esperaba Máximo Gómez en su humilde casa en la finca *La Reforma*.[178] Durante varias semanas realizaron numerosas gestiones para recaudar fondos entre simpatizantes de la insurrección y poder llegar a Cuba, visitando las poblaciones de Trou, Quanaminthe y Dahabón en Haití y Santiago de los Caballeros y La Vega en Dominicana.

El día 13 llegaron a Santiago de los Caballeros; el 18 se dirigieron a La Vega (El Hatico), volviendo el 19 para Montecristi. El día 1 de marzo Martí salió en compañía de Mayía y Collazo a caballo hacia Cabo Haitiano, cruzando por *Fort Liberté*, Haití, donde pasaron la noche, regresando el día 4 a Montecristi en lancha. En *La Reforma* Martí, Gómez, Mayía y Collazo se reunieron todos los días por más de cuatro horas para discutir los pormenores de la incipiente insurrección en Cuba. Por las noches jugaron asiduamente al dominó, al aire libre, sentados en taburetes artesanales algunos de los cuales Máximo había construido con sus propias manos, frente una vieja mesa española que Gómez había traído desde Santiago de los Caballeros, Martí haciendo pareja con Collazo y Máximo con Mayía Rodríguez.

---

[177] **Cabo Haitiano**, en creol "*Kapayisien*" o simplemente "*O'Kap*" – es la segunda ciudad de Haití.

[178] En 1892, en la rústica vivienda de Gómez en la finca **La Reforma**, en Laguna Salada, Guayacanes, sentado en una hamaca, el generalísimo había escuchado de labios de Martí las bases del recién fundado *Partido Revolucionario Cubano* y algunos de sus artículos en el periódico *Patria*.

El 26 de febrero de 1895, dos días después del levantamiento en Cuba, desde Montecristi, José Martí decidió escribirle a Antonio Maceo en Costa Rica. En esos días, a su labor para conseguir como y en qué llegar él a Cuba, se unía la necesidad de enviar recursos a Antonio Maceo, que junto a Flor Crombet, José Maceo y otros expedicionarios esperaba fondos en Costa Rica para marchar a la guerra necesaria.

Maceo estaba sumamente inquieto por no tener noticias de los fondos que le habían prometido y que eran necesarios para transportar los exiliados cubanos de Nicoya hacia el terreno de la guerra. La carta de Martí, aunque respetuosa y leal, no logró aplacar las dudas y vacilaciones de Maceo con relación al liderazgo de Martí.

> *«Sr. General Antonio Maceo. Al General escribo hoy, aún más que al amigo: la guerra, a que estamos obligados, ha estallado en Cuba. Y a la vez que la noticia de ella, que por obedecer a nuestros anuncios y arreglos nos revela su importancia, y nos llena de solemne deber, recibo de New York la confirmación de su declaración de Ud.[179] -que a quien le conociese menos que yo parecería un obstáculo, injusto e imprevisto, pero que para mí no lo es. El patriotismo de Ud. que vence a las balas, no se dejará vencer por nuestra pobreza, -por nuestra pobreza, bastante para nuestra obligación...*
>
> *... ajustado con la Isla y a petición de ella el alzamiento- y teniendo presente lo que en Costa Rica vi, y traté con Flor y dije a Ud., sobre los modos de ir, -puse a su disposición, la suma de $2,000 en oro, única que podría ofrecerle, para un plan de salida igual al que lleva al General Gómez y a mí.*
>
> *Decidido rogué a Ud. que me pusiera por cable, lo que quería decir que Ud. estaba dispuesto a ir con ese plan; pero el cable me decía a la vez que necesitaba seis mil pesos, suma hoy imposible de allegar. Y hoy, estallada ya la revolución en Cuba, recibo otra vez la noticia de que Ud. considera indispensable, para su salida, la suma de cinco mil pesos oro: -suma que no se*

---

[179] **Antonio Maceo** le había dejado saber a Martí que, fracasado el *Plan de Fernandina* y habiéndose decidido que la insurrección continuaría y cada grupo estaría a cargo de su propia transportación a Cuba, él necesitaba $6,000 para trasladar los exiliados de Costa Rica a Cuba y estaba contando con la prometida ayuda económica del *Partido Revolucionario Cubano*. El PRC, sin embargo, carecía de fondos suficientees y solo le había podido ofrecer a Maceo $2,000, que Maceo no considseraba bastante. Forzado por las circunstancias, Martí le escribió a Maceo esta difícil y dolorosa misiva, para comunicarle que había traspasado la responsabilidad de la expedición desde Costa Rica a Flor Crombet, quien se comprometía a hacerla con el dinero disponible. Desde ese momento Maceo no estuvo de buenas con Flor Crombet, por haberle abiertamente hecho saber a Martí que el grupo de Costa Rica podía arreglárselas con los $2,000 que ofrecía el PRC. Ese incidente echaba leña al fuego de las relaciones entre Martí y Maceo, lo cual se puso de manifiesto dramáticamente en la entrevista entre los dos en las ruinas de *La Mejorana* unas semanas mas tarde.

tiene, siendo así que se tiene en la mano la de dos mil, y está enfrente, ardiendo ya, la revolución en Cuba.

... yo tengo de Flor Crombet la seguridad de que, con menos de la suma ofrecida, puede tentarse con éxito la salida de los pocos que de ahí pueden ir en una embarcación propia, -decido que Ud. y yo dejemos a Flor Crombet la responsabilidad de atender ahí a la expedición, dentro de los recursos posibles, porque si él tiene modo de que Uds. puedan arrancar de ahí con la suma que hay, ni Ud. ni yo debemos privar a Cuba del servicio que él puede prestar.

Cuba está en guerra, General. Se dice esto, y ya la tierra es otra. Lo es ya para Ud. y lo sé yo. Que Flor, que lo tiene todo a mano, lo arregle todo como pueda. ¿Qué de Ud. pudiera venirle el menor entorpecimiento? ¿De Ud. y Cuba en guerra? No me entrará ese veneno en el corazón.

... yo no me tengo por más bravo que Ud., ni en el brío del corazón, ni en la magnanimidad y prudencia del carácter. Allá arréglense, pues, y ¡hasta Oriente! Cree conocerlo bien su amigo, José Martí.»

En la noche del 25 de marzo, en la sala de la humilde vivienda que el generalísimo tenía en Montecristi, José Martí y Máximo Gómez firmaron un trascendental documento que la historia conocería como el *Manifiesto de Montecristi*, anunciando al mundo el carácter generoso y justo de la guerra necesaria e inevitable contra España que ya estaba a punto de estallar en Cuba. Emocionados Mayía Rodríguez y Enrique Collazo contemplaron la profunda emoción que embargaba al viejo general mientras apretaba fuertemente la pluma. Minutos después leyeron las palabras escritas por Martí y refrendadas por Gómez:

«Esta Guerra de Independencia es la continuidad de la iniciada en Yara en 1868. La búsqueda de la independencia, iniciada en Yara después de preparación gloriosa y cruenta, ha entrado en Cuba en un nuevo periodo de guerra y constituye la demostración solemne de la voluntad de un país harto probado en la guerra anterior de conquistar la independencia patria...

Como guerra justa, es esta guerra el producto disciplinado de la resolución de hombres enteros que en el reposo de la experiencia se han decidido a encarar otra vez los peligros que conocen en aras de la conquista de la libertad.

Como guerra generosa, no es contra el español, que, en el seguro de sus hijos y en el acatamiento a la patria que se ganen podrá gozar respetado, y aun amado, de la libertad que solo arrollará a los que le salgan, imprevisores, al camino... Los cubanos empezamos la guerra, y los cubanos y los españoles la terminaremos. No nos maltraten, y no se les maltratará. Respeten, y se les respetará. Al acero responda el acero, y la amistad a la amistad... »

La guerra de independencia de Cuba, nudo del haz de islas donde se ha de cruzar, en plazo de pocos años, el comercio de los continentes, es suceso de gran alcance humano, y servicio oportuno que el heroísmo juicioso de las

Antillas presta a la firmeza y trato justo de las naciones americanas, y al equilibrio aún vacilante del mundo. Honra y conmueve pensar que cuando cae en tierra de Cuba un guerrero de la independencia, abandonado tal vez por los pueblos incautos o indiferentes a quienes se inmola, cae por el bien mayor del hombre, la confirmación de la república moral en América, y la creación de un archipiélago libre donde las naciones respetuosas derramen las riquezas que a su paso han de caer sobre el crucero del mundo...

... al proclamar desde el umbral de la tierra veneranda el espíritu y doctrinas que produjeron y alientan la guerra entera y humanitaria en que se une aún más el pueblo de Cuba, invencible e indivisible, séanos licito invocar, como guía y ayuda de nuestro pueblo, a los magnánimos fundadores, cuya labor renueva el país agradecido...»

El Manifiesto incluyó prominentemente los deseos de los cubanos de trabajar *"con todos y para el bien de todos:"*

«*Cubanos hay ya en Cuba de uno y otro color, olvidados para siempre —con la guerra emancipadora y el trabajo donde unidos se gradúan— del odio en que los pudo dividir la esclavitud... Solo los que odian al negro ven en el negro odio... hoy los cubanos prometen unir los pinos nuevos con los veteranos de las anteriores contiendas, a negros y blancos, a españoles y criollos, a los cubanos todos...»*

El día 1 de abril un pequeño grupo de hombres partió temprano en la mañana a bordo de la goleta *Brother* hacia la isla de *Inagua*, donde llegó casi al filo de la medianoche. El día 6 los integrantes de ese grupo regresaron a Cabo Haitiano a bordo del *Norstrand*, un navío alemán que recogió en Cabo Haitiano una carga preciosa y a los pocos días regresó a *Inagua* llevándola a bordo. El 11 de abril, casi al amanecer, lo recogido en Cabo Haitiano partió en el *Norstrand* hacia las costas cubanas.

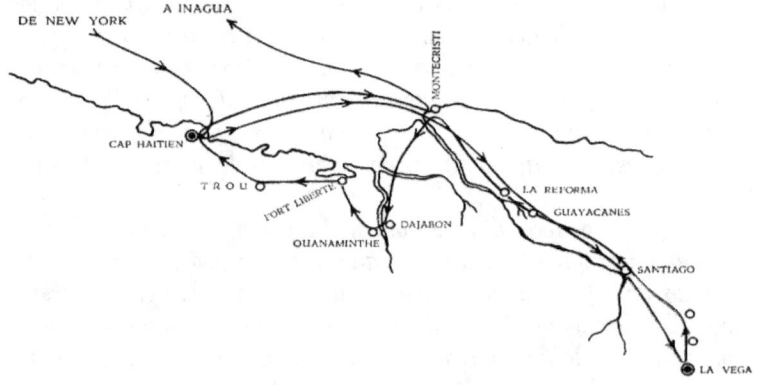

El *recorrido de José Martí* en su tercer viaje a la República Dominicana para visitar a Máximo Gómez y lanzar la Guerra en enero de 1895.

El *vapor Athos* de la Compañía Atlas, donde Martí y su comitiva viajaron de New York a Port-au-Prince

Cape Haitien visto desde *La Citadelle* en República Dominicana.

El pueblo de *Montecristi*, donde residía Máximo Gómez.

La *imprenta* de *Don Ulises Franco Bicó* en Santiago de los Caballeros, donde se imprimió por primera vez el *Manifiesto de Montecristi* en 1895.

La hacienda *La Reforma*, propiedad de Máximo Gómez en *Laguna Salada*, cerca del pueblo de Montecristi.

Mapa del *noroeste de la Española*, mostrando el area de donde partieron Martí y Máximo Gómez hacia Cuba en la Guerra de 1895.

Grupo de *exiliados cubanos en Costa Rica*, entre ellos *Flor Crombet, Agustín Cebreco, Martín Morúa Delgado* y *Antonio Maceo* en 1895.

La casa de Máximo Gómez, donde Martí y Gómez firmaron el **Manifiesto de Montecristi** en 1895.

La isla de **Inagua**, donde los cubanos alquilaron el vapor *Norstrand* que los llevaría Cuba.

Fotos del documento conocido como el *Manifiesto de Montecristi*; la primera página y la página final con las firmas de José Martí y Máximo Gómez.

A la derecha, una *foto de ambos* con el periódico *Patria* sobre la mesa.

32 Desembarco

El tan esperado viaje de Martí, Gómez y sus acompañantes [180] hacia Cuba el 11 de abril, fue en definitiva posible gracias a la intervención del cónsul alemán en Haití y al pago de $1,000 adicionales a los operadores del barco *Norstrand*. La tripulación de la goleta *Brother* había desertado cuando estaban a punto de partir de la isla de *Inagua*. Ante los argumentos de Máximo Gómez de que había un acuerdo que cumplir y se había recibido un depósito en oro, Bastián, el capitán del barco, declaró que había tratado pero no había podido conseguir otros marineros en la isla. Martí se decidió a tomar cartas en el asunto. Años después Máximo Gómez haría el siguiente relato:

> «De pronto vi a Martí resuelto y entero. "El destino," decía, "nos fustigó con el desastre del Plan de Fernandina y ahora dispone que seamos traicionados y abandonados en el mar, a pesar del compromiso que hemos comprado con una retribución adelantada para ser conducidos a la tierra amada." Fueron momentos angustiosos capaces de meter miedo a los espíritus más fuertes y mejor templados, sobre todo a hombres como Martí, no acostumbrados a los azares de la guerra. ¡Extraño contraste! Habíamos principiado por la más horrenda derrota, para obtener después, como se ha visto, la más espléndida victoria. Así ha sido Cuba y seguirá siéndolo.» [181]

---

[180] Seis fueron los hombres que se lanzaron a la riesgosa aventura de ir desde la isla de Inagua hasta las costas cubanas: **Máximo Gómez, Francisco Borrero (Paquito), Angel Guerra, Cesar Salas, Marcos del Rosario** y **José Martí**. Todos, excepto Marcos del Rosario y Máximo Gómez, perecieron en combate durante la Guerra del 1895.

[181] Nunca se supo que arte de persuasión empleó Martí, ni que ocultas cuerdas del sentimiento utilizó para tocar el alma del capitán de la goleta *Brother* y conseguir la devolución de los fondos adelantados, los cuales eran necesarios para poder contratar otra via de transporte. Fue así como Martí, comunicándose con Herr Monsieur Barber, un haitiano que era en ese momento el consul alemán en Inagua, consiguió que este le hablara al capitán del *Norstrand* para que transportara a Cuba esos seis raros pasajeros. Monsieur Barber lo logró concediendo de improviso la ciudadanía haitiana a los seis pasajeros y garantizando la legalidad de poder trasladarse a Cuba. Para el viaje los apellidos de los valientes que iban a desembarcar en Cuba fueron entonces Dellundé, Mercier, Voleaux, Vaudreuil, San Julian and Tremausard, todos tomados de seno familiar del buen consul Barber.

Ya en alta mar, el pequeño grupo a bordo del *Nordstrand*, en medio de una fuerte marea y severos vientos llegó por fin a media noche a un sitio llamado *Playitas de Cajobabo* [182] en la costa sureste de Oriente, no sin pequeños percances y sustos. Martí estaba cumpliendo su sueño máximo: estaba en suelo cubano listo para pelear por la independencia de Cuba.

Salir de *Playitas* para buscar refugio en las montañas resultó ser tan difícil como salir de La Española y atravesar la zona tormentosa del paso de los vientos. La playa parecía estar tallada en las montañas con un risco en forma de U de 60 pies que la rodeaba por todas partes menos por el mar. La pequeña lancha que usaron para desembarcar del *Nordstrand* se estrelló en contra del farallón y se hundió delante de sus ojos, mientras ellos llegaban vadeando a la costa.

«Yo no sabía,» relató más tarde Gómez, *«lo difícil que era salir de un barco para entrar en una pequeña embarcación a su costado. Nada sabía ninguno de nosotros de cosas marineras; a golpes de remo cubrimos las tres millas de mar embravecido que nos separaban de tierra firme, en medio de una obscuridad impenetrable, donde todo rumbo había desaparecido, donde una sola ola podía haber bastado para hacernos desaparecer y borrar todo vestigio de aquella heroica aventura. Una fuerte marejada batía inmisericorde con un rugido ensordecedor el acantilado al llegar a la orilla. Nunca pude imaginarme un fin más injusto.»*

---

[182] **El lugar exacto** fue marcado en 1922 con una tarja de mármol incrustada sobre una pared de cemento; en el centro, a relieve, asoma la proa de un bote. A la izquierda de ese pequeño monumento, debajo de una antorcha que representa a Martí, hay un escrito que dice:

«De pueblo en pueblo, de tribuna en tribuna, y de alma en alma, predicó la guerra necesaria, que desencadenó con su palabra y fecundó con su sacrificio. La fe y el amor fueron sus armas de combate; se dio entero a Cuba, y cuando lleno de ella cayó crucificado en "Dos Ríos" se trasmutó en Gólgota y su nombre en el "Cristo de la Patria."»

A la derecha, debajo de una espada que representa a Máximo Gómez, hay un escrito que dice:

« Fue el primer guerrero de la década iniciada por Céspedes el 10 de Octubre de 1868, y el genio director de la última y definitiva lucha por la independencia. En los pinos de Baire, enseñó a los cubanos a escribir con su resolución el prólogo de las hazañas del machete. Palo Seco y las Guásimas, Mal Tiempo y Juan Criollo, consagraron al Héroe. En la paz que siguió al Zanjón, como reanudase el combate después de 1895, fue emblema de esperanza, bandera de guerra, augurio de victoria. Grande por la virtud y el carácter, más grande aún por la abnegación y el desinterés. Cuba venera y recuerda al glorioso dominicano, llamado por su nombre de pila, "El Libertador."

A las 10:30 pm del día 11 de enero de 1895, al tocar tierra, exhaustos y conmovidos, Gómez, Martí y todos los demás cayeron de rodillas y besaron la blanca arena que los rodeaba. Descansaron unos minutos, tomaron pequeños sorbos de un vino de Málaga que llevaba Máximo Gómez, una bebida nutritiva fortalecida con extracto de quinina, la cual se pensaba era muy apropiada para trabajar en los trópicos. Se echaron las provisiones a la espalda: 12 rifles, 2,000 balas y un saquito con quesos duros y galletas. Comenzaron a escalar el terreno pendiente, entre rocas, riscos y matojos espinosos. Gómez tenía una brújula, pero sin saber donde estaban exactamente, decidió dirigir al grupo hacia el norte. Al cabo de dos horas decidieron hacer un alto en el camino y tratar de dormir unas cuantas horas.

Al filo de la madrugada, tal vez las 5:00 am o quizás las 6:00, todos estaban en pie. Continuaron con entusiasmo la marcha hacia el este. Al fin llegaron a *Cajobabo*, un caserío perdido entre las orgullosas montañas de Oriente, a unos dos kilómetros y medio de Playitas. Allí los recibió un noble campesino llamado Gonzalo Leyva, que dispuso de inmediato que dos de sus hijos bajaran a la playa y quemaran la lancha que los había traído a las costas de Cuba. En el fogón de su hogar, su esposa preparó café, cosechado de los granos que recogían a escasos cien pies del humilde bohío. Leyva tenía todo el aspecto de un isleño fuerte, curtido por el sol, su rostro surcado por los cauces y repechos de los años, machete al cinto, sombrero de yarey cuidando la frente, jícara con agua colgándole al hombro, zapatillas de tela de sacos de azúcar y una mirada que penetraba valles y montañas. Martí vio en él a un futuro y leal mambí y pensó silenciosamente:

«*Nunca olvidaré esta noche deliciosamente peligrosa, ni a este estupendo ejemplar de cubano, ni el café, ni el fogón acogedor de su casa.*»

Cajobabo es un pueblito al borde del camino de Guantánamo a Baracoa. Al poco tiempo de llegar, se aparecieron en casa de los Leyva un gran número de guajiros amigos, varios de los cuales se ofrecieron a ayudarles a buscar las tropas de Maceo y lo que era más importante, a evadir a las tropas españolas que ya los buscaban.

Los días que siguieron a medida que se adentraban en las impenetrables selvas, valles y montañas hacia el oeste, fueron una gran prueba para José Martí, un hombre pequeño, aparentemente débil, quien pocos creían pudiera resistir los rigores de la lluvia, la vegetación impenetrable, los terrenos escabrosos, la carga de armas pesadas, los altos riscos y los profundos abismos y las noches frías del lugar. Los golpes de remo se habían ahora convertido en golpes de machete para abrir una senda que les permitiera alejarse de una playa seguramente infestada de tiburones y posiblemente de españoles. Los enormes arboles de la zona, los fríos riachuelos, los tupidos montes, todo fue una novedad para Martí, que en el fondo poco había estado al aire libre durante sus 42 años. Para él fueron días de gran felicidad y de buenas experiencias. Máximo Gómez, asombrado por la resistencia y ecuanimidad de Martí ante tantos obstáculos físicos lo felicitó en varias ocasiones:

> «Nunca pensé que podría usted mantener el mismo paso que nosotros.»

Durante su travesía, Martí se alimentó en la misma forma que lo hacían sus compañeros de viaje: boniatos, guarapo, chopos de malanga, sopa de plátanos, una salchicha de vez en cuando, naranjas o un pedazo de *pan patato* [183]; bajo las frondas de los grandes árboles, sentado en un cajón o en su hamaca, leía *La Vida de Cicerón*, entre otros libros; escribía extensamente a sus amigos, y un diario para él mismo y para generaciones futuras; lavaba su ropa en los ríos y las secaba con el calor de hogueras improvisadas; se curaba algún que otro dolor de barriga con culantro de Castilla; siempre animaba a los guajiros a que le contaran historias de la Guerra de 1868. Tomaba café hecho con platanillo molido o borra con el mismo gusto que si fuera de preciosos granos de Arábica.

Sobre el camino, observaba con admiración la evidente autosuficiencia de los habitantes del lugar:

> «*La casa de yaguas,*» le escribió a Gonzalo, «*se las da el campo. Los puercos se pueden criar en el monte. Comer, lo da la tierra. El calzado se saca de la yagua y la majagua. La medicina de las yerbas y cortezas. El dulce, de la miel de abejas.*»

En otra ocasión le mencionaba, con cierto orgullo de curandero de campo a Gonzalo, consumado hombre de ciudad igual que él:

> «*Las cataratas se curan con la savia de Itamo Real, que mucha gente conoce como ipecacuana, un líquido milagroso que le puede restaurar la visión a un gallo ciego. El que tenga úlceras sólo necesita aplastar bien las espinosas hojas del romerillo. Para una herida grande, la mejor forma de parar la sangre es meter en la herida hojas aplastadas de yaguama; si la herida es superficial, lo único que hay que hacer es sentar al herido bajo la sombra del árbol de yaguama. Para el asma, el mejor remedio es preparar un té con las grandes*

---

[183] **Guarapo**: el jugo de la caña de azúcar; **Chopos de Malanga**: pedazos hervidos de un tubérculo de la familia del *Arum, Xanthosoma genus*, un alimento muy rico, lleno de almidón, hipoalergénico y muy nutritivo; **Pan Patato**: una mezcla asada de yuca, boniatos y calabaza, endulzada con miel, postre favorito de los campesinos orientales cubanos.

hojas del arbusto de la yagruma; no las pequeñas, que esas dan estreñimiento. Para la congestión del pecho, lo mejor es un té con hojas de Guanábana. Ahora, para el que se siente mal, lo mejor es una purga de higuereta.»

Varios días después, el 15 de abril de 1895, Martí le escribió a Gonzalo de Quesada y a Benjamín Guerra: [184]

«(Cerca de Baracoa) 15 de abril (1895)
Gonzalo, Benjamín, hermanos queridos:

En Cuba Libre les escribo, al romper el sol del 15 de abril, en una vega de los montes de Baracoa. Al fondo del rancho de yaguas, en una tabla de palma sobre cuatro horquetas, me he venido a escribir...

En Vds. me miro y me fío. ¡Qué recordarlos, calladamente, en la alegre dificultad de las lomas, o cuando el General, con su hermosa sonrisa de fatiga, se volvía a hablarme de Gonzalo y de Guerra, o acostado cama a cama, sobre las hojas que cariñosamente había cortado para mí, pensábamos en los ausentes, y en New York! Se habla poco, y se ama mucho. El alma crece y se suaviza en el desinterés y en el peligro. Ya me acortan el tiempo, y debo acabar. Junten bien, y a constante altura, la acción de Vds. con la nuestra. Descabecen la intriga de ahora. Prepárense a la campaña de fuerza. No intenten expediciones de hombres, sino de armas y parque; con poca custodia. Mandados hacer están para eso -armas y parque y 10 hombres cada vez- los vapores de Hatton. Magnífico y posible sería que tomase de Capitán, 1º y 2º contramaestre y maquinista, con triple o cuádruple sueldo del q. tienen, a los buenos amigos del vapor Nordstrand, q. se harán conocer de Vds. Así, con vapor de paso natural, que dejaría al ir o al volver, y con tripulación nuestra ¿quién peligra? Trabajen recio en esa combinación. Que en cada grupo venga alguien hecho a la manigua. No dejen, sobre todo, de la mano los trabajos encaminados a enseñar con su carácter firme, ordenado y decidido a avanzar, a la revolución- corten a sus enemigos la esperanza de hacerla atrás: vean, y aplaudan, la nobleza con que se juntan, sin más idea que el bien patrio inmediato y entero, las fuerzas diversas, viejas y nuevas de la revolución: graben en su corazón la hermandad y ternura con que estas manos gloriosas reciben y cuidan al soldado recién venido: quiéranme mucho al viejo general: -y lleno de orgullo justo, y fe merecida en la bravura y decisión de su pueblo, adivinen la felicidad que inunda, sin más tristeza que la de ver lejos a las almas queridas a, su

José Martí»

---

[184] Secretario y Tesorero respeectivamente del **Partido Revolucionario Cubano**, electos el 8 de abril de 1892 en la misma asamblea en que José Martí fue electo Delegado del Partido.

Playitas de Cajobabo, el lugar donde desembarcaron en Cuba José Martí y Máximo Gómez el 11 de abril de 1895 para unirse a la Guerra del 1895.

En 1922 se estableció en ese punto de la costa un pequeño ***monumento recordatorio*** a ese acto. El acceso a tierra estaba totalmente vedado por altos acantilados que encerraban la pequeña playa.

Dibujos a lo largo de más de cien años con el tema del ***desembarco*** de Martí y Gómez en Playitas en 1895

Una foto aérea de **Playitas de Cajobabo**, mostrando las dificultades físicas para salir de la playa y entrar en las montañas que la rodeaban.

Dos dibujos de ***José Martí en el camino*** de Playitas al centro de la provincia de Oriente, según lo describió Máximo Gómez: *«Martí no llegó a Playitas con el traje oscuro, ahora desgastado, y el cuidado que siempre tenía para vestirse. Allá se lanzó al monte con su cabeza desgreñada cubierta con un sombrero campesino y unos pantalones raídos, pero su corazón fuerte y entero para amar la independencia de su tierra.»*

33 Travesías

El 16 de abril, al día siguiente de Martí escribirles a Gonzalo y Benjamín la primera de varias cartas, se unió al grupo José de Jesús, un práctico con gran experiencia en la zona. Los seis nuevos insurrectos continuaron desde entonces su travesía, más seguros y confiados. Esa noche durmieron en una cueva, acolchados con hojas secas; a la mañana siguiente se alimentaron de boniatos asados y frutas que encontraron a su paso. Al anochecer Martí escribió en su diario:

«Luego, a zapato nuevo, la altísima loma, de yaya de hoja fina, majagua de Cuba y cupey, de piña estrellada. De súbito vimos acurrucada en un lechero una hermosa jutía. Marcos la degüello, la sazonamos con varias naranjas agrias que José descubrió en los alrededores y tuvimos un festín.»

La ruta en los bosques entre Playitas y el valle de Guantánamo les pareció una lenta e interminable caminata en continuo ascenso. El día 17 José de Jesús, joven pero fuerte como no lo era Martí, se echó al hombro el pesado jolongo de Gómez y este a su vez tomo al hombro el fusil de Martí. Martí reflexionaba que...

«sin dudas, subir lomas hermana hombres: por las lomas llegamos a Sao del Nejesial, lindo rincón, claro en el monte, de palmas viejas, mangos y naranjas. Se marchó José y Marcos vino con el pañuelo lleno de cocos y frutas. Me dieron a mí la única manzana. Se nos unieron Félix Ruenes y varios de sus patriotas de la región. Avanzamos hacia el rancho de Miguel Aguirre, al que llaman Tavera.»

En el trayecto loma abajo, los baracoenses no permitieron a los expedicionarios llevar carga alguna y gentilmente se echaron encima mochilas y jolongos con pertrechos. Martí exigió quedarse con su rifle y las 100 cápsulas; se lo permitieron.

En Vega Batea, donde estaba localizado el hogar de Aguirre, los recibieron con gran júbilo. Félix Ruenes orgullosamente los presentó. Tanto los hombres a su mando como los vecinos del lugar querían oír hablar a Martí, que junto a Gómez les dirigió la palabra.

Esa noche Martí tuvo una pesadilla que le relató a Máximo Gómez.

«El alemán Heinrich Julius Theodor Lowe, capitán del Nordtrand, había ordenado hacer una parada durante la noche del 11 de abril de 1895 bajo la lluvia, a tres millas de las costas de Guantánamo. Sus hombres echaron al agua un bote en el cual los seis expedicionarios intentamos desembarcar. Era tal la tormenta que Lowe daba por seguro que íbamos a ser enviados al fondo del mar. Yo le dije que su conciencia debía estar tranquila porque éramos

nosotros quienes queríamos realizar la imprudente empresa a pesar que de que él nos había tratado de convencer de no hacerlo. Fue entonces que el propio capitán casi provocó el naufragio al poner en marcha las hélices del buque, con nuestro bote aun en su costado, el cual se zarandeó y por milagro no se volcó. Yo exclamé "Por donde se pueda y como quiera." No pudimos llegar a la costa. En nuestra desesperación tratamos de remar ágilmente pero a Paquito Borrero se le fue de las manos un remo y tratando de recuperarlo cayó al agua. Al inclinarnos y tratar de alcanzarlo, el bote zozobró... La dicha era el único sentimiento que nos poseía y embargaba, pero todos nos ahogamos, dejando a Cuba sola y sin esperanzas de ser libre...»

Martí pudo esa noche acopiar el sueño, no así Máximo Gómez que estuvo despierto hasta casi las luces de la mañana.

Martí y Máximo Gómez hicieron veinte y cinco jornadas desde Playitas hasta las tierras donde se unían el Cauto y el Contramaestre; trescientos noventa y dos kilómetros a pie; veinticinco campamentos en pleno monte; treinta y ocho días, entre el 11 de abril y el 19 de mayo de 1895.

Para apreciar este esfuerzo es imprescindible conocer la sierra de Baracoa. Tierra de altos picos donde el frio hiela la sangre y hondos abismos donde la humedad infecta los pulmones y cala los huesos, serranías donde la vegetación es mucho más espesa que en ningún otro lugar de Cuba, donde cuando aplaca la manigua, el sol castiga mas la piel que en los desiertos que nunca han visto los cubanos, donde no hay caminos, ni veradas, ni trillos hechos por el paso de hombres o animales, donde los únicos senderos los han trazado ríos que se han secado y han dejado en sus lechos pedregales intransitables, donde cuando el sol no tiene fuerza para atravesar los copos de la arboleda se vive siempre en penumbra, aun al mediodía, soportando el respirar caliente y a veces pestilente de la selva.

Para Martí, sin embargo, la dura marcha se hizo siempre presagio y anticipación de un encuentro con tropas españolas. Nunca se quejó. De vez en cuando se encontraba con un panal de abejas y trataba de llevárselo consigo. El rumor de los ríos le parecía música de cámara; los cantos de los grillos en la noche se habían convertido en salmos cantados que disfrutaba para ensoñecer y descansar. Ni siquiera el duro empeño de diez kilómetros de ascensión continuada entre Vega Batea y Pozanco, cargados todos de armas y pertrechos, lo desanimó. Máximo Gómez, un hombre con temple de guerrero y agilidad de estar acostumbrado a la vida dura del campo, no dejaba de asombrarse:

«Era dura nuestra obstinación, sobre todo para un hombre de complexión débil, sin hábito de campo, por largo tiempo sometido a la tensión debilitadora de fuertes emociones... yo vi a Martí atravesando abruptas

> *montañas, con un rifle al hombro y una mochila a la espalda, sin quejarse ni doblarse, tal y como lo hubiera hecho un batallador consuetudinario, penetrando aquella naturaleza salvaje sin más socorro que su fe en la libertad de Cuba ni mas amparo que Dios.*»

Así paso Martí por el rio Tacre, la cueva de Ramírez, donde pasó la noche, la gruta de Pozanco, en lo más agreste de la sierra, donde hicieron campamento, Madre Vieja, en un nudo de las altas montañas, Palmarito, el rio Los Calderos, las lomas de Imías y Serafines, el rio Yacabo, Pozanco, Palenque, los Ciguatos, el rio La Maya, el abra entre las lomas del Convento y Doña Mariana. Nombres que nunca había escuchado y lugares que nunca había imaginado, como era el caso para la inmensa mayoría de los cubanos de todas las épocas.

Al fin, Martí y sus acompañantes vencieron la sierra. Atrás quedó como gladiador derrotado, como gigantón justiciero del cual todos habían escapado. Ahora frente a ellos estaba el llano de Guantánamo y su enorme bahía. El peligro dejó de ser las escarpadas montañas, los insondables despeñaderos y la apretada manigua sino las patrullas hambrientas de las columnas del ejército español.

El 25 de abril ocurrió lo que para todos en el grupo era un leve encuentro con el enemigo pero para Martí constituyó el bautismo de fuego. En Arroyo Hondo,[185] a las 11:00 am, sonaron tiros graneados que retumbaron en las lejanas montañas. José Maceo y sus tropas estaban rechazando «*a pecho limpio y en camino abierto,*» la emboscada de una tenaz tropa española, perteneciente al Regimiento de Simancas, al frente de la cual estaba un tal coronel Copello, jefe militar de la jurisdicción. En dos horas los cubanos, comandados por Maceo, dispersaron a los atacantes sufriendo 4 bajas [186] mientras los españoles dejaron 9 hombres en el monte. Ausente entre las tropas de José Maceo, los cubanos extrañaron al Mayor General Flor Crombet, organizador de la expedición desde Costa Rica que desembarcó en Duaba con los hermanos Maceo; Flor había caído combatiendo el 10 de abril en *Altos de Palmarito*, cerca de Baracoa.

El día siguiente, soñolientos y abrumados de fatiga, el grupo de Martí y Gómez reanudó la marcha. Cubren en su marcha Iguanabo, Vuelta Corta, Aguacate, Kentucky, Jarahueca, Ti Arriba, de nuevo

---

[185] ***Arroyo Hondo*** es un lugar localizado 123 km al Nordeste de Guantánamo, una zona semimontañosa llena de pequeños arroyos y corrientes de agua.

[186] Martí anotó en su diario, bajo "**25-*Jornada de Guerra*:**" «[Hoy] *murió Alcil Duvergié, el valiente: de cada fogonazo, un hombre: le entró la muerte por la frente: a otro, tirador, le vaciaron una descarga encima: otro cayó, cruzando temerario el puente.*»

eran nombres que ni Martí ni la inmensa mayoría de los cubanos conocían de su existencia. Al llegar a una finca llamada "Leonor," se les acerca una caballería mambisa con la que viene un corresponsal del New York Herald de apellido Bryson.[187] Les trae noticias que desagradan profundamente a todos:

> «Según declaraciones del general Arsenio Martínez Campos, España está más dispuesta a entregar o vender a Cuba a los EEUU que a acceder a su independencia.»

En una vibrante carta que Martí hizo llegar al periódico por vía de Bryson Martí declaró: [188]

> «Los cubanos no pelean una guerra ni mueren en ella para darse un nuevo amo... A la boca de los canales oceánicos, en el lazo de los tres continentes, en el instante en que la humanidad va a tropezar a su paso activo con la colonia inútil española en Cuba, y a las puertas de un pueblo perturbado por la plétora de los productos de que en él se pudiera proveer, y hoy compra a sus tiranos, Cuba quiere ser libre, para que el hombre realice en ella su fin pleno, para que trabaje en ella el mundo, y para vender su riqueza escondida en los mercados naturales de América, donde el interés de su amo español le prohíbe hoy comprar... Plenamente conocedor de sus obligaciones con América y con el mundo, el pueblo de Cuba sangra hoy a la bala española, por la empresa de abrir a los tres continentes en una tierra de hombres, la república independiente que ha de ofrecer casa amiga y comercio libre al género humano.»

---

[187] ***George Eugene Bryson***, corresponsal del *New York Herald*, se quedó dos días en el campamento de Martí, informándole, entrevistándole y dialogando con él mientras Martí redactaba con esmero un largo mensaje reaccionando a la noticia sobre Martínez Campos. El día 2 de mayo, Martí apuntó en su diario: *«Con Bryson trabajo hasta las 3 de la mañana»*. El día siguiente añadió: *«Trabajo el día entero, en la carta al Herald, y más para Bryson.»* Comenzó su relato del día 4 con un lacónico *«se va Bryson»*. Bryson volvió a New York con las declaraciones de Martí, que se publiaron de inmediato. Con la ya acostumbrada cortesía y generosidad, Martí pidió que sus palabras se publicaran bajo el nombre de José Martí y Máximo Gómez. Algunos historiadores han considerado el escrito de Martí publicado ese dia en el *New York Herald* como el *Manifiesto de Jarahueca*.

[188] La carta se publicó en el ***New York Herald*** con fecha 2 de Mayo de 1895.

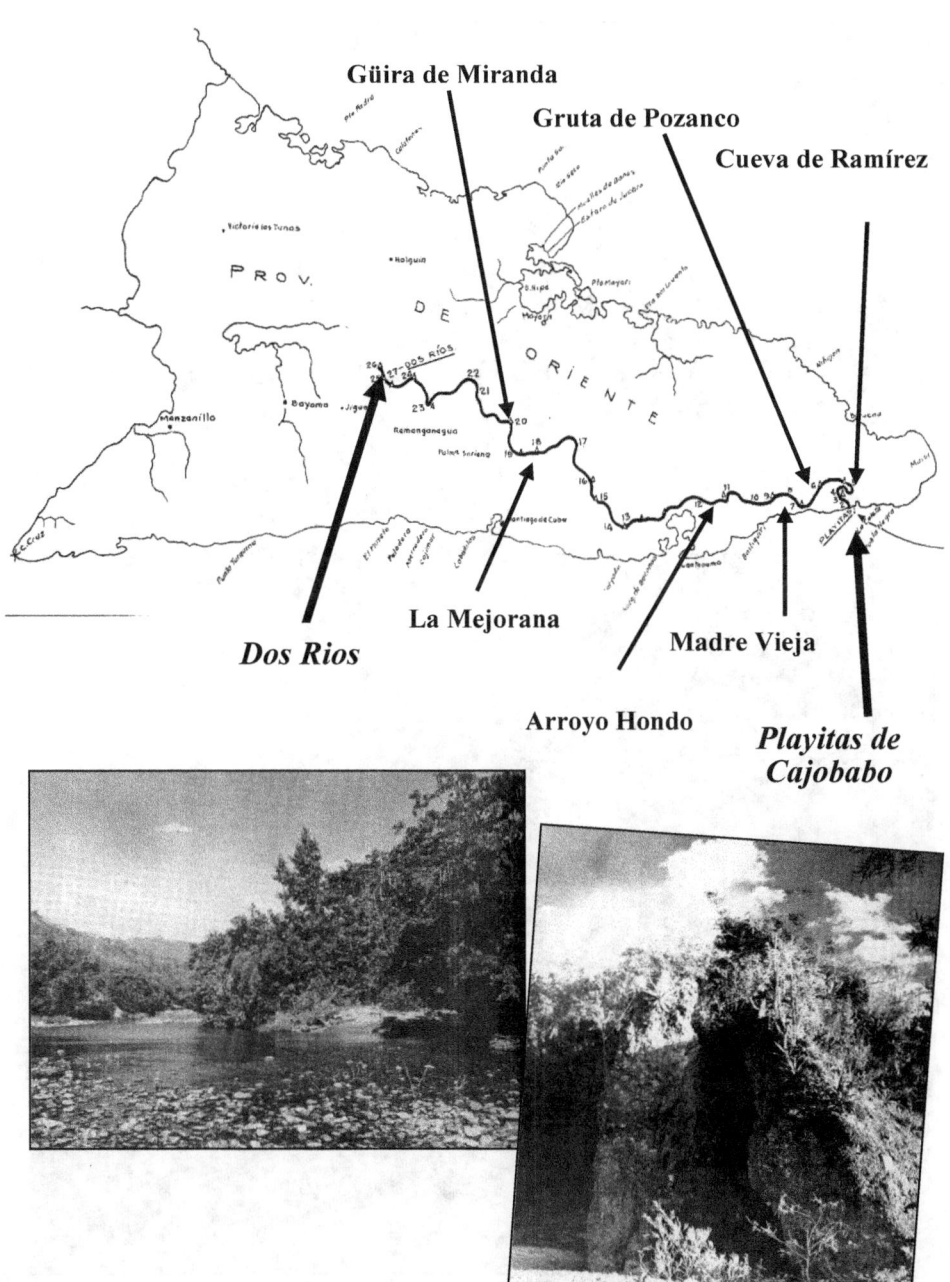

Mapa mostrando la **Ruta de Martí** desde Playitas a Dos Ríos.

El *río Tacre*, en los alrededores de la *Cueva de Ramírez*, cuyo cauce seco y pedregoso fue parte de la Ruta de Martí.

La *Gruta de Pozanco*, en lo más agreste de la sierra, donde se fijo el sexto campamento

Lugar donde acampó Martí conocido como **Madre Vieja**, en la alta sierra.

Arroyo Hondo, el lugar donde Martí vió su primer combate en 1895.

Las ruinas del **Ingenio La Demajagua**, donde Martí, Maceo y Gómez se reunieron el 5 de abril de 1895.

Güira de Miranda, cerca de Palma Soriano, donde se estableció el campamento 20 del recorrido o ruta de Martí desde Playitas a Dos Ríos.

34 Pausas

Bajo la custodia de las fuerzas de José Maceo, Martí, Gómez y los cuatro compañeros que le acompañaban acamparon varios días, desde el 26 de abril hasta el 1 de mayo, para descansar, atender correspondencia y tener momentos de reflexión, en una remota zona a unas pocas leguas de Guantánamo llamada *Filipinas*.

El territorio de Filipinas colinda en el Norte con el río Iguanábano, al sur con la zona de María del Pilar y al Oeste con el territorio de Ramón; es en total una zona que abarca diez leguas de Norte a Sur y cinco de Este a Oeste. Excepto el área estéril de rocas y manglares al sur, Filipinas es una zona fértil donde abundan arroyos y cañadas, algunos de los cuales van a engrosar la corriente del rio Guantánamo. Toda la jurisdicción estaba llena de haciendas de crianza en 1895, a pesar de los soberbios montes y terrenos de aparente difícil cultivo. Donde Filipinas se encuentra con el mar Caribe se encontraba un pequeño embarcadero nombrado Jatibonico, poco usado por ser muy fangoso y presentar peligros a las embarcaciones allí destacadas. En los días que Martí descansó en el lugar, la total demarcación estaba habitada por 63 blancos, 100 pardos, 19 negros y casi 250 esclavos. No era frecuente en Filipinas recibir forasteros y mucho menos noticias del resto de Cuba. Fue por eso el punto escogido por Martí y Gómez para descansar unos días.

Del diario de Campaña de Martí se deduce que pasó largas horas redactando correspondencia y circulares. Según sus propias palabras « *No he levantado de mi tablón de palma la cabeza.*»

Una de sus actividades fue comunicarse con las autoridades consulares de Gran Bretaña y de Alemania en la zona. En inglés, con fecha de 27 de abril, les escribió al agente consular británico en Guantánamo y al cónsul alemán en Santiago de Cuba. En ambas comunicaciones se refirió...

> «*a la necesidad impostergable de contrarrestar la propaganda española, que al referirse a un reciente enfrentamiento de nuestras tropas con las de la colonia, esta propalando la especie de que los cubanos eran unos desmandados forajidos que no respetaban nada. Sepa usted que en nosotros impera la ley, que tenemos altos principios morales de respeto a la vida y los bienes, y que la propiedad privada, en especial la de los extranjeros, es sagrada.*»

En otra comunicación al cónsul francés en Santiago de Cuba, de apellido Labarraque, Martí le expresó:

> «Esta insurrección es la obra cuerda de una gente civilizada, una obra llevada a cabo por un ejército disciplinado y un gobierno civil que acatan la ley y cuyo mandato descansa en la elección. Segundo, la república instaurada por la guerra de independencia abrirá los brazos «a la laboriosidad del mundo», o sea a los trabajadores, al capital y a las mercancías disponibles en el mundo. Tercero, la propiedad privada extranjera que esté en Cuba, de no abastecer al enemigo, será respetada.» [189]

De hecho, ya desde el *Manifiesto de Montecristi*, Martí, en nombre del *Partido Revolucionario Cubano*, había establecido claramente sus credenciales de tener un escrupuloso respeto a las personas y bienes extranjeros radicados en Cuba. Para recalcar esta política Martí lanzó una circular el 14 de mayo de 1895, desde Filipinas, recomendando a las tropas cubanas a «*tener una especial benignidad para con las propiedades extranjeras, siempre que no den auxilio conocido y voluntario al enemigo...*» En el periódico *Patria*, el 15 de diciembre de 1894, había también escrito:

> «Todo trabajador es santo y cada productor es una raíz; y al que traiga trabajo útil y cariño, venga de tierra fría o caliente, se le ha de abrir hueco ancho, como a un árbol nuevo; pero con el pretexto del trabajo, y la simpatía del americanismo, no han de venir a sentársenos sobre la tierra, sin dinero en la bolsa ni amistad en el corazón, los buscavidas y los ladrones.»

---

[189] En 1895 cuatro paises europeos tenían **representación consular en Cuba** y mantenían grandes inversiones en la isla: Estados Unidos, Gran Bretaña, Francia y Alemania. Esa situación se remontaba a principios del siglo XIX cuando Cuba comenzó a exportar azúcar, café y tabaco hacia el comercio mundial, y cuando España ya era incapaz de abastecer el mercado interno de la isla. De los 97 millones de pesos que Cuba gastaba en importaciones, 55 eran de los cuatro países mencionados. De los 120 millones de pesos de exportaciones cubanas, 100 millones correspondían a compras en esos mismos países. El dominio del comercio estadounidense era enorme, particularmente absorbiendo las exportaciones de la incipiente industria cubana. En término de inversiones de capital, era probable que los EEUU (alrededor de $50 millones) no superaba las de Inglaterra y Francia. En término de residentes extranjeros ningún país alcanzaba la cifra española; entre Francia, Inglaterra, los EEUU y Alemania era posible que en Cuba solo hubieran unos 3,000 residentes nacidos fuera de la isla.

Los norteamericanos y los británicos controlaban las minas de hierro, manganeso y cobre. Los franceses poseían varios ingenios (zona de Guantánamo) y muchos cafetales (zonas de Santiago, Hongosolongo, Ramón de las Yaguas). Otros ingenios eran propiedad de dueños ingleses o estadounidenses. La producción de cacao y plátanos dependía en gran medida del capital y del mercado de Estados Unidos. En la del tabaco los alemanes habían logrado comprar fábricas y marcas, y era frecuente la presencia de sus barcos mercantes. Los comerciantes de esos cuatro paises rivalizaban en Santiago con los españoles, particularmente los catalanes, que controlaban las tiendas de todo tipo en la región oriental de Cuba.

El 1º de mayo el grupo de Martí partió del campamento de Vuelta Corba hacia los de Kentucky y el cafetal de Pezuela. [190] A las pocas horas se encuentra en un recodo llamado *Bocucy*, donde los había citado Antonio Maceo. Continúa su diario:

> « De pronto, [mayo 5, 1895] unos jinetes. Maceo, con un caballo dorado, en traje de Holanda gris: ya tiene plata la silla, airosa y con estrellas. Salió a buscarnos, porque tiene a su gente de marcha: al ingenio cercano, a **Mejorana**, va Maspón a que adelanten almuerzo para cien. El ingenio nos ve como de fiesta: a criados y trabajadores se les ve el gozo y la admiración: el amo, anciano colorado y de patillas, de jipijapa y pie pequeño, trae Vermouth, tabacos, ron, malvasía. "Maten tres, cinco, diez, catorce gallinas".
>
> De seno abierto y chancleta viene una mujer a ofrecernos aguardiente verde, de yerbas: otra trae ron puro. Va y viene el gentío. De ayudante de Maceo lleva y trae, ágil y verboso, Castro Palomino. Maceo y Gómez hablan bajo, cerca de mí: me llaman a poco, allí en el portal: que Maceo tiene otro pensamiento de gobierno: una junta de los generales con mando, por sus representantes, -y una Secretaría General:- la patria, pues, y todos los oficios de ella, que crea y anima al ejército, como Secretaría del ejercito.
>
> Nos vamos a un cuarto a hablar. No puedo desenredarle a Maceo la conversación: ¿pero V. se queda conmigo o se va con Gómez?" Y me habla, cortándome las palabras, como si fuese yo la continuación del gobierno leguleyo, y su representante. Y en tono herido- "lo quiero -me dice- menos de lo que lo quería"- por su reducción a Flor en el encargo de la expedición, y gasto de sus dineros. Insisto en separarnos ante los representantes que se reúnan a elegir gobierno. No quiere que cada jefe de Operaciones mande el suyo, nacido de su fuerza: él mandará las cuatro de Oriente: "dentro de 15 días estarán con Ud. -y serán gentes que no me las puedan enredar allá el sabio Martí".
>
> En la mesa, opulenta y premiosa, de gallina y lechón, vuélvese al asunto: me hiere, y me repugna: comprendo que he de sacudir el cargo, con que se me intenta marear, de defensor ciudadanesco de las trabas hostiles al movimiento militar. Mantengo; rudo el Ejército, libre, -y ,el país, como país y con toda, su dignidad representado.
>
> Muestro mi descontento de semejante indiscreta y forzada conversación, a mesa abierta, en la prisa de Maceo por partir. Que va a caer la noche sobre Cuba, y ha de andar seis horas. Allí, cerca, están sus fuerzas: pero no nos lleva a verlas: las fuerzas reunidas de Oriente —Rabí, de Jiguaní, Busto de

---

[190] **Kentucky** fue el campamento número 15 de un total de 26 en la ruta de Martí; una zona cafetalera donde señaló Martí en su diario, con su prosa poética inconfundible, que al partir al monte «*el sol brilla sobre la lluvia fresca, las naranjas cuelgan de sus árboles ligeros y la yerba alta cubre el suelo húmedo, la selva verde se trenza a los arbustos delicados cual bejuco, a espiral de aros iguales, como de mano de hombre y caen a tierra de lo alto, meciéndose al aire, los cupeyes de un curujey, pendido a un jobo; bebo el agua clara, chirrían en pleno sol los grillos...* es **La Mejorana**.»

> *Cuba, las de José, que trajimos. A caballo, adiós rápido. "Por ahí se van Uds." — y seguimos, con la escolta mohína; ya entrada la tarde, sin los asistentes, que quedaron con José, sin rumbo cierto, a un galpón del camino, donde no desensillamos. Van por los asistentes: seguimos, a otro rancho fangoso, fuera de los campamentos, abierto a ataque. Por carne manda Gómez al campo de José: la traen los asistentes. Y así, como echados, y con ideas tristes, dormimos.»*

Los eventos después de la incómoda entrevista Martí-Maceo-Gómez el 5 de mayo de 1895 en La Mejorana marcaron una frialdad y casi enemistad que la historia recoge con suma discreción:[191]

> *«Después a descansar. [Martí y Máximo Gómez] amanecen y emprenden la marcha por un camino ancho y bastante transitable. Iban abismados y entristecidos por la conducta de Maceo. Pasan por Banabacoa, el río Majaguabo, y el Hondón de Majaguabo, donde tropiezan con las avanzadas de Maceo. Trabajo les cuesta entrar en el campamento, y el General Maceo se disculpa. Allí Martí pronunció un discurso y [él y Gómez] fueron recibidos por las tropas con verdadera alegría y entusiasmo. Después de cerca de dos horas de estar reunidos emprenden [en silencio] de nuevo la marcha. Pasan por el camino de San Luis, la finca Almeida, las Cuatro Veredas y Toyada, hasta llegar a Jagua habiendo recorrido 20 kms. y 40 mts.»* [192]

José Martí, eterno apasionado de la historia, recorrió en días siguientes varios lugares de los que había oído y leído pero que ansiaba conocer de primera mano. Uno de los prácticos, de apellido Zefi, lo llevó a cruzar el camino de Palma Soriano a Holguín por el mismo sendero que lo había cruzado el general Arsenio Martínez Campos en ruta a entrevistarse con Maceo.

> *«... el hombre [Martínez Campos] salió colorado como un tomate, y tan furioso que tiró el sombrero al suelo, y me fue a esperar media legua más arriba,»* le relató el práctico.

---

[191] Curiosamenete, **cuatro páginas del diario de Martí** correspondiente al 6 de mayo, un día después de la entrevista con Maceo en La Mejorana, han desaparecido. En las siguientes páginas disponibles, Martí escribió sobre lo ocurrido al salir del campamento de Jagua el 7 de mayo: *«Pasamos la noche del 6 en ese campamento y al amanecer del día 7, temprano, emprendimos la marcha por un trillo de herradura que pasa por las minas de manganeso, La Gloria y por Aguada del Roble, los ríos Migial y Jagua, el caserío del Piñalito y Arroyo Chipi. También cruzamos como a unos 200 metros de lo que era zona de monte firme.»*

[192] Relato basado en *Martí en los Campos de Cuba Libre* de Rafael Lubian Arias. En realidad Maceo tenía más **motivos para estar irritado** con Gómez que con Martí. Gómez había sido el que convocó una *Asamblea de Delegados* para constituir el gobierno de la República en Armas, a lo cual se oponía Maceo. Maceo tambiés supo que Gómez había dado todo su apoyo a la decisión de Martí de poner a Maceo bajo las órdenes de Flor Crombet para partir de Costa Rica.

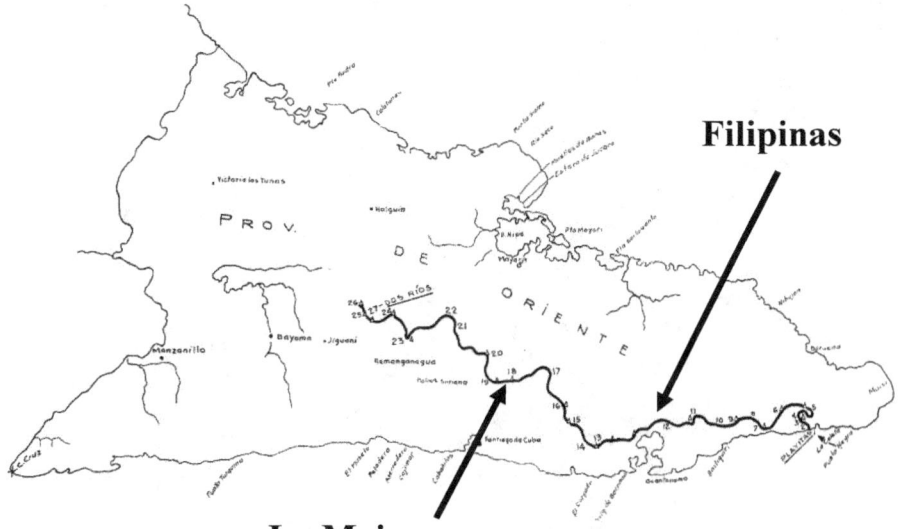

Mapa de la **Ruta de Martí** que muestra *Filipinas*, donde Martí escribió numerosas cartas y comunicados en un descanso de varios días de descanso y el lugar de las ruinas de *La Mejorana*.

Escena de la reunión de Martí, Máximo Gómez y Antonio Maceo cerca de las ruinas del **Ingenio La Mejorana.**

Un dibujo de la época con **Martí escribiendo** sentado en una hamaca su Diario de Ruta en 1895.

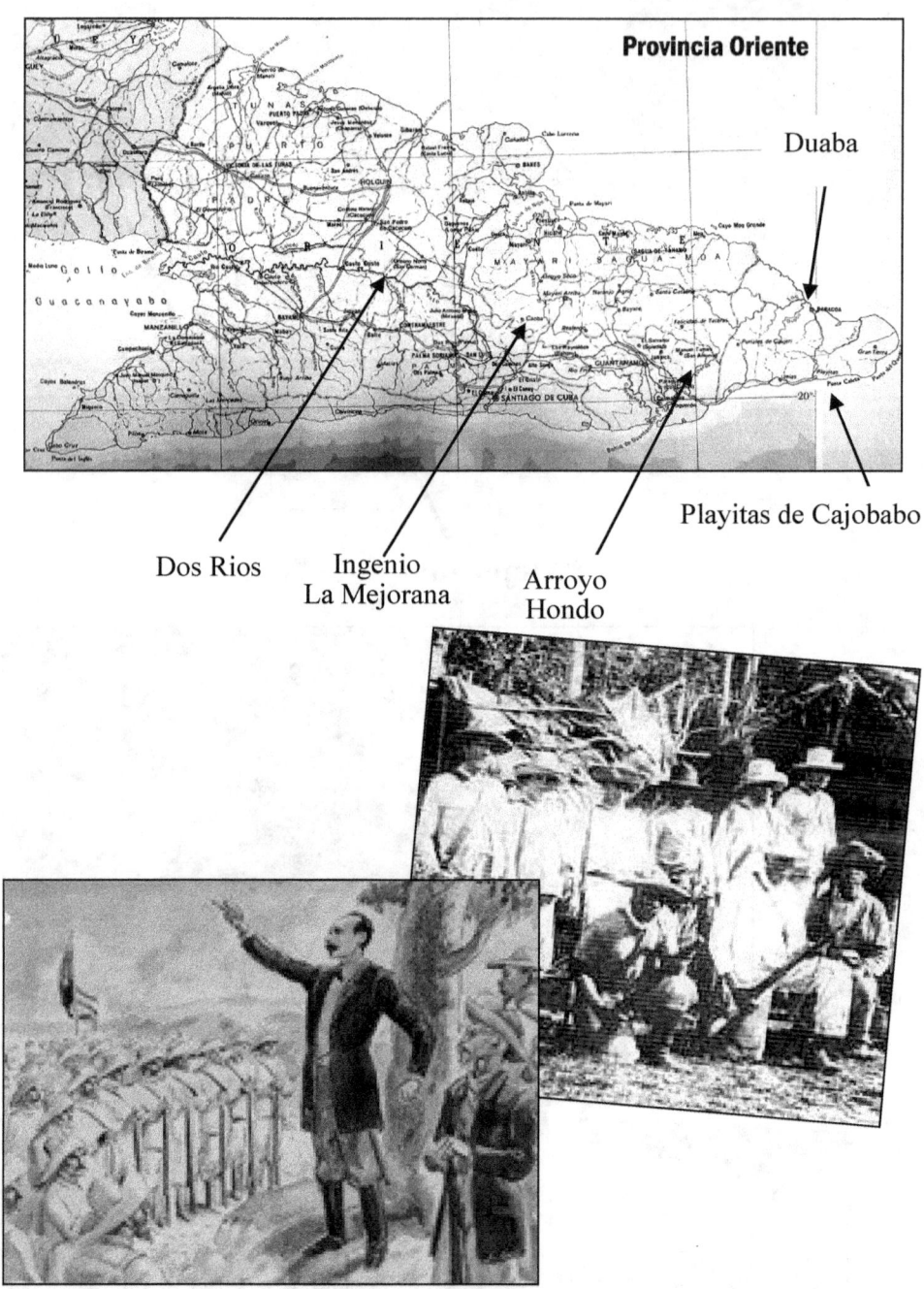

Mapa de la zona cubierta en la *Ruta de Martí*.

Soldados de la tropa de Antonio Maceo el 5 de mayo de 1895, en un lugar llamado *Bocucy*, donde Maceo había citado a Martí y a Gómez. Unas horas después se efectuó la fracasada reunión de *La Mejorana*.

Martí **hablando a las tropas** después de la entrevista con Maceo.

35 Fallecimiento

Durante todo el viaje, Martí conversaba sobre la necesidad de sacar al enemigo de las ciudades, al campo, donde eran más vulnerables; así mismo, de la necesidad imperiosa de romper las líneas de abastecimiento a las tropas españolas. De vez en cuando se encontraban con veteranos del '68. Muchos lloraban al ver a Martí. Uno de ellos se le acercó y bajito le dijo:

«*Cuídese mucho. La última Guerra se perdió cuando la infamia de deponer y luego matar a nuestro líder [Céspedes] no fue castigada severamente. Nos llenó de una tristeza enorme. Luego de eso, la causa tomó rumbo atrás. Lo que necesita nuestra gente es un buen hombre, con carácter, a cargo de la lucha. Ud. Podría ser hijo mío: le ruego que se cuide las espaldas.*»

El 15 de mayo Martí se bañó por la mañana en el rio Contramaestre, a ciento veinte yardas de donde se une al Cauto. Un convoy llegó al campamento con velas, ropas, cebollas, ajos, papas, aceitunas, vino y tabaco y además, *aguardiente de caña*. La noticia les llegó que un convoy español de Bayamo estaba por la región, cargado de correo y provisiones para todos los pueblecitos entre Bayamo y San Luis. Gómez decidió que no sería mala idea acosarlo y quizás tomarlo, con todas sus provisiones; organizó una patrulla con 40 jinetes. Martí se dedicó a escribir un memorándum a los jefes y oficiales en Jiguaní, una carta a Maceo y otra a Bartolomé Masó; comenzó a escribirle a Miguel Mercado, lo que interrumpió para cabalgar alrededor de Dos Ríos. Cuando volvió al campamento, se dirigió a los presentes, parado en los estribos de su caballo. Como ocurría con cierta frecuencia, los veteranos del '68 lloraban ante las palabras patrióticas del Apóstol. Fue después que averiguaron que las tropas de Bartolomé Masó se acercaban, ya que Masó quería abrazar a Martí y jurarle su amistad y su devoción.

La zona alrededor del campamento de Martí era muy llana, con un camino real que iba de *Remanganagua* hasta la cercana finca de *La Vuelta Grande*. Habían acampado en un lugar llamado *La Jatía*, en una casa de cedro con techo de latón, abandonada pero aun cómoda, anteriormente propiedad de Agustín Maysana. Debido a la gran caballería que acompañaba a Masó, decidieron mudarse a *La Vuelta Grande*, territorio bien protegido con abundante pienso para los caballos. Eso hicieron a las 4 de la mañana. La noche antes, la del 17,

Martí estaba cansadísimo; no escribió en su diario y sólo le había escrito una carta a Máximo Gómez antes de irse a dormir. Desde el desembarco en Playitas, habían marchado por 38 días y cubierto 175 kilómetros, de los cuales una tercera parte había sido a pie. Habían hecho campamento 25 veces, sólo unas 8 bajo techo.

Una hora después de salir del campamento, detrás del convoy español, Máximo Gómez volvió; había averiguado que el mismo iba dirigido a *Las Ventas de Casanova* y que su misión era abastecer los pequeños fuertes y cuarteles que el ejército español había establecido en la región. Gómez llamó a más guerreros, ya que había decidido llevar a cabo un ataque serio y no una escaramuza. Como estaban esperando a Masó, dejaron el campamento ligeramente protegido con Martí y el resto de las fuerzas. Masó, después de todo, estaba al llegar siguiendo las órdenes de Gómez.

Luego de una cabalgata intensa, Gómez no encontró evidencia alguna de las tropas españolas en *Las Ventas*, así que cambió de rumbo, en dirección a *Remanganagua*. Según se acercaba al pueblo, el convoy español entraba por el otro extremo; eran las 6 de la mañana de mayo 18. Gómez decidió armar una emboscada y enfrentarse al convoy en las afueras del pueblo. Uno de sus hombres se trepó en el árbol más alto para poder observar los movimientos de los españoles. A las 9:00 am le avisó a Gómez que los soldados ya estaban empaquetando con la intención de salir de allí. Gómez alertó y posicionó a sus hombres. Una hora después, aun no se habían movido los españoles. Un gran silencio pareció envolver la región.

Mientras todo esto ocurría, Masó llegó al campamento donde estaba Martí; este le envió un mensaje a Gómez. El general le respondió: «*Que acampe y espere. Yo estoy ocupado.*»

El hombre a cargo del convoy español en *Remanganagua* era el coronel José Ximénez de Sandoval, un oficial graduado de la academia militar de La Habana, que había nacido en España y vivido en Pinar del Rio, y que se unió al ejército español antes de la guerra de 1868; había peleado contra los mambises por diez años. Estaba familiarizado con las estrategias de las tropas cubanas, ya que a veces lo confundían con ser cubano, puesto que no tenía ni sombra de acento español. Había engañado a infinidad de campesinos preguntándoles por informaciones concretas pretendiendo ser parte del ejército cubano. Las tropas de Gómez estaban cansadas, incómodas y hambrientas, entre otras cosas por las legiones de mosquitos que allí había. Gómez decidió a las cinco de la tarde buscar un mejor lugar para acampar y volver por la mañana. Ignoraba que a eso de las dos de la tarde, un chivato le había informado a Sandoval que Gómez le tenía tendida una emboscada en el camino a *Las Ventas*.

La mañana del 19, Gómez envió a un hombre al pueblo de *Remanganagua* a conseguir café para los hombres. El hombre volvió diciendo que no había tropas en el pueblo, ya que el convoy se había ido a escondidas a medianoche. No trajo el café por pensar que ahora podrían tomarlo en el café del centro del pueblo; Gómez se sintió enormemente mortificado, sintiéndose culpable por la oportunidad perdida. Ya que Masó y Martí le esperaban en *La Jatía*, dio órdenes a la tropa de ir por la ribera derecha del Contramaestre hacia el campamento, siendo esta la mejor ruta de Remanganagua hacia Dos Ríos. Ignoraba que en su ausencia el campamento había sido transferido a *Vuelta Grande*. Al no encontrar a nadie en *La Jatía*, siguió el sendero marcado en la vegetación y llegó a *Vuelta Grande* a la 1:00 de la tarde.

En *Vuelta Grande*, gran alegría reinó por el encuentro de los tres generales. A las 2:00 pm los tres se sentaron a almorzar con las tropas, almuerzo que incluyó al menos seis pollos, algún puerco, boniatos y pan patato.

Mientras tanto, el coronel Ximénez de Sandoval recibió un reporte de un vigía-explorador sobre la presencia de tropas mambisas cerca de *Vuelta Grande*. Sin decir nada, ordenó a las tropas a mantener silencio absoluto y marchar en fila india en la ribera izquierda del rio Contramaestre, hasta pasar la aldea de *Limones*; allí debían cruzar el rio para entonces seguir por la ribera derecha desde *Remanganagua* hasta *Dos Ríos*. Media hora después de cruzar el rio, una avanzada española le trajo a Sandoval al campesino que encontraron en el camino, un tal Carlos Chacón, nativo de Islas Canarias que vivía en *Vuelta Grande*. El hombre inmediatamente identificó dónde estaban las tropas cubanas. Tenía en su posesión cuatro dólares que le había dado Martí para comprar comida en *Remanganagua*. A Chacón le dijeron que tenía dos opciones: ser fusilado en el acto, o quedarse con los cuatro pesos y dirigir a los españoles hacia el campamento mambí. Llevó a Sandoval y a su tropa hasta *La Jatía*, la cual encontraron vacía excepto por un guajiro, Rosalío Pacheco quien, al presentársele la misma opción que a Chacón, informó a Sandoval que más de 300 insurgentes cubanos se encontraban en *Vuelta Grande*.

Sandoval, con información de primera, colocó a 400 tropas haciendo un cordón alrededor de Dos Ríos, bien escondidos y estratégicamente posicionados.

En el campamento en *La Vuelta Grande* las tropas descansaban luego del almuerzo celebratorio de la reunión de Gómez, Masó y Martí, particularmente, el poder unirse a la tropa de Masó. De repente, se oyeron tiros en dirección a Dos Ríos; la tropa de Sandoval estaba atacando una patrulla exploradora cubana. La voz corrió: «*Enemigo a la Vista*.» Gómez inmediatamente reaccionó «¡*A Caballo!*» Miró a Masó y ordenó: «*Sígame general con toda la tropa detrás de mí.*»

Gómez encontró a *Dos Ríos* rodeado por las tropas de avanzada de Sandoval. Pensaba reproducir un nuevo *Palo Seco*, la batalla que había ganado el 2 de diciembre de 1873 en la zona de Jobabo, cerca de Las Tunas. Allí, había decimado a las tropas españolas del teniente coronel Vilches. Había logrado separar a la caballería de la infantería española y luego atacar a la caballería con una carga de *machete a degüello*[193]. Sólo perdió 3 hombres, con 17 heridos; Vilches y 300 españoles más murieron en esa batalla, donde hicieron prisioneros a 70 españoles. Gómez ocupó 208 rifles, 12,000 cápsulas, 57 caballos, 27 mulas, medicinas, uniformes, joyas, machetes y provisiones.

Las tropas de Gómez atacaron a las de Sandoval con gran fiereza, rompiendo su línea de defensa. Fue en ese momento que Gómez vio a Martí a su lado e inmediatamente le ordenó:

«Martí: ¡váyase para atrás de las líneas, para atrás! ¡Este no es lugar para Ud.!»

Martí pareció obedecer la orden, pero a 100 pies detrás de Gómez vio a Ángel Guardia, el joven asistente de Masó. Sacó su revólver y le dijo: «¡*Joven, a la carga!*»

Martí, seguido de Ángel Guardia, cruzó el Contramaestre, subió por una pequeña senda y dobló a la derecha hacia el camino, lo cual lo colocó en medio de la línea de fuego en *La Jatía*. Salieron por una apertura en una cerca de piedras detrás de la cual había francotiradores de Sandoval, defendiendo sus tropas. Tal parecía que los dos hombres eran blancos de tiro, con el tiroteo intenso de la columna española, pero ya no había la menor esperanza de que Martí moderara o abandonara su carga. A Ángel le mataron el caballo bajo sus piernas, pero el joven se levantó y corrió hacia la derecha, salvando así su vida. Los tiros estaban dirigidos a Martí, sin embargo, ya que este seguía cabalgando sin el menor cuidado por su vida. Su caballo aguantó el paso frente a un árbol de *dágame* al sentir un peso sin control en su grupa; Martí cayó cara arriba, como había pedido en el más popular de sus *Versos Sencillos*...

---

[193] Una ***carga a machete*** con las tropas de ataque moviéndose muy rápido a caballo, sin utilizar rifles o pistolas, sino el machete en alto, creando pánico en las tropas sorprendidas.

No me entierren en lo oscuro / A morir como un traidor / Yo soy bueno y como bueno / Moriré de cara al sol.»

El cuerpo de Martí fue examinado cuidadosamente por los españoles en contra de los cuales había ido a la carga. Estaba vestido de civil, no de militar y eso sorprendió a todos. Su sombrero negro de castor estaba en el suelo junto a él. Tenía puesto un saco oscuro, pantalones de un color más claro, botas negras; al cuello, le colgaba un revólver con la culata de nácar colgado de una cinta de seda. Su fina camisa de seda blanca estaba ensangrentada, con algunos botones abiertos —tal como si hubiese tratado de tocar su pecho para sanarlo con una de sus curas. Tenía encima documentos personales, algunas cartas, $500 y en su mano izquierda, un anillo de hierro con la inscripción «*Cuba.*»

Don Enrique Situé Carbonell, el *Aidé-de-camp* de Sandoval, quien había conocido a Martí en Santo Domingo, identificó el cadáver. Lo envolvieron en una hamaca y lo llevaron a caballo hasta *Remanganagua*. La columna española fue retada a cada punto del camino por las fuerzas de Gómez, provocándolos para que pararan y pelearan, tratando de recobrar el cadáver de Martí. Sandoval sabía el valor de su trofeo y en ningún momento arriesgó perderlo. Como son las cosas, el muy español coronel José Ximénez de Sandoval, no podía entender el alcance del daño que le había infligido a la nación cubana.

Lugar exacto donde ***Martí cayó muerto*** en Dos Ríos.

Dibujos representando la *muerte de José Martí en Dos Ríos*.

El coronel español *José Ximénez de Sandoval,* jefe de la patrulla que dio muerte a José Martí el 19 de mayo de 1895.
El *cadalso* donde fue enterrado Martí inicialmente.
Un dibujo de la ***muerte de Martí en Dos Ríos***.
La ***antigua tumba de José Martí*** en Santiago de Cuba.

Testimonio de Jaime Sánchez y Sánchez, testigo presencial de los sucesos que ocurrieron una vez reconocido que el hombre muerto en Dos Ríos era José Martí. Jaime Sánchez aprendiz de carpintería, constructor del ataúd donde depositaron el cadáver de Martí, se desempeñaba también como dependiente de la única tienda del lugar

Las acciones militares entre las fuerzas mambisas y españolas se produjeron en horas del mediodía, resultando como lo más funesto de la jornada la caída, en su primer combate, del mayor general de las huestes independentistas, José Julián Martí Pérez. El enemigo, con información previa de la presencia del político cubano, no escatimó esfuerzos para que el cadáver no cayera en manos insurrectas. Por tales motivos se solicitó fuera enviado el occiso hacia el cuartel ubicado en Remanganagua, y desde allí hacer el reconocimiento oficial del cadáver. Todo el recorrido se efectuó bajo una pertinaz lluvia impidiendo el rápido traslado hacia el lugar escogido. El primer descanso prolongado del cuerpo inerte del occiso se efectuó en la tierra mojada debajo de un gran jobo en la zona de Demajagua, cercano al arroyo Las Barbacoas, ayudando, además, a que la tropa reorganizara la marcha con más brío y disciplina. Sería esa la causa para que arribaran al cementerio primero, y cuartel después, a las ocho de la mañana del siguiente día 20 de mayo.

«Los pobladores de la comarca, y en especial los muchachos, siguieron con atención la entrada estrepitosa de la gran caballería montada por los uniformados quienes trataban de ahuyentar a los más curiosos, uno de ellos era yo, Jaime, el aprendiz de carpintería, hijo de Cabote; quien con apenas 14 años de edad me atreví, con osadía infantil, a realizar una acción que me marcaría para toda la vida, después de valorar, con los años, los hechos acontecidos durante esa semana primaveral.

Recuerdo que todas las tardes, por lo regular caían cerrados aguaceros, pero aquella mañana de lunes veinte de mayo fue una de esas que la fina llovizna continua invitaba a todos quedarse en el pequeño camastro, sin embargo, los inesperados llamados de mí pobre madre facilitaron que antes de las siete estuviese yo frente al viejo mostrador de cedro del ventorrillo de mí tío, que de tanto pasar el paño, ya había perdido su olor característico de Madera preciosa.

Un rato después de mis limpiezas matutinas, entró en la tienda un práctico y voluntario del ejército español, conocido en la zona y con fama de buen tirador. Este hombre era bajito, más bien trabado, achinado y con la cara picada por viruelas, llamado Antonio Oliva, quien con la camisa en mano, desarrapada y mojada por la lluvia tiró al suelo, y de inmediato me pidió las "Mañanitas de Carabanchel", que era un anís con alcohol muy popular en la época, acto seguido comenzó a vociferar, para que todos le oyeran, que iba a celebrar, pues en horas recientes había acabado con la vida del jefe de los mambises cubanos, un tal Martínez o Martín.

Mi inocencia infantil no me permitió otra cosa que no fuera prestar toda atención a aquel que celebraba por tal hazaña, y de inmediato quien apuraba un vaso del anís, extrajo de su bolsillo amarillento un reloj de tapa dorada y unos realitos, expresando que habían pertenecido al tal Martínez.

Con dicho dinero pagó la bebida después de escuchar los continuos ladridos de perros por la cabalgata española, que después de cruzar el río un tanto crecido, se avecinaba al caserío.

Algunos corrimos a cierta distancia detrás de los montados, incluso yo, una vez que cerrara con apuro el negocio de tío. Antes de la media legua la columna que reflejaba en los rostros evidencia de cansancio, puso pies en tierra del cementerio, bajaron de los caballos unos cuerpos envueltos. Cuatro de los soldados recibieron órdenes expresas y comenzaron a cavar una fosa, no muy profunda, en medio del fango de color oscuro de aquel lugar. En ella situaron los cadáveres.

En tierra pelada, sin ataúd, primero se enterró, a quien supe después era José Martí, y encima de él pusieron el otro cuerpo, que por la vestimenta, deduje era soldado español, un tal Joaquín con grados de sargento. Una vez tapada la fosa, situaron cuatro piedras en forma de cruz, para luego identificar el lugar. Allí quedó un guardia perteneciente a la tropa al que entregaron una alforja con algunos comestibles. El resto se trasladó de inmediato al cuartel a galope tendido.

Cinco días después se nos encomendó la tarea de construir un ataúd para trasladar al occiso a lomo de caballos rumbo a Santiago. Lo comenzamos a las cinco de la tarde y lo terminamos a las tres de la mañana del día siguiente. Ocho pesos nos entregaron por la gran faena constructiva.

Mediante el telégrafo ubicado en el cuartel de Remanganagua, Ximénez de Sandoval, una vez efectuado el enterramiento aquel 20 de mayo en horas de la mañana, de inmediato trasmitió el parte oficial donde informaba de los resultados de la acción militar, y sobre todo de la supuesta muerte en combate, hasta el momento, del principal organizador de la nueva gesta independentista. Fue pues aquella una de esas grandes oportunidades que el coronel español siempre soñó para demostrar su valía como servidor a la corona española.

Por su parte, el Capitán General de la isla de Cuba, Arsenio Martínez Campos, ni corto, ni perezoso, para evitar equívocos que comprometiera su reputación militar, optó por consultar con el Ministro de Ultramar lo relacionado con la exhumación y el reconocimiento forense para identificar de manera definitiva al llamado *Presidente de los mambises cubanos.*

Ya en Santiago de Cuba, el día 23 de mayo el coronel José Ximénez de Sandoval en unión de otros jefes y oficiales recibiría condecoraciones emitidas a manera de bando por el capitán general Arsenio Martínez Campos, quien recientemente había arribado a esa ciudad proveniente de La Habana. De igual modo, hacía público lo ocurrido en la zona de Dos Ríos. Sería ese también momento oportuno para que el coronel Sandoval entregara al capitán general el revólver con empuñadura de nácar y otros papeles ocupados a Martí después de su caída en combate.

Ese mismo día del quinto mes del año, saldría del poblado de San Luís con destino a Remanganagua el Segundo Batallón Peninsular compuesto por mil quinientos soldados al mando del teniente coronel Manuel Michelena Moreno con el firme propósito de trasladar, bajo cerrada custodia, los restos de Martí. Fue entonces que encomendaron a Jaime Martínez la construcción de un ataúd para acomodar el cadáver de Martí.

El testigo presencial que identificó el ***lugar donde José Martí fue enterrado*** en el cementerio de Remanganagua después de su muerte en Dos Ríos..

Un pirograbado moderno con la ***imagen de Martí*** por Jack Smith en 2015.

El ***recibo del pago*** a Jaime Martínez por la construcción del ataúd de Martí para llevarlo a Santiago de Cuba.

El ***Nuevo Mausoleo*** que alberga los restos de Martí en el cementerio de Santa Ifigenia en el cementerio de Santiago de Cuba, inaugurado por Prío en 1951.

Dos vistas del obelisco construido en el **lugar donde fue enterrado Martí** sin ceremonia alguna en Remanganagua. Cuando el ejército español supo de la importancia del cadáver enterrado a la carrera en Dos Ríos, lo llevaron a este lugar atravesado en el lomo de una mula en la madrugada del 20 de mayo de 1895. Allí permaneció el cuerpo seis días, al cabo de los cuales un médico forense español realizó una autopsia, lo embalsamó y lo trasladaron a la necrópolis de
Santa Ifigenia en Santiago de Cuba.

El *obelisco de Remanganagua* fue construido gracias a los esfuerzos de oficiales del ejército nacional de Cuba en 1942; fue inaugurado un 28 de enero, aniversario de su natalicio. Aunque los restos mortales de Martí están en Santa Ifigenia, su corazón, cuando lo embalsamaron, quedó enterrado en Remanganagua, por lo cual es tradición que muchos cubanos pongan allí el oído a tierra para tratar de oír los latidos del corazón de Martí.

Epílogo

El 19 de mayo de 1895, en una inconsecuente e improvisada carga contra soldados españoles, José Martí fue abatido a tiros a las dos de la tarde en las inmediaciones de la zona donde el río Contramaestre se vuelve tributario del majestuoso río Cauto. El combate fue tan precario que las tropas españolas enterraron el cuerpo aun caliente del Apóstol de Cuba en una fosa común y continuaron su camino. Horas después, sobrecogidos al conocer la magnitud de su hazaña, las tropas del general español José Jiménez de Sandoval trasladaron el cadáver respetuosamente a un lugar más propicio para dar a conocer al mundo su suerte.

Al conocer de la muerte de Martí, Máximo Gómez escribió en su diario:

«Qué pérdida sensible la del amigo, el compañero y el patriota José Martí; el poco brío que nos quedaba abrumó mi espíritu a tal término, que dejando algunos tiradores sobre un enemigo que ya de seguro no podía derrotar, me retiré con el alma entristecida. ¡Qué guerra ésta! Al lado de un instante de ligero placer, aparece otro de amarguísimo dolor. Ya nos falta el mejor de los compañeros, el alma del levantamiento.»

La noticia de la muerte de Martí recorrió pronto toda Cuba, España y los lugares de América donde se seguía con interés la odisea del pueblo cubano. El primero que conoció las malas nuevas en la manigua fue el general Bartolomé Masó, cuyas tropas iban a reunirse con Martí y Máximo Gómez en el paraje de Dos Ríos. Masó, que había sido el primero en llamar a Martí "*señor presidente*," le escribió a Gonzalo de Quesada diciéndole:

«Cegado por su coraje se apresuró a unos pocos pies de las líneas enemigas. Su delgado cuerpo rodó de la silla para nunca levantarse de nuevo. Su rostro inspirador había sido destruido por una bala que tomó con ella las esperanzas de los cubanos y la poesía patriótica y sublime de lo mejor de nuestros hijos. Sus ojos, llenos de melancolía hasta unos momentos antes, ya no estaban soñando; sus labios se sellaron para siempre; por haber cargado un rifle, sus brazos ya no iban a tocar jamás una pluma. ¡No pude dormir durante días, cuando me enteré de que José Martí había muerto!»

Cuando Antonio Maceo recibió confirmación de la noticia se retiró a su tienda de campaña y sentado en un taburete con la cara entre las manos, miembros de su estado mayor lo vieron por primera vez llorando.

La muerte prematura de José Martí ocasionó un pesar profundo en las tropas cubanas y un respetuoso pero gustoso consuelo en Madrid.

La historia de su inquebrantable lucha por la independencia de Cuba ha sido relatada en muchas ocasiones a lo largo de más de un siglo de libros, artículos, biografías, ensayos y testimonios de investigadores y estudiosos, cubanos y foráneos, de todas las latitudes. Entre ellos se han destacado principalmente Gonzalo de Quesada Aróstegui (1868-1915) y su hijo Gonzalo de Quesada Miranda (1900-1976), ambos legatarios de los archivos de Martí, Jorge Mañach (1898-1961), el más erudito intelectual de la Cuba republicana y Carlos Ripoll (1922-2011), cuyo genio y honestidad al estudiar a Martí ha sido un orgullo de los cubanos que desde el exilio continúan preservando la heroica y verdadera historia de José Martí.

Como cuenta la introducción, este libro es una humilde adición ilustrada a la bibliografía de José Martí. En sus páginas el autor ha querido no solo situar a Martí dentro del torbellino político social y económico de su tiempo sino también ayudar a despejar los muchos falsos mitos que una infausta ideología ha tratado de tejer alrededor de la figura de José Martí durante los últimos cien años: que alertó a los cubanos sobre el incipiente imperialismo americano que les amenazaba, que su pensamiento y voluntad estaban consagrados a una calculada implementación del marxismo en Cuba y que la desafortunada toma del poder en Cuba por los comunistas es la culminación de los planes de José Martí.

No hubo nunca un sustituto para José Martí. Los buenos cubanos lo extrañaron, lo lloraron y lo consagraron como el mejor y más sacrificado de todos los cubanos. Los pueblos de América le han rendido tributo como uno de los grandes próceres, maestros y pensadores en la historia del continente. La historia de la literatura lo ha recogido como uno de los grandes innovadores del modernismo. Su poesía continua siendo declamada por todas las latitudes. Su semblante permanece vivo, en bronce, en innumerables lugares públicos donde se le rinde eterno tributo a su obra. Los que además de honrarlo y hacerle tributos le queremos, no le olvidaremos jamás.

Apéndices

1 - Un Álbum de Fotos
   Históricas de José Martí   309

2 - Las Ideas Religiosas de
   José Martí   317

3 - Los Amores de José Martí   320

4 - Desembarcos insurgentes
   importantes en Cuba
   durante la Guerra de 1895   326

5 - Mayores Generales del
   Ejército Libertador   324

6 - Vindicación de Cuba   326

7 - Breve Cronología de la
   Vida de José Martí   328

Apéndice 1

Un Álbum de Fotos Históricas de José Martí

< Primera foto conocida de José Martí. Lleva al pecho una medalla ganada en el *Colegio San Anacleto*.

Antes de ser juzgado en junio de **1869**. >

< Antes de entrar en presidio en la *Cárcel de La Habana* en **1870**.

Una foto tomada en las *Canteras de San Lázaro* en La Habana que envió a Fermín Valdés Domínguez con fecha 28 de agosto de **1870**. >

< Primera foto tomada en *Madrid* al llegar desterrado en **1871**.

En Madrid, en **1871**, unas semanas antes de partir hacia Zaragoza. >

< Foto tomada en *Madrid* el 13 de septiembre de **1872**.

Foto de José Martí en los primeros días de llegar a *Ciudad México* en **1875**. >

< Foto dedicada a su amigo *Manuel Mercado* en **1876** con motivo del anuncio de sus bodas con Carmen Zayas Bazán.

Con su hijo *Ismaelillo* en La Habana en **1879**. Es la única fotografía de Martí en que se esta riendo.
>

Una foto que José Martí le envió a su madre *Doña Leonor* desde New York en **1885**.
<

En New York, en **1885**, con *Carmen* e *Ismaelillo*, una de las pocas veces que la familia estaba reunida.
>

Foto dedicada a su hermana *Amelia*, tomada en New York en **1888**.
<

En la playa en Brooklyn, con su ahijada *María Mantilla* en **1890**.
>

En *Washington DC*, en la Conferencia Monetaria Internacional de **1891**.
>

Con un grupo de amigos en *Long Island Beach* en el verano de **1890**.
<

En *Cayo Hueso*, en una visita para recoger fondos para la guerra en **1891**. En la solapa, un lazo blanco que los exiliados usaban frecuentemente para señalar su respaldo a la independencia de Cuba
<

Reunido con un grupo de cubanos exiliados en *Cayo Hueso* en **1891**. Todos con un lazo blanco en la solapa del saco señalando su respaldo a la independencia de Cuba
>

En Ibor City en una recepción frente a la fábrica de tabacos de *Vicente Martínez Ibor* en **1892**. En la foto Martí está en un círculo; a sus lados están José Dolores Poyo y Serafín Sánchez.

En su primer viaje a *Jamaica* en **1892**. Es la única fotografía de Martí de cuerpo entero.
<

En *Jamaica* en octubre de **1892**. En una reunión para levantar fondos para la insurrección.
>

En una reunión en los jardines de Temple Hall en *Jamaica* en octubre de **1892**. José Martí esté en un círculo en el centro de la foto.

En *Cayo Hueso* en **1893**, en el Fuerte Martello Toser, en unas práctcas de tiro en terrenos propiedad de Eduardo Hidalgo Gato.

Ultima foto de Martí tomada en New York en **1893**.
<

Foto con Fermín Valdés Domínguez (sentado) y Panchito Gómez Toro, hijo de Máximo Gómez en *Cayo Hueso* en **1894**.
>

Foto tomada en *México* en julio de **1894**, que dedicó a Lola Mercado, la esposa de Manuel Mercado. Fue su última foto en México.
<

Foto tomada con Manuel Mantilla hijo en *Montecristi*, República Dominicana en enero de **1895**. Manuel era hijo de Manuel y Carmen Mantilla y acompañó a Martí en sus últimos días. Esta es posiblemente la última foto de Martí en vida.
>

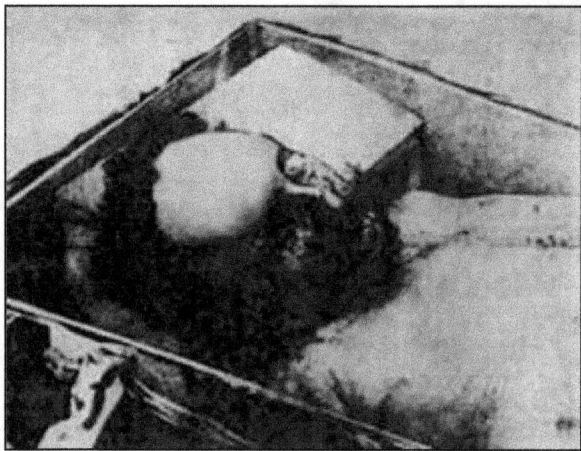

Los restos de Martí al ser exhumado su cadáver en *Remanganagua* unos días después de su muerte, al darse los españoles cuenta de la importancia del cuerpo que originalmente enterraron en Dos Ríos el 19 de mayo de **1895**.
<

Apéndice 2

Las Ideas Religiosas de José Martí

Siempre existió una dimensión religiosa en la vida de José Martí. Desde su adolescencia y juventud lo religioso aparece en sus escritos con bastante frecuencia. En *El Presidio Político en Cuba*, manifestó su experiencia como preso y como desterrado; sus lecturas de la Biblia en *El Abra*, Isla de Pinos, son fuentes importantes de deliberaciones de gran sentido religioso. No fueron comentarios fríos y estudiosos de religión sino reflexiones que trataban de dar respuesta a inquietudes personales sobre la vida y la razón de ser de la existencia.

He aquí alguna de las frases de profundidad religiosa del Martí joven:

> «Sustancia creada como somos, nos rige un algo que llamamos conciencia; nos dirige otro algo que llamamos razón, disponemos de otro algo que llamamos voluntad. Voluntad, razón, conciencia... esencia en tres formas... Si nosotros vida creada, tenemos esto, Dios, ser creador, vida creadora, lo ha de tener.... y quién a tantos da, mucho tiene. Dios es, pues la suprema conciencia, la suprema voluntad y la suprema razón...»

Es evidente que para Martí Dios representa el más alto sentimiento interno por el cual el hombre aprecia sus acciones, la más alta facultad por medio de la cual el hombre puede discurrir y juzgar y el más alto poder de libre determinación del hombre. Para él, Dios existe como una representación del valor supremo de la moral que cuida la acción y el efecto de nacer de cada hombre; con relación a esto plantea:

> «Dios existe, sin embargo, en la idea del bien, que vela el nacimiento de cada ser, y deja en el alma que se encarna en él una lágrima pura...»

Al analizar los sacramentos de la Iglesia Martí los declara que no son más que acuerdos tomados por la iglesia católica, y a propósito afirma:

> «Los sacramentos son simplemente convenciones religiosas, convenciones católicas. Acato el matrimonio porque lo comprendo en el orden natural como justa ley moral, y en el orden civil como precisa institución social. Respeto la Extrema Unción, porque en la esfera humana de la caridad, es la compasión hacia el enfermo, y el respeto a la muerte, que tantas cosas bellas encierran para mí.»

Con relación a la aceptación de ser él un cristiano, dijo Martí:

«... profeso la religión de manera pura y simple, dando cumplimiento a las reglas de hacer el bien y evitar el mal, al mismo tiempo lucho no solo por mi propio bien sino por el bien de los demás, por el bien de toda la humanidad pero comenzando por mi propio corazón...»

Tras lo cual hizo suya las siguientes reflexiones:

«Cristiano, puro y simplemente cristiano. Observancia rígida de la moral, mejoramiento mío, ansia por el mejoramiento de todos, vida por el bien, mi sangre por la sangre de los demás; he aquí la única religión, igual en todos los climas, igual en todas las sociedades, igual e innata en todos los corazones. El sentimiento religioso tiene como rasgo característico un conocimiento íntimo, vago pero constante e imponente de Dios»

En sus notas para un conocido artículo que Martí nunca publicó pero está incluido en sus Obras Completas expresó:

"Hay en el hombre un conocimiento espiritual, impreciso, pero inquebrantable e imponente de un gran Ser Creador. Este conocimiento es el hecho religioso, y su forma, su expresión, la manera con que cada agrupación de hombres concibe a Dios y le adora. Esto es lo que se llama religión. Por eso, en lo antiguo hubo tantas religiones como pueblos originales hubo; pero ni un solo pueblo dejó de sentir a Dios y tributarle culto. La religión está pues en la esencia de nuestra naturaleza. Aunque las formas varíen, el gran sentimiento de amor, de firme creencia y de respeto, es siempre el mismo. Dios existe y se le adora".

La religiosidad de Martí adquiere un sentido peculiar con su madurez de adulto:

« *Cuando yo era niño, muy niño la idea no adquirida de Dios se unía en mí a la idea adquirida de adoración, hoy... la idea de Dios ha sobrevivido a mis antiguas ideas, la idea de la adoración ha pasado para no volver jamás.*»

Al desaparecer de su vida la práctica de *"adoración,"* sin embargo, la idea innata de la existencia de Dios permaneció en Martí; aunque sin sumarse a religión alguna, Martí se sintió fiel a su pensamiento religioso. Eso lo explicó en frases claramente pensadas:

« *No soy bastante instruido en cada una de las religiones para poder decir con razón que pertenezco a una de ellas... las religiones todas han nacido de las mismas raíces, han reverenciado las misma imágenes, han prosperado por las mismas virtudes y se han corrompido por los mismos vicios... las religiones una vez desarrolladas comienzan a corromperse y a negar las virtudes que predicaban en sus inicios... no puede ser que Dios ponga en el hombre el pensamiento y un arzobispo que no es tanto como Dios, le prohíba expresarlo... estas formas de religiones limitaban al ser humano desde sus inicios mismos de su educación en el hogar con pretexto de ayudarlo en su desarrollo, lo sujetaban a una forma de pensar y de actuar a través de moldes ideológicos prefabricados, que le impedían dar rienda suelta a las potenciali-*

dades que el mismo creador ha puesto en él... las religiones en muchas ocasiones se han convertido en un instrumento de opresión... las instituciones religiosas a lo largo de la historia se han aliado a las clases ricas y han puesto sus doctrinas como instrumento al servicio de la explotación de los más débiles de la sociedad... es de lamentar que ha sido siempre la iglesia aliada de los poderosos...»

Es claro, sin embargo, que Martí no participaba de las corrientes ateístas de la época:

« *Creíais a la religión perdida porque estaba mudando de forma sobre nuestras cabezas... La religión no muere, sino que se ensancha y se acrisola, se engrandece...*»

Para Martí, en definitiva, la religiosidad fue siempre la base de una vida llena de honradez, justicia, buen trato con su prójimo y un gran sentimiento y valor de la dignidad humana. Nunca negó a Dios y su pensamiento religioso coincide con el de José de la Luz y Caballero, cuando al referirse a Dios dijo Caballero:

«*¡Qué bien se ve Dios que estás en todas partes!... te veo por reflejo en contrastes, y cada vez que te veo siento más vivamente lo bueno...*»

Desde España, adonde llegó como deportado el 1 de febrero de 1871, José Martí le envió un crucifijo de apreciable tamaño a *Trinidad Valdés Amador*, esposa de José María Sardá, a cuya residencia de la Isla de Pinos se le había trasladado a finales de 1870 como conmutación de la condena a presidio y trabajo forzado que había sufrido en La Habana.

En las fotos, la **placa de mármol** en la finca *El Abra* y el **sello conmemorativo** que publicó la república en el centenario de su nacimiento.

Apéndice 3

Los Amores de José Martí

José Martí era un hombre de alma sensible y corazón ardiente, que sintió respeto y adoración por su madre y hermanas, amó a hermosas mujeres y -aún cuando no fue correspondido- a ellas dedicó sus mejores pensamientos y conmovedores escritos: vehementes versos de amor, epístolas en las cuales aconsejaba y enseñaba la mejor manera de enfrentar la vida y esquivar el flirteo y las frivolidades.

Son muchos los amores que se atribuyen a José Martí, tanto por detractores (en el siglo XIX era una humillación ser sorprendido y delatado públicamente por tener una amante, a pesar de ser frecuente la práctica entre hombres notables), como por defensores y fanáticos (muchos cubanos del siglo XIX admiraban como héroes a los que se anotaban numerosas conquistas femeninas). La realidad es que Martí era más dado y seguramente disfrutó mas de amores platónicos que de amores carnales. He aquí algunos ejemplos de los amores atribuidos a Martí:

La joven aragonesa **Blanca de Montalvo** a quien Martí conoció cuando llegó deportado a España en 1871 con apenas 18 años de edad; un apasionado amor quedó reflejado en los *Versos Sencillos* y en el cuento *Hora de lluvia*, pero que no llegó a nada. Cuando ella se casó con el doctor Manuel Simeón Pastor y tuvo un hijo, lo bautizó con el nombre de José.

Rosario de la Peña, conocida como la de Acuña, llamada así por un poeta de ese apellido que se suicidó al no ser correspondido; una hermosa mexicana, *"alta y morena, de ojos insondables,"* a quien Martí le dedicó emotivos versos, pero que no cayó seducida ante la prosa del poeta cubano. Martí la llamó *"su musa."*

Concha Padilla, otra actriz mexicana con la que Martí confesó haber tenido «*un idilio de amor con bruscas alternativas de beatitud y borrasca,*» que celosamente se enamoró de Martí y con la cual él declaró haber tenido «*un vendaval amoroso, sin literatura, ni tristeza ni consumación.*» Doña Leonor le advirtió en más de una ocasión a Martí que Concha « *podrá ser todo lo decente que se quiera, pero es una cómica...*»

La actriz camagüeyana de 26 años **Eloísa Agüero**, casada, miembro de una compañía de teatro en Ciudad México —*Guasp de Péris*— con quien Martí intercambió varias cartas, recados y confidencias que revelan una delicada sensibilidad pero nada de intimidad. Se cuenta que Eloísa encontró una de las cartas de novios de Carmen Zayas Bazán a Martí y exclamó: «*Qué esquelita amorosa tan mona. De veras perdías tu tiempo a pesar de que creías amarla firmemente algún día. No vale la pena que le contestes.*»

Una bellísima joven, de sólo 16 años, **María García Granados**, hija del líder de la revolución liberal y ex Presidente de Guatemala Miguel García

Granados, alumna de Martí en la *Academia de Niñas de Centroamérica* en Guatemala, una niña «*de rostro pálido y mirada suave, a la cual se le desbordaba la ternura cuando me interpretaba al piano algún vals de Ardite.*». No es lógico que Martí hubiera llegado a nada físico con esta joven dado el respeto que profesaba por su más importante benefactor en Guatemala, que le había sido presentado por el padre de Fermín Valdés Domínguez.

En diciembre de 1877 contrajo matrimonio en México con **Carmen Zayas Bazán**, quien procedía de una acaudalada familia agramontina y con la cual tiene a su único hijo, *Ismaelillo*. Martí estuvo arrebatadoramente enamorado de Carmen Zayas según sus propios escritos y poemas.

Carmen Miyares y Peoli, una santiaguera asentada en Nueva York, esposa de Manuel Mantilla, padre de la niña María Mantilla, de la que Martí fue padrino. Martí y Carmen Miyares tuvieron simplemente una relación de buena amistad. No estaba en el carácter del Martí que conocemos haber engañado en su propio hogar, siendo un huésped, a Manuel Mantilla, a quien tenía un gran afecto; mucho menos haber albergado en esa misma casa de los Mantilla a su esposa Carmen Zayas cuando fue a visitarlo con su hijo Ismaelillo en New York y a su madre Leonor cuando le visitó en diciembre de 1887. A esos rumores Martí respondió firmemente: «*Tengo un sentido tan exaltado e intransigente de mi propio honor [...] una costumbre tan profunda de la justicia, y una seguridad tan grande de mi mismo [...] que ni mi decoro, ni el de quien por su desdicha esté relacionado conmigo, tendrá jamás nada que temer de mí, ni requiere más vigilancia que la propia mía.*»

Según el periódico neoyorkino *The Globe*, **Marie Desquez**, una muchacha de ascendencia española, que fue una de sus discípulas en Nueva York, fue uno de los amores de Martí cuando llegó a New York; de ella pocos detalles se saben excepto los que ofrecieron personas de no mucha simpatía hacia Martí.

En su breve paso por París, Martí admiró en una fiesta de caridad a la famosa actriz **Sarah Bernhardt**, de la cual se cuenta que se enamoró perdidamente, sin evidencia alguna de que fuera correspondido.

Otros amores y amoríos castos de Martí fueron atribuidos a otras damas que admiraron su poesía y su personalidad como Adelaida Baralt, Blanch Zacharie de Baralt, Irene Pintó, María Luisa Sánchez de Ferrara, Ubaldina Guerra de Pujol, además de una joven madrileña conocida solo como "M" y una inglesita de Southampton con la que se topó en el puerto y simplemente conversó con ella unas pocas horas en un bar «*lleno de marineros de profesiones decentes y hasta religiosas.*»

Apéndice 4

Desembarcos insurgentes importantes en Cuba durante la Guerra de 1895

1895

1   **Marzo 30**
Antonio y José Maceo, Flor Crombet y Francisco Agramonte desembarcan en Baracoa del velero británico *Honor* en una expedición proveniente de Costa Rica.

2   **Abril 11**
José Martí, Máximo Gómez y ocho otros patriotas llegan de Haití a la playa de *Playitas de Cajobabo*.

3   **Mayo 20**
Los coroneles Lacret y Torres desembarcan al oeste de Santiago con 220 hombres; la expedición proviene de Jamaica.

4   **Junio 5**
El general Carlos Roloff con 353 hombres, 1000 rifles y 500 libras de dinamita desembarcan del remolcador *George W. Childs* cerca de Sagua La Chica en Las Villas.

5   **Octubre 27**
El general Carlos M. de Céspedes (hijo) desembarca cerca de Baracoa con 60 hombres, 100 rifles y 10,000 pertrechos de municiones del barco canadiense *Laurada*.

1896

6   **Enero 12**
Fernando Freyre de Andrade trae con éxito 5,000 rifles y 1,000,000 cartuchos desde Francia; desembarca en Puerto Príncipe.

7   **Marzo 12**
Una expedición proveniente de Charleston, S.C. a bordo del barco *Commodore* desembarca en Las Villas.

8   **Marzo 25**
Calixto García desembarca cerca de Puerto Padre, Oriente, con 125 hombres y armas que venían abordo del *Bermuda*. Había perdido en alta mar otra expedición en el vapor *J.W. Hawkins.* Su barco, el *Bermuda,* había sido capturado una vez anteriormente.

9   **Marzo 25**
El general Enrique Collazo desembarca con una gran expedición en Matanzas; venían a bordo del *Three Friends* y el *Mallory*, dos de los tres barcos de la fallida expedición de *Fernandina*. El vapor danés *Horsa* es capturado por las autoridades americanas.

10   **Abril 25**
Alfredo Laborde, a bordo del velero *Competitor* es capturado en las costas de Pinar del Rio.

11   **Abril 27**
Los Coroneles Vidal y Torres fallan en su intento de desembarcar desde el *Bermuda* en Punta Samá, Oriente, con tropas, armamentos y municiones, desde Jacksonville. Tiran todo el cargamento por la borda.

12   **Mayo 16**
El general Juan Fernández Ruiz desembarca del barco *Laurada* cerca de Baracoa. Es su tercera expedición exitosa.

13   **Mayo 19**
Del vapor *Three Friends* se desembarca un gran cargamento de armas destinado a Las Villas.

14   **Junio 15**
Luis Zárraga, Dr. Joaquín Castillo Duany y Rafael Cabrera desembarcan del *Three Friends* y el *Laurada* sendas expediciones en Rio Seco. El *Three Friends* ha completado cinco expediciones con destino a Camagüey hasta ese momento.

15   **Septiembre 18**
El Coronel Francisco Leyte Vidal y Panchito Gómez Toro desembarcan con 1,000 rifles, 2,000 libras de dinamita, 500,000 cartuchos, un cañón con 100 cargas y tres operadores expertos cerca de Mayarí.

16   **Diciembre 15**
El *Three Friends* fracasa en su intento de desembarcar hombres y armas en la boca del rio San Juan, en Matanzas.

17   **Diciembre 31**
El *Commodore*, zarpando desde Jacksonville, es hundido a 16 millas de la costa de la Florida. No hubo bajas.

1897

18   **Marzo 30**
El *Laureada* desembarca en Banes con tres cañones de dinamita, una ametralladora *Hotchkiss* y muchísimas municiones.

Apéndice 5

Mayores Generales del Ejército Libertador

Mayor General era el Máximo Grado militar concedido en el escalafón del Ejército Libertador durante las tres guerras de liberación contra España.

Nombrados durante la Guerra de los Diez Años

1. Carlos Manuel de Céspedes del Castillo (1868)
2. Modesto Díaz Álvarez (1868)
3. Máximo Gómez Báez (1868)
4. Francisco Maceo Osorio (1868)
5. Donato Mármol Tamayo (1868)
6. Manuel de Quesada Loynaz (1868)
7. Ignacio Eduardo Agramonte y Loynaz (1869)
8. Pedro Figueredo Cisneros (1869)
9. Luis Jerónimo Marcano Álvarez (1869)
10. Carlos Roloff Mialofsky (1869)
11. Juan Jerónimo Díaz de Villegas Rodríguez (1869)
12. Vicente García González (1869)
13. Carlos Adolfo Fernández Cavada Howard (1869)
14. Federico Eduardo Isidro Fernández Cavada Howard (1869)
15. Miguel Jerónimo Gutiérrez Hurtado de Mendoza (1869)
16. Salomé Hernández Villegas (1869)
17. Thomas Jordán (1869)
18. Antonio Lorda Ortegosa (1869)
19. Julio Grave de Peralta Zayas - Bazán (1869)
20. Francisco Vicente Aguilera Tamayo (1870)
21. Mateo Casanova Jiménez (1870)
22. Manuel Boza Agramonte (1870)
23. Manuel María Garrido Páez (1871)
24. Ramón Calixto García Iñiguez (1872)
25. Julio Sanguily Garrite (1872)
26. Francisco Villamil (1872)
27. Antonio Maceo Grajales (1873)
28. Luis Figueredo Cisneros (1873)
29. Francisco Javier de Céspedes del Castillo (1873)
30. Manuel de Jesús Calvar Oduardo (1873)
31. José Antonio de la Caridad Maceo Grajales (1877)

Nombrados durante la Guerra Chiquita

32. Guillermo José Moncada (1879)
33. Serafín Gualberto Sánchez Valdivia (1879)

Nombrados durante la Guerra del 95

34. Félix Francisco Borrero Labadí (1895)
35. Bartolomé Masó Márquez (1895)
36. *José Julián Martí Pérez* *(1895)*

37.	José Marcelino Maceo Grajales	(1895)
38.	Francisco M. Carrillo Morales	(1895)
39.	José María Timoteo Aguirre Valdés	(1896)
40.	Juan Rius Rivera	(1896)
41.	José María Rodríguez Rodríguez	(1896)
42.	Manuel Suárez Delgado	(1896)
43.	Jesús (Rabí) Sablón Moreno	(1896)
44.	José Manuel Capote Sosa	(1897)
45.	Pedro Antonio Díaz Molina	(1897)
46.	Francisco Varona González	(1897)
47.	Pedro Estanislao Betancourt Dávalos	(1898)
48.	Agustín Cebreco Sánchez	(1898)
49.	Mario García Menocal Deop	(1898)
50.	Javier de la Vega Basulto	(1898)
51.	José Miguel Gómez Gómez	(1898)
52.	Salvador Hernández Ríos	(1898)
53.	Pedro Agustín Pérez Pérez	(1898)

Nombrado Póstumamente después de la Guerra del 95

54.	Francisco Adolfo (Flor) Crombet Tejera	(1899)

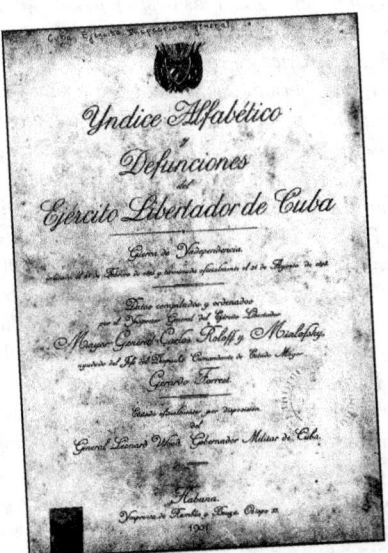

El récord oficial de los Generales del Ejército Libertador de Cuba, compilado por el General Carlos Roloff en 1901, incluye no solo ambos apellidos de cada General sino también los nombres del padre y la madre, la fecha de enlistamiento y los Regimientos en que sirvió.

Apéndice 6

Carta de Martí a The Evening Post del 25 de Marzo de 1889
Conocida como "Vindicación de Cuba"

Vindicación de Cuba fue una carta pública escrita por José Martí y divulgada bajo este título en el periódico *The Evening Post*, de New York, el 25 de marzo de 1889; en ella respondió Martí a las calumniosas imputaciones hechas en contra los cubanos, publicadas en el periódico *The Manufacturer* de Filadelfia y reproducidas por el periódico *The Evening Post* de New York en un artículo titulado "¿Queremos a Cuba?", con aprobación de su director. La carta es una contestación a tales burlas, en la que Martí pone en evidencia las virtudes del pueblo cubano y su ideal de independencia.

Sr. Director de The Evening Post.
Señor:
Ruego a usted que me permita referirme en sus columnas a la ofensiva crítica de los cubanos publicada en The Manufacturer de Filadelfia el día 10 de Marzo de 1889, y reproducida con aprobación en su número de ayer.

No es este el momento de discutir el asunto de la anexión de Cuba. Es probable que ningún cubano que tenga en algo su decoro desee ver su país unido a otro donde los que guían la opinión comparten respecto a él las preocupaciones sólo excusables a la política fanfarrona o la desordenada ignorancia. Ningún cubano honrado se humillará hasta verse recibido como un apestado moral, por el mero valor de su tierra, en un pueblo que niega su capacidad, insulta su virtud y desprecia su carácter. Hay cubanos que por móviles respetables, por una admiración ardiente al progreso y la libertad, por el presentimiento de sus propias fuerzas en mejores condiciones políticas, por el desdichado desconocimiento de la historia y tendencias de la anexión, desearían ver la Isla ligada a los Estados Unidos. Pero los que han peleado en la guerra, y han aprendido en los destierros; los que han levantado, con el trabajo de las manos y la mente, un hogar virtuoso en el corazón de un pueblo hostil; los que por su mérito reconocido como científicos y comerciantes, como empresarios e ingenieros, como maestros, abogados, artistas, periodistas, oradores y poetas, como hombres de inteligencia viva y actividad poco común, se ven honrados dondequiera que ha habido ocasión para desplegar sus cualidades, y justicia para entenderlos; los que, con sus elementos menos preparados, fundaron una ciudad de trabajadores donde los Estados Unidos no tenían antes más que unas cuantas casuchas en un islote desierto; esos, más numerosos que los otros, no desean la anexión de Cuba a los Estados Unidos. No la necesitan. Admiran esta nación, la más grande de cuantas erigió jamás la libertad; pero desconfían de loe elementos funestos que, como gusanos en la sangre, han comenzado en esta República portentosa su obra de destrucción. Han hecho de los héroes de este país sus propios héroes, y anhelan el éxito definitivo de la Unión Norte-Americana, como la gloria mayor de la humanidad; pero no pueden creer honradamente que el individualismo excesivo, la adoración de la riqueza, y el júbilo prolongado de una victoria terrible, estén preparando a los Estados Unidos para ser la nación típica de la libertad, donde no de haber opinión basada en el apetito inmoderado de poder, ni adquisición o triunfos contrarios a la bondad y a la justicia. Amamos a la patria de Lincoln, tanto como tememos a la patria de Cutting.

No somos los cubanos ese pueblo de vagabundos míseros o pigmeos inmorales que a The Manufacturer le place describir; ni el país de inútiles verbosos, incapaces de acción, enemigos del trabajo recio, que, junto con los demás pueblos de la América española, suelen pintar viajeros soberbios y escritores. Hemos sufrido impacientes bajo la tiranía; hemos peleado como hombres, y algunas veces como gigantes, para ser libres; estamos atravesando aquel período de reposo turbulento, lleno de gérmenes de revuelta, que sigue naturalmente a un período de acción excesiva y desgraciada; tenemos que batallar como vencidos contra un opresor que nos priva de medios de vivir, y favorece, en la capital hermosa que visita el extranjero, y en el interior del país, donde la presa se escapa de su garra, el imperio de una corrupción tal que llegue a envenenarnos en la sangre las fuerzas necesarias para conquistar la libertad. Merecemos en la hora de nuestro infortunio, el respeto de los que no nos ayudaron cuando quisimos sacudirlo.

Acaba The Manufacturer diciendo "que nuestra falta de fuerza viril y de respeto propio está demostrada por la apatía con que nos hemos sometido durante tanto tiempo a la opresión española", y "nuestras mismas tentativas de rebelión han sido tan infelizmente ineficaces, que apenas se levantan un poco de la dignidad de una farsa". Nunca se ha desplegado ignorancia mayor de la historia y el carácter que en esta ligerísima aseveración. Es preciso recordar, para no contestarla con amargura, que más de un americano derramó su sangre a nuestro lado en una guerra que otro americano había de llamar "una farsa". ¡Una farsa, la guerra que ha sido comparada por los observadores extranjeros a una epopeya, el alzamiento de todo un pueblo, el abandono voluntario de la riqueza, la abolición de la esclavitud en nuestro primer momento de la libertad, el incendio de nuestras ciudades con nuestras propias manos, la creación de pueblos y fábricas en los bosques vírgenes, el vestir a nuestras mujeres con los tejidos de los árboles, el tener a raya, en diez años de esa vida, a un adversario poderoso, que perdió doscientos mil hombres a manos de un pequeño ejército de patriotas, sin más ayuda que la naturaleza! Nosotros no teníamos hessianos ni franceses, ni Lafayette o Steuben, ni rivalidades de rey que nos ayudaran: nosotros no teníamos más que un vecino que "extendió los límites de su poder y obró contra la voluntad del pueblo" para favorecer a los enemigos de aquellos que peleaban por la misma carta de libertad en que él fundó su independencia: nosotros caímos víctimas de las mismas pasiones que hubieran causado la caída de los Trece Estados, a no haberlos unido el éxito, mientras que a nosotros nos debilitó la demora, no demora causada por la cobardía, sino por nuestro horror a la sangre, que en los primeros meses de la lucha permitió al enemigo tomar ventaja irreparable, y por una confianza infantil en la ayuda cierta de los Estados Unidos: "¡No han de vernos morir por la libertad a sus propias puertas sin alzar una mano o decir una palabra para dar un nuevo pueblo libre al mundo!" Extendieron "los límites de su poder en deferencia a España". No alzaron la mano. No dijeron la palabra.

La lucha no ha cesado. Los desterrados no quieren volver. La nueva generación es digna de sus padres. Centenares de hombres han muerto después de la guerra en el misterio de las prisiones. Sólo con la vida cesará entre nosotros la batalla por la libertad. Y es la verdad triste que nuestros esfuerzos se habrían, en toda probabilidad, renovado con éxito, a no haber sido, en algunos de nosotros, por la esperanza poco viril de los anexionistas, de obtener libertad sin pagarla a su precio, y por el temor justo de otros, de que nuestros muertos, nuestras memorias sagradas, nuestras ruinas empapadas en sangre, no vinieran a ser más que el abono del suelo para el crecimiento de una planta extranjera, o la ocasión de una burla para The Manufacturer de Filadelfia.

Soy de usted, señor Director, servidor atento.

José Martí

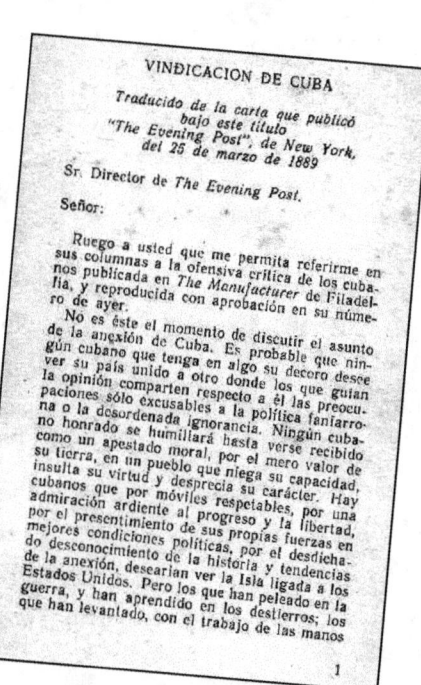

Apéndice 7

Breve Cronología de la Vida de José Martí

DESDE SU NACIMIENTO HASTA SU PRIMER EXILIO (1853-1869)

1853

Enero 28. Nace José Julián Martí Pérez en el Segundo piso de una casa en Paula 41, La Habana (hoy calle Leonor Pérez 314). Hijo del valenciano Mariano Martí, destacado en el castillo de La Cabaña como sargento primero del Real Cuerpo de Artillería y la canaria Leonor Pérez y Cabrera.

Febrero 12. Fue bautizado con el nombre de José Julián en la *Iglesia del Santo Ángel* Custodio de La Habana, siendo sus padrinos: José María Vázquez y Marcelino Aguirre. Siguiendo la costumbre católica de la época, el segundo nombre Julián es tomado del santoral del día.

1856.

La familia Martí se muda para la calle Merced 40 en La Habana y más tarde para la calle Ángeles 56.

1857

Al morir el padre de Leonor en España la familia Martí recibe una herencia que les permite viajar. Martí viaja con sus padres a España para que su padre reponga en la Península su quebrantada salud. Don Mariano había recibido licencia absoluta como subteniente graduado sargento de brigada del Regimiento de Artillería. La familia vive en la calle Tapinería 16 en Valencia. Martí aprende sus primeras letras.

1859

Junio. Regresa a La Habana con Don Mariano ya restablecido y se mudan a una casa en la calle Industria 32. Martí asiste a una escuelita del barrio. Don Mariano Martí es nombrado celador del barrio de Santa Clara, pero fue cesanteado. El 21 de noviembre de 1868 es restituido a su cargo, ahora como celador de policía para reconocimiento de buques en Batabanó; en enero de 1869 le nombran celador del barrio de Cruz Verde, en Guanabacoa. Comienza a ser evidente que a Don Mariano le era difícil mantener un empleo.

1860.

Martí comienza a estudiar en el *Colegio San Anacleto*, del que es director Rafael Sixto Casado y Alayeto. Allí conoce a Fermín Valdés Domínguez y Quintanó.

1862

El niño Martí, de 10 años de edad, pasa algún tiempo en Hanábana (Jagüey Grande), actual provincia de Matanzas, donde su padre ocupaba el puesto de capitán *juez pedáneo*. Ver página 30. Al volver a La Habana Martí es inscrito de nuevo en el Colegio San Anacleto. La familia vive en la calle Jesús Peregrino.

Octubre 23. Martí escribe su primera carta, dirigida a su madre Leonor.

1863

Martí acompaña a su padre en un viaje a Honduras Británicas (Belice).

1864.

Junio. Martí completa su enseñanza primaria y recibe una medalla por aprovechamiento y buena conducta.

1865

Atiende la *Escuela de Instrucción Primaria Superior Municipal de Varones*, en la calle Prado 88, en la cual conoce a su director Rafael María de Mendive.

Abril 23. Al conocer la noticia del asesinato de *Abraham Lincoln*, junto a otros adolescentes comienza a ponerse en el brazo izquierdo un brazalete de luto que lleva durante una semana, expresando así su dolor por la desaparición de quien había decretado la abolición de la esclavitud en los EEUU.

1866

Agosto 27. Rafael María de Mendive, director de la *Escuela de Instrucción Primaria* solicita del director del *Instituto de Segunda Enseñanza* que Martí sea admitido a examen de ingreso por cuanto desea: »premiar de alguna manera su notable aplicación y buena conducta.« Mendive, previo consentimiento de Don Mariano Martí, le costea a Martí sus estudios hasta el grado de Bachiller inclusive. Martí había aprendido las primeras letras en una escuela de barrio; a los nueve años había comenzado a asistir al colegio *San Anacleto* y más tarde al colegio San Pablo de Mendive.

Septiembre 15. Toma clases de dibujo en la *Escuela de Artes Plásticas de San Alejandro*, situada en la calle Dragones 62 entre San Nicolás y Rayo en La Habana, fundada en 1818 por Jean Baptiste Vermay. Se da de baja el 30 de Octubre para dedicar más tiempo a otros estudios.

Septiembre 27. Pasa con buenas notas los exámenes de admisión para estudios generales de Segunda Enseñanza.

Septiembre 30. La familia se muda para la calle Refugio 11. Martí comienza a traducir del inglés al español la obra Hamlet de William Shakespeare.

Octubre. Martí comienza a sentir una gran afición por el teatro. Presta algunos servicios a un peluquero relacionado con los actores, y se le permite disfrutar de las representaciones, aunque situado tras bambalinas.

1867.

Marzo 12. La familia se muda a la calle Peñalver 53.

Junio 4. Martí alcanza la calificación de sobresaliente en el examen de Principios y Ejercicios de Aritmética. Gana un premio por su composición sobre *La Teoría de los Quebrados*.

Septiembre 3. Recibe la máxima calificación en el examen de Gramática Castellana y recibe la más alta puntuación en Gramática Latina. Gana el premio que confiere el tribunal examinador de Gramática Latina con una composición titulada *Teoría de la Conjugación de Todos los Verbos Latinos*. Gana sobresaliente en Gramática Castellana y obtiene el primer premio por la proposición *Teoría y Clasificación de las Figuras de Dicción*.

1868

Abril 14. En el periódico *El Álbum*, de Guanabacoa, se publica su poema *A Micaela. En la muerte de Miguel Ángel*. Micaela era la esposa de Mendive, cuyo hijo Miguel Ángel había fallecido poco después de nacer.

Junio 15. Alcanza la calificación de sobresaliente en la asignatura Principios y Ejercicios de Geometría y obtiene el máximo de puntos en el examen de Geografía Descriptiva.

Septiembre 1. La familia se muda a Marianao y Martí comienza a vivir en casa de los Mendive, sita en la calle Prado 88

Octubre 10. Se produce en *Yara*, Oriente, Cuba, el alzamiento armado de Carlos Manuel de Céspedes, que inicia la guerra de de 1868 en busca de la independencia.

Noviembre 26. Don Mariano ocupa la plaza de celador de policía para el reconocimiento de buques en el puerto de Batabanó. La familia se muda para San José entre Gervasio y Escobar.

1869

Enero 3. Don Mariano es nombrado celador del barrio de Cruz Verde, en Guanabacoa. La familia muda su domicilio para la villa de Guanabacoa en la esquina de las calles Amargura y División.

Enero 19. Martí publica sus primeros escritos políticos en una única edición del periódico *El Diablo Cojuelo* que publica en La Habana con su amigo y condiscípulo Fermín Valdés Domínguez. Publica el soneto ¡10 de Octubre! en el periódico *El Siboney*.

Enero 22. Su maestro Mendive es encarcelado con motivo de los sucesos del *Teatro Villanueva*; Martí acompaña diariamente a Micaela Nin, la esposa del poeta patriota, al *Castillo del Príncipe* hasta que este es deportado a España.

Enero 23. Martí publica y dirige el periódico *La Patria Libre*; el primer y único número del periódico incluye su drama patriótico *Abdala*.

Febrero. Trata de proseguir sus estudios de Bachillerato pero no le permiten tomar el examen del tercer año por haber sido cerrado el *Colegio San Pablo* tras el encarcelamiento de Mendive. Trabaja como pre-pasante en el bufete de Don Cristóbal Madán, antiguo y buen amigo de Mendive. Publica su soneto *10 de octubre* en el periódico manuscrito estudiantil *El Siboney* que circulaba entre los estudiantes del Instituto.

Mayo 15. Rafael María de Mendive es finalmente deportado a España.

Octubre 4. Martí es detenido e ingresado en la cárcel de La Habana, acusado de *infidencia*; durante un registro efectuado en la casa de Fermín Valdés Domínguez, situada en Industria 122, esquina a San Miguel, los *Voluntarios* encontraron una carta dirigida por Martí y Fermín a un condiscípulo nombrado Carlos de Castro, a quien califican de *apóstata* por haber ingresado en el ejército español sabiendo que iba a pelear contra cubanos que buscaban la independencia de su patria.

Octubre 21. Martí ingresa oficialmente en la cárcel aunque no se le ha hecho juicio todavía. El juicio formal no se efectuó hasta cuatro meses más tarde.

Trabajos Forzados, Presidio político y deportación a España. (1870-1874)

1870

Marzo 4. Después de seis meses en prisión, José Martí y Fermín Valdés son juzgados por un consejo de guerra y condenados: José Martí a seis años de presidio por haber asumido durante el juicio la responsabilidad de haber redactado la carta en cuestión. Fermín Valdés a seis meses de arresto y a destierro.

Abril 4. Martí, con el número 113 de presidiario, contando solamente con 17 años, es enviado a trabajos forzados en las *Canteras de San Lázaro*, en La Habana; en la pierna derecha le fijan un pesado grillete colgado a su cintura con una cadena de hierro.

Abril 5. Le cortan el cabello a Martí y lo visten de presidiario. Martí tiene 17 años.

Agosto 16. Debido a su deteriorado estado de salud, Martí es trasladado a la cigarrería del penal y luego a *La Cabaña*. Los destellos de la cal le han enfermado los ojos; el grillete le ha ulcerado la pierna.

Septiembre 5. Por gestiones de Don Mariano y considerando su edad y los llantos de Doña Leonor, el Capitán General de la Isla le conmuta la pena de prisión por la de *ser relegado a la Isla de Pinos*, donde llega el 13 de octubre y queda sujeto a domicilio forzoso en la *Hacienda El Abra*. Por suerte el dueño de *El Abra*, un buen catalán, Don José María Sardá, amigo de su padre, acoge a Martí bajo su protección hasta el 18 de diciembre en que regresa a La Habana a fin de marchar desterrado a España. Una de las condiciones de su deportación es que tiene que abonar su propio pasaje en barco.

1971

Enero 15. Sale de Cuba desterrado hacia España en el vapor *Guipúzcoa*. Martí denuncia a otros pasajeros los atropellos que se comen en la *Prisión de la Habana*. Por pura casualidad, el comandante de la Prisión viaja también en el *Guipúzcoa*.

Marzo 24. El periódico *La Soberanía Nacional*, de Cádiz, publica su artículo *Castillo*, en el que rememora los sufrimientos de uno de sus compañeros de prisión. El periódico *La Cuestión Cubana* de Sevilla reproduce el artículo el 12 de Abril. El 2 de julio lo reproduce también el periódico La República de New York.

Abril 14. Publica su folleto *El Presidio Político en Cuba*, impreso en Madrid gracias al apoyo económico de Carlos Sauvalle, un cubano adinerado de Madrid.

Mayo 31. Martí se matricula en la *Universidad Central de Madrid* como alumno de enseñanza *"por la libre."* No tiene que asistir a clases y por su cuenta se prepara en las asignaturas de Derecho Romano, Primer Curso, Derecho Político y Administrativo y Economía Política y Estadísticas y aprueba las tres.

Agosto 31. Se matricula el segundo curso de Derecho Romano.

Septiembre 17. Participa en una polémica con *La Prensa* de Madrid desde las columnas de *El Jurado Federal*. Sus amigos se impresionan por la importancia que le están concediendo los círculos intelectuales de Madrid.

Noviembre 22. Es operado gracias a las gestiones de su amigo Carlos Sauvalle.

Noviembre 29. Conoce del fusilamiento en La Habana de los ocho estudiantes de medicina. Pronuncia un discurso en la casa de Carlos Sauvalle y asiste a unas honras fúnebres en la Iglesia Caballero de Gracia.

1872

Mayo 31. Se matricula en Derecho Civil Español.

Agosto 31. Se matricula en Derecho Mercantil y Penal.

Noviembre 27. Circula en Madrid una hoja impresa, redactada por Martí y firmada por Pedro J. de la Torre y Fermín Valdés Domínguez, condenando el fusilamiento de los estudiantes de medicina de La Habana el 27 de noviembre de 1871. Martí comienza a escribir su drama *Adúltera*.

Diciembre. Martí ha estado enfermo y deprimido desde mediados de año; ha sido operado dos veces de un *sarcocele* provocado por el constante batir contra su pierna de la cadena de presidiario que usaba en las canteras de San Lázaro en La Habana. Fermín Valdés Domínguez se reúne con él en España, lo ayuda económicamente, le levanta el espíritu y lo entusiasma para mudarse ambos a Zaragoza para seguir sus estudios y recuperar su salud.

1873

Enero. Colabora con el poema *A mis Hermanos Muertos el 27 de Noviembre* al libro que está escribiendo Fermín Valdés Domínguez.

Febrero 15. Con motivo de la proclamación de la *Primera República Española*, Martí publica en Madrid su folleto *La República Española ante la Revolución Cubana*; hace llegar una copia a todos los miembros del nuevo gobierno. Muchos de ellos le prestaron atención pero permanecieron en silencio.

Mayo 17. Es aceptado su traslado hacia la *Universidad de Zaragoza*, con todos los privilegios y derechos a ser diplomado.

Mayo 28. Solicita admisión a exámenes en la *Universidad de Zaragoza* y aprueba las asignaturas de Derecho Romano, segundo curso, Economía Política, Derecho Civil español y Derecho Mercantil y Penal.

Agosto 29. Solicita exámenes de las asignaturas de Ampliación de Derecho Civil, Derecho Canónico, Disciplina Eclesiástica, Teoría de Procedimientos Judiciales, Práctica Forense, Literatura General y Española, Literatura Clásica y Latina e Historia Universal y las aprueba todas.

Agosto 30. Solicita examen en el *Instituto de Zaragoza* de las asignaturas de Retórica y Poética, Historia Universal, Historia de España, Psicología, Lógica y Ética, Física, Química, Historia Natural y Fisiología e Higiene, aprobándolas todas.

1874

Febrero. Termina en Zaragoza su drama *Adúltera*.

Abril. La familia Martí y Pérez establece residencia en México. A duras penas se ganan la vida confeccionando uniformes para las fuerzas armadas del país.

Junio 25 y 27. Realiza en el *Instituto* los dos ejercicios con los que finaliza sus estudios. Se gradúa de Bachiller en Artes. Sus contemporáneos lo felicitan por haber concluido esos estudios en menos de un año a pesar de haber concluido simultáneamente todos los requisitos de la Carrera de Derecho.

Junio 30. Obtiene el grado de Licenciado en Derecho Civil y Canónigo.

Agosto 31. Matricula en la Facultad de Filosofía y Letras las asignaturas de Lengua Griega, Literatura Clásica Griega, Geografía Histórica, Metafísica, Historia de España, Lengua Hebrea y Estudios Críticos sobre Autores Griegos.

Septiembre 30. Se examina de todas las asignaturas antes mencionadas menos Historia de España y Lengua Hebrea que aprueba en octubre.

Octubre 24. Se gradúa de Licenciado en Filosofía y Letras con notas de sobresaliente. Según la tradición educacional universitaria en España, los candidatos deben sacar de un bombo el título de un tema que deben desarrollar oralmente. Martí saca a suerte el tema *La Oratoria Política y Forense entre los Romanos; Cicerón como su más*

Alta Expresión. Presentación y Crítica de sus discursos examinados con arreglo a sus obras de Retórica. Por su brillante exposición Martí obtiene sobresaliente, y alcanza el grado de Licenciado en Filosofía y Letras.

Noviembre-diciembre. Se dirige a Francia en tránsito hacia México. Conoce en París a los poetas Auguste Vacquerie, que le pide que traduzca al español un poema suyo, y a Víctor Hugo, que le regala una copia de su último libro *Mes Fils* y le pide y le autoriza para traducirlo al castellano. Del puerto de Le Havre emprende su regreso a América, vía Southampton y Liverpool en Inglaterra.

MARTÍ VUELVE A PISAR TERRITORIO AMERICANO. (1875-1881)

1875

Enero 2. Parte de Liverpool a bordo del vapor trasatlántico *Céltic*, en tercera clase haciendo escala en Queenstown, Irlanda.

Enero 14. Llega a New York y pasa allí unos días estudiando en las Bibliotecas.

Enero 26. Parte de Nueva York en el vapor estadounidense *City of Mérida*.

Febrero 8. Llega a Veracruz, México, en el vapor *City of Mérida*; se despide con tristeza de New York, ciudad por la cual siente una extraordinaria fascinación.

Febrero 10. Llega a la capital de México después de un largo viaje en tren. Se reúne con sus padres y hermanas, que se han mudado a México para poder estar con él (la vida en Cuba le está vedada). Lo fueron a esperar a la estación del tren de *Buenavista* su padre y un vecino y amigo, Manuel Mercado. En mayo va a iniciar su colaboración con el periódico *Revista Universal*, en el que escribe hasta fines del siguiente año. En mayo pasó también a formar parte del Consejo de Redacción. En sus escritos expresó opiniones acerca de los acontecimientos políticos del país. Desde sus páginas defendió la causa de la independencia cubana polemizando con otras publicaciones.

Marzo 7. Publicó su primer trabajo en la *Revista Universal*, una poesía dedicada a su hermana Ana, fallecida el 5 de enero del mismo año, la que sabía estaba muy enferma pero nunca pudo ver antes de morir.

Marzo 12. Comenzó a publicar regularmente en la *Revista Universal* su traducción de *Mes Fils*, que Víctor Hugo le había autorizado personalmente.

Marzo 22. Es aprobada por unanimidad su postulación para socio del *Liceo Hidalgo*, sociedad que congrega a destacados intelectuales mexicanos.

Abril 5. Participa en una sesión del debate sobre el tema La influencia del *Espiritismo en el Estudio de las Ciencias en General*, que se desarrolla en el *Liceo Hidalgo*. Hicieron intervenciones representantes de la *Escuela Positivista* y de la *Sociedad Espírita*.

Mayo 7. Como redactor de la *Revista Universal* inicia sus *Boletines* con el pseudónimo de *Orestes*.

Mayo 27. Inicia una polémica con el diario *La Colonia Española* en defensa de los independentistas que luchan en Cuba.

Diciembre 21. Se estrena con gran éxito su drama *Amor con Amor se Paga*, en el Teatro Principal de Ciudad México. Al terminar la representación, la actriz *Concepción Padilla* le hace entrega en el escenario de una corona de laurel.

Diciembre 21. La *Sociedad Gorastiza*, que agrupa a escritores y artistas, lo acepta como uno de sus miembros. En una de las reuniones y tertulias de la sociedad conoce y se enamora de Carmen Zayas Bazán, hija de un magnate camagüeyano exilado que no está muy de acuerdo con ese romance.

1876

Enero 28. Martí y otros intelectuales fundan la *Sociedad Alarcón* integrada por autores, actores y críticos dramáticos.

Enero 31. Pronuncia un discurso en la Academia de Bellas Artes de San Carlos.

Marzo 12. El periódico *El Socialista*, órgano del *Gran Círculo de Obreros*, lo propone como uno de los candidatos al primer *Congreso Nacional Obrero de México*.

Mayo 7. Forma parte, junto con Nicolás Azcárate y Agapito Silva, de una comisión ejecutiva nombrada por un grupo de cuarenticuatro escritores que se proponen honrar al dramaturgo José Peón Contreras, para lo cual abren una suscripción. El periódico *El Eco de Ambos Mundos* auspicia la iniciativa.

Junio 4. La *Sociedad Esperanza de Empleados* lo designa delegado al *Congreso Nacional Obrero*.

Julio 12. Martí es operado una vez más.

Diciembre 7. Desde el periódico *El Federalista*, critica severamente al General Porfirio Díaz y su asalto armado al poder constituido en un artículo titulado *Alea Jacta est*. Su gran amigo Manuel Mercado, simpatizante con Porfirio Díaz, comprende la posición de Martí y la aplaude. El día 16 en su artículo *Extranjero*, reitera su denuncia y se despide del pueblo mexicano.

Diciembre 29. En Cuba se ha consumado el *Pacto del Zanjón* y el gobierno español accede al retorno de todos los cubanos del destierro. Martí parte de Ciudad México de madrugada hacia La Habana de incógnito, vía Veracruz.

1877

Enero 2. Receloso de la generosidad del gobierno español y desconfiado de la buena voluntad con respecto a los desterrados, Martí sale de Veracruz para La Habana en el vapor *Ebro* bajo el nombre de *Julián Pérez*, o sea, su segundo nombre y segundo apellido. Llega a La Habana el 6 de enero.

Enero 22. Recibe de manos de José Mariano Domínguez, padre de Fermín, cartas de recomendación dirigidas a algunas personas que residen en Guatemala, a quienes Don José Mariano conoce por ser natural de ese país.

Febrero 24. Después de unos días en Cuba adonde ha ido a gestionar la reunificación de sus hermanas, padres y sobrinos, Martí parte hacia México rumbo a Guatemala en el vapor *City of Habana* con cartas de recomendación del padre de Fermín Valdés Domínguez para el presidente Justo Rufino Barrios y otras personalidades de ese país.

Febrero 28. Arriba al puerto mexicano de *Progreso*. No se siente a gusto con Porfirio Díaz en la presidencia y decide de inmediato partir a Guatemala, no sin antes visitar las ciudades de Uxmal y Chichén Itzá.

Marzo 26. Llega a la capital de Guatemala. Queda adscrito al claustro de la *Escuela Normal*. El día 22 el periódico *El Progreso* publica su artículo *Los Códigos Nuevos*.

Mayo 29. Es nombrado catedrático de Literatura Francesa, Inglesa, Italiana y Alemana y de Historia de la Filosofía en la *Escuela Normal Central de Guatemala*. Colabora en la *Revista de la Universidad*.

Abril 14. Escribe una obra teatral que titula *Patria y Libertad*. Conoce personalmente al presidente de Guatemala Justo Rufino Barrios.

Mayo 29. Recibe un nombramiento de catedrático de Literatura francesa, inglesa, italiana y alemana y de Historia de la Filosofía en la Facultad de Filosofía y Letras de la Universidad de Guatemala.

Junio 17. Comienza a impartir clases gratuitas de composición en la *Academia de Niñas de Centro América*, institución que dirige Margarita Izaguirre, hermana de su amigo José María. La escuela radica en 44-5ª Avenida Sur, antigua Calle de San Agustín. Allí conoce a María, hija del ex presidente guatemalteco Miguel García Granados, cuya casa comienza a frecuentar.

Julio 13. Asume el cargo de vicepresidente de la *Sociedad Literaria El Porvenir*, donde se le ha admitido en mayo. Imparte clases de composición en la *Academia de Niñas de Centroamérica*.

Noviembre 29. Inicia la travesía hacia la capital mexicana desde el puerto de San José, en uno de los vapores de la *Línea del Pacífico*.

Diciembre 20. Profundamente enamorado, contrae matrimonio en la *Parroquia del Sagrario Metropolitano*, al lado de la Catedral de México, a donde ha viajado con ese fin, con la cubana Carmen Zayas Bazán, hija del abogado cubano Francisco Zayas Bazán y la finada Isabel Hidalgo. Don Francisco Zayas a regañadientes ha aceptado a Martí en el seno de la familia.

Diciembre 26. Comienza un largo y austero viaje de luna de miel por el Suroeste de México con una escolta. Viajan en chalupas, lomo de burro, coches, a caballo, en diligencias, en canoas y a pie hasta la ciudad de Acapulco, de donde parte a San José y a Ciudad Guatemala.

1878

Enero 18. Había publicado en México su folleto *Guatemala*, una copia del cual recibe en la Escuela Normal cuando regresa con su esposa a la ciudad capital de Guatemala para comenzar las clases.

Febrero 10. Conoce inmediatamente de la firma del *Pacto del Zanjón* por el *Comité del Centro* en Cuba. El texto de *Guatemala* es publicado en el periódico mexicano El Siglo XIX y se pone a la venta con mucho éxito en Guatemala.

Marzo 19. Sus alumnos de la *Escuela Normal* le obsequian una leontina de oro.

Abril 6. Renuncia a su puesto de catedrático de la *Escuela Normal General* en protesta por haber injustamente depuesto el presidente Barrios al cubano José María Izaguirre, director de dicho centro.

Agosto 31. Se decide a volver a Cuba bajo la insistencia de su esposa Carmen; esta vez amparado por la amnistía que ofrece el *Pacto del Zanjón*. Llega con su esposa a La Habana y alquila una casa en la capital cubana.

Septiembre 2. Comienza a trabajar en los bufetes de Nicolás Azcárate y Miguel Viondi. Se cartea con Manuel Mercado que ahora reside en Tulipán 32 en México.

Septiembre 16. Solicita autorización para ejercer como abogado la cual le es denegada; oficialmente por no presentar su título. En realidad es muy probable que haya sido para alejarlo de Cuba.

Octubre. Se incorpora a las múltiples labores conspirativas de los clubes adscritos al *Comité Revolucionario de New York*.

Noviembre 22. Nace su único hijo, José Francisco, al cual llamaría cariñosamente Pepe, Pepito o *Ismaelillo*. Se reúne varias veces con Rafael María de Mendive, que le dice que es un hombre vigilado y le aconseja tener precaución. Martí comparte con Mendive algunos de los *Versos Libres* que ha comenzado a escribir.

Diciembre 15. Resulta electo Secretario de la *Sección de Literatura del Liceo Artístico y Literario de Guanabacoa*, de la cual es fundador y ejecutivo su gran amigo Nicolás Azcárate.

1879

Enero . Comienza a trabajar en los bufetes de Nicolás Azcárate y Miguel F. Viondi, localizado en la calle San Ignacio 55. Conoce a Juan Gualberto Gómez. Comienza a dar clases en varios colegios privados. Asiste asiduamente a las reuniones en el *Liceo de Guanabacoa*. Se muda con Carmen e Ismaelillo para una humilde casa en la calle Industria 115.

Enero 29. Es nombrado socio de la Sección de Instrucción del *Liceo Artístico y Literario de Regla*. Comienza a reseñar para la prensa los discursos que se producen en el *Liceo de Guanabacoa*.

Marzo 21. Participa en debates sobre *Idealismo y Realismo* en el *Liceo de Guanabacoa*.

Abril 21. Participa en un brindis contra el autonomismo en un banquete en honor del periodista Adolfo Márquez Sterling, director del periódico *La Discusión* en los altos del café *El Louvre*, en La Habana, lugar de conspiraciones libertarias que frecuenta a menudo.

Abril 27. Participa y es el orador principal en un homenaje al violinista argentino Rafael Díaz Albertini, celebrado en el *Liceo de Guanabacoa*. Su abiertamente insurreccional discurso provocó la siguiente exclamación del General Blanco, Capitán General de la Isla: *"Quiero no recordar lo que he oído y no concebí nunca se dijera delante de mí, representante del Gobierno español: voy a pensar que Martí es un loco ... pero un loco peligroso."*

Junio 1. El *Comité Revolucionario de New York* lo nombra subdelegado en Cuba.

Agosto 24. Se mantiene al tanto de la lucha organizada por Calixto García conocida como la *Guerra Chiquita* y trata de conseguir fondos y contactos aunque cree que le guerra es prematura en ese momento..

Septiembre 17. Es detenido en su casa de la calle Amistad 42 entre Neptuno y Concordia mientras almorzaba con su esposa por conspirar con Juan Gualberto Gómez y otros patriotas. Azcárate trata de sacarlo de apuros pero la determinación de expatriarlo del Capitán General Blanco es irrevocable. Viondi saca del bufete documentos comprometedores que Martí guardaba allí.

Septiembre 25. Es nuevamente deportado a España. Viaja a bordo del vapor Alfonso XII. Lo despiden más de 50 amigos habaneros. Llega a Santander y allí conoce que lo van a deportar a Ceuta.

Octubre 23. Lo trasladan preso hacia Madrid. Allí lo entrevista el general *"pacificador de Cuba,"* Arsenio Martínez Campos, que le ofrece una buena vivienda y una Cátedra en la Universidad de Madrid. Martí lo oye por cortesía y decide violar su exilio e irse de España.

Diciembre 6. Visita el Museo del Prado numerosas veces en lo que prepara su escape de las autoridades españolas.

Diciembre 18. Sale furtivamente de España para Francia. Paris le fascina y disfruta la ciudad a plenitud, recorriéndola a pie como un verdadero *flâneur* francés. Conoce a Sarah Bernhardt en una fiesta en el *Hipódromo de París*; se siente enamorado de ella pero la actriz juguetea con él sin ceder a sus encantos de poeta que sufre.

Diciembre 22. Parte hacia los EEUU a bordo del trasatlántico-correo *Francia* que hace el recorrido La Havre a New York.

1880

Enero 3. Llega a Nueva York y se une a los exiliados que hacen grandes esfuerzos para encaminar la llamada *Guerra Chiquita*, con la que Martí no se entusiasma ni incorpora por creerla muy prematura.

Enero 8. Después de quedarse unos días en la casa de Miguel Fernández Ledesma este le recomienda una casa de huéspedes propiedad de Manuel Mantilla en la calle 29 número 51 del Este. Allí se muda.

Enero 24. Dirige una alocución y proclama en nombre del *Comité Revolucionario Cubano* de Nueva York, del cual ya era vicepresidente interino. La proclama estaba dirigida a los cubanos con motivo de la llegada del General Calixto García Iñiguez a Cuba como jefe de la frustrada insurrección de 1880, la *Guerra Chiquita*. La Guerra fracasa y casi todos los participantes escapan, son fusilados o son hechos prisioneros. Durante todo el año Martí participa activamente en el *Comité Revolucionario de Nueva York* en tareas conspirativas a favor de la independencia de Cuba. En lo personal, Martí inicia su colaboración con los periódicos *The Hour* y *The Sun*.

Marzo 3. Carmen y José Francisco se reúnen con Martí en New York. Van a vivir a la casa de huéspedes de los Mantilla, donde ha estado residiendo Martí.

Mayo 13. Escribe y distribuye la circular *Cubanos* para celebrar la noticia del desembarco del general Calixto García.

Octubre 21. Carmen e Ismaelillo parten hacia Cuba.

Noviembre 28. Nace María Mantilla. Martí es su padrino de bautismo. Durante el resto de su vida le va a tener un gran afecto a la niña.

1881

Marzo. Martí trata de establecerse temporalmente en Venezuela. Su esposa e hijo, que le habían visitado en New York, regresan a Cuba, lo cual le produce una profunda depresión.

Febrero. Imparte clases de gramática francesa y de literatura en el *Colegio Santa María* de Caracas.

Abril. Comienza a dar clases de literatura en el *Colegio Villegas*, donde establece una Cátedra de Oratoria.

Julio 1. El periódico *La Opinión Nacional* publica dos artículos suyos. Martí lanza y dirige la *Revista Venezolana* cuyas treinta y dos páginas estaban redactadas totalmente por él. Se le coacciona para que cambie su actitud crítica frente a los métodos tiránicos del Gobierno y su prepotente mandatario; el edecán del presidente de Venezuela le indica que debe abandonar el país. Martí opta por marcharse inmediatamente, devuelve el dinero a los subscriptores y envía a todos una carta donde expresa: «De América soy hijo; a ella me debo. Y de la América, a cuya revelación, sacudimiento y fundación urgente me consagro, esta es la cuna.»

Agosto. Llega una vez más a Nueva York e inmediatamente escribe para la *Opinión Nacional* de Venezuela, que le solicita encarecidamente que no deje de hacerlo. Martí decide consagrarse y llegar a ser un formidable periodista en la ciudad de New York y en el resto de los EEUU.

DESDE ESTABLECER SU RESIDENCIA EN NEW YORK, HASTA LA PUESTA EN MARCHA PARA LA INDEPENDENCIA DE CUBA. (1881-1895)

1882

Enero 16. Comienza a traducir para la editora *Appleton;* su relación con esa firma habrá de durar por varios años.

Marzo. Comienza a pasar horas incansables trabajando asiduamente en varios lugares de New York, incluyendo trabajo como tenedor de libros..

Abril 22. Publica en Nueva York su libro de versos *Ismaelillo,* dedicado a su hijo. La publicación se hace en la imprenta *Thompson y Maoreau,* en las calles 51 y 53 Maiden Lane, New York, donde conoce y se hace gran amigo de *Walt Whitman,* que allí está publicando su libro *Leaves of Grass*. Comienza a asistir a la opera con Whitman.

Julio 15. Se compromete a escribir en *La Nación* de Buenos Aires, que publica sus escritos por primera vez el 13 de septiembre y fielmente los continuará hasta el día de su muerte.

Julio 20. Se pone en contacto con los Generales Máximo Gómez y Antonio Maceo, enviándoles algunos artículos y cartas y pidiéndoles opiniones sobre los trabajos que ha emprendido hacia una nueva Guerra en Cuba. Más tarde, en una reunión de resultados muy negativos con ellos en el *Hotel de Madame Griffou,* en New York, en 1884, termina distanciándose de ellos por discrepar de los métodos que ellos proponen de dirección de la Guerra que Martí considera militaristas y caudillistas y que cree que ambos generales prefieren a ninguna otra alternativa.

Septiembre 26. El director de *La Nación,* Bartolomé Mitre, le informa que su primera crónica, publicada en ese periódico el día 13, ha suscitado tal interés que numerosos otros periódicos la reprodujeron; pero a la vez le señala que tuvo que suprimir parte del escrito, pues las conclusiones radicales de su contenido, aunque encierran verdades innegables, podrían hacer creer que se abría una campaña de denuncia contra los Estados Unidos.

Noviembre 16. José Maceo, José Rogelio Castillo y José Celedonio Rodríguez, luego de haber escapado de sus custodios en Cádiz y refugiarse, junto con familiares de Maceo, en Gibraltar, son capturados cuando la policía inglesa los retorna a España. Martí comienza una campaña periodística denunciando esa violación a las normas internacionales de exilio político. La campaña busca fondos en las fábricas de tabaco de Tampa y Cayo Hueso.

Diciembre 21. Carmen e Ismaelillo se reúnen con Martí en Nueva York.

1883

Martí trabaja casi todo el año como redactor y más tarde director de la revista *La América,* de Nueva York. Comienza a recibir numerosos elogios por su labor como traductor, ensayista, orador y analista y concluye el año siendo el periodista de habla hispana de mayor éxito y remuneraciones en los EEUU.

Julio 24. Pronuncia un discurso en un banquete homenaje a Simón Bolívar, al que asisten varios diplomáticos hispanoamericanos y el presidente de Honduras.

1884

Enero 14. Se le ofrece y acepta el cargo de director de la revista *La América*, situada en Broadway 756.

Durante buena parte del año Martí es nombrado y trabaja como miembro corresponsal en Nueva York de la *Sociedad Amigos del Saber* de Caracas y se hace cargo interinamente del Consulado de Uruguay en Nueva York, al mismo tiempo que lo solicitan para los de Argentina y Colombia, pero piensa renunciar el 10 de octubre siguiente para dedicarse a tiempo completo a las actividades revolucionarias necesarias para preparar la Guerra de 1895 en Cuba.

Octubre 18. Después de una larga entrevista con Máximo Gómez y Antonio Maceo en el *Hotel de Madame Griffou* en la calle 9 número 21 del Este en New York, se separa de los planes revolucionarios de estos, el *Plan Maceo-Gómez*, por no estar de acuerdo con la forma que pretenden darle al movimiento.

1885

Marzo. Carmen e Ismaelillo vuelven a irse de regreso a Cuba. Martí publica *Amistad Funesta*, su única verdadera obra teatral, en varios capítulos en el periódico *El Latino Americano* bajo el seudónimo de *Adelaida Ral*.

Julio 6. Publica una carta en *El Avisador Cubano* en la que, sin enfrentarse públicamente al general Gómez, advierte los peligros de que sean solo militares los que tomen decisiones de la guerra en Cuba. Le dice que «*se ha de pelear de manera que al desceñirnos las armas, surja un pueblo.*»

1886.

Trabaja todo el curso del año activamente como corresponsal de los periódicos *La Nación* de Buenos Aires, *El Partido Liberal* de México, *La República* de Honduras y *La Opinión Pública* de Montevideo. Está en el apogeo de su influencia como formador de opinión pública entre los hispanos del continente y particularmente los cubanos. Es frecuentemente invitado a charlas, discursos y presentaciones ante numerosas audiencias en New York.

Diciembre 16. Máximo Gómez, movido en parte por la correspondencia con Martí, da por concluidas las gestiones preparatorias del *Plan Maceo-Gómez* que encabezara desde 1884.

1887

Febrero 2. Muere su padre, Don Mariano Martí, en La Habana a los 71 años de edad. Martí no puede entrar en Cuba por haberse escapado de su destierro en España; sabe de las firmes intenciones del general Arsenio Martínez Campos de tomarlo de nuevo preso.

Abril 16. Es nombrado cónsul de la República Oriental del Uruguay en New York.

Octubre 10. Presenta un discurso en conmemoración del 10 de Octubre de 1868 en *Masonic Temple*, New York. Comienza a colaborar en *El Economista Americano*.

Noviembre 9. Martí convoca a una reunión de cubanos en casa de Enrique Trujillo, calle 57 número 446 Oeste, para intercambiar opiniones acerca del modo práctico de actuar en favor de la independencia de Cuba. La mayoría de los reunidos coincide en que debe aguardarse a avanzar la preparación de la guerra antes de lanzar una invasión armada a la Isla

Noviembre 22. Doña Leonor llega a New York y le trajo a Martí una sortija que encargó Fermín Valdés Domínguez hecha con uno de los eslabones de la cadena que lo mantenía atado al grillete en las Cantera de San Lázaro cuando tenía 17 años. Martí uso esa sortija hasta el día que cayó muerto en Dos Ríos.

Noviembre 30. Es elegido presidente de la *Comisión Ejecutiva* fundada ese día, cuyo objetivo es organizar la lucha por la libertad de Cuba. Comienzan a formularse las estrategias de cómo llevar la guerra a Cuba.

1888.

Enero 25. Maceo y Gómez expresan su completo acuerdo con los trabajos de Martí.

Febrero 20. Un grupo grande de los jefes de la Guerra del 1868 le expresan su disposición favorable a los planes de Martí y señalan que solo necesitan los recursos materiales para incorporarse a la lucha en Cuba.

Marzo. Publica su traducción de la novela *Ramona* de Helen Hunt Jackson.

Julio 6. Martí descarta sus planes de lanzar una empresa editorial al saber que tendría que desviar recursos que estaban siendo recogidos para la guerra en Cuba.

Septiembre 23. Es nombrado socio corresponsal de la *Academia de Ciencias y Bellas Artes* de San Salvador.

Octubre 12. Es designado representante en los Estados Unidos y el Canadá de la *Asociación de Prensa de Buenos Aires*.

Diciembre 19. Pronuncia un discurso más tarde conocido como *Madre América* ante los delegados americanos a la *Conferencia Internacional Americana*, celebrada en Washington, DC.

1889

Marzo 21. *Vindicación de Cuba*, una carta de Martí en respuesta a un artículo difamatorio en el periódico *The Manufacturer* de Filadelfia, es publicada en el New York Evening Post. Ver Apéndice 7, página 327.

Abril 12. Publica el folleto *Cuba y los Estados Unidos,* ampliando sus argumentos de *Vindicación de Cuba*.

Julio. Sale a la venta el primer número de *La Edad de Oro*, revista mensual dedicada a los niños de América; la publicación es suspendida después del cuarto número.

Octubre 10. Presenta un discurso en *Hardman Hall* en conmemoración del Grito de Yara que dio inicio a la Guerra de 1868. En el público estaban Gonzalo de Quesada y Enrique Núñez.

Noviembre 30. Presenta en *Hardman Hall* un discurso en honor al poeta José María Heredia.

1890

Enero 22. Martí inaugura *La Liga, Sociedad Protectora de Instrucción*, consagrada al auxilio de cubanos y puertorriqueños de la clase de color, de la cual Martí es socio fundador, presidente honorario e inspector-maestro.

Marzo 30. En la *Comisión Monetaria Internacional Americana en Washington*, Martí leyó, en español e inglés, su informe sobre *Bimetalismo*, que fue fuertemente aplaudido por representantes de los EEUU y asistentes de las repúblicas hispanas.

Junio. Martí publica por primera vez sus *Versos Sencillos* en Nueva York.

Julio 24. Martí es nombrado cónsul de la República Argentina en Nueva York. Una semana después, el 30 de Julio, lo nombran cónsul de Paraguay en dicha ciudad.

Octubre 6. Comienza a dar clases de español por la noche en la *Escuela Central Superior Nocturna*, situada en la calle 63 número 220 del Este.

Diciembre 23. El gobierno de Uruguay lo designa su representante en la *Comisión Monetaria Internacional Americana*.

Diciembre. El pintor sueco Hermann Norman le hace un retrato al oleo mientras Martí trabaja en su oficina de la calle Front número 120, que es la dirección del periódico *Patria* y va a ser la del *Partido Revolucionario Cubano*.

1891

Enero 1. Aparece publicado por primera vez su ensayo *Nuestra América* en *La Revista Ilustrada de Nueva York*. Martí recibe un aumento de su remuneración en la *Escuela Central Superior Nocturna*. Reside en la calle 58 No. 361 Oeste.

Mayo 1. Publica su artículo *La Conferencia Monetaria de las Repúblicas de América* en *La Revista Ilustrada* de Nueva York.

Mayo 20. Se publica su última colaboración en el periódico *La Nación*.

Junio 30. Carmen e Ismaelillo se reúnen con Martí en New York.

Agosto 27. En un movimiento sorpresivo, Carmen e Ismaelillo se van de regreso a Cuba, con la ayuda de Enrique Trujillo, sin dejárselo saber a Martí. La familia nunca más volvió a estar junta mi Martí volvió a ver de nuevo a su hijo Ismaelillo. Al conocer lo sucedido, Martí rompió sus relaciones amistosas con el desleal amigo. Después de su muerte en Dos Ríos Carmen vuelve a saber de Martí y reclamó su cadáver para ser enterrado en el panteón de la familia Zayas Bazán.

Octubre 11. El cónsul español en New York protesta de las acciones en contra de España del cónsul de Argentina, Uruguay y Paraguay.

Octubre 17. Martí renuncia a los consulados de los tres países para poder dedicarse por entero a su labor a favor de la independencia de cuba.

Noviembre 16. Invitado por Néstor L. Carbonell, presidente del club Ignacio Agramonte, de Tampa, toma parte en una fiesta artístico-literaria a beneficio de la asociación.

Noviembre 26. En el *Liceo Cubano de Tampa*, pronuncia el discurso conocido como *Con Todos y Para el Bien de Todos*. Al día siguiente pronuncia el conocido como *Los Pinos Nuevos*. Ambos discursos pasan a la historia de Cuba como declarativos de la doctrina martiana.

Noviembre 28. Son aprobadas por la emigración cubana de Tampa las *Resoluciones*, que han sido consideradas como las Bases Fundamentales del *Partido Revolucionario Cubano*. Martí, al final de estas reuniones, partió de inmediato para New York.

Diciembre 25. Por invitación de un grupo de obreros cubanos visita Cayo Hueso, viajando desde New York a bordo del vapor *Olivette*. No obstante encontrarse muy enfermo con una grave broncolaringitis aguda, pronuncia un cálido discurso.

1892

Enero 5. En una amplia asamblea de representantes de la emigración, en Cayo Hueso, las Bases y los Estatutos del *Partido Revolucionario Cubano* son aprobadas. Martí, apoyado por esa importante decisión, comenzó formalmente a organizar el Partido.

Enero 12. Martí publica en una carta la famosa refutación a Enrique Collazo, que lo ha atacado con motivo de su discurso del 26 de noviembre de 1891, donde censuró el libro "*A pie y descalzo*" de Ramón Roa, por considerarlo destructivo, exageradamente pesimista, descorazonador y perjudicial para la causa de la independencia. Los emigrados respaldaron públicamente a Martí quedando resuelto favorable a él el incidente. Collazo dio la razón a Martí reconociendo su error.

Marzo 14. Martí publica el primer número del periódico *Patria*. A falta de ayudantes Martí lo lleva a la imprenta, lo recoge, lo clasifica en zonas de New York y el resto del exilio, lo distribuye él mismo, inclusive cuando representa subirlo a suscriptores en pisos altos en la zona del sur de Manhattan.

Abril 10. Se produce una proclamación del *Partido Revolucionario Cubano* por todas las emigraciones cubanas y puertorriqueñas en los Estados Unidos, siendo electo Martí como Delegado, al no querer él que le designen como Presidente.

Junio 7. Martí recibe el nombramiento de Presidente de la Sección de Literatura de la *Sociedad Literaria Hispano-Americana de Nueva York*.

Septiembre 15. Martí parte para la República Dominicana para entrevistarse con Máximo Gómez en su finca *La Reforma*, en Montecristi. Máximo Gómez lo recibe con abrazos y un gran banquete, al mismo tiempo que acepta la jefatura militar de la guerra.

Octubre 8. Viaja a Kingston, Jamaica, en horas de la tarde. Habla a los operarios del taller de J. B. Machado. Luego se traslada al *Hotel Myrtle Bank*, donde se hospeda y recibe a numerosos visitantes.

Noviembre 9. Habla ante numeroso público reunido en el *Club San Carlos* de Cayo Hueso acerca de los resultados de su viaje a República Dominicana, Haití y Jamaica.

Noviembre 23. Imparte una conferencia en inglés en el *Club San Carlos*, a petición del periódico *Equator Democrat*. El salón se encuentra abarrotado dos horas antes de la reunión. Pone énfasis especial en el análisis de las ideas anti anexionistas e independentistas radicales. El coronel Horatio Crain clausura la velada y asegura al Delegado que Cuba cuenta con la simpatía del pueblo de los Estados Unidos.

Diciembre 10. Viaja a en Tampa, en compañía de José Dolores Poyo. A pesar de sentirse enfermo habla durante hora y media en la fiesta por el segundo aniversario de la fundación de la *Liga Patriótica Cubana*. Visita el taller de Vicente Martínez Ibor y habla a los obreros, los cuales contribuyen generosamente para l guerra.

Diciembre 13. Visita las fábricas de Pons y de Monné, donde dirige la palabra a los obreros, primero en español y luego en inglés. Continua la recogidas de fondos.

Diciembre 16. Parte en la madrugada, junto con sus acompañantes, hacia Tampa. Allí elementos al servicio de España intentan asesinarlo mediante envenenamiento. Se teme por su vida. Lo atiende el doctor Miguel Barbarrosa.

Diciembre 24. Llega a New York para celebrar allí la *Nochebuena* con sus amigos.

1893

Enero 15. Presenta un discurso en *Hardman Hall* con el local lleno de entusiastas exiliados.

Mayo 24. En otra asamblea revolucionaria en *Hardman Hall* en New York conoce a Rubén Darío.

Marzo 3 al 8. Visita a los emigrados cubanos en Tampa, Ocala y Cayo Hueso, recogiendo fondos y reclutando voluntarios para la guerra en Cuba.

Mayo 6. En una carta a Máximo Gómez le informa que en tres días que ha estado en reuniones en Cayo Hueso ha recogido $30 mil dólares para la causa cubana.

Junio 3. Martí vuelve a viajar para entrevistarse una vez más con el General Máximo Gómez, en Montecristi, ultimando los detalles de la rebelión armada.

Junio 30. Martí parte a Costa Rica para entrevistarse con el General Antonio Maceo, que lo recibe respetuosamente pero sin las expresiones de cariño que le había manifestado el generalísimo Máximo Gómez.

Durante el resto del año Martí lleva a cabo una constante actividad revolucionaria trasladándose de un extremo a otro dentro de los Estados Unidos, donde quiera que había exiliados cubanos; participando en las reuniones de los Clubes Patrióticos y otros cuerpos de consejo del exilio. Ver página 208.

Junio 3 a Julio 8. Visita Montecristi, Port-au-Prince, Panamá y Costa Rica.

Septiembre 8 al 15. Visita Cayo Hueso, Tampa, Jacksonville, volviendo a New York el día 17. El día 20 visita Filadelfia.

1894

Enero 18. Martí viaja a Tampa para tratar de mediar en la huelga de la fábrica de tabacos *La Rosa Española* en Cayo Hueso; por indicación de Horatio S. Rubens, su asesor legal, declina fungir como árbitro y deja a Rubens hacerse cargo de los tabaqueros cubanos. Seguro de las buenas gesto de Rubens, Martí desiste de su viaje al Cayo y regresa a New York.

Marzo 15. Desde New York envía 200 fusiles Remington y 48,000 cápsulas a Camagüey. Los detectives de la agencia *Pinkerton* siguen la trayectoria del envío y las autoridades españolas lo encuentran y decomisan el 3 de abril.

Abril 8. Martí de nuevo en New York, para conferenciar con Máximo Gómez que lo visita acompañado de su hijo Panchito. Durante todo el año continúa con sus labores de organización, viajando constantemente por varias ciudades de los Estados Unidos así como América Latina.

Junio 18. Viaja a Costa Rica en el vapor *Albert Dumois* para entrevistarse con Antonio Maceo y Flor Crombet en Punta Arenas, para compartir con ellos los planes de resumir la insurrección en Cuba.

Julio 13. Visita sorpresiva a Ciudad México, donde se entrevista con Manuel Mercado, que ahora es Subsecretario de Gobernación de la República. Aparentemente logra por medio de Mercado entrevistarse con Porfirio Díaz, que no le promete reconocer los insurrectos cubanos pero les asegura que las expediciones pueden contar con México para zarpar, recuperarse y reclutar.

Noviembre 23. Está de nuevo en New York.

Diciembre 25. Martí completa los detalles del llamado *Plan de la Fernandina*, según el cual el vapor *Amadís* iba a recoger a los generales Antonio Maceo y Flor Crombet en Costa Rica.

1895

Enero 12. Por una delación que Martí no pudo evitar, las autoridades norteamericanas detuvieron en el puerto floridano de *Fernandina* al vapor *Lagonda* y las otras dos embarcaciones, *Amadís* y *Baracoa*. Agentes federales ocuparon los barcos y los costosos equipos y pertrechos militares. Fracasó así la operación conspirativa del *Plan de Fernandina* y Martí resolvió responsabilizarse con un nuevo entusiasmo que había que sembrar en la mente de todos los exiliados cubanos.

Enero 13. Martí convoca a Enrique Collazo, José (Mayía) Rodríguez, Charles Hernández, Enrique Loynaz del Castillo, Tomás Collazo, Gonzalo de Quesada y Horacio Rubens a una reunión en el *Hotel Travellers* de Jacksonville para decidir qué hacer ahora que el *Plan de Fernandina* ha fracasado.

Enero 14. Juntos deciden continuar la lucha y reorganizar nuevas expediciones. Martí se esconde ene York en casa del Dr. Ramón Miranda en la calle 64 número 116 del Oeste. En total 130 cajas de material bélico, suficiente para cubrir las necesidades de 600 hombres en la lucha, fueron confiscadas.

Enero 29. Martí, desde New York, redacta la *Orden de Alzamiento* (ver página 264) y la hace llegar a La Habana y entregara Juan Gualberto Gómez para su ejecución; Juan Gualberto era el representante del *Partido Revolucionario Cubano* en La Habana.

Enero 30. Una vez declarado el inicio de la insurrección, Martí partió hacia Cabo Haitiano acompañado de Mayía Rodríguez, Enrique Collazo y Manuel Mantilla, para recoger a Máximo Gómez y marchar a Cuba.

MARTÍ VIAJA DE SANTO DOMINGO A CUBA: SU ÚLTIMO VIAJE.
1895

Febrero 7. Martí llega a *Montecristi*, Santo Domingo, donde lo recibe con el entusiasmo de siempre el General Máximo Gómez. Martí lleva consigo $2 mil dólares que Gonzalo de Quesada ha recogido en La Florida.

Febrero 24. Se alzan en Cuba varios grupos insurrectos en un día conocido como el *Grito de Bayate* o el *Grito de Baire*.

Marzo 25. José Martí y Máximo Gómez, suscriben el documento definitivo sobre los principios de la insurrección cubana, conocido como el *Manifiesto de Montecristi*; Martí lo firma como Delegado del *Partido Revolucionario Cubano* y Máximo Gómez, como *General en Jefe del Ejército de Cuba en Armas*. Martí escribe una carta a Federico Henríquez y Carvajal, que se considera su testamento político.

Abril 1. Martí escribe una carta a Gonzalo de Quesada y Aróstegui, que se considera su testamento literario. Parte del pueblo de Montecristi hacia Cuba con Máximo Gómez, Francisco Borrero, Ángel Guerra, César Salas y el dominicano Marcos del Rosario en la goleta *Brothers*. Todos llevan pasaportes con nombres falsos que les regala el cónsul de Haití.

Abril 10. El capitán de la goleta *Brothers* se niega a cumplir lo pactado y llevarlos a Cuba. Martí logra que le devuelvan el dinero y consigue salir hacia Cuba en el vapor *Nordstrand*.

Abril 11. Con gran dificultad, pasadas las 10 de la noche, en medio de una tormenta y las aguas al sur de Maisí muy agitadas, llegan los seis a Cuba (José Martí, Máximo Gómez, Francisco Borrero, Ángel Guerra, César Salas y Marcos del Rosario) por el lugar conocido como *Playitas de Cajobabo*. Martí comienza a escribir un Diario sobre el acontecer en el camino a encontrarse con Maceo.

Abril 15. Martí no solo es reconocido como Delegado del Partido sino, al reunirse los jefes de la insurrección, lo reconocen y nombran, en atención a sus servicios, como *Mayor General del Ejército Libertador*, según el General Máximo Gómez le informó a Martí.

Abril 24. El grupo de Martí acampa en las inmediaciones del viejo ingenio Santa Cecilia. En su diario Martí escribe: «*Se siente el peligro. Desde el Palenque nos van siguiendo de cerca las huellas.*»

Mayo 3. Juntos, Martí y Gómez redactan una carta-manifiesto que dirigen al *New York Herald* anunciando que la Guerra ha comenzado en Cuba.

Mayo 5. José Martí, Máximo Gómez y Antonio Maceo se reúnen en el ingenio *La Mejorana*. No se saben muchos detalles ni los pormenores de la entrevista, excepto que Gómez reafirmó su plan de invasión hacia Occidente, Martí mantuvo su punto de vista de que se formara una asamblea de delegados de los revolucionarios cubanos, y Antonio Maceo expresara que todos los asuntos de la Guerra debían estar bajo la dirección de una especie de junta militar. Después del almuerzo se separan apesadumbrados, sin ponerse de acuerdo. Martí pasa revista a las tropas de Maceo y les dirige la palabra.

Mayo 18. Martí se queda escribiendo en el campamento cubano cerca de *La Jatía*, en la zona cercana al lugar donde el rio Contramaestre se une al poderoso rio Cauto. Gómez, a su vez, realiza varias operaciones por la zona. Martí comienza a escribir una carta a Manuel Mercado pero no la termina,. Alguien les previene que tropas españolas andan por la zona y Gómez se apresta para sorprenderlas.

Mayo 13. La comitiva de Martí acampa en un rancho abandonado de la zona. Esperan al general Masó, quien ya ha sido localizado y ansiosamente busca unírseles. Los prácticos confirman que hay grupos de soldados españoles en los alrededores. Una patrulla cubana que abre el camino a las tropas de Bartolomé Masó se acerca a ellos y les reparte objetos y víveres de un convoy español que acaban de capturar. Casi de inmediato se les une Masó y hacen planes para limpiar la zona.

Mayo 19. Máximo Gómez y el General Bartolomé Masó se lanzan al ataque de fuerzas españolas que subrepticiamente les han venido siguiendo. Martí se les une. Gómez ordena a Martí retirarse con las palabras «*¡Atrás Martí!... ¡Este no es su puesto!..*» Martí, y su escolta, Ángel de la Guardia, no se retiran. José Martí carga contra el enemigo y cae mortalmente herido en el lugar conocido como *Boca de los Dos Ríos*. Cuando Gómez y Masó conocen lo sucedido ya es demasiado tarde y resulta imposible rescatar su cadáver; Martí es inicialmente enterrado en el lugar. El coronel español Ximénez de Sandoval, al mando de la tropa que le dio muerte, conoce minutos después de la importancia del cadáver que ha enterrado y retorna al lugar, lo desentierra y lo conduce a marcha forzada, bajo la custodia firme de tropas españolas hacia Santiago de Cuba, donde lo entierran en una humilde tumba en el cementerio de Santa Ifigenia el 27 de mayo. En toda Cuba las noticias llenan de tristeza a las tropas insurgentes cubanas. Nunca pensaron que José Martí moriría a los pocos días de comenzada la Guerra de 1895.

Índice Onomástico

A

Abdala, 1, 44, 52, 60, 65, 112
Acapulco, 119, 121, 122, 123, 126
Acera del Louvre, 26, 58, 135
Adúltera, 112
Agramonte, 201, 210, 242, 311
Aguilera, 36, 136, 314
Alejando Dumas, 87
Alfaro, 217
Alfonso XII, 18, 83, 140, 144, 145, 146, 147, 153, 202
Amadis, 211, 243, 245, 250, 255
Amigos del País, 33, 130, 202
Amistad Funesta, 199
Amor con amor se paga, 81
Antonio Guzmán Blanco, 172, 173
Antonio Maceo, 103, 110, 122, 128, 133, 156, 163, 187, 191, 192, 193, 194, 209, 216, 218, 219, 224, 244, 245, 250, 256, 267, 268, 273, 291, 306, 313
Appleton, 175, 176, 177, 182, 199, 201
Appleton and Company, 175, 182
Aragón, 15, 81, 146
Arango y Parreño, 35, 43, 66
Argentina, 179, 200, 204, 209, 233
Ateneo de Madrid, 67, 68, 71
Azcárate, 35, 109, 110, 111, 135, 136, 139, 140, 183

B

Bachiller y Morales, 23, 24, 36, 39
Baracoa, 139, 167, 211, 238, 243, 250, 255, 258, 277, 279, 284, 285, 311, 312
Baraguá, 4, 122, 128, 130, 133, 139, 167, 188, 189, 216
Bartolomé Masó, 103, 249, 295, 306, 314
Bartolomé Mitre, 174, 179
Bautismo, 29
Bernal, 35, 68, 69, 71
Betancourt, 156, 167, 174, 176
Biblioteca Astor, 198
Biblioteca Lenox, 198
Blanco, 168, 208
boda, 28, 113, 117, 118, 119, 153
Bolívar, 163, 173, 176, 177, 243
Bonachea, 128, 132, 133, 167, 189
Borbones, 15, 83
Bowery, 175, 184
Brentano, 214
Broadway, 93, 160, 163, 174, 177, 182, 183, 184, 185, 197, 205, 214, 265
Brooklyn, 160, 175, 176, 182, 183, 184, 207
Bufos y Caricatos, 50, 55

C

Cabo Haitiano, 185, 211, 250, 261, 267, 270
Café de Fornos, 69, 73
Calixto García, 83, 91, 136, 155, 156, 158, 162, 163, 165, 166, 182, 208, 312, 314
Calle de Platerías, 88
Cánovas, 213
Cánovas del Castillo, 135
Capitán General, 30, 37, 43, 44, 45, 48, 49, 58, 59, 65, 66, 74, 83, 103, 109, 128, 129, 137, 138, 139, 140, 141, 142, 303
Cárcel de La Habana, 61, 63
Carlos Baliño, 11
Carlos Roloff, 103, 155, 165, 187, 224, 243, 250, 314
Carmen Miyares, 182
Carmen Zayas Bazán, 32, 102, 107, 113, 117, 143, 212, 234, 309
Carmen Zayas-Bazán, 184, 210
Casa de Beneficencia, 31
Casa de Contratación de Sevilla, 16
Castillo, 156, 157, 167, 174, 176, 213, 240, 242, 312
Castillo del Príncipe, 31, 33, 59, 62
Cauto, 38, 211, 284, 295, 306
Central Valley, 203, 233, 258
Céspedes, 36, 38, 50, 54, 58, 70, 78, 83, 90, 110, 128, 239, 276, 295, 311, 314
Ceuta, 139, 145, 153, 156, 161, 167
Chapultepec, 120
Chickering Hall, 166
Churubusco, 120, 125
Cirilo Villaverde, 29, 167, 174, 176
Cisneros, 167, 174, 176
Cisneros Betancourt, 103, 188
Clarendon Hall, 167, 183
Club Ignacio Agramonte, 210
Club Independencia, 189, 191, 192
Colegio San Pablo, 31, 33, 42, 60
Comité del Centro, 113, 128, 132, 149, 231
Comité Revolucionario Cubano, 155, 158, 163, 166, 167, 188
Comuna Francesa, 148
Comunistas, 11, 12, 13, 307
Concha, 25, 30, 37, 41, 43, 45, 91
Conde de Pozos Dulces, 35, 36
Condesa de Merlín, 34
Constitución Española, 70, 77
Contramaestre, 4, 211, 233, 284, 295, 297, 298, 306
Cooper, 183
Cortes de Cádiz, 66
Costa Rica, 210, 216, 217, 218, 219, 244, 245, 250, 267, 268, 273, 285, 292, 311, 313

Cuba Española, 131

D

Delmonico, 196, 265
Desembarcos, 311
Diario de la Marina, 52
Domingo del Monte, 22, 33, 34, 36
Donato Mármol, 163, 314
Dos Ríos, 11, 99, 113, 187, 195, 211, 259, 276, 287, 288, 295, 297, 298, 299, 300, 301, 302, 303, 305, 306

E

Edificio Dakota, 197
El Abra, 61, 68
El Diablo Cojuelo, 43, 51, 187
El Economista Americano, 187, 199
El Laborante, 67
El Salvador, 239, 240, 242, 251
Emilio Nuñez, 167, 176, 241, 250
Emilio Núñez, 156, 157, 158, 162, 233, 249, 256, 259
Enrique Collazo, 145, 185, 211, 231, 232, 240, 244, 250, 251, 256, 258, 260, 261, 264, 267, 269, 312
Enrique José Varona, 113, 136, 142, 202, 206, 209
Enrique Trujillo, 167, 176, 183, 234, 259
Escauriza, 26, 28
Esclavitud, 34, 42, 43, 45, 47, 72, 75, 121, 130, 153, 213, 223, 270, 317
Escuela Normal Central, 111, 113
Espartero, 25, 48, 80, 81
Estrada Palma, 110, 128, 184, 187, 203, 233, 258

F

Félix Govín, 189, 191, 192
Félix Varela, 22, 29, 33, 36, 44, 66, 166, 170
Fermín Valdés, 168, 185, 217
Fermín Valdés Domínguez, 10, 12, 30, 31, 32, 33, 46, 47, 60, 68, 75, 80, 86, 87, 143, 203, 221, 263, 309
Fernandina, 185, 211, 243
Figueredo Socarrás, 201, 233
Flor Crombet, 139, 175, 184, 187, 188, 191,
193, 209, 216, 218, 244, 245, 250, 268, 269, 273, 285, 292, 311
Florida House Inn, 243
Fonda Polegre, 214

G

Gabriela Mistral, 112
Gaceta de La Habana, 65
Gertrudis Gómez de Avellaneda, 34, 48, 60, 71, 136, 142
Glossograph, 175
Godoy, 16
Gonzalo Castañón, 58
Gonzalo de Quesada, 28, 99, 106, 112, 156, 193, 196, 199, 200, 201, 202, 215, 217, 230, 233, 240, 251, 256, 257, 258, 259, 260, 261, 262, 263, 279, 306, 307
Gothams, 175, 197
Goya, 20, 21, 147
Grave de Peralta, 157, 162, 163, 314
Guatemala, 11, 31, 102, 103, 104, 105, 107, 108, 109, 110, 111, 112, 113, 114, 115, 116, 118, 119, 120, 122, 124, 127, 131, 155, 309
Guerra Chiquita, 156, 157, 158, 161, 162, 163, 188, 232, 314
Guerra de los 10 Años, 18, 20
Guiteras, 156

H

Habsburgo, 15
Heredia, 23, 36, 44, 110, 120, 148, 151, 184
Herman Norman, 201, 210
Hermanas de Martí, 95, 100
Hornos de Cal, 133, 189
Hotel Duval, 201, 210, 248
Hotel Iturbide, 109, 114
Hotel Phoenix, 184

I

Instituto de la Habana, 38
Insurgent, 311
Insurgent Landings, 311
Isabel II, 18, 19, 20, 22, 25, 26, 31, 48, 65, 80, 83, 146
Isla de Pinos, 56, 61, 62, 64, 68
Ismaelillo, 134, 136, 147, 168, 176, 179, 183, 184, 201, 210, 309, 310

J

Jesuitas, 16, 22
Jesús Rabí, 157, 162, 163
Jorge Mañach, 5, 71, 192, 307
José Antonio Saco, 33, 34, 36, 66, 69, 70
José Asunción Silva, 217, 221
José Maceo, 128, 156, 157, 162, 163, 216, 218, 268, 285, 289
José María Izaguirre, 111, 115
José Mariano Domínguez, 31, 102
Juan Arnao, 166, 167, 176, 189
Juan Gualberto, 249
Juan Gualberto Gómez, 51, 55, 135, 139, 144, 249, 260, 263
Juan Marinello, 12
Juárez, 22, 23, 92, 104, 107, 109, 113, 137
Julio, 250
Julio Sanguily, 103, 314
Junta de Información, 35, 37, 38, 109
Justo Rufino Barrios, 102, 105, 111, 112

K

Karl Marx, 12
Key West, 210, 250

L

La Adúltera, 81
La América, 174, 175, 176, 178, 183, 186, 187, 209
La Cabaña, 28, 61, 64, 74, 78
La Edad de Oro, 173, 177, 184, 187, 199, 209, 214
La Escalera, 46, 47
La Habana, 10, 22, 23, 26, 28, 29, 30, 31, 32, 33, 36, 38, 39, 41, 42, 44, 48, 49, 51, 52, 53, 54, 55, 56, 59, 60, 62, 65, 66, 67, 74, 75, 78, 83, 84, 92, 94, 96, 99, 100, 101, 102, 103, 104, 106, 108, 119, 122, 127, 128, 131, 134, 135, 136, 137, 140, 141, 142, 143, 156, 175, 187, 192, 193, 202, 203, 205, 217, 231, 232, 234, 237, 242, 250, 258, 259, 260, 296, 303
La Habana Elegante, 202

La Nación, 168, 174, 176, 179, 186, 187, 209
La Opinión Nacional, 168, 172, 174, 178, 187, 208, 209
La Patria Libre, 44, 52, 65, 187
La Reforma, 215, 267, 272
La Sacra, 83
La Seo, 82, 88
Lagonda, 211, 238, 250, 255, 258
Lagunas de Varona, 103
Las Guásimas, 91, 188
legua, 68, 121, 292, 303
León XIII, 147, 149, 214
Lerdo de Tejada, 99, 101, 105, 110, 118, 123
Lersundi, 37, 41, 43, 49, 65
Les Halles, 148, 152
Ley contra la Vagancia, 127, 131
Library of Congress, 8
Librería Ponce de León, 182
Limbano, 128, 157, 162, 167, 189, 192
López de Queralta, 211, 239, 246, 251
Los Pinos Nuevos, 201, 210, 222, 224, 226
Loynaz, 240, 242
Loynaz del Castillo, 194, 195, 251, 256, 257
Luz y Caballero, 23, 33, 35, 142

M

Maceo, 158, 174, 175, 200, 210, 211, 214, 216, 217, 253, 311
Madame Griffou, 183
Mambises, 68, 78, 94, 113, 129, 131, 135, 136, 139, 157, 167, 224, 225, 242, 296, 302, 303
Manhattan, 154, 159, 163, 169, 170, 171, 175, 182, 183, 184, 192, 196, 197, 198, 205, 218, 229, 230, 254, 267
Mantilla, 99, 155, 168, 182, 184, 187, 207, 208, 209, 217, 250, 257, 259, 261, 263, 267, 309
Manuel Mercado, 12, 93, 94, 99, 101, 102, 103, 105, 106, 107, 113, 119, 124, 194
María Cabrales, 219
María Cristina, 18, 37, 70, 80, 87, 202
María García Granados, 115, 309
María Mantilla, 182

Mariano Martí, 10, 25, 28, 30, 32, 94, 103
Martí, 154, 155, 156, 157, 158, 166, 167, 168, 173, 174, 175, 176, 180, 182, 183, 185, 200, 201, 202, 208, 209, 210, 211, 213, 214, 215, 216, 217, 238, 240, 241, 242, 243, 244, 249, 252, 253, 277, 295, 296, 297, 298, 299, 311
Martín Morúa, 176, 245
Martínez Campos, 103, 106, 110, 113, 128, 129, 131, 132, 133, 135, 136, 137, 141, 146, 147, 153, 216, 266, 286, 292, 303
Martínez de Pinillos, 50, 54
Marxistas, 13
Máximo Gómez, 12, 80, 83, 91, 94, 103, 113, 128, 139, 142, 157, 163, 175, 185, 187, 188, 189, 192, 193, 195, 199, 202, 209, 210, 211, 213, 214, 215, 216, 217, 218, 224, 225, 231, 233, 238, 244, 250, 253, 256, 259, 261, 266, 267, 269, 270, 271, 272, 273, 275, 276, 277, 中 278, 280, 283, 284, 286, 292, 296, 306, 311, 314
Mayía Rodríguez, 185, 211, 232, 238, 244, 256, 260, 261, 267, 269
Mazatlán, 121, 125
McKinley, 212
Mercado, 210
Mestre, 23, 24
México, 11, 23, 55, 56, 74, 82, 84, 90, 91, 92, 93, 94, 95, 96, 98, 99, 100, 101, 102, 103, 104, 105, 106, 107, 108, 109, 110, 111, 112, 113, 117, 118, 119, 120, 121, 122, 123, 124, 125, 126, 135, 140, 148, 149, 155, 174, 185, 187, 193, 194, 201, 209, 210, 225, 309
Miguel de Aldama, 36
Mis Hijos, 148, 149
Moncada, 158, 249
Montecristi, 185, 210, 211, 214, 218, 259, 267, 268, 269, 271, 272, 273, 290
Montoro, 156, 176

N

Narciso López, 25, 28, 45, 189
New York, 11, 12, 43, 44, 46, 56, 58, 67, 70, 75, 78, 82, 84, 90, 91, 92, 93, 94, 95, 96, 110, 113, 122, 136, 147, 151, 153, 154, 155, 156, 158, 159, 160, 163, 165, 166, 167, 168, 169, 170, 173, 174, 175, 176, 177, 178, 179, 182, 183, 184, 185, 188, 189, 190, 191, 中 192, 193, 194, 197, 198, 199, 200, 201, 202, 203, 204, 205, 208, 209, 210, 211, 212, 214, 215, 217, 220, 229, 230, 233, 234, 238, 240, 242, 243, 244, 251, 252, 257, 258, 259, 261, 263, 265, 266, 268, 271, 279, 286, 310, 316, 330
New York Central School, 200
New York Evening Post, 199
New York Herald, 184, 286
New York Times, 93
New York Tribune, 184
New York World, 183
Nicolás Azcárate, 35, 51, 109, 113, 114, 135
Nicoya, 216, 217, 245, 268
Nuestra América, 112, 174, 209
Nueva York, 174, 180, 209

O

O'Donnell, 18, 37, 41, 43
Orestes, 98

P

Pacto del Zanjón, 92, 122, 128, 129, 130, 132, 133, 136, 138, 139, 141, 146, 149, 153, 156, 158, 163, 165, 232
Palo Seco, 83, 276, 298
Pan Patato, 278
Paraguay, 200, 204, 209
Parque Washington, 198
Parroquia del Sagrario Metropolitano, 113, 117
Partido Liberal, 130, 135, 174, 187, 209
Partido Revolucionario Cubano, 11, 189, 191, 201, 207, 210, 221,

223, 224, 229, 230, 231, 233, 234, 246, 260, 267, 268, 279, 290
Partido Unión Constitucional, 130, 213
Paseo del Prado, 26, 31
Patio de los Laureles, 78
Patria, 44, 52, 65, 101, 112, 113, 156, 183, 184, 185, 187, 194, 201, 202, 206, 210, 218, 224, 229, 233, 238, 242, 257, 267, 276, 290
Patria y Libertad, 112
Paz del Zanjón, 33
Père Lachaise, 152
Perro Huevero, 54, 56, 57, 58
Perucho Figueredo, 74
Plácido, 46
Plan Gómez-Maceo, 189, 192
Playitas, 211, 276, 311
Poey, 23, 136, 142, 156
Polavieja, 137, 138, 139, 141, 144, 157
Ponce de León, 214
Pont des Arts, 148, 152
Porfirio Díaz, 92, 101, 102, 105, 109, 113, 118, 123, 210
Presidio Político, 67, 71, 72, 104
Progreso, 100, 104, 119
Protesta de Hornos de Cal, 128
Puerta del Sol, 76, 79, 146, 150, 151
Puerto Limón, 216
Puerto Príncipe, 22, 59, 311
Pulitzer, 175
Pythagoras Hall, 184, 209

Q

Quesada, 156, 184, 199, 200, 216
Quintín Banderas, 158, 249

R

Ramón Roa, 145, 149, 231, 232
Reforma, 214, 216
reformismo, 35, 69, 130
Remanganagua, 211, 295, 305
Remanganagua, 211
República en Armas, 113, 189, 203, 224, 292
República Española, 77, 80

Residencias, 60
Revista de La Habana, 22, 23, 24, 25
Revista Venezolana, 168, 172, 187, 208
Roloff, 166, 311
Roncali, 43
Rubén Darío, 176, 184, 210, 217
Rubens, 185, 240

S

Sagasta, 68, 73, 74, 83, 87, 135, 213
Saint Eustache, 148, 151, 152
Samuel Gompers, 166, 174, 178
San Anacleto, 30, 31
San Carlos, 210
San Lázaro, 61, 63, 64, 67, 68, 192
Sanguily, 184, 250
Santa Ifigenia, 211, 305
Santiago de Cuba, 156, 211, 249
Santo Ángel, 29, 54
Sarah Bernhardt, 84, 310
Sarcoidosis, 67, 75
Seminario de San Carlos, 23, 36
Serafín Sánchez, 133, 139, 157, 162, 224, 233, 237, 243, 250, 251, 252
Serrano, 18, 43, 65, 73, 80, 81, 83, 87, 142, 146
Soberanía Nacional, 67, 75
Sociedad Gorostiza, 102
Spottorno, 103, 130
Steck Hall, 163, 164, 165, 182

T

Tacón, 26, 35, 50, 63, 66, 135
Teatro Albisu, 35, 39
Teatro Irijoa, 202, 205
Teatro L'Odeon, 84
Teatro Villanueva, 23, 33, 36, 49, 50, 52, 54, 55, 56, 57, 58, 67
Tecoac, 118, 123
Templo Masónico, 168, 182
The Evening Post, 204, 316
The Manufacturer, 204, 316, 317
The New York Times, 184
The New York World, 175, 183, 184
Theodore Roosevelt, 174

Transfiguración, 166, 167, 170

U

Universidad de La Habana, 23, 156
Uruguay, 183, 194, 199, 204, 209

V

Valeriano Weyler, 13, 113
Valmaseda, 13, 37, 41, 74, 103, 106, 109, 135
Vargas Vila, 217, 221
Varona, 156, 157, 167, 176
Vermay, 23, 24, 32
Versos Sencillos, 176, 179, 209, 298, 309
Vicente García, 103, 113, 128, 314
Víctor Hugo, 84, 85, 148, 149
Villalón, 156
Vindicación, 71, 316
Vino Mariani, 214
Viondi, 139, 140, 143, 144, 145, 153
Virginius, 80
Voluntarios, 26, 45, 48, 49, 51, 52, 54, 56, 57, 58, 59, 60, 65, 66, 94, 131, 138, 139

W

Walt Whitman, 82, 179

X

Ximénez de Sandoval, 99, 211, 296, 297, 299, 301, 303

Y

Yara, 52, 70, 167, 199, 203, 269
Ibor City, 210, 226, 234, 235, 236, 242

Z

Zambrana, 23, 24, 32, 65, 217
Zanjón, 213
Zaragoza, 37, 46, 51, 76, 80, 81, 82, 83, 86, 87, 88, 89, 90, 104, 146
Zayas, 211, 249
Zayas Bazán, 32, 102, 118, 119, 134
Zenea, 74, 78, 135, 136

 ***Raúl Eduardo Chao*** recibió su doctorado de la Universidad Johns Hopkins y después de un breve paso por la industria estuvo 18 años en el mundo académico, como profesor titular y Director de los Departamentos de Ingeniería Química en las Universidades de Puerto Rico y Detroit. En 1986 fundó una empresa de consultoría enfocada a ayudar a empresas y agencias gubernamentales para desarrollar un ambiente de trabajo positivo e implementar técnicas de mejora de procesos para asegurar aumentos simultáneos en productividad y calidad. El *Grupo Systema* tuvo como clientes empresas de las catalogadas como Fortune 100 y diversas organizaciones federales y estatales, tanto en los EE.UU. como en el extranjero. Como Presidente de *Systema*, Chao ha escrito una docena de libros y numerosos artículos en periódicos y revistas de negocios. Él y su esposa Olga viven en Lakeland, Florida y pasan frecuentes períodos de tiempo en París.

Este libro ha sido impreso en los Estados Unidos.
La fuente utilizada en todo el texto ha sido *Palatino Linotype*,
uno de los estilos tipográficos clásicos inspirados en diseños
del calígrafo Giambattista Palatino, italiano del siglo 16.
Esa fuente fue reeditada en 1948 por Herman Zapf
para la *Linotype Foundy*, la empresa creada por Ottmar
Mergenthaler, un inmigrante alemán de los EEUU
que inventó la revolucionaria máquina de composición
de líneas que se utilizó por primera vez en 1890
el periódico New York Tribune.

La fuente utilizada en las portadas, páginas de título,
títulos y adornos es P22 Franklin Caslon, una
interpretación fiel del tipo utilizado por Benjamín Franklin
en la década de 1750 en su taller de impresión y
sobre todo en su *Almanaque del Pobre Richard*.
Esta fuente fue desarrollada en 2006 por la Cámara
Internacional de Fuentes para el Museo de Arte de
Filadelfia para conmemorar el 300 cumpleaños de
nuestro Padre Fundador más notable.

El tipo de letra que acompaña a las fotografías e ilustraciones está Verdana;
un tipo de letra humanista sans-serif diseñada por Matthew Carter por Microsoft
Corporation, con variaciones hechas por Tom Rickner, entonces en Monotype.
La demanda de un tipo de letra tan clara y fácil de leer fue reconocida
por Virginia Howlett del grupo tipográfico de Microsoft.
El nombre "*Verdana*" se basa en una mezcla de verde (algo verde,
como el campo en el área de Seattle y Ana
(el nombre de la hija mayor de Howlett).